本书为国家社科基金艺术学重大项目"文旅融合视野下黄河文化保护传承弘扬研究"(项目编号:21ZD03)研究成果

文化和旅游融合视野下

黄河文化保护传承弘扬研究

祁述裕 等 著

人民出版社

前　　言

本书为2021年度国家社科基金艺术学重大项目"文旅融合视野下黄河文化保护传承弘扬研究"(项目编号:21ZD03)的结项成果。课题于2021年7月2日立项,2024年6月底提交研究成果,历时三年时间。

黄河文化保护传承弘扬这个话题已经谈了不少年,学界也已经有了一些研究成果。本书的主要任务是在黄河流域生态保护和高质量发展区域重大发展战略背景下,从文旅融合的视角探讨黄河文化保护传承弘扬。这是一个新课题,也很有难度。

本书确立了以下研究框架。

一、核心问题

本书研究的核心问题是如何通过完善政府引导和市场机制,以文旅融合为抓手,整合黄河文化资源,培育黄河文化市场和旅游市场,促进黄河流域文化事业、文化产业和旅游产业协调发展,更好实现黄河文化保护传承弘扬的有机统一。

二、研究对象及其特点

本书以沿黄九省(区)5464公里为研究范围,以河湟、河套、关中、三晋、河洛、齐鲁等六大片区为主体的黄河流域文化为重点研究对象。

本书认为,"黄河文化"是由时空交织的多层次、多维度文化体系所构成

的具有高度国家认同和文明延续性的文化,是历史、现实与未来的统一。黄河文化具有以下四个显著特点:

一是自然与人文的统一。黄河文化是在人与自然、人与河流的相互影响、相互作用中产生的,从人类逐水而居、与黄河相伴之日起,黄河文化就开始了自己的发展历程。今天黄河流域良好的生态系统和丰富多彩的人居环境都是由千百年来黄河文化产生、发展和传承积淀而成。

二是宏观与微观的统一。黄河文化是宏观的,包括了中国政治、经济、社会、人文、生态等诸多方面,影响着中华民族的价值、文明、道德和审美取向;黄河文化又是微观的,是一个多层次、多要素的微观要素的整合体系,需要文化产品和文化服务、要素市场等诸多微观要素来体现和支撑。

三是流域性和区域性的统一。黄河流域广大劳动人民创造了大量的物质和精神财富,作为黄河文化的基本内容,具有鲜明的流域性特点。同时,黄河文化与河湟文化、河洛文化、关中文化、齐鲁文化等是相互依赖、相互贯通的有机统一体,是各具特色的流域性和区域性的统一。

四是显性与隐性的统一。黄河文化既有物质的、环境的、形式的、外在的显性部分,又有精神的、理念的、意识的、内在的隐性部分,是显性与隐性的有机统一。显性部分是具象的,包括诸多直观形象;隐性部分则是抽象的,尤其是那些看不见、摸不着的精神要素的传承与传播,更应该面向未来,通过整合、创新和升华黄河文化内涵及其载体,充分发掘黄河文化的时代价值。

三、四个系统

基于以上黄河文化特征,借鉴文化社会学关于文化生态系统、文化空间系统、文化社会系统等文化系统结构模式的划分,结合近些年黄河文化保护传承弘扬的具体实践,本书将研究对象确定为以下四个系统。

1. 黄河文化和旅游的空间系统。

基于黄河文化流域性和区域性相统一的特征,重点研究黄河流域各具特色的文化区域,构建黄河文化保护利用层次及空间格局。主要内容有:以黄河文化旅游带建设为抓手,以文化线路、节点城镇、集聚区、遗产组合和交通线路为基础,构建黄河流域文化旅游带保护利用的空间格局,探索点轴单核、双核联动、核心边缘、网络协同等不同的黄河文化旅游带发展路径和模式。

2. 黄河文化和旅游的市场系统。

基于黄河文化宏观与微观相统一的特征,重点研究现代化的黄河文化和旅游市场体系建设问题,主要内容有:以黄河文化和旅游要素市场建设为抓手,促进创意、人才、技术、资本等生产要素的自主有序流动和高效公平配置,探索如何更好地发挥政府作用,不断完善要素市场体系和健全要素市场运行机制,在更大范围内发挥市场配置资源的决定性作用。

3. 黄河文化和旅游的价值系统。

基于黄河文化显性与隐性相统一的特征,重点研究培育黄河文化和旅游产品品牌,促进黄河文化内涵和当代价值充分彰显的问题,主要内容有:立足黄河文化资源主体性、根源性等独特基因,以打造高品质的黄河文化和旅游产品体系为抓手,培育黄河文化和旅游系列品牌,创新品牌传播路径,提升黄河文化和旅游品牌国内外影响力,充分发挥和弘扬黄河文化的当代价值,实现黄河文化和旅游高质量发展。

4. 黄河文化和旅游的生态系统。

基于黄河文化自然与人文相统一的特征,重点研究黄河文化保护传承弘扬与其赖以生存的文化生态系统之间的共存关系。

四、五大研究内容

本书重点研究以下五个方面的内容。

1. 黄河文化和旅游资源价值评估。

基于文化和旅游开发的视角,建立评价指标体系,明确不同类型文化和旅游资源的经济和社会价值,做好黄河文化和旅游开发的资源梳理,形成黄河文化和旅游资源开发的统计、分类、评估、定级等工作机制,提升黄河文化和旅游发展的质量和效益。

2. 黄河国家文化公园建设。

重点研究黄河国家文化公园建设的路径和策略。围绕国家文化公园的建设理念,处理好黄河文化资源保护、现代旅游和生态环境的共存关系,促进黄河文化保护和旅游开发、黄河文旅经济与生态环境、文旅产业和城乡社会发展有机融合,实现黄河文化的绿色发展、共享发展。

3. 黄河文化和旅游带建设。

重点破解黄河文化和旅游发展过程中存在的碎片化现象,以及系统性、整体性保护开发不足,发展不平衡、不充分等问题,统筹区域文化资源保护与利用,充分研究挖掘广泛分布于黄河流域且各具特色的文化片区、文化线路、遗产廊道等,实现黄河文化和旅游的协调发展。

4. 黄河文化和旅游系列品牌培育。

重点破解黄河流域各类文化和旅游产品发展层次和品质不高、文化内涵和品牌力不足的问题。把供给侧结构性改革作为主攻方向,把扩大内需作为战略基点,把提升黄河文化品牌国内国际影响力作为主要目标,打造高品质文化旅游产品体系和系列产品品牌,构筑黄河文化品牌系列,形成品牌效应,提升黄河文化品牌的传播力与影响力,助推黄河文化走出去,实现黄河文化和旅游的创新发展、开放发展。

5. 黄河文化和旅游要素市场建设。

重点破解黄河文化和旅游要素市场发展不健全,要素市场化配置存在瓶颈制约等问题。更好发挥政府作用,健全要素市场运行机制,促进黄河文化和旅游资源、人才、技术、资本等要素自主有序流动,引导各类要素协同向黄河文化和旅游市场集聚,进一步激发创造力和市场活力,推动黄河文化和旅游发展质量变革、效率变革、动力变革,构建更加完善的要素市场化配置机制。

本书的结构框架如下图所示:

本书按照以上子课题设计共分五章,分别是:第一章"黄河文化和旅游资源开发价值评估研究";第二章"推进黄河国家文化公园建设研究";第三章"黄河文化旅游带建设研究";第四章"黄河文化旅游品牌培育和传播研究";第五章"黄河文化和旅游要素市场建设研究"。

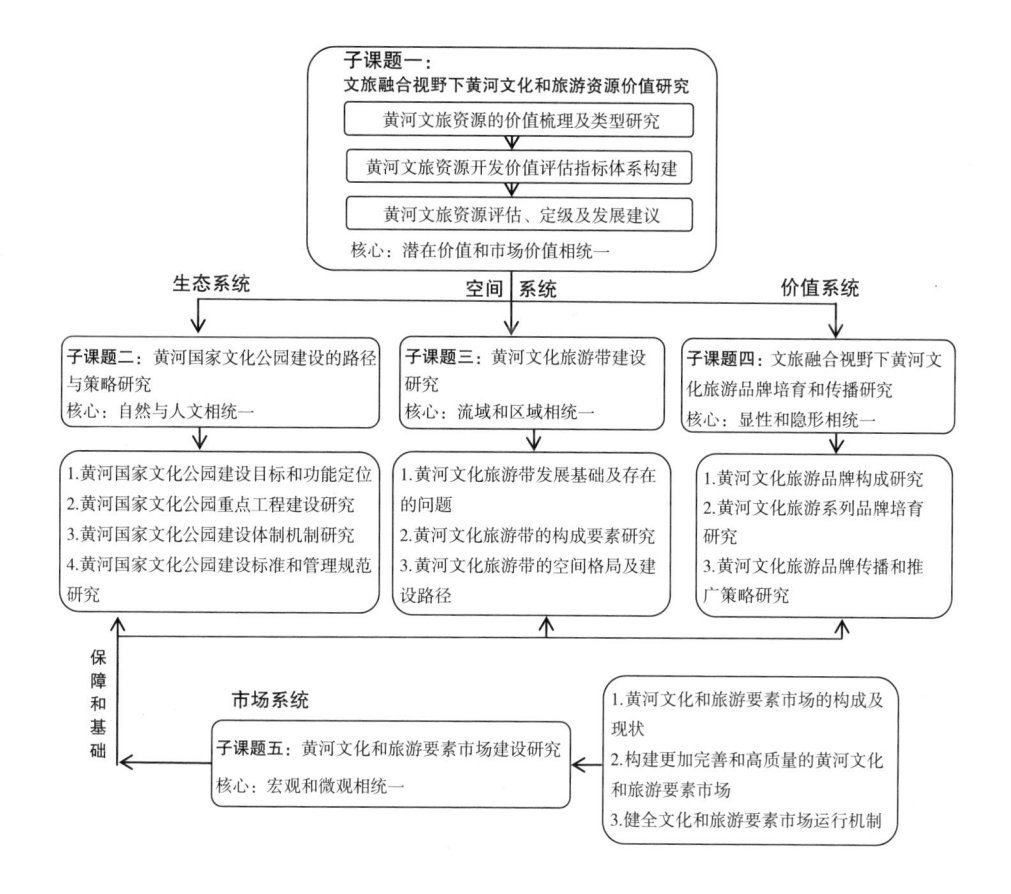

```
                    ┌─────────────────────────────────────┐
                    │ 子课题一：                          │
                    │ 文旅融合视野下黄河文化和旅游资源价值研究 │
                    │ ┌─────────────────────────────────┐ │
                    │ │ 黄河文旅资源的价值梳理及类型研究 │ │
                    │ ├─────────────────────────────────┤ │
                    │ │ 黄河文旅资源开发价值评估指标体系构建 │ │
                    │ ├─────────────────────────────────┤ │
                    │ │ 黄河文旅资源评估、定级及发展建议 │ │
                    │ └─────────────────────────────────┘ │
                    │ 核心：潜在价值和市场价值相统一       │
                    └─────────────────────────────────────┘
```

（图示：以上为子课题整体框架结构，包含生态系统、空间系统、价值系统、市场系统及保障和基础。子课题二：黄河国家文化公园建设的路径与策略研究，核心：自然与人文相统一；子课题三：黄河文化旅游带建设研究，核心：流域和区域相统一；子课题四：文旅融合视野下黄河文化旅游品牌培育和传播研究，核心：显性和隐形相统一；子课题五：黄河文化和旅游要素市场建设研究，核心：宏观和微观相统一。）

五、本书研究成果的特点

1. 有一些新判断、新认识。

第一，在文献梳理基础上，以"空间分布—价值评估—地标遴选—效率与潜力评价"为逻辑主线，利用定性和定量相结合的研究方法，通过研究黄河文化和旅游资源的数量规模、质量等级、地标区选择、开发效率和潜力等问题，为黄河文化和旅游资源合理开发利用与深度融合发展提供了科学依据和学理支撑。

第二，通过对黄河国家文化公园九省（区）文化产业和旅游产业综合发展水平的测度发现，近10年间，沿黄九省（区）文化产业和旅游产业均存在较大的省际和区域差异。九省（区）文旅产业融合水平呈上升势头，但总体水平依然有待提高；大致以黄河在宁夏与内蒙古的交界处以及黄河在山西、陕西和河南三省交界处为地理分界点，九省（区）黄河国家文化公园建设存在明显的上中下游分段差异。

第三，针对黄河文化旅游带空间跨度大、涉及部门多，在空间布局、资源整合、产业开发、基础设施建设、区域合作等方面存在的问题，提出通过资源协同、产业协同、创新协同和设施协同，推动不同地区发展路径的多元化、差异化和整体性发展，以实现"1+1>2"的协同效应。

第四，通过建构环境子系统、生产子系统与消费子系统等黄河文化和旅游品牌生态系统结构，分析黄河文化和旅游品牌构建的现状和问题。

第五，提出以数据要素市场建设为抓手，强化要素市场建设，提升黄河流域文化产业和旅游产业竞争力，包括强化各类市场主体的培育和建设；加强基础制度建设，推动要素自由流动；强化服务保障，加强黄河流域文旅要素的市场化配置能力。

2. 研究方法多样。

本书运用多种研究方法开展研究，提升了研究成果的学术含量。例如，采用 ArcGIS 空间分析、和弦图、平均最近邻等方法，分析黄河流域文化遗产空间分布特征。又如，采用德尔菲法和层次分析法，从本体价值和衍生价值确定物质文化遗产价值评估体系及权重，从内在价值、功能价值和时代价值确定非物质文化遗产价值评估体系及权重。再如，在城市层面，本研究采用 Super-SBM 模型和 DEA-Malmquist 模型，分析黄河流域文化旅游发展效率；采用熵权法和 TOPSIS 综合评价法，分析黄河流域文化旅游发展潜力；等等。

文旅融合视野下黄河文化保护传承弘扬研究，内容繁多，涉及面广，需要研究的问题很多，本书研究难免有疏漏。研究不到之处，敬请批评指正，容以后修订时再充实完善。

目 录

第一章 黄河文化和旅游资源开发价值评估研究 ⋯⋯⋯⋯⋯⋯⋯ 001
  第一节 绪论 ⋯⋯⋯⋯⋯⋯⋯⋯⋯⋯⋯⋯⋯⋯⋯⋯⋯⋯⋯⋯⋯⋯ 003
    一、黄河文化和旅游资源开发价值评估意义和目的 ⋯⋯⋯⋯⋯ 003
    二、分析框架与研究内容 ⋯⋯⋯⋯⋯⋯⋯⋯⋯⋯⋯⋯⋯⋯⋯ 004
    三、文献综述与研究进展 ⋯⋯⋯⋯⋯⋯⋯⋯⋯⋯⋯⋯⋯⋯⋯ 006
  第二节 黄河文化和旅游资源类型结构及空间分布特征 ⋯⋯⋯⋯ 021
    一、物质文化遗产现状及空间分布特征 ⋯⋯⋯⋯⋯⋯⋯⋯⋯ 021
    二、非物质文化遗产现状及空间分布特征 ⋯⋯⋯⋯⋯⋯⋯⋯ 023
  第三节 黄河文化遗产价值评估 ⋯⋯⋯⋯⋯⋯⋯⋯⋯⋯⋯⋯⋯⋯ 026
    一、黄河文化遗产价值评估原则 ⋯⋯⋯⋯⋯⋯⋯⋯⋯⋯⋯⋯ 026
    二、黄河文化遗产价值评估体系构建 ⋯⋯⋯⋯⋯⋯⋯⋯⋯⋯ 027
    三、物质文化遗产价值评估——以隋唐洛阳城大遗址为例 ⋯ 033
    四、非物质文化遗产价值评估——以唐三彩烧制技艺为例 ⋯ 046
  第四节 黄河文化和旅游地标区遴选 ⋯⋯⋯⋯⋯⋯⋯⋯⋯⋯⋯⋯ 053
    一、遴选的学理分析与思路框架 ⋯⋯⋯⋯⋯⋯⋯⋯⋯⋯⋯⋯ 053
    二、黄河流域地级城市文化和旅游发展水平评估 ⋯⋯⋯⋯⋯ 060
    三、黄河流域文化和旅游发展的影响路径 ⋯⋯⋯⋯⋯⋯⋯⋯ 063
    四、黄河文化和旅游地标区及典型地标分析 ⋯⋯⋯⋯⋯⋯⋯ 070
  第五节 黄河文化和旅游发展效率与发展潜力 ⋯⋯⋯⋯⋯⋯⋯⋯ 076
    一、黄河文化和旅游发展效率 ⋯⋯⋯⋯⋯⋯⋯⋯⋯⋯⋯⋯⋯ 076
    二、黄河流域市域文化和旅游发展潜力评估研究 ⋯⋯⋯⋯⋯ 088

第二章　推进黄河国家文化公园建设研究 ……………………… 105

第一节　绪论 …………………………………………………… 107
　一、研究进展 ……………………………………………… 107
　二、研究内容 ……………………………………………… 116
　三、研究方法 ……………………………………………… 117

第二节　黄河国家文化公园建设现状和问题 ………………… 118
　一、黄河国家文化公园建设现状 ………………………… 118
　二、黄河国家文化公园建设中存在的问题及解决建议 … 125

第三节　黄河国家文化公园文旅产业支撑与建设潜力评估 … 130
　一、黄河国家文化公园文旅产业支撑评估 ……………… 130
　二、黄河国家文化公园建设潜力评估 …………………… 142

第四节　推进黄河国家文化公园建设的路径 ………………… 148
　一、黄河国家文化公园建设的价值理念、发展目标与
　　　功能定位 ……………………………………………… 149
　二、优化黄河国家文化公园战略与规划 ………………… 152
　三、完善黄河国家文化公园政策法规体系 ……………… 156
　四、黄河国家文化公园管理体制机制的优化策略 ……… 159
　五、推进黄河国家文化公园数字化建设 ………………… 163

第三章　黄河文化旅游带建设研究 ……………………………… 179

第一节　黄河文化旅游带文献回顾 …………………………… 181
　一、线性文化遗产研究现状 ……………………………… 181
　二、黄河文化旅游带研究现状 …………………………… 184
　三、研究现状评述 ………………………………………… 186

第二节　黄河文化旅游带的基本概念及系统构成 …………… 187
　一、黄河文化旅游带的概念及特征 ……………………… 187
　二、黄河文化旅游带的系统构成 ………………………… 189

第三节　黄河文化旅游带资源分布及空间格局 ……………… 192
　一、黄河文化旅游带的边界 ……………………………… 192

二、黄河文化旅游带的资源分布 ……………………………… 195
　　三、黄河文化旅游带的空间格局 ……………………………… 202
第四节　黄河文化旅游带建设存在的问题 ………………………… 217
　　一、空间体系有待优化 ………………………………………… 217
　　二、产业发展水平有待提高 …………………………………… 219
　　三、基础设施及服务体系尚待进一步完善 …………………… 220
　　四、区域合作机制尚待进一步健全 …………………………… 220
第五节　黄河文化旅游带建设路径 ………………………………… 221
　　一、优化黄河文化旅游带空间布局 …………………………… 221
　　二、推进黄河文化旅游带融合发展 …………………………… 229
　　三、推进黄河文化旅游带协同发展 …………………………… 231
第六节　推进黄河文化旅游带协同发展的对策建议 ……………… 235
　　一、建立黄河文化旅游带规划引导机制 ……………………… 235
　　二、构建黄河文化旅游带协同机制 …………………………… 237
　　三、健全黄河文化旅游带政策法律保障机制 ………………… 241

第四章　黄河文化旅游品牌培育和传播研究 ……………………… 245
第一节　绪论 ………………………………………………………… 247
　　一、研究内容 …………………………………………………… 247
　　二、文献综述 …………………………………………………… 247
　　三、研究方法 …………………………………………………… 252
第二节　黄河区域文化旅游品牌的内涵和系统结构 ……………… 253
　　一、黄河文化旅游品牌的内涵：黄河文化创新转化的符号
　　　　价值体现 …………………………………………………… 253
　　二、黄河文化旅游品牌系统结构：环境、生产和消费（传播）
　　　　子系统的统一 ……………………………………………… 255
第三节　黄河文化旅游品牌培育及传播的现状 …………………… 257
　　一、黄河文化旅游品牌环境营建特点与问题 ………………… 258
　　二、黄河文化旅游品牌培育的特点与问题 …………………… 262

三、黄河文化旅游品牌传播的特点与问题 ………………… 269
第四节　黄河文化旅游品牌培育和传播的实践 ………………… 274
　　　　——以河南省黄河文化旅游品牌培育和传播为例
　　一、构建河南黄河文化品牌的总基调 …………………………… 275
　　二、依托不同黄河文化类型打造文旅品牌 ……………………… 277
　　三、以文化项目、节庆活动塑造文化品牌 ……………………… 281
　　四、线上线下多样化文化品牌营销体系 ………………………… 284
第五节　黄河文化旅游品牌培育和传播的思路与对策 ………… 287
　　一、重视黄河文化和旅游资源的转化利用 ……………………… 287
　　二、坚持从市场需求出发分类培育品牌的原则和理念 ………… 289
　　三、塑造凸显区域特色的文化旅游品牌 ………………………… 290
　　四、以文化与技术融合促进品牌价值提升 ……………………… 293
　　五、增强品牌联动性 ……………………………………………… 295
　　六、构建差异化与多元化的传播体系 …………………………… 297
　　七、提升黄河文化旅游品牌的国际化水平 ……………………… 301
　　八、建立完善品牌培育和传播的政策支持体系 ………………… 304

第五章　黄河文化和旅游要素市场建设研究 ………………… 307

第一节　研究背景与研究进展 …………………………………… 309
　　一、研究背景 ……………………………………………………… 309
　　二、文献综述 ……………………………………………………… 312
第二节　黄河流域文旅要素市场建设状况 ……………………… 318
　　一、黄河流域文旅要素市场的全要素生产率情况 ……………… 318
　　二、黄河流域各类文旅要素的流动情况 ………………………… 325
　　三、黄河流域各类文旅要素的市场化配置情况 ………………… 330
　　四、黄河流域文旅要素市场的基础制度建设 …………………… 333
第三节　黄河文化和旅游要素市场的建设问题 ………………… 338
　　一、各类要素供给质量有待提升 ………………………………… 338
　　二、各类要素流动不足，一体化市场有待形成 ………………… 344

三、黄河流域文旅要素市场的基础制度尚需完善 …………… 347

第四节 完善黄河流域文旅要素市场的思路 …………………… 350

一、加快数据要素市场发展,促进黄河流域文旅产业
转型升级 …………………………………………………… 350

二、强化人才供给,为黄河流域文旅产业高质量发展
蓄势赋能 …………………………………………………… 355

三、加强黄河流域文旅产业资本要素创新,做好高质量
发展支撑 …………………………………………………… 360

四、加强政府间合作,促进黄河流域文旅产业一体化发展 …… 365

后　记 ……………………………………………………………… 370

第一章
黄河文化和旅游资源开发价值评估研究

内容提要

本章在文献梳理基础上,以"空间分布—价值评估—地标遴选—效率与潜力评价"为逻辑主线,利用定性和定量相结合的研究方法,重点研究黄河文化和旅游资源的数量规模、质量等级、地标区选择、开发效率和潜力等问题,旨在为黄河文化和旅游资源合理开发利用与深度融合发展提供科学依据和学理支撑。

首先,本章采用 ArcGIS 空间分析、和弦图、平均最近邻等方法,分析黄河流域文化遗产空间分布特征,发现黄河流域物质文化遗产集中分布在黄河中下游的晋豫交界、山西中部及关中地区,国家级非物质文化遗产集中分布在黄河中下游的山东、河南、山西以及陕西西安。其次,根据科学性、系统性和动态性原则,采用德尔菲法和层次分析法,从本体价值和衍生价值确定物质文化遗产价值评估体系及权重,从内在价值、功能价值和时代价值确定非物质文化遗产价值评估体系及权重,并分别以隋唐洛阳城大遗址和唐三彩烧制技艺为案例,开展了遗产价值的定量评价。再次,本章以单体层面物质文化遗产和非物质文化遗产评估体系,以及城市层面由资源禀赋、开发效益和开发条件3个维度构成的文化旅游发展水平评估体系,共同搭建黄河文化和旅游地标区遴选框架,最终确定为5个聚集区30个典型地标,并以二里头国家考古遗址公园这一典型地标为例,探讨了其开发成效及建设思路。最后,在城市层面,本研究采用 Super-SBM 模型和 DEA-Malmquist 模型,分析黄河流域文化旅游发展效率;采用熵权法和 TOPSIS 综合评价法,分析黄河流域文化旅游发展潜力。从发展效率来看,黄河流域地级市文化和旅游发展效率总体不高,且呈"波浪形"缓慢增长,高效率城市逐步增多,五大文化区与各省会城市的文化和旅游发展效率也存在显著差异;发展效率受经济发展水平、市场化水平、科技信息水平、交通水平、地区接待服务能力和产业结构等因素影响。从发展潜力来看,西安、郑州、青岛发展潜力最大,兰州、呼和浩特、太原和济南次之,上游发展潜力普遍较低,中游文化旅游发展潜力不均衡,而下游文化和旅游发展潜力整体较高。

第一节 绪 论

一、黄河文化和旅游资源开发价值评估意义和目的

（一）盘清黄河文化和旅游资源"家底"

黄河文化和旅游资源丰富、源远流长、博大精深，蕴含着丰富的哲学思想、人文精神、价值理念、道德规范和科学智慧，积淀着中华民族的精神追求、精神标识和行为准则。黄河文化作为中华文明的源头性、代表性、主体性文化，是民族复兴、国家软实力的重要表征，是中华民族在世界文化激荡中站稳脚跟的坚实根基。本书在梳理黄河文化和旅游资源的内涵、类型与典型案例的基础上，全面挖掘黄河文化和旅游资源，并对其历史价值、文化价值、经济价值、时代价值、利用率以及发展潜力进行评估，以全面系统认知黄河文化和旅游资源价值及其开发价值。

（二）促进黄河文化保护传承弘扬

黄河文化保护传承弘扬是黄河流域生态保护和高质量发展的重要任务，是增强文化自信、为中华民族伟大复兴提供强大精神动力的必然要求，不仅有助于激发全体中华儿女对中华民族的认同感、自豪感和归属感，而且具有培根固本、凝心聚力的价值和功能。

研究黄河文化和旅游资源的类型、空间布局、开发价值、典型地标、发展效率和发展潜力，合理定位黄河文化和旅游品质，明确其开发潜力，是对中华优秀传统文化认知与传承的前提，是黄河文化保护传承与弘扬的具体实践，是综合利用黄河文化和旅游资源、将资源优势转化为产业优势的基础。新的历史时期，黄河文化和旅游资源的数字化，以及在线旅游、虚拟旅游、云旅游等旅游创新体验功能，均为保护传承弘扬黄河文化的关键路径。

(三) 助力黄河文化和旅游资源开发与保护政策制定

黄河文化和旅游资源开发是推进黄河流域生态保护的重要抓手。黄河流域作为重要的生态廊道和生态屏障，沿河两岸分布有湖泊、湿地、河口三角洲湿地等自然资源，也存在大量古建筑、古遗迹等物质文化遗产，以及传统技艺、传统演艺等非物质文化遗产。充分挖掘黄河文化内涵，适当开发，激活黄河文化和旅游资源，可助力制定相应的保护政策，细化黄河流域历史文化名城名镇名村、历史文化街区、地名文化遗产等保护政策，从总体规划、文化建设、生态保护、区域分工、重大项目、合作机制、产品开发等诸多方面综合决策，加快结构调整，科学规划布局，优化资源利用，黄河文化才能更加繁荣。

二、分析框架与研究内容

黄河流域文化和旅游资源丰富，具有极大的市场开发潜力。目前，黄河文化保护利用中存在着文化和资源家底不清、缺少学理支撑、无序开发等问题。加强黄河文化保护和利用，实现文化和旅游高质量发展，迫切需要着眼于市场，对黄河文化和旅游资源的开发价值进行定性和定量相结合的分析和评估，为黄河文化保护传承弘扬提供科学依据。

本章作为支撑性研究，重点探讨以下问题：一是从文化和旅游融合视角，对黄河文化和旅游资源价值进行梳理和分类；二是科学评价不同类别文化遗产的价值，为文化和旅游资源开发提供支撑；三是结合黄河文化遗产价值及遗产所处环境，合理遴选黄河文化和旅游地标；四是对城市层面文化和旅游发展效率及未来发展潜力进行评估；五是根据评估内容和结果，针对性地提出黄河文化和旅游资源开发的对策建议。本章研究框架见图1-1。

本章有以下三个特色：

一是在研究对象方面，本章将研究对象划分为单体和区域两个尺度。在单体层面，首先梳理资源的类型与空间布局，进一步聚焦黄河流域物质文化遗产和非物质文化遗产的价值评估；在区域层面，以高级别文化遗产为核心内容，遴选黄河文化和旅游地标区及典型地标，并根据文化和旅游发展基础及数

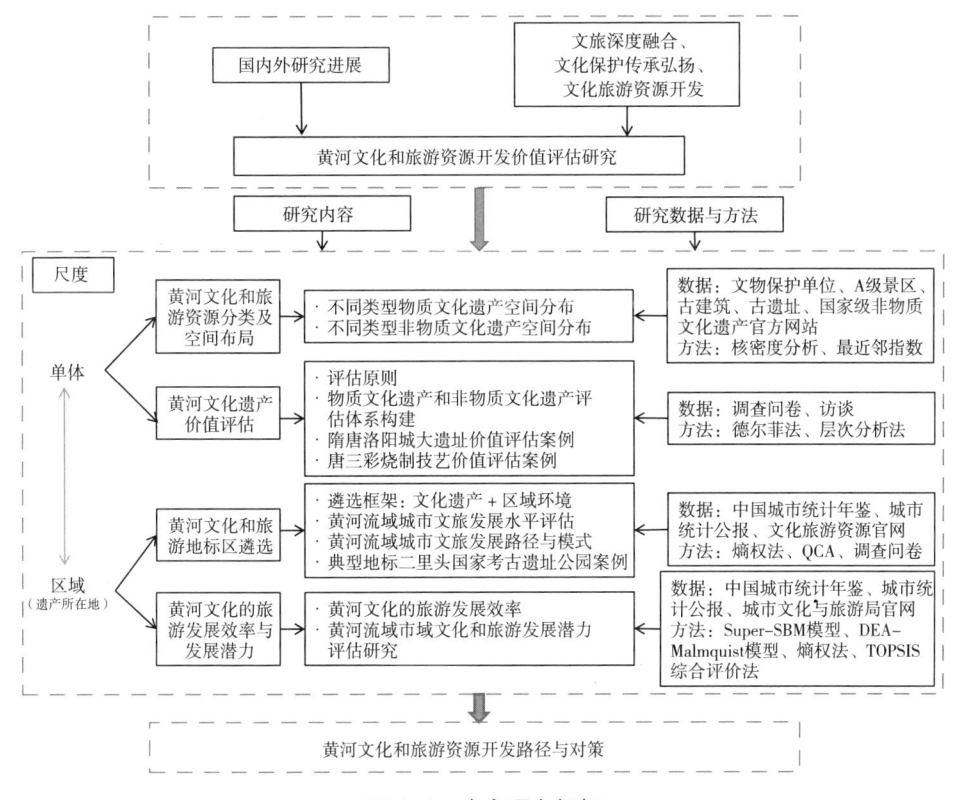

图 1-1 本章研究框架

据的可获得性,选择地级市为研究单元,评估黄河文化和旅游发展效率和发展潜力。

二是在价值评估方面,以"遗产—地标—效率与潜力"为思路层层递进,共同支撑黄河文化和旅游资源开发(见图1-2)。首先,物质文化遗产和非物质文化遗产价值的评估是黄河文化和旅游资源开发的基础;其次,以物质文化遗产和非物质文化遗产为核心内容,叠加对区域文化和旅游发展水平的评价,遴选黄河文化和旅游地标区,以便识别黄河文化和旅游资源重点开发区,助力黄河国家文化公园核心展示区建设;再次,对黄河文化和旅游开发成效进行评估,通过超效率模型评估城市层面文化和旅游发展效率;最后,评估文化和旅游发展潜力,以便更科学把握黄河文化和旅游资源开发趋势。

三是在实证研究方面,突出多学科交叉融合特征,案例丰富,方法得当。选取隋唐洛阳城大遗址、唐三彩烧制技艺和二里头国家考古遗址公园等典型案例进行问卷调查。

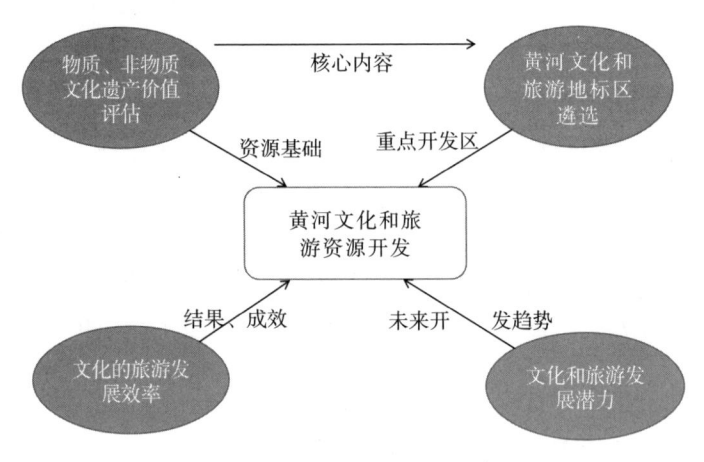

图 1-2　各评估体系对本章内容的支撑关系

三、文献综述与研究进展

（一）核心概念

1. 文化和旅游资源与文化遗产

20世纪70年代,文化产业和旅游产业成为欧美市场新的增长领域,有人认为文化和旅游的融合可以培育和开辟新的旅游市场。随着文化产业和旅游产业的深度融合,文化和旅游的范畴也不断延伸,不仅包括历史、艺术、科学等人文活动遗址,还包含自然进化过程中的自然遗迹。窦志萍(2007)[1]认为文化和旅游资源是能吸引游客产生旅游动机、被旅游业或旅游相关产业所利用并开展各类文化和旅游活动的自然、社会、文化等因素,包含有形的实体和无形的文化内涵,是旅游资源的重要组成部分。许春晓和胡婷(2017)[2]则将文化和旅游资源当作是旅游资源的子概念,狭义上将其作为一种文化与旅游有机结合的旅游资源类型,广义上则将那些凡是可以为旅游者提供文化体验的

---

[1] 窦志萍:《云南文化旅游资源系统开发研究》,《经济问题探索》2007年第8期。
[2] 许春晓、胡婷:《文化旅游资源分类赋权价值评估模型与实测》,《旅游科学》2017年第1期。

旅游资源,如具有历史、艺术或科学价值的文物、建筑、遗址遗迹以及口头传统和表述、表演艺术、社会风俗、礼仪、节庆、实践经验与知识、手工艺技能等传统文化表现形式都纳入文化旅游资源的范畴。王赛兰(2019)[①]从旅游要素的构成出发,认为文化和旅游资源是游客感受旅游目的地历史文化和风俗习惯的重要载体,同时也是实现旅游地价值的重要 IP。胡婷等(2020)[②]指出因自身的文化价值或蕴含的文化元素而对游客产生旅游吸引力并且能被旅游业利用产生经济、社会、生态等效益的事物均可称为文化和旅游资源,涵盖人类文化遗址遗迹、历史建筑与文化空间、旅游商品、人文活动等。文化旅游资源作为一类特殊的旅游资源,通过其独特的文化内涵使游客在游览过程中得到情感熏陶,同时也成为促使游客产生旅游动机的新型旅游吸引要素。

文化遗产是文化资源的一部分,文化遗产指被认定和保护的具有历史、艺术、科学、宗教、社会价值的物质和非物质财产。文化遗产包括具有历史传承性的建筑、遗址、艺术品、古籍文献、传统技艺等。文化遗产通常代表了一个国家或地区的独特文化特色,需要保护、传承和展示。

2. 文化地标

依托区域标志性文化遗产,构建具有中原审美特色的黄河文化地标体系,是讲好"黄河故事"、打造新时代中原文化品牌的重要支撑。学术界对于文化地标的理解众说纷纭,大致可归纳为三种观点:一是具有文化性质的城市地标,即传统意义的地标;二是文化景观;三是城市文化空间,占据一定物质空间、得到居民普遍认可、集中体现城市公共文化的场所为文化空间。

3. 文化和旅游发展效率与发展潜力

英国经济学家法瑞尔(1957)最早提出了效率的概念,并给出了效率测算的标准与测算模型。效率是反映资源利用能力和效果的有效指标,是指资源配置使社会所有成员得到总剩余最大化的性质(曼昆,2003)。学界对旅游业效率评估方法的研究相对较多,研究方法主要集中在数据包络分析法(DEA)和随机前沿分析法(SFA)。

---

① 王赛兰:《智慧旅游背景下文化旅游资源的传播困境》,《旅游学刊》2019 年第 8 期。
② 胡婷、许春晓、王甫园:《文化旅游资源市场价值及其空间分布特征——以湖南湘西州为例》,《经济地理》2020 年第 7 期。

旅游潜力的概念研究方面,旅游潜力被认为是一个地方将其所拥有的资源转化和开发成旅游产品的能力①,是某一特定地点吸引和接待旅游者的能力,是一个特定的当地社区所拥有的可以转化为旅游产品和旅游产品资源的总和②。国外学者对旅游发展潜力的研究多运用系统论的观点。他们认为旅游发展潜力要立足于整个旅游系统,任何一个地区的旅游潜力都是由自然和人为的物体和现象,以及形成旅游产品所必需和适宜的条件、机会和资源组成的。③ 国内学术界对这一概念初步形成了"差距说"和"支持保障说"两种观点。④ "差距说"强调潜力是所掌握的资源得到最优配置时能实现的理想水平与当前实际水平之间的差距,如马勇、董观志认为区域旅游持续发展潜力是一定时期内由区域环境所限制的、社会经济所支持的、旅游资源所能达到的供应极限总量。⑤ "支持保障说"着眼于未来的发展能力,强调潜力即是现有的、能够保障未来发展的各项资源及其他要素的总和,是对现有各项要素所起到的支持和保障作用的综合评价,如于秋阳将旅游产业发展潜力定义为现有产业资源在内外环境的作用下逐渐积累形成的一种潜在能力,他认为旅游发展潜力在一定条件下能够转化为竞争力和发展力。⑥ 丁建军、朱群惠综合上述两类观点,将旅游产业发展潜力界定为区域旅游产业改善自身现有生产要素非正常使用,以及刺激区域内与旅游产业相关的其他要素转化、促进和支撑旅游产业可持续发展的能力。⑦

---

① B.E.Bassey,"Transforming the Nigeria Tourism Industry through Tourism Entrepreneurial Development", *African Journal of Business Management*,2015,9(15).

② A.Puska,D.Pamucar,I.Stojanovic I,et al.,"Examination of the Sustainable Rural Tourism Potential of the Brcko District of Bosnia and Herzegovina Using a Fuzzy Approach Based on Group Decision Making", *Sustainability*,2021,13(2).

③ A.N.Polukhina,M.Y.Sheresheva,V.P.Rukomoinikova,et al.,"The Rationale for Comparative Effectiveness of Tourist Potential Realization(Case Study of the Volga Region)", *Economic and Social Changes-Facts Trends Forecast*,2016,47(5).

④ 参见于秋阳:《中国旅游产业潜力研究》,华东师范大学博士学位论文,2010年。

⑤ 参见马勇、董观志:《区域旅游持续发展潜力模型研究》,《旅游学刊》1997年第4期。

⑥ 参见于秋阳:《旅游产业发展潜力的结构模型及其测度研究》,《华东师范大学学报(哲学社会科学版)》2009年第5期。

⑦ 参见丁建军、朱群惠:《我国区域旅游产业发展潜力的时空差异研究》,《旅游学刊》2012年第2期。

（二）文化遗产价值评估

价值评估的概念伴随着19世纪末20世纪初的并购行为产生，随着全球经济发展，文化遗产的价值评估问题也得到越来越多的关注。以格蒂保护研究所(Getty Conservation Institute, GCI)为代表的权威学术机构涉入对文化遗产价值的研究；还有以 David Throsby, Arjo Klamer, Randall Mason, Marta de la Torre 等为代表的经济学家、社会学家、人类学家加入了该研究的行列。Arjo Klamer(1997)[1]研究了文化遗产的价值构成，并研究了社会价值和文化价值的计算方法；Randall Mason 和 Marta de la Torre(2013)[2]提出了以价值观念为基础的遗产保护模式。

就国内研究现状而言，目前并没有整体的、系统的文化遗产价值评估体系。价值评估多集中在文化遗产的单项价值评估和某一(类型)文化遗产的价值评估。从单项价值来看，阮仪三等(2008)[3]、杨志刚(1999)[4]就环境价值的评估标准对文化遗产价值评估进行了研究，顾江(2009)[5]从经济学的角度对文化遗产经济价值评估进行了研究，此外还有较多学者关注文化遗产的经济价值。从不同类型遗产价值评估来看，学者们的研究集中在工业遗产的构成与价值评价[6]、大遗址价值评估[7]、文物价值评估[8]、古建筑价值评估[9]、

---

[1] A. Klamer, *The Value of Culture: On the Relationship between Economics and Arts*, Amsterdam University Press, 1997.
[2] R. Mason, M. de la Torre, "Heritage Conservation and Values in Globalizing Societies", *World Culture Report: Cultural Diversity and Pluralism*, 2013.
[3] 阮仪三、丁援：《价值评估、文化线路和大运河保护》，《中国名城》2008年第1期。
[4] 杨志刚：《文化遗产保护的环境意识》，《文汇报》1999年6月12日。
[5] 顾江：《文化遗产经济学》，南京大学出版社2009年版。
[6] 参见于磊、青木信夫、徐苏斌：《工业遗产价值评价方法研究》，《中国文化遗产》2017年第1期。
[7] 参见蒋明辰：《层次分析法在大遗址价值分析中的应用》，《中国人口·资源与环境》2015年第S1期。
[8] 参见晋宏逵：《中国文物价值观及价值评估》，《中国文化遗产》2019年第1期。
[9] 参见宋刚、杨昌鸣：《近现代建筑遗产价值评估体系再研究》，《建筑学报》2013年第S2期。

历史街区价值评估[1]等方面。从某一文化遗产的价值评估来看,雷仲敏等(2013)[2]运用问卷调查的形式,以专家征询的方法,对即墨鳌山卫古城历史文化遗产价值进行评估与分析。姚建云等(2011)[3]运用 CVM 方法(条件价值法)对云冈石窟资源进行价值评估,测算其存在价值、遗产价值和选择价值。徐凌玉等(2018)[4]从定性的角度对明长城进行整体性的价值认定,从定量的角度构建价值评估指标体系,对于明长城的遗产价值与环境价值进行等级评定。

从价值评估方法来看,首先,在定价评估方面,多采用市场价值法(机会成本法、影子价值法)、替代市场法(旅行费用法、享乐价格法)、意愿调查法(投标博弈法)、条件价值法、投入产出法等进行研究。具体来说,市场价值法是在市场价格能够真实反映资源稀缺程度的前提下,使用市场价格来确定环境资源价值的方法;替代市场法用于评估没有市场价格的环境资源的价值;意愿调查法是通过对消费者直接调查,了解消费者的支付意愿和他们对商品或劳务的选择意愿,并以此来评估环境质量的价值,是针对非市场价值的评估方法;条件价值法可对无市场价值的文化遗产的非使用价值进行测算,以支付意愿替代实际支付,不以实际市场行为为依据[5];投入产出法可测算遗产经济对区域经济系统的影响。其中,影子工程评估法、旅行费用法、条件价值法等价值评估方法多使用在单项或几项价值类型的评估之中[6]。其次,在定量评估

---

[1] 参见肖洪未:《历史街区影响评估的方法及其应用研究》,重庆大学博士学位论文,2018年。

[2] 雷仲敏、胡顺路、金俊伟:《城市历史文化遗产价值评估研究——以青岛即墨鳌山卫古城为例》,《青岛科技大学学报(社会科学版)》2013年第4期。

[3] 姚建云、黄安民、兰晓原:《基于 CVM 方法的文化遗产价值评估研究——以云冈石窟为例》,《经济研究导刊》2011年第5期。

[4] 徐凌玉、张玉坤、李严:《明长城防御体系文化遗产价值评估研究》,《北京联合大学学报(人文社会科学版)》2018年第4期。

[5] 陶金、张莎玮:《国内文化遗产价值的定量和定价评估方法研究综述》,《南方建筑》2014年第4期。

[6] 韩霄:《明长城文化遗产整体性价值评估研究》,天津大学硕士学位论文,2016年。

方面,主成分分析法、因子分析法、模糊综合评价法[1]、层次分析法等是研究文化遗产价值评估常用的方法。具体来看,主成分分析法不仅能够保证综合指标对原始因素主要信息的保留,又能确保提取的主成分之间不存在相关关系,减少信息干扰,但不可避免地损失掉原始指标的部分信息;因子分析法反映原始指标的绝大多数信息,确保因子之间不存在线性相关关系,但对数据样本数量要求较高;模糊综合评价法关注模糊关系的形成;层次分析法对权重的确定更具科学性。此外,问卷调查和专家征询是文化遗产价值评估案例研究的重要方法。

在构建指标体系研究文化遗产价值评估的文献中,马勇和李莉(2007)[2]从文化遗产地旅游资源价值评估的意义入手,基于主导性、系统性、借鉴性的原则,构建了以文化遗产地旅游价值评估为总目标层,以使用价值和非使用价值为评估综合层,以观赏价值、科教价值、经济价值为使用价值项目层,以文化价值、社会价值、环境价值为非使用价值评估项目层,选取12个因子层构建评估指标体系,并利用层次分析法,对其进行了系统、整体的量化评估。任唤麟(2017)[3]以资源价值为目标层,以内涵价值、应用价值、社会影响力为项目层,并选取15个因子层,构建跨区域线性文化遗产旅游资源价值评价指标体系,借助层次分析法、菲什拜因—罗森伯格模型,通过设定评分标准与评价等级,构建跨区域线性文化遗产旅游资源价值评价模型,实证分析提出的方法与模型能较准确地评价资源价值。

(三) 文化资源的旅游发展效率

1. 文化资源的旅游发展效率测度方法

(1) 数据包络分析方法研究旅游效率

---

[1] P.J.Poor, J.M.Smith, "Travel Cost Analysis of a Cultural Heritage Site: The Case of Historic St.Mary's City of Maryland", *Journal of Cultural Economics*, 2004, 28(3).

[2] 马勇、李莉:《文化遗产地旅游资源价值评估体系研究》,《旅游学研究》2007年第2期。

[3] 任唤麟:《跨区域线性文化遗产类旅游资源价值评价——以长安—天山廊道路网中国段为例》,《地理科学》2017年第10期。

学者们以58个中国主要城市①、我国森林公园②、甘肃省文化旅游③、中国旅游产业④、江西旅游产业⑤、山西省18个人文类景区⑥为研究对象,以数据包络分析方法分析其旅游发展效率。此外,还有学者在运用数据包络分析方法的同时,结合malmquidt方法、平滑自助法⑦、CES生产函数模型⑧、方向性环境距离函数法⑨、Bootstrap-DEA纠偏分析法⑩等来分析旅游业发展效率。也有学者在数据包络分析法基础上探索改进研究旅游业发展效率的方法,如:卢红和邓祖涛(2020)⑪利用超效率SBM模型测算了2011—2016年中国30个省份和四大地区旅游景区经营效率,揭示了全国各省份旅游景区的发展态势及其规律。

(2)随机前沿分析法研究旅游效率

如:朱承亮等(2009)⑫利用随机前沿生产函数对2000—2006年我国区域

---

① 马晓龙、保继刚:《基于DEA的中国国家级风景名胜区使用效率评价》,《地理研究》2009年第3期。

② 参见黄秀娟:《中国森林公园旅游发展效率的比较与分析》,《林业科学》2011年第12期。

③ 参见王耀斌、孙传玲、蒋金萍:《基于三阶段DEA模型的文化旅游效率与实证研究——以甘肃省为例》,《资源开发与市场》2016年第1期。

④ 参见梁流涛、杨建涛:《中国旅游业技术效率及其分解的时空格局——基于DEA模型的研究》,《地理研究》2012年第8期。

⑤ 参见胡亚光:《基于DEA扩展模型的江西旅游产业效率研究》,《江西社会科学》2017年第3期。

⑥ 参见刘改芳、杨威:《基于DEA的文化旅游业投资效率模型及实证分析》,《旅游学刊》2013年第1期。

⑦ R.Fuentes,"Efficiency of Travel Agencies:A Case Study of Alicante",*Spain Tourism Management*,2011,32(1).

⑧ 参见曹芳东、黄震方、吴江等:《国家级风景名胜区旅游效率测度与区位可达性分析》,《地理学报》2012年第12期。

⑨ 参见查建平、王挺之:《环境约束条件下景区旅游效率与旅游生产率评估》,《中国人口·资源与环境》2015年第5期。

⑩ 参见曹芳东、黄震方、徐敏等:《风景名胜区旅游效率及其分解效率的时空格局与影响因素——基于Bootstrap-DEA模型的分析方法》,《地理研究》2015年第12期。

⑪ 卢红、邓祖涛:《中国旅游景区经营效率研究:基于超效率SBM模型》,《湖北经济学院学报(人文社会科学版)》2020年第11期。

⑫ 朱承亮、岳宏志、严汉平等:《基于随机前沿生产函数的我国区域旅游产业效率研究》,《旅游学刊》2009年第12期。

旅游产业效率进行了实证研究。此外,Fang Yelin 等(2018)①利用中国大陆1997—2015 年省际旅游发展相关数据,综合修正的 DEA 模型、空间马尔科夫链、脉冲响应模型,以及俱乐部趋同理论,在对省际旅游效率进行定量测算的基础上,分析其时空演化趋势及机理。

2. 文化资源的旅游发展效率影响机制

有关影响旅游效率因素的研究国外起步较早,国内起步相对较晚,而且近几年研究数量明显增多。具体来说,国外学者研究主要选取自然条件、人力、社会政策、技术创新、旅游资本和可达性等影响因素,如 Marrocu,E. 等(2011)②选取人力、社会、技术资本、可达性程度,以欧盟 15 个成员国的 199 个欧洲地区以及瑞士和挪威的样本进行了分析;Liu,Z.L. 等(2021)③选取经济发展水平、交通条件、旅游专业水平、开放程度、旅游资源禀赋和环境成本等因素,探讨了 2006—2018 年中国 30 个省份旅游效率的影响机制。国内学者研究较多选取旅游资源禀赋、经济发展水平、固定资产投资、产业结构和技术创新等指标,如:杨丽等(2021)④利用多元线性回归模型对红色旅游效率的影响因素进行了分析,认为技术创新、红色旅游资源优势度、交通便利性是影响该区域红色旅游发展效率的主要因素;余汝艺等(2020)⑤选取旅游资源禀赋、经济发展水平、固定资产投资和产业结构等指标,运用 Tobit 模型对乡村旅游效率的影响因素进行分析;魏振香等(2021)⑥选取文化氛围、人口素质和公共管理变量等因素,通过构建中国东部、中部和西部地区的 PVAR

---

① Yelin Fang, Zhenfang Huang, Fang Wang, Jinglong Li, "Spatiotemporal Evolution of Provincial Tourism Efficiency and Its Club Convergence in the Chinese Mainland", *Progress in Geography*, 2018, 37(10).

② E.Marrocu, R.Paci, "Tourism Flows and Production Efficiency in the European Regions", *Tourism Management*, 2011, 32(4).

③ Z.L.Liu, C.P, Lu, J.H.Mao, D.Q.Sun, H.J.Li, C.Y.Lu, "Spatial-Temporal Heterogeneity and the Related Influencing Factors of Tourism Efficiency in China", *Sustainability*, 2021, 11(13).

④ 杨丽、陈季君、时朋飞等:《红色旅游发展效率评价及影响因素研究——以黔北黔西红色旅游区为例》,《自然资源学报》2021 年第 11 期。

⑤ 余汝艺、梁留科、苏小燕:《基于 Bootstrap DEA-Tobit 法的乡村旅游效率及其影响因素研究》,《河南大学学报(自然科学版)》2020 年第 4 期。

⑥ 魏振香、郭琬婷:《旅游生态效率时空特征及影响因素研究》,《生态经济》2021 年第 2 期。

模型,对旅游生态效率的影响因素进行分析;纪晓萌等(2021)[1]选取旅游发展质量、旅游服务水平及旅游资源质量作为旅游业发展效率的影响因素;张舒宁等(2017)[2]选取经济发展水平、政府对旅游经济的干预程度、产业结构、交通便利程度、城市化水平等影响因素指标,对成渝经济区2010—2015年的旅游发展效率进行分析。

(四) 文化和旅游发展潜力

随着旅游业的迅速发展,其对国民经济与地区发展的贡献越来越大,区域间旅游竞争日趋激烈,区域发展潜力成为评估区域可持续发展水平的重要因素。潜力是一种非现实潜在能力[3],起着预测趋势、将可能转化为现实的作用[4]。潜力研究对生产实践活动具有重要的指导意义,深受学界关注,集中在要素潜力、要素组合发展潜力等方面。最初,旅游发展潜力广泛应用于土地利用及农作物生长[5],由国外学者提出,于20世纪90年代以后逐渐受到国内学者关注。国内对旅游发展潜力的研究大体分为区域旅游发展潜力(如省域、市域等)和主题旅游潜力(如生态旅游潜力、乡村旅游潜力等)两类。在建设文化强国和文旅深度融合的时代背景下,文化旅游发展潜力研究能够较为全面客观地对区域文旅产业发展现状以及今后发展前景进行评估,有助于探索促进区域文旅产业发展的具体路径,对实现区域经济协调与可持续发展具有重要意义。

1. 研究主题分析

在检索文化和旅游发展潜力相关文献的基础上,借助CiteSpace的文献计量功能,构建文化和旅游发展潜力已有研究成果的关键词共现网络,如图

---

[1] 纪晓萌、秦伟山、李世泰等:《中国地级单元旅游业发展效率格局及影响因素》,《资源科学》2021年第1期。

[2] 张舒宁、李勇泉、阮文奇:《成渝经济区旅游发展效率测度及其影响因素研究》,《资源开发与市场》2017年第12期。

[3] 参见易银飞:《区域旅游业发展潜力评价研究》,湖南大学硕士学位论文,2007年。

[4] 参见秋阳:《旅游产业发展潜力的结构模型及其测度研究》,《华东师范大学学报(哲学社会科学版)》2009年第5期。

[5] 参见李相玺、尹忠东、何长高:《土地生产潜力研究综述》,《水土保持学报》2001年第S1期。

1-3。图1-3中显示,"发展潜力"作为搜索基点,节点最大,圈层最多,研究时间跨度最长,出现的频次最高。"旅游产业""产业融合""旅游潜力""文化产业"紧随其后。研究对象方面,学者对旅游产业的研究早于且多于对文化产业的研究。随着文化强国战略的提出,文化产业的发展潜力越来越受到重视。研究方法上,目前主要运用探索性空间数据分析方法(ESDA)、因子分析法(FA)和层次分析法(AHP)等进行研究。"发展路径"作为潜力研究的目的与现实意义,出现频次较高。研究的案例地中,贵州省、河南省和黄河流域共现频率相对较高,除此之外,按照共现频次,依次是吉林省、山西省、云南省、山东省、"一带一路"、环渤海、长三角等,研究学者对省域或某一地理区域的文化和旅游发展潜力较为关注。研究类型上,生态旅游、乡村旅游、文化旅游、森林旅游的研究共现频次大于5。

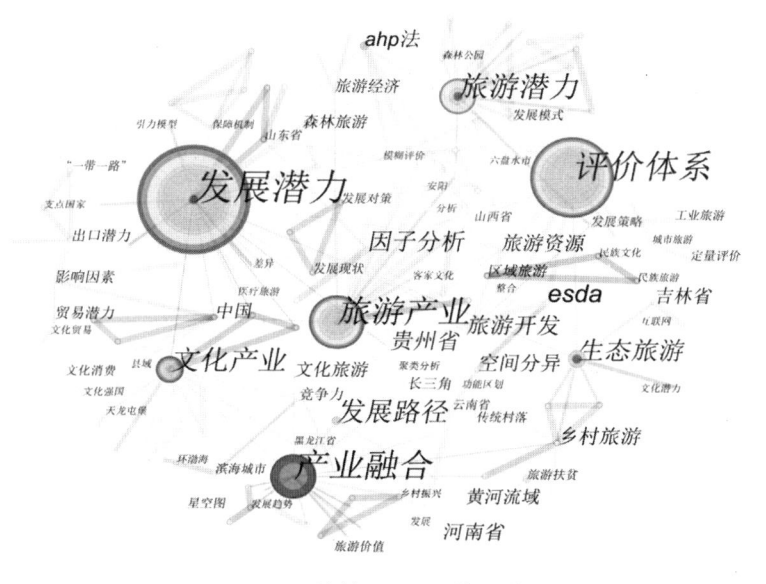

图1-3　关键词共现网络图谱

在关键词共现的基础上,采用"LLR对数似然算法",生成关键词的聚类视图(见图1-4),图谱内共统计出8个聚类标签,每个聚类标签即为该聚类中影响力最高的关键词,分别为"潜力""文旅融合""旅游业""空间分异""旅游潜力""乡村旅游""文化产业""一带一路"。

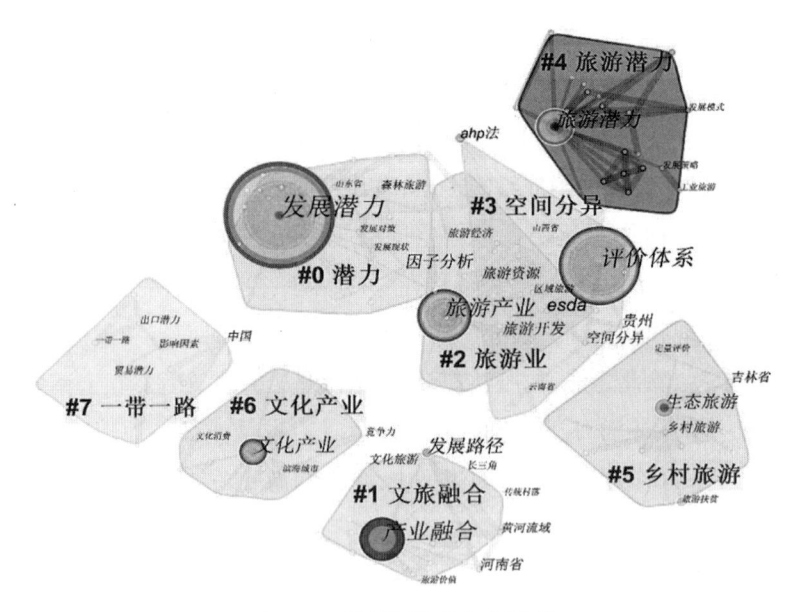

图 1-4 关键词聚类知识图谱

通过关键词共现网络聚类分析,将现阶段文化和旅游发展潜力的研究热点主题大致归结为以下五个方面:

(1)旅游发展潜力研究

共现标识词有:潜力、开发潜力、发展潜力、旅游业、旅游、旅游潜力、路径、发展策略等。通过分析发现,学者对旅游发展潜力的研究经过较长时期的发展较为成熟,研究成果呈现多学科、多角度的特点,大多从旅游经济、旅游资源、旅游产品等方面进行潜力分析,从而了解旅游发展现状,评估未来旅游发现能力,发现旅游发展过程中的不足,进而寻求旅游高质量、可持续发展的相应对策、策略和发展模式与路径。

(2)文化和旅游融合潜力研究

共现标识词有:文旅融合、文化产业、文化消费、文化强国、文化旅游、民族文化等。我国经济发展正处于转型升级的关键阶段,文化产业与旅游产业已成为国民经济重要支柱产业,文化和旅游融合发展是高质量发展的必然要求。早在2009年,国家旅游局和文化部就联合下发了《关于促进文化与旅游结合发展的指导意见》,要求积极采取措施加强旅游与文化的结合,促进文化产业和旅游产业融合发展。2018年,国家旅游局与文化部合并组建文化和旅游部,实现了文化与旅游在行政管理层面的融合。这一重大举措,使文化和旅游融合发展具有了更坚实的体制保障,开创了文化和旅游融合发展的新局面。从文献分析来看,2018年以后,文化和旅游融合发展研究成了热点,学者积极探索文化和旅游融合的原理、影响因素、机制、模式和产品,也开始构建量化模型(耦合度、融合度、协调度模型等)①,大多从产业融合视角分析融合现状,寻求融合路径。

(3)文化和旅游可持续发展研究

共现标识词有:可持续发展、乡村旅游、生态旅游、森林旅游等。20世纪80年代末,可持续发展理念被提出后,旅游成为可持续发展理念的重要实践形式,世界旅游组织在1993年提出了旅游可持续发展的理念,旅游可持续发展在全球范围内逐渐得到认可和推广,并激起了研究的热潮。② 旅游可持续发展就是既要能满足当前旅游目的地与旅游者的需要又要能满足未来旅游目的地与旅游者的需要。③ 立足我国实践,在政策指导下,我国的旅游可持续发展展现出中国特色:①生态保护和经济的协同发展;②更突出了文化资源的传承和价值;③关注社会经济效益在利益相关者间的公平分配。文化和旅游可持续发展的研究中,学者多聚焦于可持续发展现状评估、评价指标体系构建、对策研究与路径研究,基于可持续发展理念,探寻出生态旅游、森林旅游、乡村旅游、康养旅游等多样化发展道路。

(4)潜力评价体系研究

共现标识词有:因子分析、ESDA、潜力评价等。学者对旅游发展潜力的研究经过多年的积累和深化,已经呈现出定量化和综合化的发展趋势。就研究方法而言,研究早期主要以定性研究为主,之后,学者开始构建单指标或多指标评价体系进行定量分析。2013年以后的量化研究更为丰富,广度和深度也在不断加强。其中,定量分析多采用层次分析法、因子分析法、主成分分析法、

---

① 参见许春晓、胡婷:《大湘西地区文化与旅游融合潜力及其空间分异》,《经济地理》2018年第5期。

② 参见章杰宽、姬梅、朱普选:《国外旅游可持续发展研究进展述评》,《中国人口·资源与环境》2013年第4期。

③ World Tourism Organization (WTO), *Guide for Local Authorities on Developing Sustainable Tourism*, Madrid, World Tourism Organization, 1998.

聚类分析法等方法。通过对文献进行分析发现，因子分析法、探索性空间数据分析法和层次分析法的中心度较高，因子分析法能够将复杂指标按照相关密切度利用降维思想进行归类总结，从而对潜力进行得分测算。① 探索性空间数据分析法（ESDA）作为一种良好的空间特性分析方法，能够精确得出某属性在一定空间范围内的自相关程度，可应用于旅游与文化产业融合度的空间关系研究中。② 层次分析法一般同时与模糊数学法、特尔菲法合作运用，则通过对各项因子进行专家打分，构造判断矩阵并将结果整理后输入微机进行处理，从而得出各因子的权重值。③

（5）区域实证研究

共现标识词有："一带一路"、中国、空间分异、黄河流域、河南省、贵州省、吉林省、环渤海、黑龙江省等。通过文献分析发现，区域发展潜力大体分为某省市在时间序列上的潜力发展和一定区域内各个省域或市域单元的潜力发展。自2013年习近平总书记提出共建"一带一路"倡议，为促进"一带一路"沿线旅游竞合与可持续发展，如何准确评价"一带一路"沿线省域和城市旅游发展潜力，这一问题受到了学者广泛关注。黄河作为母亲河，孕育了沿岸城市文明，学者主要是从产业融合的视角，尤其是文化和旅游融合、文化旅游、传统村落、可持续发展和生态旅游角度对黄河流域文旅产业发展潜力进行研究。2019年9月，习近平总书记将黄河流域生态保护和高质量发展上升为国家重大战略。学者对黄河流域高质量发展的研究自此迎来新的热潮。除此之外，长三角地区、滨海城市的研究也是发展潜力的热点选题。总体来看，区域文化和旅游发展潜力的研究涉及产业要素微观层面、供需市场中观层面及经济、政治、社会、文化、生态文明等宏观层面，常揭示区域潜力的空间分异。④

---

① 参见闫翠丽、梁留科、刘晓静等：《基于因子分析的城市旅游竞争力评价——以中原经济区30个省辖市为例》，《地域研究与开发》2014年第1期。

② 参见李凌雁、翁钢民：《我国旅游与文化产业融合发展水平测度及时空差异分析》，《地理与地理信息科学》2015年第6期。

③ 参见于涛方、顾朝林、徐逸伦等：《吉林省旅游资源评价与分析研究》，《自然资源学报》2002年第2期。

④ 参见许春晓、胡婷：《大湘西地区文化与旅游融合潜力及其空间分异》，《经济地理》2018年第5期。

2.研究演进路径分析

总体来看,1991—2021年相关关键词数量呈波动式减少趋势。自1991年开始,该领域研究不断与时俱进,演化出更多分支与热点(见图1-5)。

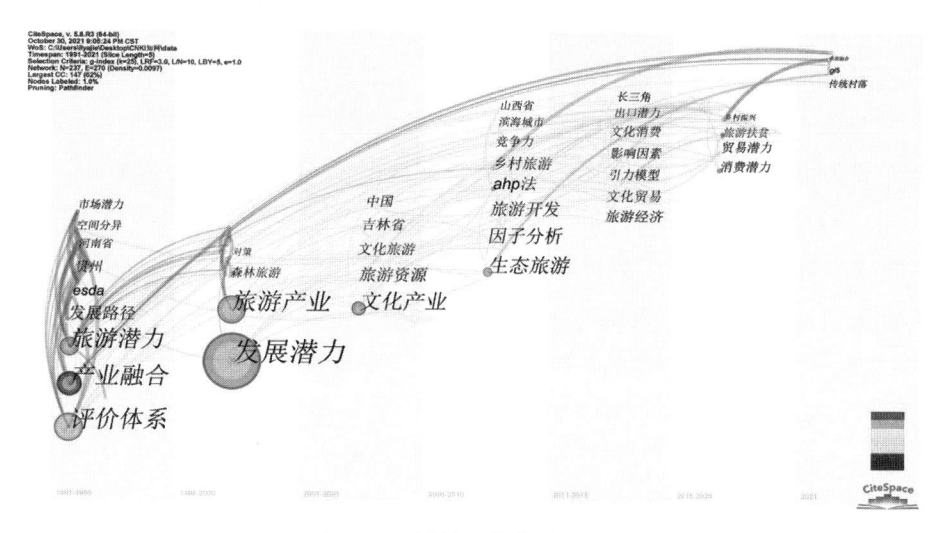

图1-5 关键词演进时区图谱

1991—1995年是理论的引进与探索时期。这一时期,开始有学者对产业融合和旅游潜力进行研究,并建立初期的潜力评价体系,试图从发展潜力角度探寻区域发展路径,河南省和贵州省这两个旅游大省作为案例较早地受到学者的关注,研究学科主要为地理学科,因此更注重区域发展潜力的空间关系探索。

1996—2000年是发展潜力研究的高速发展时期,发展潜力概念被提出,并在之后各个时期被不断丰富和广泛运用。这一时期,旅游业被确定为国民经济新的增长点,真正实现了旅游业从外交事业到经济产业定位的转变。越来越多的学者关注旅游产业,并对其发展潜力展开全面研究,以此提出区域旅游快速发展的对策与策略。森林旅游在这一时期被林业领域的研究学者作为"八五"攻关计划的成果提出,贯彻落实在社会发展领域重点安排资源开发与环境保护攻关计划的同时,为之后生态旅游的发展提供了理论基础。[①]

---

① 参见龚固堂、慕长龙:《森林旅游资源潜力的评价方法研究》,《四川林业科技》1997年第4期。

2001—2005年是文化产业和旅游产业研究的发展时期,受1998年亚洲金融危机影响,旅游产业成为我国扩大内需的重要抓手。随着假日制度以及中共中央、国务院《关于深化文化体制改革的若干意见》的发布,文旅产业在各个领域得到重视与发展,理论研究的聚焦与实践的成功使得文化和旅游融合在这一时期更加广泛和多元。

2006—2010年是研究历程中的创新增长时期,关键词数量增加,研究热点主要为生态旅游、旅游开发和乡村旅游。从1999年"中国生态旅游年"的确定、"99中国生态环境游"活动成功举办,生态旅游概念受到关注开始,再到2009年《全国生态旅游发展纲要(2008—2015年)》发布,生态旅游理论体系不断得到完善与发展。大众旅游、文化旅游的发展,旅游政策对文旅产业的支持以及文旅产业的经济带动作用使得学者们开始将文化和旅游发展潜力作为衡量区域竞争力和发展水平的重要因素,这一时期涌现出大量对省域和滨海城市的文旅竞争力和旅游开发潜力的评价研究,层次分析法得到了大量运用。2006年,国家旅游局发布了《关于促进农村旅游发展的指导意见》,提出乡村旅游是以工促农,以城带乡的重要途径。2007年,国家旅游局和农业部联合发布了《关于大力推进全国乡村旅游发展的通知》,加之我国土地流转机制的健全和完善,乡村旅游开始发展。

2011—2015年,文化和旅游融合发展潜力研究聚焦于经济发展潜力,在"一带一路"倡议提出的背景下,研究对象转变为国家和国际的潜力研究,更关注我国文化和旅游的贸易与出口发展潜力,以及在国际竞争中的实力与地位。

2016—2021年,文化和旅游融合发展潜力的研究关键词数量下降,研究热度有所降低,延续了上个时期有关国家和区域文化和旅游融合的消费潜力、贸易潜力研究。除此之外,这一时期学界开始关注旅游扶贫和乡村振兴。2012年,党的十八大报告首次正式提出全面建成小康社会。发展乡村旅游是促进脱贫和实现共同富裕的重要途径。2018年,《国家旅游局关于进一步做好当前旅游扶贫工作的通知》明确提出,旅游扶贫作为国家脱贫攻坚战略的重要组成部分,是产业扶贫的主要方式,是全面建成小康社会的重要推动力量。党的十九大报告提出,要实施乡村振兴战略。传统村落是推进乡村振兴战略的重要资源与抓手,也是文化遗产的重要组成部分。2021年的"中央一号文件"明确提出"加强村庄风貌引导,保护传统村落、传统民居和历史文化名村名镇"。对传统村落及文化遗产的研究已经受到学者的关注,并必将继续深入发展。这也演化出一条新的乡村发展潜力的研究路径:从乡村旅游和生态旅游的研究到旅游扶贫和乡村振兴的相关研究,最后再到传统村落、农旅融合。研究技术方面,新时代的发展趋势是利用地理信息系统等计算机技术,更为科学高效地对区域文化和旅游发展潜力进行数据分析、潜力评估和空间规划。

第二节 黄河文化和旅游资源类型结构及空间分布特征

从资源存在形态分析,黄河文化和旅游资源有物质性和非物质性之分。物质文化和旅游资源以黄河流域内各类古建筑、古遗址、文物及其保护单位、遗产型景区等为主;而非物质文化和旅游资源则包含黄河文化中各类可被旅游发展利用的非物质文化和资源,以及由其开发而成的旅游项目、场景及旅游体验载体。

一、物质文化遗产现状及空间分布特征

(一) 空间分布特征

河南和山西的黄河文化和旅游资源相对丰富,其次是陕西、山东、甘肃和内蒙古,而宁夏和青海的黄河文化和旅游资源相对匮乏(见图1-6)。从文物保护单位数量来看,黄河沿线各省区中,山西和河南的数量分别为531个和418个。其中,山西以古建筑为主,古建筑占比86.06%;河南以古建筑和古遗址为主,分别占54.31%和37.56%。从不同批次来看,第1—3批全国文物保护单位的数量相对较少,第1批以陕西为主,第3批以山东和山西居多,第4—8批全国文物保护单位数量较多的省份是河南和山西(见图1-7)。

(二) 空间集聚特征

黄河是中华文明的发源地之一,也是我国最早进入农耕文明的区域,长期

(单位：个)

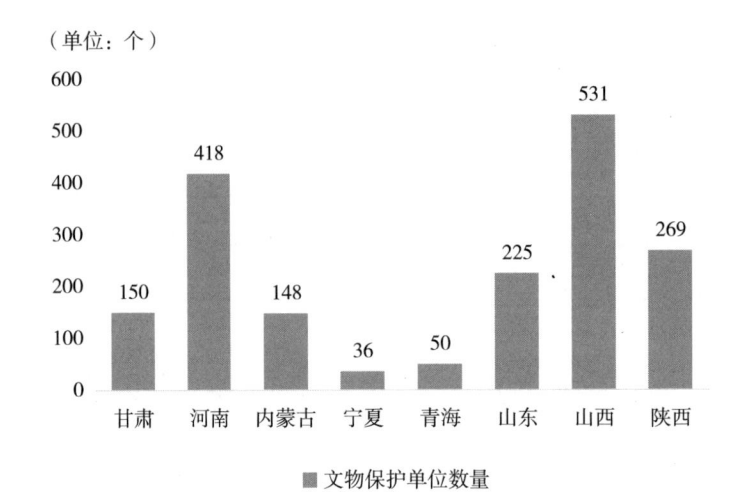

图 1-6　黄河沿线各省(区)全国文物保护单位(2020 年)

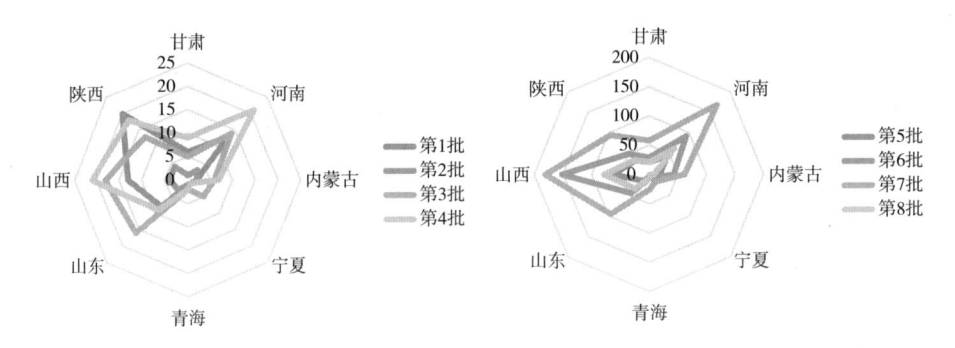

省(区)	甘肃	河南	内蒙古	宁夏	青海	山东	山西	陕西
文物保护单位数量	150	418	148	36	50	225	531	269

图 1-7　不同批次黄河流域沿线各省(区)全国文物保护单位

以来留下了丰富的物质文化遗产。从文化遗产类景区来看，黄河流域文化遗产类 A 级景区呈现出集聚分布的特点，主要集中分布在黄河中下游，以西安、运城、郑州、济宁等城市为中心的晋陕豫鲁地区，上游地区呈现出零星分布的特点，主要是作为丝绸之路文化代表的嘉峪关、张掖、西宁和银川。山西的历史文化名城和古建筑众多，呈现出以大同、忻州、太原、晋中、临汾、晋城为代表的条带状格局。山东形成了以齐鲁文化为主的滨州、济南、泰安、济宁城市组团。从文物保护单位来看，空间分布特征与文化遗产类 A 级景区基本一致，主要集聚在黄河中下游的晋豫交界、山西中部及关中地区，上游地区呈现出零星分布的特点。在晋陕豫，物质文化资源以郑州、焦作、晋城、长治为中心，呈现明显的"核心—边缘"结构,此外,以太原、吕梁、晋中交界、运城、西咸为中心,分别形成三个次级组团。山东以泰安—济宁为中心,形成小型集聚组团。

从不同类型物质文化遗产来看,古建筑类物质文化遗产在晋陕豫三省形成"人"字形集聚,古遗址类物质文化遗产集中在豫北。具体来说,古建筑类物质文化遗产以晋城和太原为中心,形成主要集聚区,此外,在郑州、焦作、运城、晋中、吕梁、太原也有较大规模集聚。在陕西和山东,分别以西咸和泰安—济宁为中心,形成微型集聚组团。古遗迹的分布集中在郑洛西文化带,以郑州为核心向外辐射,形成最大的集聚组团,以西咸为核心,在关中和运城形成古遗迹文化带。

二、非物质文化遗产现状及空间分布特征

(一) 空间分布特征

不同类型的国家级非物质文化遗产,在数量上均呈现不均衡的分布特征(见图1-8)。从不同区域来看,在区域尺度内非物质文化遗产数量相差不大,上游(367项)的非遗略少于中游(258项)和下游(281项)。从不同类型来看,黄河流域非物质文化遗产涵盖10大类,其中传统技艺、传统戏剧、传统音乐类非物质文化遗产规模较大,均超过120项。此外,上游的民俗(40项)和传统舞蹈类(33项)、中游的民俗类(45项)、下游的传统美术类(39项)非遗在黄河流域也具有较大规模。

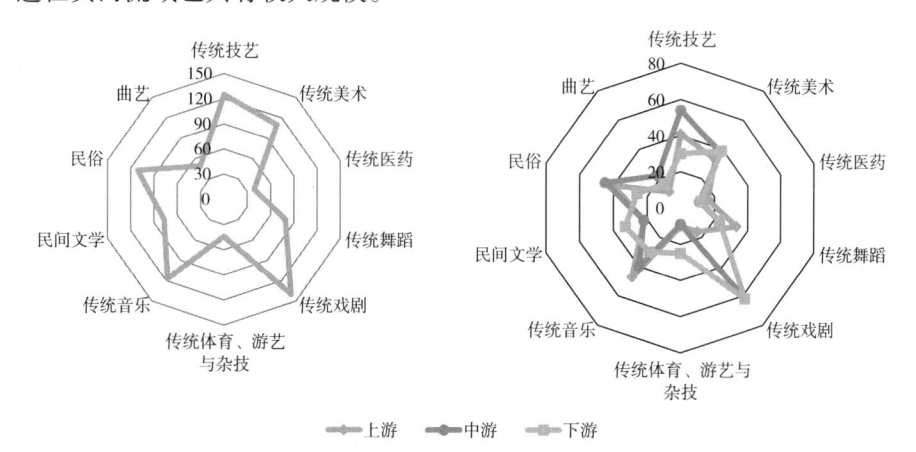

图1-8 黄河流域非物质文化遗产类型结构特征

不同批次黄河流域国家级非物质文化遗产的空间分布特征具有显著差异（见图1-9）。从图1-9来看，在非物质文化遗产项目开发中，前期开发的项目较多，前三批次的国家级非遗多位于山东（153项）、山西（145项）、河南（95项）、陕西（65项）等经济相对发达地区；后期重视经济欠发达地区非遗项目的开发，在第4批和第5批中，青海、宁夏、内蒙古、甘肃的非遗规模迅速扩大。从不同类型来看，非遗开发前期注重传统戏剧（127项）、传统音乐（97项）等类别，后期侧重于传统技艺（53项）、传统美术（31项）等类别，获批数量显著增加。

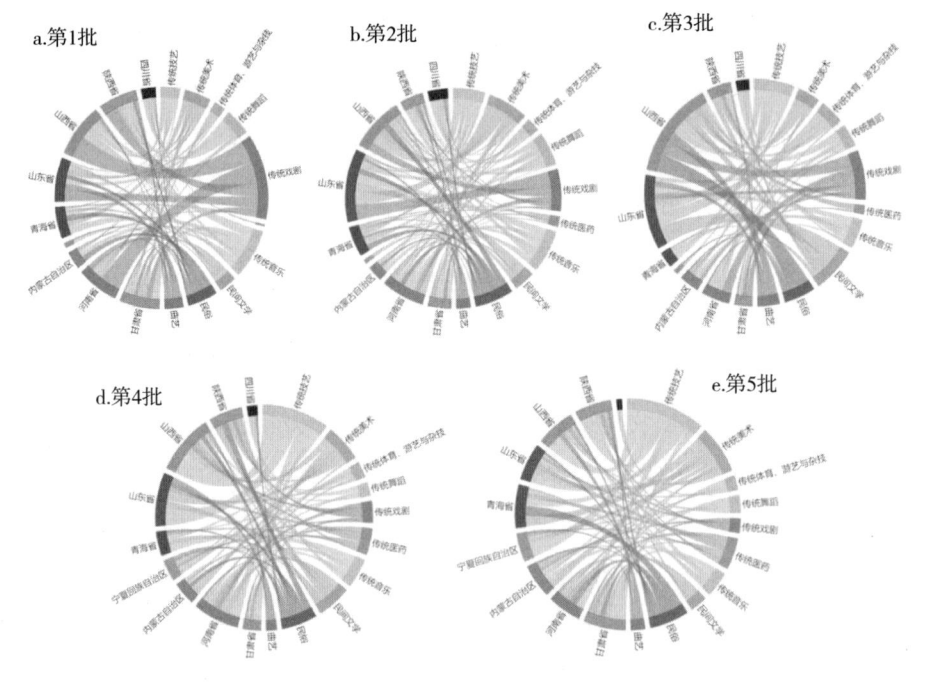

图1-9 不同批次黄河流域国家级非遗数量和弦图

（二）空间分布类型

利用ArcGIS 10.5软件的Average Nearest Neighbor工具对各类型非物质文化遗产数量及总数进行处理，得到最近邻指数表（表1-1）。黄河流域891项国家级非物质文化遗产总数的最近邻指数为0.382，且置信度为99%，呈现明显的集聚分布特征。从批次来看，第2批的集聚性最强，最近邻指数为0.499，第1批、第3批和第4批呈现出集聚—随机分布的态势，而第5批呈随机分布。从类型来看,传统技艺、传统美术、传统舞蹈、传统戏剧、传统医药、传统音乐、民间文学、民俗、曲艺类非物质文化遗产的最近邻指数在 0.5—0.9 之间,呈集聚—随机分布,其中,传统技艺和传统戏剧类的集聚性较强,最近邻指数分别为 0.556 和 0.642;传统体育、游艺与杂技和曲艺类的集聚性最弱,最近邻指数大于 0.8,呈随机分布模式。

表1-1 黄河流域国家级非物质文化遗产空间分布的最近邻指数

批次/类型	NNI	Z 值	P 值	分布类型
第 1 批	0.534	-11.784	0.000	集聚—随机
第 2 批	0.499	-18.359	0.000	集聚
第 3 批	0.657	-7.543	0.000	集聚—随机
第 4 批	0.744	-5.166	0.000	集聚—随机
第 5 批	0.874	-2.489	0.013	随机
传统技艺	0.556	-9.505	0.000	集聚—随机
传统美术	0.775	-4.506	0.000	集聚—随机
传统体育、游艺与杂技	0.816	-2.340	0.019	随机
传统舞蹈	0.653	-5.898	0.000	集聚—随机
传统戏剧	0.642	-8.114	0.000	集聚—随机
传统医药	0.698	-3.606	0.000	集聚—随机
传统音乐	0.749	-5.187	0.000	集聚—随机
民间文学	0.751	-4.188	0.000	集聚—随机
民俗	0.72	-5.642	0.000	集聚—随机
曲艺	0.889	-1.486	0.090	随机
全体	0.382	-35.280	0.000	集聚

(三) 空间集聚特征

黄河流域非物质文化遗产的空间分布具有明显集聚态势,呈现"中下游密上游疏"的空间格局。非物质文化遗产规模较大的区域集中分布在黄河中下游的山东、河南、山西以及陕西西安,呈"人"字形分布,其中一支以西安为顶点,沿运城、临汾、长治、晋中、太原向东北延伸,另一支沿焦作、郑州、菏泽、济宁、淄博、济南向下游延伸其中,菏泽、济南、运城、长治、临汾、晋中、太原的非遗数量均达到20个以上。非物质文化遗产集聚的核心区以陕北文化、晋中文化、河洛文化、齐鲁文化为主要内容,比如:陕北文化生态保护区以民歌、陕北说书、秦腔等非遗为主要内容;河洛文化生态保护区以河图洛书传说、河洛大鼓等非遗为核心。此外,上游以海东、西宁及周边地区形成次密度核心区,以少数民族文化为主要内容,比如:青海的热贡文化生态保护区以热贡艺术、热贡六月会非遗为依托;藏族文化生态保护区以藏族民歌、服饰、唐卡等非遗为载体;海东市非遗数量众多,拥有互助土族文化和循化撒拉族文化两个省级文化生态保护区。晋陕豫三个省份的非物质文化资源丰富,种类繁多,但获批文化生态保护区数量较少,二者存在一定的不匹配现象,应进一步积极组织市级、省级、国家级文化生态保护区申报工作,促进非遗的保护传承弘扬。总的来说,黄河流域非遗的总体分布特征明显体现出经济发展水平的差异对非遗空间分布的影响,即经济越发达的地区,非遗分布数量相对越多。此外,黄河流域国家级非遗沿黄分布特征显著,晋陕豫非遗与文化生态保护区存在一定的错位现象。

不同类型非物质文化遗产的空间分布具有差异性。传统技艺、传统美术、传统戏剧、民间文学类非遗以晋豫鲁及陕西西安分布最为密集,传统技艺类和传统美术类在兰西城市群、银川城市群呈片状分布。传统舞蹈、传统音乐和民俗类非遗具有双核心的空间分布特征,在晋陕豫形成片状聚集区,同时以兰西城市群为中心的区域也具有较好的聚集性。传统医药、传统体育、游艺与杂技、曲艺类非遗数量较少,分布相对分散,但晋豫鲁依然为核心分布区域。由以上分析可知,晋豫鲁以及上游兰西城市群的非遗更为集聚,说明非遗的密集程度和经济发展水平、文化集聚程度成正比。

第三节　黄河文化遗产价值评估

一、黄河文化遗产价值评估原则

为了使黄河文化遗产价值评价结果更加客观可行,黄河文化遗产单体价值评估遵循以下三个原则:一是科学性原则。在评估时,应抓住文化遗产的本质特征,借助科学的方法,对最能体现文化遗产价值的关键要素进行评估;此外,在评估过程中应有科学的理论与实践依据做支撑。二是系统性原则。在评估时,要全面、综合考虑文化遗产的各个价值要素,尽量做到全面,避免遗漏重要信息造成评价结果的片面性。但指标选择也不宜过多,否则也会导致统计误差和操作难度增加。三是动态性原则。随着我国文化遗产保护工作的不断推进,对其价值的认知也随着时代的发展而不断深化和丰富。在关注遗产本体价值的同时,也逐步向遗产的社会、经济、文化和环境价值等方向拓展,价值维度更加多元。因此,为了满足文化遗产价值发展的需要,需考虑评估内容的可扩展性。

二、黄河文化遗产价值评估体系构建

(一) 评估方法

1. 德尔菲法

德尔菲法,也称专家调查法,其本质上是一种反馈匿名函询法,其大致流程是在对所要预测的问题征得专家的意见之后,进行整理、归纳、统计,再匿名反馈给各专家,再次征求意见,再集中,再反馈,直至得到一致的意见。该方法能充分发挥各位专家的作用,集思广益,准确性高;同时能把各位专家意见的分歧点表达出来,取各家之长,避各家之短。但也会存在权威人士的意见影响他人的意见,有些专家碍于情面不愿意发表与其他人不同的意见,存在过程复杂、花费时间较长等弊端。

2. 层次分析法

层次分析法是美国匹兹堡大学教授 T.L.Satty[1] 于 20 世纪 70 年代初提出的一种定量与定性相结合的系统分析方法。作为一种基于不同权重标准分配评价项目相对重要性的方法,AHP 支持决策者理解问题的复杂性并进行合理的判断。因此,它包含了客观和主观的考虑。AHP 在层次结构中构建决策问

---

[1] T.L.Satty, "Making and Validating Complex Decisions with the AHP/ANP", *Journal of Systems Science and Systems Engineering*, 2005,14(1).

题,包括目标、标准、子标准和决策备选方案。层次分析法中的两两比较被用来确定层次中每一层不同元素的相对重要性。这种比较也可以用于评价层次中最低层次的方案,从而在多个方案中做出最佳决策,从而将决策者的主观意见转化为客观的衡量标准。

(二) 物质文化遗产价值评估的指标选取与权重确定

物质文化遗产价值存在本体价值和衍生价值之分,因此评估黄河文化物质遗产的价值存在本体价值和衍生价值两个评估目标。本体价值评估目标可细分为历史价值、艺术价值和科学价值等3个准则,衍生价值评估目标则可细分为社会价值、文化价值、经济价值和环境价值等4个准则。每个准则可操作化为不同的指标,以进行专家赋值。根据专家打分,获得目标层、准则层和指标层及其权重,最终确定黄河物质文化遗产的综合权重(见表1-2)。

表1-2 黄河物质文化遗产价值评估体系

目标层	准则层	准则层权重	指标层	指标层权重	综合权重
黄河物质文化遗产价值A	本体价值B1 0.4992	历史价值C1 0.3556	知名度和影响力 D1	0.3171	0.1128
			历史悠久度 D2	0.0803	0.0285
			真实性 D3	0.1668	0.0593
			完整性 D4	0.1400	0.0498
			独特性 D5	0.2155	0.0766
			与历史事件或人物的关联性 D6	0.0803	0.0285
		艺术价值C2 0.1028	艺术史料价值 D7	0.5889	0.0605
			观赏价值 D8	0.2519	0.0259
			审美价值 D9	0.1592	0.0164
		科学价值C3 0.0408	规划设计 D10	0.2325	0.0095
			工艺水平 D11	0.2325	0.0095
			历史考证修补 D12	0.3937	0.0161
			考古研究 D13	0.1413	0.0058

续表

目标层	准则层	准则层权重	指标层	指标层权重	综合权重
黄河物质文化遗产价值 A	衍生价值 B2 0.5008	社会价值 C4 0.1454	情感价值 D14	0.4550	0.0662
			科普教育 D15	0.2279	0.0331
			游憩价值 D16	0.1398	0.0203
			社区发展 D17	0.0755	0.0110
			区域形象 D18	0.1018	0.0148
		文化价值 C5 0.2573	文化多样性 D19	0.2857	0.0735
			文化传承 D20	0.5714	0.1470
			文化创意 D21	0.1429	0.0368
		经济价值 C6 0.0573	直接经济价值 D22	0.3119	0.0179
			间接经济价值 D23	0.1976	0.0113
			隐性价值 D24	0.4905	0.0281
		环境价值 C7 0.0408	遗存环境 D25	0.4905	0.0200
			生态环境 D26	0.1976	0.0081
			人居环境 D27	0.3119	0.0127

基于此,采用德尔菲法对18位文化遗产、遗产旅游等研究领域的学者和从事遗产保护与管理的政府行政人员进行3轮征询意见。权重计算使用9级标度法进行指标的两两比较和构造判断矩阵,以专家最终打分结果为计算样本,样本数量符合层次分析法的要求,且通过信度和效度检验。以综合评价层A-B为例(见表1-3),表格中的相对重要性判断值是将专家判断矩阵数据各要素求几何平均之后得到的,W_i为相应各指标权重。

表1-3 黄河物质文化遗产价值判断矩阵

黄河物质文化遗产价值评估	历史价值	艺术价值	科学价值	社会价值	文化价值	经济价值	环境价值	W_i
历史价值	1	4	6	4	2	6	6	0.3556
艺术价值	1/4	1	3	1/2	1/4	3	3	0.1028

续表

黄河物质文化遗产价值评估	历史价值	艺术价值	科学价值	社会价值	文化价值	经济价值	环境价值	W_i
科学价值	1/6	1/3	1	1/4	1/5	1/2	1	0.0408
社会价值	1/4	2	4	1	1/3	4	4	0.1454
文化价值	1/2	4	5	3	1	5	5	0.2573
经济价值	1/6	1/3	2	1/4	1/5	1	2	0.0573
环境价值	1/6	1/3	1	1/4	1/5	1/2	1	0.0408

（三）非物质文化遗产价值评估的指标选取与权重确定

在分析非遗价值影响因素的基础上,选择针对性强且契合非遗资源特性的指标进行非物质文化遗产价值评估,并通过专家咨询法对可操作的评价指标进行调整。由此构建由目标层、准则层、要素层和指标层构成的黄河非物质文化遗产价值评估指标体系(见表1-4)。

表1-4 黄河非物质文化遗产价值评价指标体系

目标层	准则层	权重	要素层	要素层权重	指标层	指标层权重
黄河非物质文化遗产价值评估A	内在价值(B1)	0.625	历史价值(C1)	0.469	历史悠久性(D1)	0.046
					资源完整性(D2)	0.028
					原真性(D3)	0.135
					历史影响力与知名度(D4)	0.135
					独特性(D5)	0.079
					非遗与历史事件的联系(D6)	0.046
			艺术价值(C2)	0.156	审美价值(D7)	0.050
					艺术感染力(D8)	0.055
					非遗载体(D9)	0.029
					遗产的展示丰度(D10)	0.022

续表

目标层	准则层	权重	要素层	要素层权重	指标层	指标层权重
黄河非物质文化遗产价值评估A	功能价值（B2）	0.238	社会价值（C3）	0.064	科学研究价值（D11）	0.017
					科普教育价值（D12）	0.013
					游憩价值（D13）	0.006
					发展价值（D14）	0.012
					社区服务（D15）	0.009
					社会环境（D16）	0.007
			文化价值（C4）	0.068	文化保护（D17）	0.026
					文化传承（D18）	0.025
					文化认同（D19）	0.010
					文化联系（D20）	0.007
			经济价值（C5）	0.106	直接经济价值（D21）	0.057
					间接经济价值（D22）	0.032
					开发潜力（D23）	0.017
	时代价值（B3）	0.137	创意价值（C6）	0.039	创造性转化（D24）	0.010
					创新性展示（D25）	0.019
					符号价值（D26）	0.010
			传承价值（C7）	0.059	传承范围（D27）	0.034
					传承人级别（D28）	0.008
					传承规模（D29）	0.017
			组织价值（C8）	0.039	政府支持（D30）	0.013
					社区参与（D31）	0.005
					经营者（D32）	0.006
					旅游者（D33）	0.008
					学校教育（D34）	0.007

内在价值是非物质文化遗产价值的核心，反映非遗本身的要素条件及非遗传承人群认知的价值，包括遗产本身的历史积淀，感官从物质形态中获得的

审美体验,基于知识体系从信息载体中识别的历史、科学、艺术意义,即历史价值和艺术价值:①历史价值。每一项非遗都产生于特定的历史环境,本身具有特定的历史特点,刻印着不同民族的历史发展遗迹,是人们世代相传的文化传承载体,是不同民族原生态的文化活化石。②艺术价值。非遗的艺术价值是其固有的价值,具有收藏、展示、表演等功能。非物质文化遗产在生活风貌、情感表达、艺术风格、色彩搭配等方面能够带给人们直观艺术层面上的感染力、审美情趣及情绪愉悦等。

功能价值是非物质文化遗产作为一种资源,承载着社会功能,满足社会需求所产生的价值。包括遗产作为教育、文化休闲场所,旅游目的地,延续历史上的生产、生活功能等,带来直接或间接的社会效益、文化效益、经济效益。功能价值可细分为社会、文化、经济等不同的功能价值:①社会价值。黄河非遗承载了厚重的黄河文化,是提高民族自信心、进行爱国主义教育的良好课堂,是高质量的旅游吸引物,是维持区域生态平衡的基础,是城市形象的具象表征。黄河文化遗产的社会价值具体体现在科普教育、游憩价值、社区服务、文化事业等方面。②文化价值。非遗是保护传承弘扬黄河文化的载体,也是民族凝聚力的象征,更是黄河精神的见证,主要体现在文化保护、文化传承、文化认同及文化联系层面。③经济价值。黄河文化遗产的经济价值是历史、艺术、科技价值的衍生。以观赏、体验、游憩等方式感受这些价值时,黄河文化遗产派生出经济价值,并划分为直接经济价值、间接经济价值和开发潜力等维度。

时代价值是黄河文化遗产在黄河流域生态保护和高质量发展国家重大战略与建设文化强国背景下的展示需求,是文化创造性转化和多样化展示的体现,存在创意价值、传承价值和组织价值之分:①创意价值。结合数字技术赋能非物质文化遗产,促进黄河文化的创造性转化与创新性发展,推动黄河文化保护传承弘扬。②传承价值。非遗传承人是非遗传承的核心,其影响力、带徒传艺能力直接影响非遗的传承和延续。③组织价值。当代社会非遗的保护传承离不开政府支持、社区参与、经营者、旅游者,同时学校教育(非遗进校园)也是非遗传承的重要途径。

上述指标体系的特色为:①综合已有研究成果的评估维度,将非遗的创意、传承、组织价值纳入其中;②评价指标体系内容全面、针对性强;③运用赋值表打分,具有实际可操作性。

基于此,采用德尔菲法对18位文化遗产、遗产旅游等研究领域的学者和从事遗产保护与管理的政府行政人员进行3轮意见征询。权重计算使用9级标度法进行指标的两两比较和构造判断矩阵,以专家最终打分结果为计算样本,样本数量符合层次分析法的要求①,且通过信度和效度检验。以综合评价层 A-B 为例(见表1-5),表格中的相对重要性判断值是将专家判断矩阵数据各要素求几何平均之后得到的,W_i 为相应各指标权重,$C.R.$ 为随机一致性比例。当 $C.R.<0.10$ 时,判断矩阵具有满意的一致性。经测算,所有矩阵的 $C.R.$ 值均符合要求,评价指标权重如表1-5所示。从表1-5可以看出,综合评价层 3 个指标的权重排序依次是内在价值(0.625)、功能价值(0.238)、时代价值(0.137),表明非遗的内在价值是其最本质的特征,也是最核心的价值维度。

表1-5 综合评价层因子判断矩阵 A-B 层及权重

A 黄河非物质文化遗产价值评估	B1 内在价值	B2 功能价值	B3 时代价值	W_i	$C.R.$
B1 内在价值	1.000	3	4	0.625	
B2 功能价值	0.333	1.000	2	0.238	0.017
B3 时代价值	0.250	0.500	1.000	0.137	

三、物质文化遗产价值评估——以隋唐洛阳城大遗址为例

(一)隋唐洛阳城大遗址价值评估结果

1. 综合价值评估

根据黄河文化遗产价值评估体系(见表1-2),基于利益相关者感知,设

---

① 张霞儿:《景观人类学视角的非遗特色小镇建构路径探析》,《贵州民族研究》2019年第3期。

计黄河物质文化遗产价值评估调查问卷,并向隋唐洛阳城国家遗址公园内的游客、旅游经营者及附近的居民发放感知价值调查问卷,获得不同利益相关者对隋唐洛阳城国家遗址公园的价值认知情况。有效问卷130份,包含游客60份、附近居民50份和周边旅游经营者20份。设定每项评价因子满分为10分,以同类利益相关者评价指标因子的打分均值作为该类型评价因子的最终得分,对不同利益相关者各评价因子得分进行加权求和得到最终综合得分(见表1-6)。

表1-6 利益主体视角下隋唐洛阳城国家遗址公园文化资源价值评价

价值指标	评价要素	权重 价值指标	权重 评价要素	打分均值(分) 游客	打分均值(分) 居民	打分均值(分) 旅游经营者	打分均值(分) 综合
历史价值	知名度和影响力	0.3556	0.1128	7.80	7.70	7.70	7.73
历史价值	历史悠久度	0.3556	0.0285	7.68	7.74	7.70	7.71
历史价值	真实性	0.3556	0.0593	7.42	4.96	7.00	6.46
历史价值	完整性	0.3556	0.0498	5.53	5.06	6.75	5.78
历史价值	独特性	0.3556	0.0766	6.88	7.18	7.70	7.25
历史价值	与历史事件关联性	0.3556	0.0285	8.58	8.90	9.15	8.88
艺术价值	艺术史料价值	0.1028	0.0605	6.90	7.02	6.90	6.94
艺术价值	观赏价值	0.1028	0.0259	7.80	8.12	8.15	8.02
艺术价值	审美价值	0.1028	0.0164	6.75	7.72	8.25	7.57
科学价值	规划设计	0.0408	0.0095	8.92	9.82	9.80	9.51
科学价值	工艺水平	0.0408	0.0095	9.28	9.86	9.70	9.61
科学价值	历史考证修补	0.0408	0.0161	7.53	7.08	6.80	7.14
科学价值	考古研究	0.0408	0.0058	7.52	7.40	7.25	7.39
社会价值	情感价值	0.1454	0.0662	7.97	7.58	7.45	7.67
社会价值	科普教育	0.1454	0.0331	9.12	9.46	8.85	9.14
社会价值	游憩价值	0.1454	0.0203	7.75	8.40	8.15	8.10
社会价值	社区发展	0.1454	0.0110	6.83	6.66	6.65	6.71
社会价值	区域形象	0.1454	0.0148	7.65	7.38	7.20	7.41

续表

价值指标	评价要素	权重		打分均值（分）			
		价值指标	评价要素	游客	居民	旅游经营者	综合
文化价值	文化多样性	0.2573	0.0735	6.37	6.18	6.50	6.35
	文化传承		0.1470	6.87	6.48	6.85	6.73
	文化创意		0.0368	8.32	8.22	8.30	8.28
经济价值	直接经济价值	0.0573	0.0179	6.90	7.08	7.65	7.21
	间接经济价值		0.0113	6.58	7.02	7.20	6.93
	隐性价值		0.0281	6.48	6.58	6.65	6.57
环境价值	遗存环境	0.0408	0.0200	8.20	8.30	8.40	8.30
	生态环境		0.0081	6.83	6.64	6.25	6.57
	人居环境		0.0127	7.15	6.86	6.50	6.84
得分（分）				7.30	7.12	7.42	7.28

根据综合得分的分值将隋唐洛阳城遗址的文化旅游资源价值分为4个级别，划分标准见表1-7。结果显示，隋唐洛阳城游客、居民及旅游经营者的评分均值分别为7.30分、7.12分和7.42分，综合评分均值为7.28分，说明隋唐洛阳城遗址属于三级文化旅游资源，处于良好状态。

表1-7 大遗址价值级别划分标准

得分	≥8.5分	7.0—8.4分	5.5—6.9分	4.0—5.4分	<4.0分
级别	四级	三级	二级	一级	无

2. 经济价值评估

大遗址文化旅游资源在价值构成上具有特殊性，其经济价值可分为使用价值和非使用价值两部分，尽管非使用价值具有内隐性，但却总是经济价值的重要组成。其中，使用价值反映遗产满足人们某种需要的属性，如供人们游览、教育、科研、改善人文环境等，而非使用价值则主要指遗产资源的隐性价值,不论人们是否利用它都一直存在于遗产本身。一般包含三部分:①存在价值——作为客观存在而拥有的超越使用价值的价值。②传承价值——通过对文化遗产进行保护,使得该遗产实现代代相传的价值。③选择价值——遗产在未来某时期可能产生使用价值的价值。本研究选取TCM-CVM综合模型对隋唐洛阳城国家遗址公园进行经济价值测算。

(1)问卷调查情况

笔者于2022年7月5日至7月24日前往洛阳市隋唐洛阳城国家遗址公园开展实地调研,调研对象为隋唐洛阳城国家遗址公园及周边区域的游客,访谈及问卷发放地点有天堂、明堂、应天门博物馆、九洲池以及周边的停车场和街边公园等。本研究所使用的基础数据均来自对隋唐洛阳城国家遗址公园景区游客的直接问卷调查(见附录2),调查样本量的确定主要以隋唐洛阳城国家遗址公园2021年游客接待量为参考,采用Scheaffer样本数据公式进行抽样样本量的估算,确定最小调查样本量为401份。本次调研共发出问卷486份,收回问卷486份,回收率为100%,其中有效问卷445份,有效率为91.56%。有效样本总量超过最小样本量,说明结果具有一定的代表性。

(2)隋唐洛阳城国家遗址公园使用价值评估

采用分区旅行费用法(ZTCM)计算隋唐洛阳城国家遗址公园2021年经济价值,根据问卷调研结果将游客划分为21个客源地(表1-8)。

表1-8　2021年隋唐洛阳城分区游客出游基本信息

客源地	样本数/份	出游率/‰	总旅行费用/元	出游人数/万人	城镇常住人口/万人(2021)	城镇职工年平均工资/元(2020)	权重系数/K
广西—云南—贵州	5	0.24	733.21	1.71	7261.59	58899.78	0.24
广东	11	0.40	768.52	3.76	9466.07	82983.32	0.21
黑龙江—吉林—辽宁	8	0.41	674.93	2.73	6637.40	54617.87	0.21
甘肃—青海—新疆	4	0.43	708.80	1.37	3172.43	63839.75	0.28

续表

客源地	样本数/份	出游率/‰	总旅行费用/元	出游人数/万人	城镇常住人口/万人（2021）	城镇职工年平均工资/元（2020）	权重系数/K
浙江	7	0.50	637.77	2.39	4754.60	78439.55	0.23
四川	8	0.56	733.12	2.73	4840.70	65533.04	0.26
福建	5	0.59	680.04	1.71	2918.00	70723.60	0.18
江西	5	0.62	513.49	1.71	2776.40	59077.79	0.21
重庆	5	0.76	542.68	1.71	2259.13	68533.97	0.18
湖南	9	0.78	525.43	3.07	3954.00	60198.17	0.26
江苏	15	0.81	498.75	5.12	6288.89	79176.00	0.22
山东	16	0.84	451.79	5.47	6502.69	66113.71	0.23
安徽	9	0.85	546.97	3.07	3631.00	63089.34	0.32
上海	6	0.92	795.76	2.05	2223.10	129413.37	0.25
河北	13	0.98	386.80	4.44	4554.00	53586.37	0.27
北京—天津	9	1.00	738.94	3.07	3081.10	130611.76	0.24
陕西	9	1.22	383.80	3.07	2516.00	61914.87	0.23
湖北	14	1.28	400.90	4.78	3736.45	60688.71	0.24
山西	14	2.17	367.58	4.78	2207.48	56966.61	0.23
河南（除去洛阳）	127	8.48	249.35	43.38	5113.30	55367.62	0.35
洛阳	146	107.09	61.23	49.87	465.70	56994.74	0.43
总计	445	—	—	151.99	88360.03	—	—

①回归分析

把出游率（VR）当成因变量，总旅行费用（TVC）、总人口数（TPN）、职工年平均工资（INC）当作自变量进行相关分析，结果表明：出游率与总旅行费用的相关系数在0.01显著性水平上显著，Pearson相关系数为-0.613，说明出游率和旅行总费用之间存在显著的负相关关系，总人口数和职工年平均工资 INC 则没有通过显著性检验(见表 1-9)。这和国内查爱苹(2015)①、李环(2021)②等学者使用旅行费用作为唯一自变量的研究一致。

表 1-9 出游率与影响因子的相关分析

		出游率 (*VR*)	总旅行费用 (*TVC*)	总人口数 (*TPN*)	职工年平均 工资(*INC*)
出游率 VR	Pearson 相关性	1	-.613**	-.407	-.154
	显著性(双侧)		.003	.067	.505

注：**表示相关系数在置信度为 0.01 时(双侧)显著。

客源地出游率与人均总旅行费用的关系如图 1-10 所示。

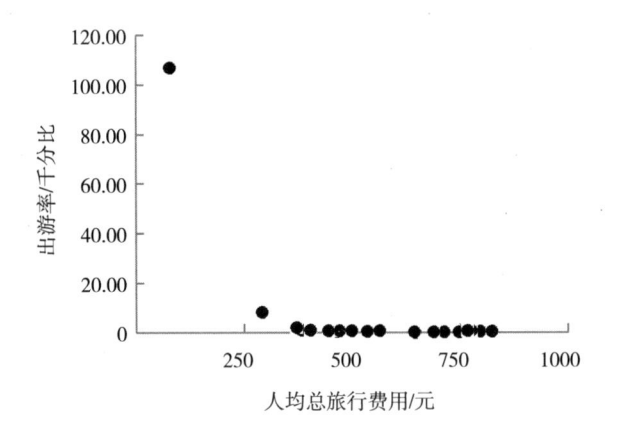

图 1-10 客源地出游率与人均总旅行费用散点图

选择出游率(*VR*)为因变量,总旅行费用(*TVC*)为自变量,借助 SPSS 26.0 软件进行回归分析,模型汇总及参数估计值见表 1-10。结果显示,二次曲线和幂函数曲线模型的拟合程度较好,但考虑到旅游需求曲线的实际特征,最终选择幂函数模型作为两者的回归模型,具体表述如式(1.1)：

$$VR_i = 625475.235\ TVC_i^{-2.151} \tag{1.1}$$

---

① 查爱苹、邱洁威、后智钢:《基于双边界二分式条件价值法的杭州西湖风景名胜区旅游资源非使用价值评估》,《生态科学》2017 年第 2 期。
② 李环、赵韬、向程:《基于 TCM-CVM 综合模型的古城旅游景区经济价值评估——以阆中古城为例》,《干旱区资源与环境》2021 年第 3 期。

表1-10 出游率与旅行费用之间函数关系

方程	模型汇总					参数估计值			
	R方	F	df1	df2	Sig.	常数	b1	b2	b3
对数	0.740	57.832	1	19	.000	226.267	−35.529		
二次	0.856	60.532	2	18	.000	116.950	−.429	.0004	
幂函数	0.889	161.865	1	19	.000	625475.235	−2.151		
指数	0.661	39.924	1	19	.000	20.795	−.006		

②旅游需求曲线与使用价值计算

根据上一阶段求出的出游率与旅行费用间的回归方程可计算出该客源地出游率与增加旅行费用的对应序列值,进一步又可求出不同出游分区旅行费用和旅游人次间的函数关系以及旅游需求曲线。各客源地游客在洛阳旅游市场的总消费者剩余指的是需求曲线与游客所支付的价格(旅行费用)间的面积,用式(1.2)表示:

$$CS = \sum \int_{TC_0}^{TC_m} Y(x) dx \qquad (1.2)$$

式(1.2)中,CS指消费者剩余,x为总旅行费用,TC_0为某客源地游客往返隋唐洛阳城国家遗址公园的实际总旅行费用,TC_m为该客源地游客数量接近于0时的总旅行费用,$Y(x)$为该客源地的游客需求曲线。利用SPSS 26.0软件对客源地旅游人次与总旅行费用对应序列值进行回归分析,得到幂函数$Y(x) = A x^b$为拟合程度较好的回归模型。

以洛阳区域为例,该客源地游客前往隋唐洛阳城国家遗址公园的平均旅行费用为61.23元/人(包括1/3时间价值),旅行费用以500元为单位进行递增,计算出当总旅行费用达到25061.23元时,前往隋唐洛阳城的旅游人次接近为0(幂函数旅游人次无法降为0,在此假设当旅游人数小于1即为接近于0),通过SPSS 26.0软件得到统计回归模型并进行积分计算:

$$Y(x) = 2912838169.395 \, x^{-2.151} \qquad (1.3)$$

$$CS_{洛阳} = \int_{61.23}^{25061.23} 2912838169.395 \, x^{-2.151} d(x) = 2.22047 \times 10^7 (元)$$

同理,可以得出其他20个出发区的实际旅游需求函数,进一步可计算出不同出发区的消费者剩余 CS_i，具体结果见表 1-11，最终将 21 个出发区的消费者剩余汇总相加到：

$$CS_{\text{总}} = \sum_{1}^{21} Y(x)d(x) = 34046.4 \text{（万元）}$$

表 1-11　隋唐洛阳城国家遗址公园旅行费用统计表

客源地	人均总旅行费用/元	出游人数/万人	总旅行费用/万元	总消费者剩余/万元	总价值/万元
广西—云南—贵州	733.21	1.71	1252.22	1979.56	3231.78
广东	768.52	3.76	2887.56	2445.37	5332.93
黑龙江—吉林—辽宁	674.93	2.73	1844.30	1990.70	3835.00
甘肃—青海—新疆	708.80	1.37	968.43	897.38	1865.81
浙江	637.77	2.39	1524.92	1521.39	3046.31
四川	733.12	2.73	2003.31	1318.57	3321.88
福建	680.04	1.71	1161.42	865.76	2027.18
江西	513.49	1.71	876.97	1139.96	2016.93
重庆	542.68	1.71	926.82	869.58	1796.40
湖南	525.43	3.07	1615.25	1582.10	3197.35
江苏	498.75	5.12	2555.39	2674.52	5229.91
山东	451.79	5.47	2469.11	3099.95	5569.06
安徽	546.97	3.07	1681.47	1386.66	3068.13
上海	795.76	2.05	1630.86	549.20	2180.06
河北	386.80	4.44	1717.57	2595.83	4313.40
北京—天津	738.94	3.07	2271.62	830.42	3102.04
陕西	383.80	3.07	1179.86	1445.73	2625.59
湖北	400.90	4.78	1917.11	2042.98	3960.09
山西	367.58	4.78	1757.78	1333.02	3090.80
河南（除去洛阳）	249.35	43.38	10816.75	1257.25	12074.00
洛阳	61.23	49.87	3053.52	2220.47	5273.99
总计	—	151.99	46112.24	34046.40	80158.64

隋唐洛阳城国家遗址公园使用价值等于各旅游客源地游客旅行总费用与消费者剩余之和,故其总使用价值=46112.24+34046.40=80158.64万元。

(3)隋唐洛阳城国家遗址公园非使用价值评估

隋唐洛阳城国家遗址公园的非使用价值包含选择价值、遗产价值和存在价值三部分,本研究利用条件价值法对隋唐洛阳城遗址的非使用价值进行估算,结果如下:

①游客支付意愿率分析

445份有效问卷的统计结果表明:愿意支付一定金额用于对隋唐洛阳城国家遗址公园保护的样本有315份,占总体样本的70.79%,这表明游客对隋唐洛阳城国家遗址公园的保护意愿比较强烈。

②人均支付意愿分析

利用采用支付卡式条件价值法对游客的支付意愿进行调查,根据问卷得出隋唐洛阳城国家遗址公园游客在不同支付区间的分布频率(见表1-12)。根据现有研究基础及国内相关学者的实证分析,使用加权平均值来确定支付意愿(WTP值),计算出2021年隋唐洛阳城国家遗址公园游客的人均WTP值为47.83元。

表1-12 支付意愿累计频率分布

WTP支付卡/元	绝对频数/人次	相对频度/%	调整频度/%	累计频度/%
5	7	1.57	2.22	2.22
10	30	6.74	9.52	11.74
20	23	5.17	7.30	19.05
30	35	7.87	11.11	30.16
40	17	3.82	5.40	35.55
50	61	13.71	19.37	54.92
60	26	5.84	8.25	63.17
70	10	2.25	3.17	66.35
80	11	2.47	3.49	69.84
90	1	0.22	0.32	70.16
100	60	13.48	19.05	89.20

续表

WTP 支付卡/元	绝对频数/人次	相对频度/%	调整频度/%	累计频度/%
120	4	0.90	1.27	90.47
150	9	2.02	2.86	93.33
200	12	2.70	3.81	97.14
250 及以上	9	2.02	2.86	100.00
拒绝支付	130	29.21	——	——
总计	445	99.99	100.00	——

③游客支付动机分析

隋唐洛阳城国家遗址公园 445 位游客的支付意愿结果显示（见图 1-11）：有支付意愿的游客为 315 人，拒绝支付的有 130 人。对 315 位愿意支付游客的支付动机进行分析，发现希望将支付的费用用于支付存在价值的比例为 42.82%，用于支付选择价值的比例为 25.71%，用于支付遗产价值的比例为 31.47%。另外，从支付动机的具体分配来看，除了黑龙江—吉林—辽宁、甘肃—青海—新疆、重庆、上海、山东、湖北这几个分区出现选择价值的比重高于遗产价值的情况外，其他各个出游分区在支付倾向的比重上基本上都符合存在

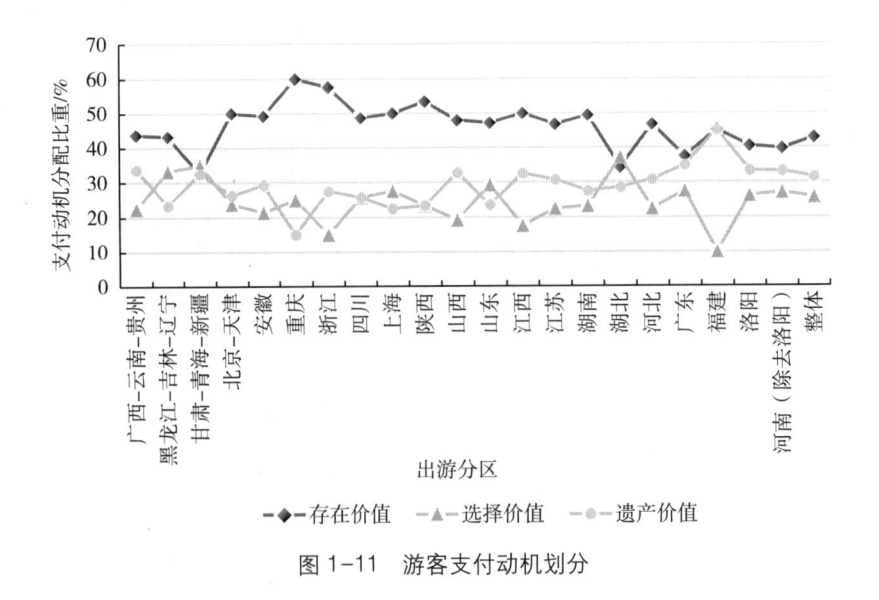

图 1-11 游客支付动机划分

价值>遗产价值>选择价值的分配,从侧面体现出在广大游客心中文化遗产的存在本身就是一种无形财富,这种心理感知在其非使用价值中居于绝对地位。

④隋唐洛阳城国家遗址公园非使用价值分析

本研究以隋唐洛阳城国家遗址公园2021年年末游客接待量为评估基数,结合问卷中游客支付意愿率及人均WTP值等相关参数,可计算出2021年隋唐洛阳城国家遗址公园的非使用价值为7270.16万元,其中存在价值3113.083万元、选择价值1869.158万元、遗产价值2287.919万元。

(二) 评估结果的比较分析

结合游客、当地居民以及旅游经营者对各评价要素的问卷打分情况,分别对整体评估结果和指标间横向对比展开具体分析。

1. 综合价值评估比较分析

从图1-12中明显可以看出,隋唐洛阳城国家遗址公园各评价要素的实际得分与指标体系权重赋分的整体分布情况是一致的,这验证了本研究所构建的评价体系和实际调研结果是可靠的。对一级指标而言,隋唐洛阳城国家

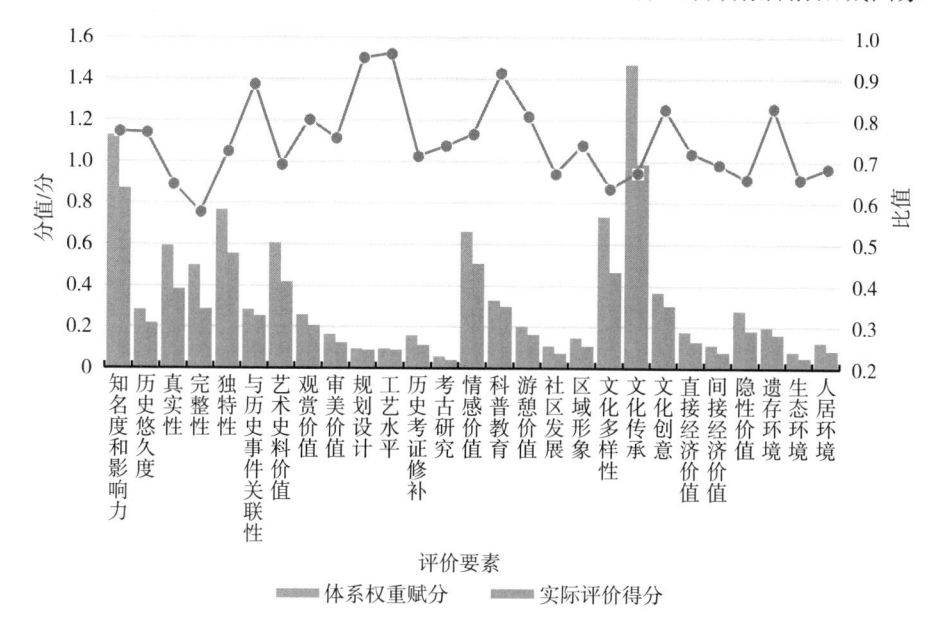

图1-12 隋唐洛阳城国家遗址公园整体评价结果评分

遗址公园各评价要素实际评分与权重赋分相比波动较大的指标主要体现在历史和文化价值上，因为这两类评价指标是最受当代社会关注同时也最容易被大众直接感知的两个维度。从二级指标绝对差值看，文化传承、文化多样性、知名度和影响力、真实性、完整性和独特性是分差最大的几个要素，说明隋唐洛阳城在这几个方面有待进一步加强。二级指标百分比达成情况表明隋唐洛阳城国家遗址公园在规划设计、工艺水平以及科普教育等方面的实际效果非常好，但在真实性、完整性、社区发展、文化多样性、文化传承、隐性价值和生态环境等方面还需要提升。

2. 指标间横向对比分析

隋唐洛阳城国家遗址公园整体价值评估结果良好，但不同价值评价要素间的评分存在显著内部差异。根据不同主体关于评价要素的打分结果，可将洛阳城国家遗址公园各价值评价要素的实际价值利用情况归为四种状态，具体划分标准及结果分别见表1-13和图1-13。

表1-13　隋唐洛阳城国家遗址公园价值评价要素利用状态划分标准

三类主体评价要素打分	利用情况	要素数量
均>8.5分	优势状态	4
均在7.0—8.5分	潜力状态	9
均<7.0分	弱势状态	6
既有<7.0分又有>7.0分	矛盾状态	8

通过对三类主体关于隋唐洛阳城国家遗址公园各价值评价要素的评分（见图1-14）展开分析发现：三类主体在与历史事件关联性、规划设计、工艺水平、科普教育这4个要素上的评分均超过8.5分，说明整个社会已经普遍认同隋唐洛阳城不仅发生过诸多重大历史事件，同时在遗址的规划和营建技艺上也表现卓越，有助于提升民众的历史文化涵养和文化自信。在知名度和影响力、历史悠久度、观赏价值、考古研究、情感价值、游憩价值、区域形象、文化创意、遗存环境这9个要素上评分均在7.0—8.5分，表明洛阳城的历史、社会、文化等不同方面的价值潜力正被逐步开发。在完整性、社区发展、文化多样性、文化传承、隐性价值和生态环境这6个要素上，三类主体评分均低于7.0

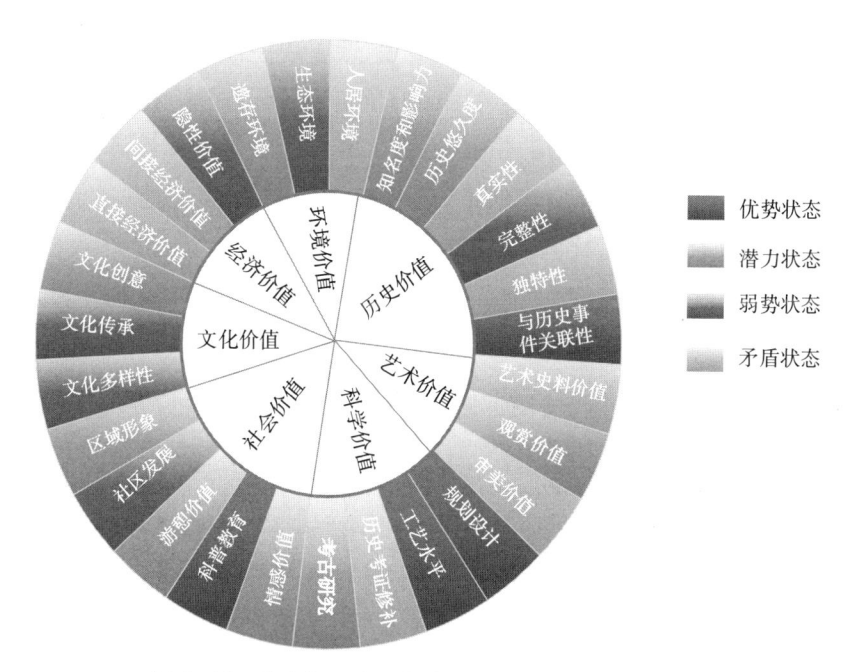

图 1-13 隋唐洛阳城国家遗址公园价值要素利用状态

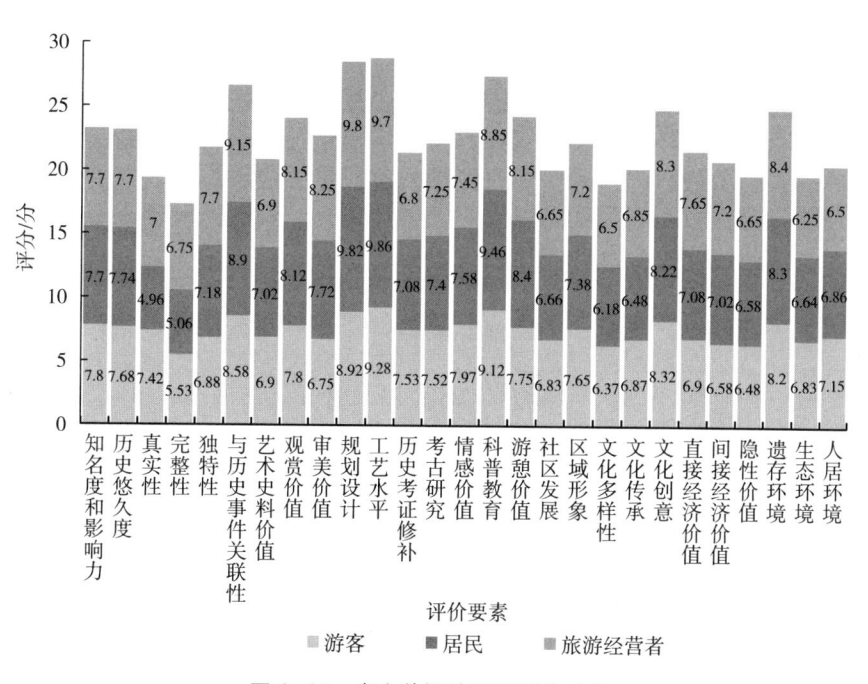

图 1-14 多主体评价要素评分情况

分,表明隋唐洛阳城在遗址的整体规划开发、改善周边社区发展条件、促进文化保护传承和改善周边生态环境等方面的价值还较低,需重点进行提升。在真实性、独特性、艺术史料价值、审美价值、历史考证修补、直接经济价值、间接经济价值、人居环境这8个方面的评分存在争议,主要是由于这几类价值最易受评价对象的主观影响,这也证明遗址的保护和利用实际上是一个不同主体与多元价值彼此互动的过程,并在该过程中产生一种新的社会文化建构。

四、非物质文化遗产价值评估——以唐三彩烧制技艺为例

(一)评估对象的特点

唐三彩是中国唐代时期的一种釉陶艺术品,以黄、绿、白三色为主而得名,至今已有1300多年历史。作为民族艺术,它在汉代低温铅釉基础上不断演变,并吸收了唐代以前的绘画、石刻、雕塑等艺术精华,成为独具中华文明特色的艺术品,被誉为"东方艺术瑰宝"。其中,唐三彩最具代表性的类型包括人物、马匹、骆驼和器皿等。在唐代,唐三彩的造型丰腴端庄,色彩绚丽,装饰精美,被广泛应用于皇家贵族观赏、宫廷园林装饰和宗教寺庙建筑等领域。同时,唐三彩也沿着著名的"丝绸之路"传播至东南亚、中西亚、欧洲和北非等地,并备受青睐。2008年6月,唐三彩的传统制作技艺被列入中国非物质文化遗产名录。洛阳是唐三彩最主要的产地之一,因此有"洛阳唐三彩"之称。洛阳唐三彩是中国陶瓷工艺中最具代表性的品种,堪称工艺最精美、艺术成就最高的一种瓷器。它集雕塑、绘画、釉烧技术于一体。成品釉面光洁滋润,色泽艳丽丰富,尤其在烧制过程中釉面会产生各种晕彩,这些晕彩的出现为"洛阳唐三彩"器物增加了艺术美感。唐三彩既有富贵华丽的效果,同时又有浓郁的生活气息和民族特色。

随着时代的发展和人们需求的多样化,位于洛阳孟津区的南石山村,制作出的三彩陶可以与唐代艺术品相媲美,这个村庄就在唐三彩的发现地北邙山附近。1905年,几个筑路工人偶然在此处发掘了一座唐王室贵族墓葬,使得一批五颜六色的陶器重见天日。后来,这种陶器受到越来越多的关注,特别是被外国人大量收购。从那时起,南石山村开始了仿制唐三彩的历史。2017年,南石山村被国家住建部命名为国家级特色小镇——三彩小镇。2019年,

该村被河南省文化和旅游厅授予"河南省乡村旅游特色村"称号。小镇主要以家庭作坊的形式制作唐三彩工艺品,类似的家庭作坊有七八十家,每家售卖的唐三彩产品各有特色,功能也有所不同。当地有经营唐三彩的展示厅和博物馆,还有一些大学生和小学生的研学活动,游客也可以参与唐三彩手工艺品的制作。艺术工艺需要传承,同时也需要经济支持。南石山村的唐三彩制作吸引了许多不懂技术的人参与其中,如附近村镇的村民,可以参与到唐三彩产品的某个工艺制作中,也有村民成为手工艺品的经营者,由此带动了当地和附近村镇的就业。专业的唐三彩手工艺人技术娴熟,细心沉稳,制作出的唐三彩惟妙惟肖。南石山村的唐三彩烧制工艺不仅在规模上为唐三彩之最,而且品种也十分丰富。据统计,南石山村的三彩制品市场占据了全国同类产品80%的份额,年生产数量近百万件,年产值达到数千万元。这里的人们延续了这项古老的艺术技艺,通过制作三彩工艺品走上了致富之路。

洛阳唐三彩具有手工技艺类遗产的典型特征。首先,唐三彩烧制技艺是典型的地域特色型非物质文化遗产。它从考古发现到传承至今都在洛阳地区,并且目前已经在洛阳地区乃至全国有着广泛的影响力。南石山村唐三彩的制作技艺依旧保持着原有的特色,其自身所蕴含的历史价值、文化价值和社会价值非常丰富。此外,洛阳市政府为南石山村唐三彩制作技艺传承提供了很大的帮助,南石山村唐三彩自身发展也产生了很好的经济效益,促进了当地旅游业的发展,带动了本地和附近村镇的就业。洛阳唐三彩烧制技艺在手工技艺类遗产价值中具有典型意义。综合以上因素,本书选取唐三彩烧制技艺作为手工技艺类遗产价值评估的案例研究对象。

(二)不同主体价值评估结果分析

唐三彩的复制和仿制工艺在洛阳已有百年历史,其生产主要集中在孟津区南石山村,部分省级和市级非遗传承人在此进行唐三彩创作。唐三彩制品的生产模式以家庭作坊为主,因此南石山村及周边村的居民大部分都是唐三彩制作的手工艺人。为了全面准确地评估不同主体对唐三彩烧制技艺认知的综合价值,本书将调查对象分为游客、传承人及居民、产品经营者三类主体。

调查问卷中的每个指标满分为100分,以均值作为每项指标的得分,对不同主体各评价指标得分进行加权求和得到最终综合分(见表1-14)。

表1-14 不同主体唐三彩烧制技艺的价值评估

目标层	准则层	要素层	指标层	指标层权重	得分均值(分) 游客	得分均值(分) 传承人及居民	得分均值(分) 产品经营者
唐三彩烧制技艺的价值评估A	内在价值(B1)	历史价值(C1)	历史悠久性(D1)	0.046	80.000	80.000	80.000
			资源完整性(D2)	0.028	85.773	73.333	81.667
			原真性(D3)	0.135	83.093	93.333	88.333
			历史影响力与知名度(D4)	0.135	91.340	93.333	86.251
			独特性(D5)	0.079	89.278	86.667	92.333
			非遗与历史事件的联系(D6)	0.046	80.000	84.242	81.023
		艺术价值(C2)	审美价值(D7)	0.050	83.093	93.333	85.667
			艺术感染力(D8)	0.055	89.278	93.134	91.667
			非遗载体(D9)	0.029	82.062	93.333	82.002
			遗产的展示丰度(D10)	0.022	83.299	93.151	88.667
	功能价值(B2)	社会价值(C3)	科学研究价值(D11)	0.017	82.062	83.331	81.001
			科普教育价值(D12)	0.013	77.732	90.133	85.333
			游憩价值(D13)	0.006	79.381	65.118	85.333
			发展价值(D14)	0.012	82.887	93.178	85.667
			社区服务(D15)	0.009	74.021	91.310	73.001
			社会环境(D16)	0.007	87.423	93.313	81.667
		文化价值(C4)	文化保护(D17)	0.026	91.546	93.301	88.333
			文化传承(D18)	0.025	90.309	86.6667	89.333
			文化认同(D19)	0.010	94.021	93.303	82.667
			文化联系(D20)	0.007	89.072	73.333	75.001
		经济价值(C5)	直接经济价值(D21)	0.057	81.856	79.688	79.667
			间接经济价值(D22)	0.032	67.216	77.305	75.667
			开发潜力(D23)	0.017	72.990	73.333	75.667

续表

目标层	准则层	要素层	指标层	指标层权重	得分均值（分）		
					游客	传承人及居民	产品经营者
唐三彩烧制技艺的价值评估A	时代价值（B3）	创意价值（C6）	创造性转化（D24）	0.010	72.784	60.010	74.012
			创新性展示（D25）	0.019	74.433	60.047	68.667
			符号价值（D26）	0.010	84.742	93.333	93.667
		传承价值（C7）	传承范围（D27）	0.034	82.062	53.333	81.105
			传承人级别（D28）	0.008	64.124	60.020	56.667
			传承规模（D29）	0.017	58.351	66.667	58.667
		组织价值（C8）	政府支持（D30）	0.013	76.701	73.333	71.667
			社区参与（D31）	0.005	69.278	80.091	75.013
			经营者（D32）	0.006	77.320	79.005	93.333
			旅游者（D33）	0.008	76.701	80.031	78.333
			学校教育（D34）	0.007	70.928	95.726	67.667
评分					80.152	81.728	80.434

根据综合得分，可将唐三彩烧制技艺价值评估分为四个级别，从高到低分别是：四级非物质文化资源，得分>85分；三级非物质文化资源，得分75—85分；二级非物质文化资源，得分60—74分；一级非物质文化资源，得分<60分。不同主体的评分均值分别为：传承人及居民（81.728分）>产品经营者（80.434分）>游客（80.152分），综合评分均值为80.771分，说明唐三彩烧制技艺属于三级非物质文化资源，保护与传承状况良好，具有较强的历史底蕴和文化艺术价值，展示内容丰富、形式多样，兼具美观性与体验性，文旅产品的可塑性强。唐三彩制作过程具有趣味性，作品色彩艳丽，造型多样，具有较强吸引力，同时，适于开发游客参与体验活动。孟津区南石山村唐三彩博物馆以及洛阳市博物馆经常开展研学活动，唐三彩烧制技艺已与学校及艺术培训机构建立合作机制，在参观后还可体验唐三彩上釉过程，非遗文化已与教育教学、旅游、文创密切融合。从调研结果来看，游客、传承人与居民、经营者对唐三彩烧制技艺的认知都比较高，为深度开发体验类文化旅游产品、形成文化旅游产

品链条打下了坚实的基础。

周一到周五会与学校合作接待中小学的研学团队,研学的时间为半天,一天的接待量有200人左右,分上下午两批接待。研学团队较多时,不再接待散客的三彩制作体验。周末会有家长带小朋友或者散客到南石山村体验三彩技艺。

——访谈记录:洛阳九朝文物复制品有限公司
总经理助理兼市级传承人

从不同主体来看,内在价值、功能价值和时代价值在传承人及居民、游客和产品经营者中具有更高的认可度,功能价值在游客中具有更高的认可度。具体来说,内在价值的平均得分为传承人及居民(88.386分)>产品经营者(85.386分)>游客(84.722分),功能价值的平均得分为游客(84.101分)>产品经营者(82.347分)>传承人及居民(81.411分),时代价值的平均得分为产品经营者(74.436分)>游客(73.402分)>传承人及居民(72.436分)。其中,传承人及居民对唐三彩非遗的历史价值和艺术价值的认知均较高。

我在这个村子长大,从小耳濡目染看着祖辈制作唐三彩艺术品,现在唐三彩产品知名度大,购买的人多,有到家里批量购买的,也有散客购买。现在三彩的款式越来越多,也有根据顾客需求创作。

——访谈记录:南石山村家庭作坊唐三彩创作人、居民

功能价值中,不同主体的认知存在差异,社会价值、文化价值和经济价值认知较高的群体分别为传承人及居民、游客、经营者。

唐三彩产品非常受外省游客的喜爱,本地游客购买较少,游客购买的偏好集中在经典的马、骆驼等摆件,瓷碗,牡丹笔筒,瓷板画等小型的唐三彩产品。这里的产品有些虽然是同款,但都是手工制作,每一件都会有细微的差异。

——访谈记录:唐三彩艺术博物馆馆长

时代价值中,游客对创意价值的认知程度较高,新颖的文创产品深受游客喜欢;传承人及居民对传承价值和组织价值的认可度更高。

之前对唐三彩的认识停留在知道,通过参观对三彩的烧制技艺、审美艺术、历史文化等深有感触,尤其是唐三彩创作与现代发展结合,有很多

瓷板画作品。

——访谈记录:洛阳博物馆北京游客

(三) 经济价值分析

1. 使用价值

南石山村手工作坊生产的唐三彩产品,其大小和用途各有不同。从时间上考虑,生产大件工艺品价格较高但雕刻成形上釉等过程用时更长。为了便于计算,假设手工作坊生产的均为200元一件的唐三彩马。通过走访得知,南石山村唐三彩小镇的手工作坊约有76家,全村460户1600人,有专业烧制艺人2000余人,每个作坊基本上是以家庭为单位进行生产,每天的产量以生产200元一件的唐三彩马为例可生产60件。可以计算出南石山村唐三彩每年的使用价值为:

$$60 \times 200 \times 76 \times 365 = 332880000(元)$$

2. 非使用价值

(1) 支付意愿分析

去除问题回答前后矛盾、填写不完整等无效问卷,最终有效问卷共计246份(见表1-15),占总体数量的98.4%。在有效的246份问卷中,愿意为保护传承唐三彩手工艺品而支付一定金额的被调查者共有211人,占有效问卷全部被调查者的85.77%,远高于不愿意支付一定金额的被调查者。

将游客按地区进行分类,洛阳市内的32份问卷中愿意支付的有29人,占洛阳市内调查者总数的90.63%;除去洛阳市的河南省内其他地区108份问卷中愿意支付的人数为92人,占比85.19%;省外106份问卷中愿意支付的人数为90人,占比84.91%,由此可见,游客的支付意愿洛阳市内>河南省内>河南省外。

经分析可知,随着整个社会对非物质文化遗产的重视和宣传,公众保护传统手工艺的意识也在不断增强。随着一些文化创意类节目的出圈,唐三彩在全国乃至世界的知名度也在提升。尤其是洛阳本地的居民和游客,对于本土的唐三彩烧制技艺有着更多的了解和更深厚的感情,支付意愿也更高。

表 1-15 支付意愿统计表

WTP(元)	绝对频次(人数)	相对频度(%)	调整的频度(%)	累计频度(%)
5	17	6.91	8.06	8.06
10	13	5.28	6.16	14.22
20	23	9.35	10.90	25.12
30	17	6.91	8.06	33.18
40	4	1.63	1.90	35.07
50	46	18.70	21.80	56.87
60	9	3.66	4.27	61.14
70	1	0.41	0.47	61.61
80	5	2.03	2.37	63.98
90	1	0.41	0.47	64.45
100	49	19.92	23.22	87.68
120	1	0.41	0.47	88.15
150	6	2.44	2.84	91.00
200 及以上	19	7.72	9.00	100
小计	211	85.77	100	
不愿意支付	35	14.23		
总计	246	100		

(2)支付价格分析

在愿意支付金额的被调查者中,选择人数最多的是50元和100元的,选择的人分别为46人和49人,占总人数的18.70%和19.92%;其次是选择支付意愿为20元的,有23人,占总人数的9.35%;选择支付意愿为200元及以上的有19人,占总人数的7.72%;选择支付意愿为5元和10元的有17人和13人,占总人数的6.91%和5.28%。通过上述数据可知,被调查愿意支付的金额主要集中在100元及以下。主要因为该支付意愿是以年为次数的,设计的问题是每年支付多少金额。调查者一半以上是省内游客,鉴于居民的工资水平普遍不高,还有部分是学生,加上这是一笔持续的投入,因此大部分受访者将愿意支付的金额确定在100元及以下是比较合理的选择。

对支付意愿在200元及以上的调查者进行分析发现,有5名是来自北京的游客,月收入在6000元以上,收入相对较高,并且已购买唐三彩产品。也有来自上海、山西、湖北、四川、甘肃、河北、安徽的游客,其中有两名学生对唐三彩展品很感兴趣,对唐三彩产生了良好的审美体验,想了解其制作工艺;洛阳市内有3名支付意愿在200元及以上的游客,主要是因为对本地手工技艺的文化认同和深厚情感。

(3)影响支付意愿的原因分析

在支付意愿调查中,不太愿意支付的占比11.72%,由于经济不愿意支付的占比62.96%,对此种意愿调查不感兴趣的占比17.28%,认为是政府责任的占比11.11%,认为与自己关系不大的占比8.64%。由此可见,不愿意支付的原因主要是收入偏低。在愿意了解的原因中,历史悠久占比66.67%,内容精彩丰富多样占比56.67%,祖辈流传不能流失占比52.86%,启发灵感占比30.48%,学习历史文化占比23.81%,舒缓压力占比12.86%。由此可见,愿意了解的原因多为历史悠久、内容精彩丰富多样以及祖辈流传不能流失。

(4)非使用价值的计算

通过分析整理调查问卷的数据,得出对被调查者的支付意愿的中位值,由此可以得出人均支付意愿大约为每年50元;而总体的支付率为85.77%;由2022年洛阳市国民经济和社会发展统计公报得知,洛阳市2022年旅游人数为0.8亿人次。

因此洛阳唐三彩的非使用价值=总样本人口×人均支付意愿×总支付率
=80000000×50×85.77%=34.308(亿元)

这表明,洛阳唐三彩2022年的非使用价值为34.308亿元。

第四节　黄河文化和旅游地标区遴选

一、遴选的学理分析与思路框架

很长时间里,文化遗产保护是相关国际法规制定的基本原则和根本目的,而有关文化遗产的利用同样为国际社会所关注。[1] 自1964年通过的《威尼斯

---

[1] 参见张朝枝、郑艳芬:《文化遗产保护与利用关系的国际规则演变》,《旅游学刊》2011年第1期。

宪章》肯定文化遗产展示和利用的重要性以后,文化遗产的利用逐渐被重视,并最终达成保护是利用的前提,利用的目的在于更好保护和传承的社会共识。只有将保护与利用相结合,才能使文化遗产展现新活力,发挥其独特价值。

文化地标是文化景观的一种重要类型。本书将景观看作人类所共通的价值体系、信仰及意识形态的产物,一种能够被解读的文化建构,景观所蕴含的文化意蕴、习俗观念、信仰传统及社会隐喻等内涵是景观深层次价值。在文化景观中,文化是动因,空间是载体,而文化景观则是动因与载体融合呈现的结果。文化地标作为一种特殊的文化景观,既是精神空间的物质载体,更是物质空间的精神表达。[①]

(一) 遴选框架

1974年,法国哲学家、城市理论研究者亨利·列斐伏尔在《空间的生产》中首次提出"文化空间",并指出,空间不能仅停留在物理性空间层面,文化空间也可以被理解为一种物质的存在方式,可以通过人类主体的有意识活动而产生,并且必须通过时间得以纵向延续和发展。[②] 文化空间与文化遗产关系密切。1998年,联合国教科文组织成员国大会通过的23号决议提出将"文化空间"作为非物质文化遗产概念的重要组成部分。文化空间具有时间、空间、文化等多维属性,而旅游地文化空间还具有活态性、开放性、展示性等特征。旅游地文化空间发展的过程受到了政府、社会团体、旅游地经营者、社区居民和旅游者等多元主体的影响,因此,文化遗产所在地的文化空间生产体现了以空间为场所,以文化为内容、以旅游为文化传播途径,以多元主体为文化传播载体的互动过程。

据此,本书在文化遗产保护理论、文化景观理论和空间生产理论的基础上,以黄河流域的文化遗产及文化遗产所在地为研究对象,借助德尔菲法,得到黄河流域物质文化遗产和非物质文化遗产等级划分指标体系,再从资源禀赋、开发条件和开发效益3个维度选取12个指标,分析遗产所在地单因子承载的区域

[①] 参见艾文婧、许加彪:《城市历史空间的景观塑造与可沟通性——城市文化地标传播意象的建构策略探究》,《陕西师范大学学报(哲学社会科学版)》2021年第4期。

[②] H.Lefebvre, *The Production of Space*, Translated by D.Nicholson-Smith, Oxford: Blackwell, 1991.

差异,并通过熵值法确定各因子权重,采用 ArcGIS 叠加分析得到综合评分,根据文化遗产等级及文化遗产承载地的文化和旅游发展等级及其组合,制定黄河文化和旅游地标的遴选策略(见图 1-15)。以期为黄河文化和旅游资源开发、黄河国家文化公园合理布局、打造具有国际影响力的黄河文化旅游带提供学理支撑。

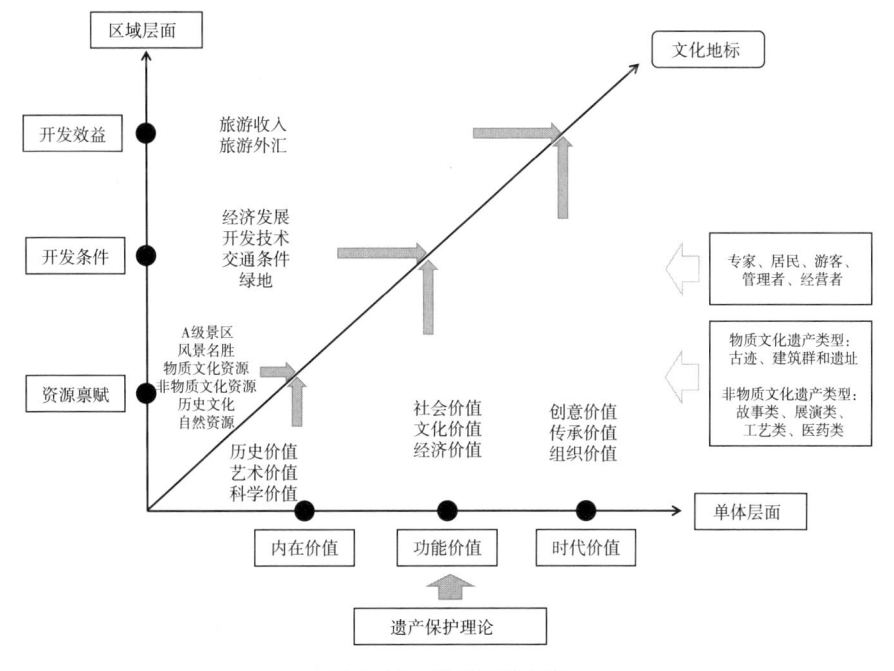

图 1-15 遴选思路框架

(二) 黄河文化遗产价值评估维度

目前已有文化遗产价值评估体系的普适性和时代性尚有不足。本书尝试从内在价值、功能价值、时代价值 3 个维度初步构建黄河文化遗产价值评估的指标体系。

(1)内在价值。内在价值是文化遗产价值的核心,反映遗产本身的要素条件及遗产中蕴含的信息在具体时空中被特定人群认知的价值,包括遗产本身的历史积淀、感官从物质形态中获得的审美体验,基于知识体系从信息载体中识别的历史、科学、艺术意义等,衡量维度主要包括历史价值、艺术价值和科学价值。①历史价值。黄河文化遗产是在一定历史条件下产生的遗迹,作为历史的产物,必然打上特定时代的印记。物质文化遗产反映当时的自然生态状况和社会的政治、经济、科技、军事、文化等状况,非物质文化遗产反映民众集体生活并长期得以流传的人类文化活动及其成果。②艺术价值。艺术价值内涵丰富,主要包括艺术史料、观赏、审美等方面的价值。艺术史料价值体现在文化遗产独特、精美工艺等具有重大意义的遗迹资料中;物质文化遗产的观赏价值主要体现在遗产规划布局、空间结构、风格、颜色以及意境营造方面,非物质文化遗产的观赏价值主要体现在非遗技艺展现的完整性;审美价值主要是通过遗产之美,形成自我审美体验和感悟。③科学价值。黄河文化遗产是特定历史的产物,在科学考察中可提供重要的、有价值的知识和信息,反映了当时社会条件下生产力发展水平、科学技术水平和人类的创造能力。此外,物质文化遗产的科学价值还体现在遗产规划设计和历史考证中。

(2)功能价值。功能价值是文化遗产作为一种资源,承载社会功能、满足社会需求所产生的价值。包括遗产作为教育、文化休闲场所、旅游目的地,延续历史上的生产、生活功能等,带来直接或间接的社会效益、文化效益、经济效益。①社会价值。黄河文化遗产承载了厚重的黄河文化,是提高民族自信心、进行爱国主义教育的课堂,是高质量的旅游吸引物,是维持区域生态平衡的基础,是城市形象的具象表征。黄河文化遗产的社会价值具体体现在教育、游憩、社区服务、政策支持、文化事业、旅游产业、生态、城市形象等方面。②文化价值。黄河文化地标是保护传承弘扬黄河文化的载体,也是民族凝聚力的象征,更是黄河精神的见证,主要从黄河文化的保护、传承、认同及联系来衡量。③经济价值。黄河文化遗产的经济价值是从历史、艺术、科技价值中衍生出来的。在以观赏、体验、游憩等方式感受这些价值的同时,黄河文化遗产派生出经济价值,并可细化为直接经济价值、间接经济价值和开发潜力3个维度。

(3)时代价值。黄河文化遗产的时代价值体现在创意价值、传承价值和组织价值3个维度:①创意价值。结合数字技术赋能文化遗产促进黄河文化的创造性转化与创新性发展,充分挖掘黄河文旅IP价值,推动黄河文化遗产长足发展。②传承价值。传承价值主要体现在非遗传承人的影响力,如传承人的级别、非遗的传承规模等方面。③组织价值。组织价值是多元利益相关者在黄河文化遗产保护传承弘扬中的作用,参与主体主要包括政府、社区居民、景区经营者、游客、学校等。

本书指标体系构建的特色为：①借鉴国外研究成果，将文化遗产的时代价值纳入黄河流域文化遗产价值评价体系；②评价指标体系内容全面；③层次更加细化，指标体系的系统性更强。结合物质文化遗产及非物质文化遗产的不同类型对各指标作出解释说明(表1-16)。在文化遗产单体层面遴选出综合评级较高及准则层单项价值较高的物质文化遗产和非物质文化遗产，并注重多元主体对价值评价的差异，尤其是游客、市民等主体对遗产的认同。

表1-16 黄河文化遗产价值评估指标体系

目标层	准则层	指标层	指标说明 物质文化遗产	指标说明 非物质文化遗产
黄河流域文化遗产价值评估 A	内在价值 B1	历史悠久性 F1	遗产在同类型或特定时期相对年代的久远性	
		资源完整性 F2	遗产本体、反映其价值的载体和环境等体现遗产价值的不同要素及遗存格局是否保持完整	
		原真性 F3	遗产本身的材料、工艺、设计及其环境和它反映的历史、文化、社会等相关信息的真实状况	
	历史价值 E1	历史影响力与知名度 F4	遗产及其所在地的历史地位、规模级别和影响范围	
		独特性 F5	对遗产内具有典型性、代表性或稀缺性的遗存进行评价，包括遗产在时代、地位、规模、级别及其在中华文明溯源中的独特作用	
		与历史事件的关联性 F6	对遗产产生重大性、决定性的历史事件或说明是相关事件的发生地或某个重要历史人物的经历地的还原度	故事类非遗中民间文学及民俗故事融入的还原度和完整性
	艺术价值 E2	审美价值 F7	通过观赏和感受遗产的美，形成自我审美体验和感悟，提升观赏者的审美认知和审美趣味	通过对表演类非遗的旅游体验，形成自我审美体验和感悟
		艺术史料价值 F8	遗产内发现具有独特的、精美的在某一时期或某一工艺上具有重大意义或价值的遗迹资料	
		观赏价值 F9	物质文化遗产的规划布局、空间结构以及意境的营造等在整体或单体上所展现出的观赏用途	工艺类非遗的风格、颜色等展现出的观赏用途；表演类和工艺类非遗展示方式的多样性与展示内容的丰富性

续表

目标层	准则层	指标层	指标说明 物质文化遗产	指标说明 非物质文化遗产
黄河流域文化遗产价值评估 A	内在价值 B1	科学价值 E3	技艺水平 F10	物质文化遗产在建筑工艺、材料选择上展现的先进性和创新性	工艺类非物质文化遗产在技艺复杂性、营造手段的先进性和创新性
			规划设计 F11	遗产在选址、规划思想和功能布局上所体现出来的先进性和科学性	
			历史考证修补 F12	遗产在佐证历史记载、填补历史空缺或修正错误历史记载等方面的价值	
	功能价值 B2	社会价值 E4	科普教育 F13	遗产在增进民族历史自信和历史认知等方面对公众社会素质和历史文化涵养提升上所发挥的作用	
			游憩价值 F14	游客在遗产内进行游憩观光及在此过程中因遗产区内的管理与服务而产生的愉悦感和舒适感	表演类非遗中旅游过程的体验性及参与体验的效果
			发展价值 F15	遗产在促进乡村振兴、古都更新、区域产业和经济结构调整、优化土地利用方式、吸引外来投资和促进就业等方面的作用	非遗融入景区、乡村建设、医药类非遗发展康养旅游等的可行性
			社区服务 F16	遗产保护、传承与利用为社区成员提供的公共服务和其他物质、文化、社会实践等方面的服务	
			区域形象 F17	遗产保护和利用可构建城市公共文化空间,塑造城市特色,提升城市知名度,营造城市新的感知意象	

续表

目标层	准则层	指标层	指标说明 物质文化遗产	指标说明 非物质文化遗产
黄河流域文化遗产价值评估A	功能价值B2	文化保护F18	遗产在保护民族文化、地区文化多样性特征上所具有的价值	
		文化传承F19	遗产本体和具有独特文化内涵的遗产环境在展示遗产特征、阐释遗产价值、提高文化认知、促进文化传播和维护文化遗产延续等方面的意义	
		文化认同F20	遗产所表征、体现出的文化或精神价值在铸牢中华民族共同体意识、增强中华文化认同、文化自信、提高民族凝聚力、建立国家象征和激发爱国主义教育等方面的力量	
		文化联系F21	黄河文化与区域文化、国内其他区域文化、世界文化的融合程度,与流域内文化的联系程度	
		直接经济价值F22	作为旅游吸引物或旅游载体直接参与到旅游活动中所产生的经济效益	
	经济价值E6	间接经济价值F23	遗产保护与开发间接推动社会、社区和关联产业发展、居民收入增加、生活质量改善等益处;开发遗产特色文化产品、表演及相关文创活动,发展符合遗产价值特征的文化创意产业、旅游产业、文娱产业,延伸文化产业链;价值链重组催生新的商业模式	
		开发潜力F24	到达遗产所在地的便利程度;本地文化旅游住宿情况、景区质量、承载人数	
	时代价值B3	创造性转化F25	现代文艺创作价值(电影、电视、纪录片等)的实际情况及未来发展可能性	
	创意价值E7	创新性展示F26	遗产数字化、虚拟化、沉浸式体验等的实际情况及未来发展可能性	
		符号价值F27	新颖文化IP挖掘与创造价值的程度;文化创意表达的程度;知名文化的品牌价值、世界文化遗产价值	
	传承价值E8	传承人级别F28		非遗传承人属于国家级、省区级、市级、区县级
		传承规模F29		非遗传承人培养的数量

续表

目标层	准则层	指标层	指标说明	
			物质文化遗产	非物质文化遗产
黄河流域文化遗产价值评估 A	时代价值 B3	政府支持 F30	政府对文化遗产保护传承弘扬的扶持力度	
		社区参与 F31	社区居民参与文化遗产保护传承弘扬的程度	
	组织价值 E9	经营者参与 F32	景区经营者参与文化遗产保护传承弘扬的程度	
		旅游者参与 F33	游客参与文化遗产保护传承弘扬的程度	
		学校教育 F34	文化遗产教育进校园等活动形式的丰富程度及组织活动的频率	

二、黄河流域地级城市文化和旅游发展水平评估

(一) 指标及权重

基于旅游地文化空间理论,通过文献梳理,并根据数据的科学性和可获取性,确定资源禀赋、开发条件和开发效益3个维度12个指标(见表1-17),并通过熵值法得到各指标权重,采用2019年数据,对黄河流域各地市文化和旅游发展情况进行评级。

表1-17 黄河流域文化和旅游资源开发水平评价指标及权重

一级指标	二级指标	三级指标	说明	二级指标下权重	权重
文化旅游发展	资源禀赋 0.4958	A级景区	M=5A+4B,式中A、B分别为5A和4A级景区数量	0.0669	0.0331
		风景名胜	国家级风景名胜区数量	0.3552	0.1761
		物质文化资源	国家级文物保护单位数量	0.1131	0.0561
		非物质文化资源	国家级非物质文化遗产数量	0.0700	0.0347
		历史文化	国家级历史文化名城名镇名村数量	0.2942	0.1458
		自然资源	M=A+B,式中A、B分别为国家森林公园、国家地质公园数量	0.1006	0.0499

续表

一级指标	二级指标	三级指标	说明	二级指标下权重	权重
文化旅游发展	开发条件 0.2448	经济发展	人均GDP(元)	0.0731	0.0179
		开发技术	科学技术支出(万元)	0.5089	0.1246
		交通枢纽等级	T=5A+3B+C,式中A、B、C分别为国际性交通枢纽、全国性交通枢纽和区域性交通枢纽	0.3770	0.0923
		绿地	人均公园绿地面积(平方米)	0.0410	0.0100
	开发效益 0.2594	旅游收入	旅游总收入(亿元)	0.2523	0.0655
		旅游外汇	国际旅游外汇收入(万美元)	0.7477	0.1940

(二) 单项开发分级

因各指标的量纲不同,根据各单元因素指标的得分划分为5个不等距区间,以指标评价值作为评价单元等级划分依据。

从资源禀赋来看,黄河流域文化遗产丰富,文化和旅游资源呈现出集聚分布的特点,优质文化和旅游资源集中分布在黄河中下游晋陕豫鲁地区。具体来说,旅游景区等级高的地区形成两组团两轴线,两组团为黄河上游的"酒泉—张掖"组团和"鄂尔多斯—呼和浩特"组团,两轴线分别是以郑洛西文化旅游带为核心形成的文化旅游高地和山东东南部沿海旅游轴线。物质文化和旅游资源集中分布在晋陕豫交界处,且以晋中、长治、晋城、运城、郑州为中心,呈现明显的"核心—边缘"结构。国家级非物质文化遗产数量多的地区呈三个组团,以齐鲁文化为主的"菏泽—济宁—济南—潍坊"等东部组团,以晋中文化为主的"太原—晋中—长治—临汾—晋城—运城—渭南—西安"等中部组团和以少数民族文化为主的"西宁—海东"等西部组团。历史文化名城名镇名村在山西数量较多。自然旅游资源主要集中在陕南、豫西、豫南以及山东。

从开发条件来看,黄河流域经济发展、开发技术和绿地均呈现出显著的空间异质性,地区交通条件的差异不大。具体来说,各地市经济发展水平差异较大,并且存在文化遗产的富集程度和经济发展水平不匹配现象,在一些物质、非物质的文化和旅游资源均丰富的地区经济发展水平却相对较低。文化和旅游资源开发技术水平较高的地区,主要集中在山东半岛蓝色经济区、郑洛西科创走廊以及各省会城市。

从开发效益来看,旅游收入和旅游外汇收入均存在显著的空间集聚性特征。具体来说,旅游收入较高的地区主要分布在陕西、山西、河南和山东,其空间分布与 A 级景区的分布具有很强的耦合性,在旅游景区数量多的地区更容易吸引游客前往带来旅游收入。与旅游收入相比,旅游外汇收入的空间分布集聚性更强,外汇收入高的地区集中在山东蓝色半岛经济区、郑汴洛及西安,与开发技术水平的分布具有很强的耦合性,与地区的知名度、资源丰富度和该地区历史文化底蕴也有一定的关联。

(三) 综合开发评级

总的来说,黄河流域地级市文化和旅游发展水平存在明显差异。在二级指标下,采用熵权法对每个三级指标赋权重,计算各地市文化和旅游发展水平,并根据目标层综合价值评分和准则层单项价值评分进行分类,共分为综合评价较低、综合评级中等、资源禀赋高、开发条件好、开发效益高 6 类。具体来说,黄河流域地级市层面文化和旅游发展水平较高的城市多位于中下游,上游的城市文化和旅游发展水平相对较低。文化和旅游发展水平较高的城市在空间上主要分布在中下游省会城市或区域中心城市,其中,西安、郑州和洛阳在资源禀赋、开发效益和开发条件 3 个维度的评级均较高,晋中具有丰富的文化和旅游资源和良好的开发效益。从资源来看,资源禀赋高的区域集中在山西的晋城、临汾、吕梁、运城、长治及陕西的渭南。从开发来看,具有优势的城市集中在山东,其中青岛、济南、威海和烟台的开发条件和开发效益均较高,泰安具有良好的开发条件,日照、德州、滨州、潍坊、淄博的开发效益较高。此外,开发条件较好的还有呼和浩特和锡林郭勒,太原、银川、南阳、新乡的开发效益也较高。

从文化和旅游发展水平来看,文化和旅游发展基础好的城市集中在中下游,得分最高的城市集中在青岛、济南、烟台、郑州、洛阳、太原等区域副中心城市和省会城市,同时也是历史文化厚重的区域,拥有较多数量的高级别景区、丰富的自然资源、先进的开发技术、可观的旅游收入。

三、黄河流域文化和旅游发展的影响路径

区域文化和旅游发展是多重因素交互作用下的复杂过程,因此需要以单一条件建构组态视角,从影响因素组合角度更为系统且全面地分析其影响路径,以便有针对性地提升区域文化和旅游发展水平。本书从基础设施、资金支持、对外开放、科技创新、国内市场需求、国外市场需求6个维度,采用模糊定性比较分析法(FS/QCA)解析文化和旅游发展的主要影响因素及其组合路径。定性比较分析(QCA)由美国社会学家 Ragin 首次提出[1],该方法结合了定性和定量的优点,分析多种前因条件组合下的因果逻辑关系。[2]

(一) 必要性分析

本书分别选取数据的95%、50%和5%分位作为完全隶属点、交叉隶属点和完全不隶属点。在进一步进行前因条件组合路径分析前,需要采用一致性和覆盖度数值进行前因条件的必要性检验。[3] 通常认为,当单个条件一致性水平>0.9且具有一定覆盖度时,说明该条件可以作为结果的必要条件。[4] 通过计算单一条件的一致性和覆盖度可以看出,单一条件均不能单独构成促进黄河流域文化和旅游发展的必要条件(见表1-18、表1-19),因此需要对前因条件进行组合路径分析。

---

[1] C.C.Ragin, *Redesigning Social Inquiry:Fuzzy Sets and Beyond*, Chicago:University of Chicago Press,2009.
[2] 参见王利、吴良、李言鹏等:《北极能源开发的地缘要素驱动机制》,《地理学报》2021年第5期。
[3] 参见郭长伟、王凤彬、朱亚丽等:《最优区分视角下内部创业绩效的前因构型分析》,《管理学报》2022年第9期。
[4] 参见张明、杜运周:《组织与管理研究中QCA方法的应用:定位、策略和方向》,《管理学报》2019年第9期。

表1-18　不同等级单项因素的一致性和覆盖率

条件	综合等级较低 一致性	综合等级较低 覆盖度	综合等级中等 一致性	综合等级中等 覆盖度	综合等级较高 一致性	综合等级较高 覆盖度
基础设施	0.664832	0.601210	0.686130	0.698710	0.652606	0.643032
~基础设施	0.678529	0.626422	0.531863	0.602447	0.699752	0.721228
资金扶持	0.718619	0.528713	0.699119	0.749225	0.866005	0.767033
~资金扶持	0.601539	0.724902	0.509871	0.547243	0.431762	0.504348
对外开放	0.651073	0.499736	0.807729	0.764423	0.833747	0.801909
~对外开放	0.702295	0.792505	0.441772	0.546626	0.404467	0.427822
科技创新	0.641066	0.543997	0.792939	0.784365	0.851117	0.846914
~科技创新	0.746701	0.738891	0.444344	0.520371	0.337469	0.344304
国内市场需求	0.679279	0.565942	0.711337	0.721074	0.724566	0.653244
~国内市场需求	0.609044	0.615978	0.502797	0.572443	0.563275	0.643060
国外市场需求	0.692601	0.566329	0.713845	0.745484	0.717122	0.748705
~国外市场需求	0.642004	0.664573	0.540801	0.596073	0.533499	0.519324

表1-19　不同维度单项因素的一致性和覆盖率

条件	资源禀赋高 一致性	资源禀赋高 覆盖度	开发条件好 一致性	开发条件好 覆盖度	开发效益高 一致性	开发效益高 覆盖度
基础设施	0.553333	0.518750	0.895621	1.000000	0.665732	0.643196
~基础设施	0.716667	0.767857	0.372418	0.372915	0.535155	0.501423
资金扶持	0.600000	0.614334	0.894561	1.000000	0.775520	0.635893
~资金扶持	0.703333	0.687296	0.372418	0.379292	0.431688	0.468643
对外开放	0.620000	0.572308	0.686209	0.686209	0.892549	0.734666
~对外开放	0.560000	0.610909	0.373751	0.374249	0.371409	0.418631
科技创新	0.486667	0.517547	0.686209	0.686209	0.845831	0.707088
~科技创新	0.730000	0.688896	0.373751	0.374249	0.485868	0.536221
国内市场需求	0.463333	0.464883	0.686209	0.686209	0.894228	0.806290
~国内市场需求	0.816667	0.813953	0.373751	0.374249	0.457837	0.466778

续表

条件	资源禀赋高 一致性	资源禀赋高 覆盖度	开发条件好 一致性	开发条件好 覆盖度	开发效益高 一致性	开发效益高 覆盖度
国外市场需求	0.700333	0.638408	0.686209	0.686209	0.752628	0.695875
~国外市场需求	0.569667	0.630860	0.373751	0.374249	0.464611	0.455253

注："~"表示"非",一致性表示共享给定前因条件组合的案例在展示特定结果方面的一致程度；覆盖度则是评估了前因条件组合对结果集合实例的解释程度。[1]

（二）多元组态路径分析

1. 结果分析

在必要性分析的基础上,对个案数据分析输出简约解、中间解和复杂解3种类型。在实际分析中,通常将简约解和中间解共有的条件组合称为核心条件,只有中间解具有的条件称为边缘条件。据此,得到这些前因条件及其组合对6种不同类型文化和旅游发展的影响路径(见表1-20)。

（1）综合评级

首先,影响评级较低地市的文化和旅游发展水平主要有两条路径,两条路径组合总体解的一致性为0.869476,表示6个前因条件对文化和旅游发展水平较低地区的解释力度有86.9476%。同时,总体解的覆盖度为0.623313,说明两条组态路径对结果有62.3313%的解释力度。具体来说,路径1的一致性为0.939823,符合该路径的城市有平凉市和海西蒙古族藏族自治州,该组态的核心前因条件为资金扶持、对外开放和科技创新,且均为核心存在条件,边缘前因条件为基础设施、国内和国外市场需求,其中基础设施和国内市场需求为边缘缺失,国外市场需求为边缘存在。路径2的一致性为0.875,原始覆盖度为0.342433。该组态前因条件均为存在,其中核心存在条件为资金扶持、对外开放和科技创新,边缘存在的前因条件为基础设施、国内市场需求和国外市场需求,该组态能够解释果洛藏族自治州、黄南藏族自治州和固原市的文旅发展水平。

---

[1] C.C.Ragin,*Redesigning Social Inquiry: Fuzzy Sets and Beyond*,Chicago: University of Chicago Press,2009.

表 1-20　基于 fsQCA 分析的黄河流域文化和旅游发展影响路径

	综合等级较低		综合等级中等			综合等级较高				
	路径 1	路径 2	路径 1	路径 2	路径 3	路径 1	路径 2	路径 3	路径 4	路径 5
基础设施	⊗	●	⊗	●	●	⊗	⊗	●	●	●
资金扶持	●	●	●	⊗	●	⊗	●	●	⊗	●
对外开放	●	●	●	⊗	●	●	●	●	●	⊗
科技创新	⊗	●	●	⊗	⊗	⊗	●	●	●	●
国内市场需求	⊗	●	●	●	⊗	⊗	●	●	●	●
国外市场需求	●	●	●	⊗	●	●	●	●	●	⊗
一致性	0.939823	0.875000	0.838899	0.860051	0.973577	1	1	1	0.838710	0.990476
原始覆盖度	0.279312	0.342433	0.284290	0.217349	0.308019	0.263027	0.270471	0.344913	0.193548	0.258065
唯一覆盖度	0.102572	0.165694	0.102952	0.0951708	0.130538	0.119107	0.121588	0.133995	0.044665	0.0645161
总体解的一致性	0.869476		0.851840			0.949045				
总体解的覆盖度	0.623313		0.520931			0.739454				

续表

	资源禀赋高			开发条件好				开发效益高			
	路径1	路径2	路径3	路径1	路径2	路径1	路径2	路径3	路径4		
基础设施	⊗	●	⊗	●	●	⊗	⊗		●		
资金扶持	⊗	●	●	●	●	⊗	●	●	●		
对外开放	●	⊗	●	⊗	●	●	⊗	●	⊗		
科技创新	●	⊗	⊗	⊗	●	⊗	●	●	●		
国内市场需求	⊗	●	●	⊗	●	●	●	●	●		
国外市场需求	⊗	⊗	⊗	⊗	●	⊗	⊗	⊗	⊗		
一致性	0.941176	1	1	1	1	0.815966	1	0.959046	1		
原始覆盖度	0.266667	0.277000	0.213333	0.373751	0.686209	0.226816	0.324924	0.497781	0.233824		
唯一覆盖度	0.203333	0.223667	0.150000	0.313791	0.626249	0.0259284	0.084326	0.331932	0.110021		
总体解的一致性		0.974632			1		0.917859				
总体解的覆盖度		0.640333			1		0.809157				

注："●"表示核心条件存在，"⊗"表示核心条件缺失；"●"表示边缘条件存在，"⊗"表示边缘条件缺失；空白处表示条件可存在亦可缺失。

其次,综合评级为中等的城市文化和旅游发展水平的影响路径有三条,三条路径组合总体解的一致性为 0.851840,总体解的覆盖度为 0.520931,表明前因条件对文旅发展水平较低地区的解释力度为 85.1840%,三条路径对结果的解释力度为 52.0931%。具体来说,路径 1 的一致性为 0.838899,表明该路径的解释力为 83.8899%。该组态的核心前因条件为国内市场需求,边缘条件为基础设施、资金扶持、科技创新和国外市场需求,其中只有基础设施为边缘缺失条件。通过样本分析可知,该路径能够解释榆林、西宁、鄂尔多斯、包头、汉中的文旅发展水平。从案例来看,属于路径 2 的样本有许昌和周口,该路径的一致性为 0.860051,表明该路径对许昌和周口文化与旅游发展的解释力度为 86.0051%,其中国内市场需求依旧为核心存在条件,基础设施和国外市场需求为边缘存在条件,资金扶持、对外开放和科技创新为边缘缺失条件。路径 3 的一致性为 0.973577,表明该路径对中卫和阿拉善文化与旅游发展水平的解释力度为 97.3577%,在前因条件中,国内市场需求为核心存在条件,基础设施、资金扶持、对外开放和科技创新均为边缘存在的前因条件,国外市场需求为边缘缺失。

最后,综合评级较高的地市文化和旅游发展水平的影响路径较多,共有 5 条路径,总体解的一致性为 0.949045,总体解的覆盖度为 0.739454。具体来说,路径 1、2、3 的一致性均为 1,对应的案例分别为洛阳、晋中和威海,三条路径的核心存在的前因条件均为对外开放和科技创新,路径 1 的其他前因条件均为边缘缺失,路径 2 的基础设施和国内市场需求为边缘缺失,资金扶持和国外市场需求为边缘存在,路径 3 的其他前因条件均为边缘存在。路径 4 的一致性为 0.83871,能够解释济南的文化和旅游发展水平,对外开放为该路径核心存在的前因条件,基础设施、国内市场需求、国外市场需求为边缘存在的前因条件,资金扶持和科技创新为边缘缺失的前因条件。路径 5 的一致性为 0.990476,能够解释烟台的文化和旅游发展水平,科技创新为该路径核心存在的前因条件,基础设施、资金扶持和国内市场需求为边缘存在的前因条件,对外开放和国外市场需求为边缘缺失。

(2)单项评级

首先,资源禀赋高的城市存在三条路径,总体解的一致性为 0.974632,总体解的覆盖度为0.640333,表明前因条件对文化和旅游发展水平较低地区的解释力度为97.4632%,三条路径对结果的解释力度为64.0333%。具体来说,路径1的核心前因条件为基础设施、资金扶持、对外开放、国内市场需求、国外市场需求,其中只有对外开放是核心存在的前因条件,其他均为核心缺失的前因条件,科技创新为该路径中边缘存在的前因条件,该路径典型的案例为临汾市。路径2和路径3的一致性均为1,核心存在的前因条件均为资金扶持和国外市场需求,核心缺失的前因条件均为科技创新,但基础设施在路径2和路径3中分别为边缘存在和边缘缺失的前因条件,对外开放和国内市场需求分别为两条路径中的边缘缺失和边缘存在的前因条件,路径2和路径3分别对应的典型城市为运城和长治。

其次,开发条件好的城市文化和旅游发展影响路径有两条,路径1和路径2对应的典型城市分别为泰安和锡林郭勒,两条路径的一致性均为1,基础设施和资金扶持为两条路径核心存在的前因条件,但其他前因条件在路径1中均为边缘缺失,在路径2中均为边缘存在。

最后,从开发效益高的城市来看,共有4条路径,总体解的一致性和总体解的覆盖度分别为0.917859和0.809157。路径1的典型案例为南阳市,该路径对南阳文旅发展水平的解释力度为81.5966%,该路径核心存在的前因条件为对外开放和国外市场需求,边缘缺失的前因条件为基础设施、资金扶持和科技创新。路径2和路径3的一致性分别为1和0.959046,该路径核心存在的前因条件为对外开放、国内市场需求、国外市场需求,但边缘前因条件中,资金扶持和科技创新在路径2为边缘缺失,在路径3为边缘存在,两个路径的典型案例城市分别为新乡及银川、滨州和德州。路径4的典型案例城市为日照市,该路径核心存在的前因条件为基础设施、资金扶持、科技创新和国内市场需求,边缘缺失的前因条件为对外开放和国外市场需求。

2. 稳健性检验

一致性水平改变和校准标准不同均会影响逻辑最小化的真值表行(组态)的数量,进而对结果产生影响。Schneider和Wagemann提出改变一致性水平、调整校准阈值的稳健性检验方法①。本书使用调整一致性水平与改变部分条件的校准区间进行稳健性检验。如果改变一致性水平或调整校准阈值导致的组态之间具有清晰的子集关系,那么可认为结果是稳健的,即使组态看上去截然不同,反之则不稳健。首先,调整一致性水平。本书将一致性水平从0.8降至0.79,总体解的一致性水平未发生变化,解的一致性有微小的变动,但组态背后的解释机制完全相同。因此,在提高一致性阈值后,本书的研究结论并未发生实质性改变。其次,改变校准方法。为了排除各条件校准标准的不同,本书使用2%、92%代替5%、95%的校准区间。频数阈值仍为1,一致性阈值为0.79,再次进行组态分析,总体解的覆盖度发生了极其细微的变化,但路径未发生变化,且每条路径的一致性水平均高于可接受的最低水平。综上,结果依然稳健。

四、黄河文化和旅游地标区及典型地标分析

(一) 黄河文化和旅游地标区

根据以上研究分析所得的承载黄河文化的全国重点文物保护单位和高A级景区的空间聚集特征,黄河文化和旅游地标区遴选的学理分析和思路框架、黄河文化遗产价值评估结果、黄河文化和旅游资源开发效果评估结果以及影响路径,遵循真实性原则、保护与利用相协调的原则、统筹发展原则、可持续发展原则,本书认为黄河文化和旅游聚集区有丝路文化和旅游地标区(兰西城市群)、关中文化和旅游地标区(关中城市群)、晋中文化和旅游地标区(太原城市群)、中原文化和旅游地标区(中原城市群)、齐鲁文化和旅游地标区(济南—青岛城市圈),如表1-21所示。

表1-21 黄河文化和旅游地标区及主要地标

地标区	文化特征	主要地标
兰西城市群	河湟文化	鲁土司衙门旧址、青城古民居、大通县明长城、虎台遗址、沙井文化

---

① C.Q.Schneider,C.Wagemann,*Set-Theoretic Methods for the Social Sciences:A Guide to Qualitative Comparative Analysis*,Cambridge:Cambridge University Press,2012.

续表

地标区	文化特征	主要地标
关中城市群	关中文化	半坡遗址、关中书院、郑国渠世界灌溉工程遗产、秦始皇兵马俑博物馆
太原城市群	三晋文化	许家窑文化遗址、柿子滩遗址、陶寺遗址
中原城市群	河洛—中原文化	二里头国家考古遗址公园、仰韶村文化遗址、登封"天地之中"历史建筑群、殷墟、嘉应观、黄帝故里
济南—青岛城市圈	齐鲁文化	大汶口国家遗址公园、龙山文化遗址、三孔、泰山风景名胜区、周公庙、黄河三角洲

（二）黄河文化和旅游地标开发案例研究——文化和旅游融合视野下二里头国家考古遗址公园建设

1. 二里头国家考古遗址公园的价值与意义

考古遗址公园是重要的历史文化遗产，也是重要的文化和旅游产品，是保护、传承和弘扬中华优秀传统文化的重要方式。推进黄河文化遗产的系统保护，深入挖掘黄河文化蕴含的时代价值，是保护、传承、弘扬黄河文化的重要途径。从文化和旅游融合的视角，推进考古遗址公园建设，是建设黄河国家文化公园、打造具有国际影响力的黄河文化旅游带的重要载体和抓手。黄河流域在历史文明的演进中遗存了众多文化遗产，其中考古遗址的数量最多且最具代表性，不同时期和形态的考古遗址资源形成了别具一格的历史文化景观。近年来，游客对"最早的中国"二里头（2019年开园）、殷墟世界文化遗产等文化特色鲜明的考古遗址公园的关注日益增多。实际上，我国考古遗址公园建设还处于起步阶段，还有许多问题需要研究。如何从文化和旅游融合视角，推进重大考古遗址公园规划建设，是亟待研究的重要课题。

2. 二里头国家考古遗址公园地标开发成效调查

2021年1月1日至1月3日、1月23日至2月3日及"五一"黄金周，笔者对二里头夏都博物馆及考古遗址公园的游客进行了问卷调查。共发放问卷1350份，有效问卷1196份，其中洛阳本地游客548份，占45.82%；河南省内洛阳市以外的游客340份，占28.43%；河南省外的游客308份，占25.75%。

问卷内容涉及游客的人口社会经济属性特征、基本旅游情况（旅游同伴、旅游次数、旅游动机及了解二里头的方式）、文化基因（"最早的中国"、"华夏第一王都"、国家诞生的标志、建筑格局、青铜礼器及作坊）、场所氛围（"夯土""历史文化氛围浓郁""萧瑟神秘肃穆""空旷"）、区位与意义（古代中国的中心、中华民族追溯到夏朝、交通不便等）、景观特性（文物、遗址区、博物馆、原真性、解读性）、功能性（教育功能、游憩功能、情感维系功能）、感知（惊叹古人聪明才智、震撼）、唤醒记忆（想象夏朝、回味历史）、情感生发（以史为鉴、爱护文物等）、民族认同（中华文明起源、中国历史文化源远流长博大精深、"感到骄傲与自豪"、"中国人都应该来这儿看看"）等59个问题。

3. 二里头国家考古遗址公园的黄河文化地标建设开发成效

（1）游客对二里头国家考古遗址公园的认知

根据问卷调查结果，游客对地方性各项维度的认同度都较高，各维度游客评价得分由高到低依次为文化基因（4.134）、场所氛围（4.083）、感知记忆情感（4.068）、功能性（4.063）、景观特性（4.035）、区位及意义（3.94）。二里头文化基因的可辨识度最高；游客对其场所氛围、功能性及景观特性较满意，旅游能唤起游客较强的感知记忆及情感。

进一步对地方性各维度的测量变量具体分析，结果如下：①文化基因上，游客认同度由高到低依次为"华夏第一王都"（4.26）、"最早的中国"（4.22）、最早的青铜器作坊（4.12）、最早的建筑格局（4.1）、国家诞生的标志（3.97）。②场所氛围上，游客认同感依次为空旷（4.27）、历史文化氛围浓郁（4.11）、夯土（4.05）、萧瑟神秘肃穆（3.9）。游客对二里头感知最强的是"空旷"，其次是"历史文化氛围浓郁"与"夯土"，感知最低的是"萧瑟神秘肃穆"，说明二里头考古遗址对其整体文化旅游氛围的营造尚较低，空间利用不强。③区位与意义上，游客认同感依次为中华民族追溯到夏朝（4.32）、黄河流域重要的文化遗址（4.26）、古代中国的中心（4.09）、旅游价值（3.92）、交通不便（2.98）。游客对区位与意义的感知差异较大，其中对二里头的历史区位及意义的得分较高且标准差较小，认同较强。④景观特性上，游客认同感依次为出土文物珍贵且多（4.39）、"希望看到真品而不是仿制品"（4.18）、"博物馆对夏墟的历史文化进行了详细讲解"（4.15）、"宫城区、祭祀区、作坊区独具特色"

(4.01)、"夏墟专业性强,需提前了解"(3.99)、"不听导游讲解很难看懂"(3.49),游客对出土文物感知最强,游客认为博物馆对夏墟的历史文化进行了较详细的展示,并且对文物的原真性要求较高,但游客对可读性的认同较低。⑤功能性上,得分依次是"游览后能学到很多历史文化知识"(4.16)、"增进了我和家人、朋友的感情"(4.16)、身心愉悦(4.08)、趣味性强(3.85),游客在二里头游览获得的教育功能与关系维系功能最强,其次是休闲娱乐功能,游客认为其趣味性较低。⑥感知记忆情感上,得分依次是"感叹古人聪明才智"(4.42)、"震撼、心灵受到触动"(4.14)、"追思历史、展望未来"(4.07)、"展开对夏朝的想象"(4.04)、"和古人进行对话"(3.67)。游客对二里头的感知及情感较强,但是想象夏朝及穿越回夏朝得分较低,表明唤醒游客深层次的记忆较困难。

游憩体验质量总体均值为3.973,得分依次为"服务人员有礼貌、态度好、热情服务"(4.14)、"休闲服务设施能满足休闲游玩的需要"(4.13)、"花费的体力和精力值得"(4.09)、"这里内部交通、游览指示牌位置醒目"(4.00)、"花费的时间值得"(3.97)、"游览路线设计合理"(3.97)、"解说人员胜任"(3.87)、"销售的文创纪念品有地方特色"(3.61)。服务人员有礼貌、态度好、热情服务,说明二里头的景区人员服务质量较高,"休闲服务设施能够满足休闲游玩的需要"和"内部交通、导览牌醒目"得分较高,因为是新建的景区,其基础设施较符合现代需求。"花费的体力和精力值得"得分较高,"花费时间是值得的"得分略低,原因是部分游客乘坐公共交通来二里头不方便。

身份认同得分均较高且内部一致性较强,其中得分依次为"感到骄傲与自豪"(4.42)、"感到中国历史文化源远流长"(4.38)、"中国人都应该来这儿看看"(4.27)、中华文明起源(4.20),表明二里头能让游客产生较强的身份认同。其中,得分最高的是"感到骄傲与自豪",说明游客对二里头夏文化的认同程度最高。

(2)二里头夏都博物馆与考古遗址公园建设存在的问题

二里头夏都博物馆与考古遗址公园的文化遗产价值定位之间还存在一些不匹配的地方。主要表现在:

尚未完全凸显地方特色。第一,游客对"国家诞生的标志"这一文化基因的元素认同较低,原因在于博物馆、公园均未对国家诞生的标志做阐述。第二,场所氛围营造尚待提高。游客的场所氛围认同依次是"空旷""历史文化氛围浓郁""夯土""萧瑟神秘肃穆"。"空旷"说明二里头建筑密度低、空间利用不够强,同时缺少树木及建筑物遮挡导致二里头旅游体验较差;游客对博物馆外墙及遗址区的"夯土"均感知不强;"萧瑟神秘肃穆"一定程度上体现了历史沧桑感,但同时也是旅游开发及产品设计时尚未解决的问题。第三,唤醒游客深层次的记忆较差。游客较不认同通过在二里头的在地体验能展开对夏朝的想象,原因在于有关夏朝的文学作品、影视作品均较少,难以让游客产生精神共鸣。第四,文创产品缺乏地方特色。"文创产品很有特色、吸引人"得分仅3.61,表明游客对其文创产品在彰显地方特色方面的作用认同较弱。

休闲游憩及娱乐功能尚待完善。第一,休闲游憩设施(3.74)尚不能满足游客需求,尤其是考古遗址公园旅游服务的基础设施(如厕所、休息地、交通指示牌、游览路线等)未满足游客需求。第二,游客认为其娱乐性及趣味性较低(3.85)。原因在于:①二里头处于旅游开发的初期阶段,尚未开发更多的旅游产品;②博物馆较为专业化;③考古成果的学术性与公众预期的故事性存在一定错位。博物馆过于专业化,导致部分展示展览枯燥,并且二里头的内部体验项目较少,所以游客觉得趣味性较低。第三,解说服务存在不足。"解说人员胜任解说工作"得分较低,表明游客希望解说服务能够进一步提升与优化。

尚未考虑到地方特色的文化元素对民族认同感的影响不同。游客感知的文化基因(历史朝代、历史人物、历史事件、历史器物等)、历史区位(古代中国的中心等)、历史意义(中华民族追溯到夏朝等)对民族认同感具有显著的直接影响。其中,文化基因更是游客产生民族认同感的根源。

尚未考虑到不同客源地的游客产生民族认同感的原因不同。洛阳市内游客产生民族认同感更多来自在此的休闲娱乐与游憩体验,省外游客的民族认同感更多来自其对地方特色的感知,而省内(且洛阳市外)的游客产生民族认同感的原因包括地方特色及游憩体验。

（三）从文化和旅游融合视角推进考古遗址公园规划建设思路

本书从文化和旅游融合视角推进考古遗址公园规划建设，提出以下思路。

第一，强化地方特色。首先，挖掘考古遗址公园的地方特性。各地管理考古遗址公园的政府部门和景区管理部门需要深入研读考古资料与地方志等史书，找到其地方文化基因，通过历史朝代、历史人物、历史事件、历史器物等挖掘地方特性，识别出不同黄河流域考古遗址公园的地方特色，避免"千园一面"。以地方特性为根本打造具有影响力、渗透力、传播力的文化符号。其次，借鉴主题公园有关场所氛围的营造方法。将创意营造、建筑设计营造、景观设计营造、光色效果营造、主题演绎营造等多方面相结合。考古遗址公园的建设应当改变展演方式，可以围绕一个或多个主题进行环境营造，并在运营过程中不断强化该主题特征。公园的场馆、设备设施、包装、景观、演艺、商品、餐饮及附属设施等都应以此主题和创意来设计，相关元素应紧扣主题，形成元素统一的文化主题公园。再次，提炼文化符号和文化IP，植入时尚元素，赋予黄河传统文化以新的时代气息和生命力，延续中华文化基因。最后，加强文创产品的设计、研发、生产与营销。近年来热销的考古盲盒就是成功范例，其将考古学探索未知的特性与盲盒消费的随机性和不确定性紧密结合，一定程度满足了游客的好奇心。

第二，加强休闲游憩基础设施的建设，丰富娱乐活动，提高趣味性。首先，加强考古遗址公园的基础设施建设，如厕所、休息地、交通指示牌、游览路线等。其次，在浏览和体验过程中，增加考古探索活动、考古发掘活动、文物修复体验等丰富考古娱乐活动（如"剧本杀+考古""密室逃脱+考古"等）。

第三，优化旅游解说系统。要把专家学者对考古遗址的考古价值、文化内涵和历史意义的解释解读，转化成人民群众喜闻乐见的科普解说词，尽可能做到形象生动、趣味盎然。

第四，针对不同文化元素强化展演设施。通过对历史朝代、历史人物、历史事件、历史器物、历史区位、历史意义的深入挖掘，将文化基因植入考古遗址公园的展演中，增强游客的民族认同感。

第五，针对不同游客群体进行旅游开发与产品设计。针对洛阳市内游客需要增强其休闲娱乐功能，提高其服务性与趣味性。对于河南省外的游客而言，需要凸显其地方特性。一是可以通过学生读物、纪录片、网络媒介等加强黄河流域考古遗址公园的宣传；二是在建设考古遗址公园的展示区时，如博物馆、考古探索中心等，需要更多以"他者"视角审视考古遗址公园的地方特性。

第五节　黄河文化和旅游发展效率与发展潜力

一、黄河文化和旅游发展效率

（一）研究方法与数据来源

1. 研究方法

（1）Super-SBM 模型

数据包络分析法（Data Envelopment Analysis，简称 DEA）是一种基于线性规划的非参数方法，在不预先确定投入产出指标的条件下，计算出多个相似类型效率之间的函数关系。CCR 模型[1]和 BCC 模型[2]均属于 DEA 效率评价基本模型，所有的投入或者产出同比例增加或缩减。然而，当投入或产出存在非零松弛时，松弛改进的部分得不到体现，使效率值偏高。Tone 于 2001 年提出 SBM 模型，成功地解决了径模型在效率评价的过程中对于松弛变量的忽视问题。随后，Tone 在 SBM 模型基础上进一步优化[3]，提出超效率 SBM 模型（Super-SBM），克服了 SBM 模型在多个决策单元效率值为 1 不能区分排序问题，更能精确地反映效率情况。因此，本书基于非期望产出 Super-SBM 模型

---

[1] A.Charnes, W.W.Cooper, E.Rhodes, "Measuring the Efficiency of Decision Making Units", *European Journal of Operational Research*, 1978, 2(6).

[2] R.D.Banker, A.Charnes, W.W.Cooper, "Some Models for Estimating Technical and Scale Inefficiencies in Data Envelopment Analysis", *Management Science*, 1984, 30(9).

[3] K.Tone, "A Slacks-based Measure of Efficiency in Data Envelopment Analysis", *European Journal of Operational Research*, 2001, 130(3).

的角度计算黄河文化和旅游发展效率。公式如下：

$$\theta^* = \min_{\lambda,s^-,s^+} \frac{1 + \frac{1}{m}\sum_{i=1}^{m}\frac{s_i^-}{x_{io}^t}}{1 - \frac{1}{q+h}(\sum_{r=1}^{q}\frac{s_r^+}{y_{ro}^t} + \sum_{k=1}^{h}\frac{s_k^-}{b_{ko}^t})} \quad (1.4)$$

$$s.t. \ x_{io}^t \geqslant \sum_{t=1}^{T}\sum_{j=1,j\neq o}^{n}\lambda_j^t x_{ij}^t - s_i^- \ i = 1,2,\cdots,m; \quad (1.5)$$

$$y_{ro}^t \leqslant \sum_{t=1}^{T}\sum_{j=1,j\neq o}^{n}\lambda_j^t y_{rj}^t + s_r^+ \ r = 1,2,\cdots,m; \quad (1.6)$$

$$b_{ko}^t \geqslant \sum_{t=1}^{T}\sum_{j=1,j\neq o}^{n}\lambda_j^t b_{kj}^t - s_k^- \ k = 1,2,\cdots,m; \quad (1.7)$$

$$\lambda_j^t \geqslant 0(\forall j), s_i^- \geqslant 0(\forall i), s_r^+ \geqslant 0(\forall r), s_k^- \geqslant 0(\forall k)$$

式中，θ^* 表示效率值，x 表示投入变量，y、b 分别表示期望产出和非期望产出变量，λ 表示选取各要素的权重，o 表示决策单元，s_i^-、s_r^+、s_k^- 分别表示投入、期望产出和非期望产出的松弛变量。

（2）DEA-Malmquist 模型

由于 Super-SBM 模型只能从静态角度测算黄河文化和旅游发展效率大小，无法对从动态角度对面板数据进行计算。为了进一步比较不同时期各 DMU 生产效率的动态变化情况，本书利用 DEA-Malmquist 模型测算全要素生产率指数（Total Factors Productivity，TFP），对黄河流域主要城市的文化旅游近 11 年的 TFP 进行分析。全要素生产率指数（TFP）[①]可分解为技术效率变化指数（TEC）和技术进步变化指数（TEch），技术效率变化指数还可进一步分成纯技术效率变化指数（PTEch）和规模效率变化指数（SEch），其公式如下：

$$TFPC = \frac{d_v^{t+1}(x_{t+1},y_{t+1})}{d_v^t(x_t,y_t)} \times \left[\frac{d_v^t(x_t,y_t)}{d_0^t(x_t,y_t)} \Big/ \frac{d_v^{t+1}(x_{t+1},y_{t+1})}{d_0^{t+1}(x_{t+1},y_{t+1})}\right] \times$$

$$\left[\frac{d_0^t(x_{t+1},y_{t+1})}{d_0^{t+1}(x_{t+1},y_{t+1})} \times \frac{d_0^t(x_t,y_t)}{d_0^{t+1}(x_t,y_t)}\right]^{1/2} \quad (1.8)$$

---

① R. Färe, S. Grosskopf, M. Norris, et al., "Productivity Growth, Technical Progress, and Efficiency Change in Industrialized Countries", *The American Economic Review*, 1994.

式中:以 d^t 表示以 t 期的技术为参照的时期 t 的距离函数,以 d^{t+1} 表示以 t 期的技术为参照的 $t+1$ 的距离函数;(x_t, y_t) 用来表示 t 期的投入和产出,(x_{t+1}, y_{t+1}) 用来表示 $t+1$ 期的投入和产出;v 表示在可变规模报酬条件下的投入和产出向量,o 表示在不变规模报酬条件下的投入和产出向量;$\frac{d_v^{t+1}(x_{t+1}, y_{t+1})}{d_v^t(x_t, y_t)}$ 表示纯技术效率变化(即 PTEch),其是在变动规模报酬的假定下的技术效率变化,$\left[\frac{d_v^t(x_t, y_t)}{d_0^t(x_t, y_t)} \bigg/ \frac{d_v^{t+1}(x_{t+1}, y_{t+1})}{d_0^{t+1}(x_{t+1}, y_{t+1})}\right]$ 表示规模效率变化(即 SEch),$\left[\frac{d_0^t(x_{t+1}, y_{t+1})}{d_0^{t+1}(x_{t+1}, y_{t+1})} \times \frac{d_0^t(x_t, y_t)}{d_0^{t+1}(x_t, y_t)}\right]^{1/2}$,表示技术变化(即 SEch)。曼奎斯特指数又可用全要素生产率变化指数表示(即 TFPC),因此,TFPC = PTEch×SEch×TEch。

2. 指标选取

本书所用的 Super-SBM 模型包含两类指标:城市文化和旅游投入和产出。选择恰当的投入—产出指标是测算文化和旅游发展效率的前提,能有效衡量景区要素综合利用情况。已有研究成果投入要素主要从资源、劳动力和资本等,产出指标主要从城市旅游收入和接待人数等方面考虑。[1] 本书结合研究对象将以综合性旅游资源、劳动力、固定资产和旅游业供给服务能力作为文化和旅游发展效率的投入指标,旅游收入和接待游客人数作为期望产出指标,CO_2 排放量为非期望产出指标。

(1)投入指标

①综合性旅游资源,综合性旅游资源反映了一个城市旅游的供给和需求能力,本书选择综合性旅游资源中的 A 级景区,以其质量等级为依据,即利用熵权法对 1A、2A、3A、4A 和 5A 景区进行量化,确定各质量等级的景区的权重[2],加权求和计算出各城市的综合性旅游资源的值。②劳动力投入,选用城

---

[1] 刘改芳、杨威:《基于 DEA 的文化旅游业投资效率模型及实证分析》,《旅游学刊》2013 年第 1 期。

[2] 王松茂、邓峰、瓦哈甫·哈力克:《新疆旅游产业全要素生产率的时空演变》,《经济地理》2016 年第 5 期。

市第三产业从业人员表征劳动力。③资本投入,以固定资产投资总额作为资本投入①,采用永续盘存法对资本存量进行计算,以 2009 年为基期计算固定资产价格指数,折旧率取值 9.6%。②

(2)产出指标

①期望产出。能够满足游客在旅行过程中的全部需求和服务是旅游生产的直接产出,但考虑模型计算时,游客的满意度受主观影响较大难以实现标准量化,大部分文献以旅游收入和接待旅游人数作为城市文化和旅游的期望产出指标。③ 旅游收入是旅游业经营活动获取效益的直接体现,接待旅游人数是旅游发展规模的象征,因此,选取旅游收入(国内外旅游收入之和,旅游收入以 2009 年为基期计算的 CPI 指数进行平减)及接待旅游人数(国内外旅游人数之和)作为城市文化和旅游产出指标。②非期望产出。旅游业被认为是低碳、低消耗和低排放的产业,但随着旅游规模的扩大也对气候和环境产生了重要影响,故选取与城市文化和旅游活动相关部门 CO_2 排放量为非期望产出。④ 本书投入产出数据主要来自 2010—2020 年《中国城市统计年鉴》、2009—2019 年各市统计公报和各市文化与旅游局等,部分缺失数据利用插值法进行补充。

(二) 黄河文化和旅游发展效率的时空格局分异特征

1.发展效率的时间分布特征

黄河文化和旅游发展效率值总体不高,呈"波浪形"状态。图 1-16 表示 2009—2019 年黄河文化和旅游发展效率及少数民族文化和旅游区和以汉族为主文化和旅游区的效率均值变化趋势。各城市的效率均值小于 1,这表明整体水平不高,两个文化和旅游区的发展效率差异明显,呈现"波浪形"状态,

---

① 杨德进、白长虹:《我国旅游扶贫生态效率的提升路径》,《旅游学刊》2016 年第 9 期。
② 参见张军、吴桂英、张吉鹏:《中国省际物质资本存量估算:1952—2000》,《经济研究》2004 年第 10 期。
③ 参见马晓龙、保继刚:《基于 DEA 的中国国家级风景名胜区使用效率评价》,《地理研究》2009 年第 3 期。
④ 参见岳立、薛丹:《黄河流域沿线城市绿色发展效率时空演变及其影响因素》,《资源科学》2020 年第 12 期。

整个区域发展效率总体上可以分为2009—2014年和2014—2019年两个阶段且增长缓慢。具体来看,2009—2013年变化幅度较小,2014年下降幅度较大;2014年我国旅游经济进入新常态阶段,供给侧结构性改革政策的实施,对提高旅游质量和优化旅游产业结构以及扩大对外开放程度均起到促进作用,因此2014—2017年上升趋势明显,2017—2019年相对较为稳定。以汉族为主文化和旅游区的发展效率总体上数值变化不大,2009—2019年效率值变化趋势与整个黄河流域较为一致;少数民族文化和旅游区的城市文化和旅游发展效率值在2009—2014年,先下降后上升,2014—2019年呈现波动上升趋势,且效率值低于以汉族为主文化和旅游区。这表明经济水平、交通通达性以及技术创新水平高的地区提高效率值更具有潜力,但由于城市文化和旅游产品多以观光旅游为主,仍不能满足游客日趋多元的旅游消费需求。同时,数字经济的发展,使传统旅游业面临以数字赋能实现产业转型升级的境地,科技创新能力在生产要素优化配置中未充分发挥作用。

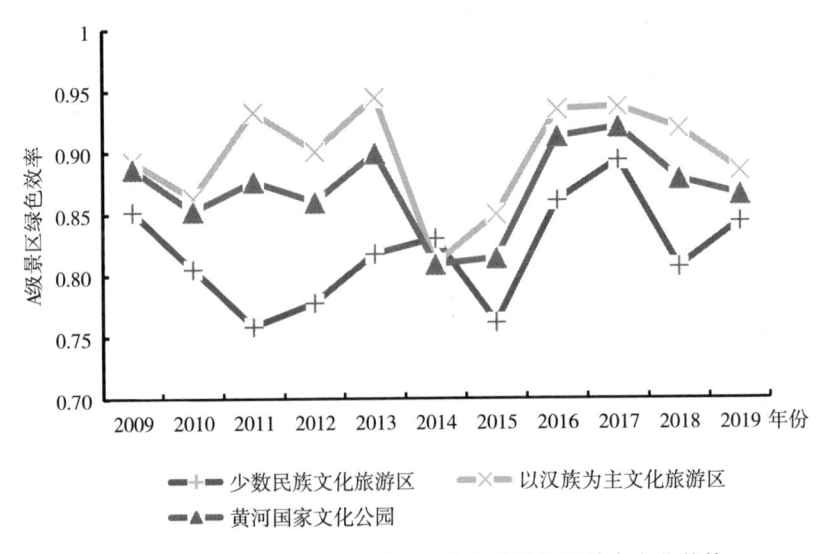

图1-16 2009—2019年黄河文化和旅游发展效率变化趋势

2. 发展效率的空间分布特征

(1)五大文化区与省会城市尺度上的文化和旅游发展效率存在显著差异

黄河流域文化主要有河湟文化、河套文化、关中文化、河洛文化和齐鲁文化等。① 其中,河湟文化主要分布在青海东部区和甘肃西部与青海交界处,包括银川市、巴彦淖尔市、包头市、鄂尔多斯市;河套文化主要分布在贺兰山以东,吕梁山以西,阴山以南,长城以北地区,包括兰州市、白银市、西宁市、海东市;关中文化主要分布在潼关以西,宝鸡以东,南接秦岭,北抵陕北高原,包括宝鸡、咸阳、西安、铜川、渭南5个地市;河洛文化以洛阳为中心,西至潼关、华阴,东至荥阳、南至汝颍,北至黄河跨晋南,包括渭南市、郑州市、开封市、洛阳市、三门峡市;齐鲁文化是东临滨海的齐文化和本土东夷文化的合称,主要分布在山东地区。因此,本书根据各种文化所处的范围将研究区域分为河湟文化区、河套文化区、关中文化区、河洛文化区和齐鲁文化区,为了进一步对文化和旅游发展效率进行探讨,将黄河流域内8个省会城市的效率同五大文化区对比分析。

从文化区尺度来看(表1—22),2009年河洛文化区文化和旅游发展效率最优,关中文化区和河湟文化区相对较低,河套文化区次之,齐鲁文化区效率值最低。至2019年,关中文化区文化和旅游发展效率最优,河洛文化区稍微下降仅次于关中文化区,河湟文化虽有提升,但仍位于第3名,齐鲁文化次之,河套文化区发展效率最低。

从省会城市来看,2009年,呼和浩特市、太原市、郑州市的文化和旅游发展效率较高且位于所有省会中心城市的前列,兰州市和银川市则相对较低并位于所有省会城市的末端;2019年,西安市、郑州市、兰州市的文化和旅游发展效率较高,银川市则最低。整体来看,兰州市发展效率水平提升明显,太原市和呼和浩特市的排名则呈明显下降趋势;2009—2019年,我国经济由高速增长向高质量发展转变,旅游业面临产业转型升级的压力,城市文化和旅游发展需改变过去扩大规模的粗放型道路,走依靠科技创新驱动的集约化道路。此转变过程中,投入的科技创新优势尚未充分发挥,运用非期望Super-SBM模型测度的文化和旅游发展效率值,则呈现为从2009年到2019年稍微下降趋势。

---

① 参见侯仁之:《黄河文化》,华艺出版社1994年版。

表 1-22　黄河文化区与区域省会城市文化和旅游发展效率

文化区	文化和旅游发展效率 2009年	排名	2019年	排名	区域中心城市	文化和旅游发展效率 2009年	排名	2019年	排名
河湟文化区	0.817	3	0.990	3	西宁市	0.730	6	0.636	3
河套文化区	0.714	4	0.364	5	兰州市	0.519	7	0.881	2
关中文化区	1.039	2	1.182	1	银川市	0.339	8	0.189	7
					呼和浩特市	1.285	1	0.581	5
河洛文化区	1.137	1	1.024	2	太原市	1.123	2	0.531	6
					西安市	1.000	4	1.000	1
齐鲁文化区	0.705	5	0.526	4	郑州市	1.003	3	1.000	1
					济南市	0.925	5	0.641	4

(2) 发展效率地市时空差异特征

借助 Super-SBM 模型,分别测算出 2009 年、2019 年各城市黄河文化和旅游发展效率,并可分为 4 类,分别是高值区(1 以上)、较高值区(0.75—1)、较低值区(0.5—0.75)和低值区(0.5 以下)。再运用 ArcGIS10.3 软件进行相关数据处理,最终呈现黄河文化和旅游发展效率的空间变化特征。整体来看,2009 年发展效率在高值区的城市比 2019 年的城市多且逐渐向汉族文化旅游区集中,这说明随着时间的变化黄河文化和旅游发展效率略微下降,因为 2019 年文化和旅游从过去依靠扩大生产规模提高效益的粗放型道路向依靠科技创新驱动的集约化道路逐渐过渡,进行产业转型升级,在这个过程中效率值会短暂受到影响;高值区逐渐向汉族文化和旅游区集中说明经济水平相对发达地区适应产业转型升级能力更强。2009 年文化和旅游发展效率在高值区和较高值区的城市较多,且集中在陕西、山西和河南等以汉族为主的文化和旅游区,忻州市、太原市、晋中市、长治市、晋城市、运城市、三门峡市、洛阳市和开封市的效率值达到 1 以上;少数民族文化和旅游区的高值区主要分布在白银市、中卫市、乌海市、鄂尔多斯市和呼和浩特市等地。发展效率在低值区的城市较少,主要分布在山东地区;2019 年文化和旅游发展效率在高值区的城市数量相对于 2009 年有明显的下降但向汉族文化和旅游区集中,主要分布在海东市、白银市、定西市、延安市、运城市、晋中市、长治市、运城市和泰安市等地;发展效率在较高值区的城市数量最多,集中在河南等地区,这说明文化在旅游业转型升级中的作用日益突出;发展效率在0.5以下的城市主要分布在包头市和鄂尔多斯市及山东的一些城市。

(三) 黄河文化和旅游发展效率影响因素分析

1. 变量选取与计量模型构建

文化和旅游发展效率及全要素生产指数在时间和空间上的变化是在多种因素的相互作用中形成的,本书选取与城市文化和旅游经营活动相关的影响因素,考虑到市域尺度数据的可获取性,最终选取经济发展水平(enco)、城市旅游接待能力(inscale)、市场化水平(mark)、科技信息水平(info)、交通水平(tran)、产业结构(stru)和旅游资源禀赋(reso)等影响因子,具体情况参考表1-23。

表1-23 黄河文化和旅游发展效率影响因素指标

影响因子	变量解释	符号
经济发展水平	人均GDP	enco
城市旅游接待能力	星级酒店和旅行社的数量并取对数	inscale
市场化水平	进出口额/GDP	mark
科技信息水平	邮电业务总量	info
交通水平	路网密度(道路长度/城市总面积)	tran
产业结构	旅游收入/地区GDP	stru
旅游资源禀赋	熵权法	reso

所选取各因子对文化和旅游发展效率影响机制分析如下:①经济发展水平。经济发展水平对提升文化和旅游发展效率有着重要影响,为文化和旅游正常经营活动提供原始动力,主要包括基础设施的改善、先进技术的引进、旅游新产品的开发、客源市场吸引力的增强等都需要资金的投入,故选取各市人均GDP来表示。②城市旅游接待能力。城市旅游接待能力是该地区按照标

准接纳旅游者的规模和数量,是该地旅游发展水平的真实反映[1],这里选取同文化和旅游活动紧密的星级酒店和旅行社数量来表示。③市场化水平。市场化水平通常表示城市对外开放程度[2],其水平高低对城市各个生产单元的思想观念和投资方式都产生重要影响,积极参与市场竞争能够促进信息、技术以及其他生产要素的有效配置,为当地经济注入新的活力。而文化旅游市场的开放程度取决于当地市场化水平,故以该地进出口总额地区GDP比值来表示。④科技信息水平。科技信息技术是文化和旅游提高创新能力和实现综合管理的重要途径之一,科技赋能可以使景区管理工作降低对人为因素的依赖程度,增强文化旅游发展韧性。同时,有助于提高旅游产品创新能力和旅游生产要素利用率,本书选取各地区邮电业务总量来表示。⑤交通水平。交通水平的高低影响城市旅游可进入性,交通位置优越的城市不仅是投资者首选地,更是旅游者出行重要的参考依据,本书选取城市路网密度来表示。⑥产业结构。合理的产业结构能够带动生产要素的集聚,城市之间易形成知识和技术溢出等空间效应进而形成"外部经济性",有利于提高城市文化旅游经营管理水平,促使发展效率整体提升,本书采用旅游收入/地区GDP来表示。⑦旅游资源禀赋。旅游资源禀赋是城市文化和旅游发展的基础。通常情况下,文化和旅游资源集中的城市,其旅游发展效率也较高,更易于形成较高的知名度[3],而黄河是中华民族的摇篮,孕育了辉煌灿烂的文化,保护传承弘扬黄河文化是黄河流域高质量发展的重要内容,由于A级景区属于综合性旅游资源[4],本书利用熵权法确定各市A级景区高阶度。所选取的影响因子指标数据主要来自2010—2020年的各地市《统计年鉴》、统计公报、文化和旅游局公布的数据,其中衡量交通水平的路网密度数据来自Python爬取的高德地图道

---

[1] T.Cuccia, C.Guccio, I.Rizzo, UNESCO Sites and Performance Trend of Italian Regional Tourism Destinations: A Two-stage DEA Window Analysis with Spatial Interaction, *Tourism Economics*, 2017,23(2).

[2] 曹芳东、黄震方、徐敏等:《风景名胜区旅游效率及其分解效率的时空格局与影响因素——基于Bootstrap-DEA模型的分析方法》,《地理研究》2015年第12期。

[3] 曹芳东、黄震方、吴江等:《国家级风景名胜区旅游效率测度与区位可达性分析》,《地理学报》2012年第12期。

[4] 岳立、雷燕燕:《中国旅游资源绿色转换效率的时空演化及影响因素研究》,《统计与决策》2021年第22期。

路,并将道路矢量数据转换为1km×1km尺度的栅格数据,通过统计每个栅格道路长度并求和,得到黄河流域各个城市的道路总长度,最后以各个城市道路长度与总面积的比值表征黄河流域城市尺度的路网密度。故形成2009—2019年黄河流域内各地市尺度的短面板数据库。

本书根据所选取的指标以及不同影响因子对文化旅游发展效率的影响,构建面板回归模型[式(1.9)]分析文化旅游发展效率的影响因素,模型如下:

$$TE_{it} = \beta_0 + \beta_1 \ln(econ_{it}) + \beta_2 \ln(inve_{it} + \beta_3 mark_{it} + \beta_4 info_{it} + \beta_5 tran_{it} + \beta_6 stru_{it} + \beta_7 reso_{it} + u_{it} \quad (1.9)$$

式中,β_0为常数项;β_1—β_7为个体效应;u_{it}为随机误差项,表示没有包含的变量和不可观测的因素;其他符号的含义与表1-22相同,如$econ_{it}$表示第i个市t期的A级景区发展效率值。

2. 结果分析

本书为了保证回归结果的准确性,对模型进行以下处理:①对文化旅游发展效率进行归一化处理;②对所选数据进行共线性检验,削弱共线对回归结果的影响,对个别指标进行对数转换;③将出口额以当年汇率进行换算;④由于回归模型较多,通过F检验、LM检验和Hausman检验确定使用固定效应模型还是随机效应模型。

基于所构建的面板数据模型,利用Stata15.0软件对2009—2019年黄河文化和旅游发展效率的影响因素进行分析,表1-24中列(1)(2)(3)分别为黄河流域、少数民族文化和旅游区、以汉族为主文化和旅游区的模型回归结果:

表1-24 黄河文化和旅游发展效率影响因素回归结果

变量	model(1)	model(2)	model(3)
econ	0.001*	0.000*	0.003*
	(3.250)	(1.260)	(1.093)
inscale	−0.029**	−0.969***	−0.645***
	(2.190)	(0.040)	(0.505)
mark	0.072***	0.003*	0.027**
	(2.130)	(3.040)	(0.062)

续表

变量	model(1)	model(2)	model(3)
info	0.000*	−0.142***	0.275***
	(1.800)	(1.470)	(1.090)
tran	0.000*	0.0298**	0.266***
	(4.190)	(1.040)	(3.697)
stru	−0.068***	−0.020**	−0.450***
	(3.670)	(2.340)	(0.367)
reso	0.264***	0.108***	0.153***
	(1.120)	(2.390)	(1.430)
constant	0.000	0.787	0.000
	(4.390)	(0.270)	(3.830)
R-squared	0.097	0.056	0.108
F检验	0.000	0.000	0.000
LM检验	0.000	0.000	0.044
Haumans检验	0.044	5.950	8.320
估计方法	固定效应	随机效应	随机效应

注：*、**、***分别代表在1%、5%、10%的水平下显著；()内数值为残差值。

从整体来看，经济发展水平、市场化水平、科技信息水平、交通水平和旅游资源禀赋的回归系数均为正向，与此同时均通过了显著性检验，这表明以上因子对黄河文化和旅游发展效率的提升均有积极作用。而城市旅游接待能力和产业结构的回归系数为负，则不利于文化和旅游发展效率的提升。①经济发展水平的系数显著为正，且通过了1%的检验，这说明经济发展水平的提高有助于提高文化和旅游发展效率，经济的发展一方面为城市优化旅游基础设施和引进高新技术提供资金支持，另一方面增加居民收入进而增强旅游欲望、提升旅游消费能力。②城市旅游接待能力的系数显著为负，表明目前接待服务规模抑制城市文化和旅游发展效率的提高，需改变过去以扩大投资规模来获取更多收益的粗放型模式，走以创新为驱动的集约化道路。③市场化水平在1%的水平下显著为正，表明城市积极参与市场竞争，吸引城市外优质的技术、资源和信息技术等有价值的生产要素,有利于提高城市文化和旅游发展的竞争力,增加产出能力。④科技信息水平的系数显著为正且值为 0.000,表明科技信息技术对提高文化和旅游发展效率具有明显的促进作用。信息技术的应用有助于提高城市文化和旅游的创新能力、综合管理能力,降低城市文化和旅游发展对人为因素的依赖,实现既能保护黄河文化又能促进旅游发展的目的;同时,信息技术以更加智能化的操作,方便游客参与旅游活动,提高游客的满意度。⑤交通水平的系数显著为正且值为 0.000,路网密度大的地区表明城市的可进入性高,能够为游客节省更多的时间成本,更容易增强游客动机并满足需求,从而扩大城市文化和旅游的产出能力,最终提高效率值。⑥产业结构的系数为负,其值为-0.068,说明产业结构抑制了文化和旅游发展效率的提高。曹芳东等人认为合理的产业结构能够促进生产要素的集聚进而提升生产效率[1],不合理的则会阻碍生产效率的提升,因此,A 级景区需充分发挥其文化发展的核心作用,促进城市产业结构的优化。⑦旅游资源禀赋的系数为正,说明旅游资源作为旅游吸引物对景区城市文化和旅游的发展具有一定的促进作用,旅游景区相对集中地区不仅可以增加知名度,还能节省游客时间和经济成本,更易获得旅游者青睐。

从少数民族文化旅游区和以汉族为主的文化旅游区来看,①经济发展水平、市场化水平、交通水平和旅游资源禀赋对民族文化旅游区的文化和旅游发展效率的回归系数均为正向显著,说明经济发展、市场开放度、交通密度和旅游资源禀赋对文化和旅游发展效率均起到促进作用。②科技信息水平对少数民族文化旅游区的回归系数为负,对以汉族为主的文化旅游区的系数为正,这说明在本书研究期间两区域的科技信息尚未成为主要驱动力,需要加强景区同科技的融合。③城市旅游接待能力和产业结构的回归系数均为负值,说明两者不合理的配置抑制文化和旅游效率的提高,在以后城市管理工作中需借助科技创新优化资源配置,优化产业结构。

---

[1] 曹芳东、黄震方、吴江等:《城市旅游发展效率的时空格局演化特征及其驱动机制——以泛长江三角洲地区为例》,《地理研究》2012 年第 8 期。

二、黄河流域市域文化和旅游发展潜力评估研究

进入"十四五"时期,文化和旅游产业已成为国民经济重要支柱产业。其中,2022年,国内旅游收入占全年GDP比重为1.69%,而黄河流域九省(区)实现旅游总收入21613.31亿,占地区GDP的7.04%,旅游收入所占比重远超全国平均水平,黄河流域已成为我国区域旅游经济开发的重要单元。文化是旅游的灵魂,旅游业发展需要发掘文化资源的观光、体验和休憩等价值。早在2009年,国家旅游局和文化部就联合下发了《关于促进文化与旅游结合发展的指导意见》,要求加强旅游与文化的结合,促进文化和旅游产业融合发展。2018年,国家旅游局与文化部合并组建文化和旅游部,实现了文化与旅游在行政管理层面的融合,使文化和旅游融合发展具有了更坚实的基础,开创了文化和旅游融合发展的新局面。

发展潜力测度是区域可持续发展的重要基础和关键步骤。已有文献揭示了一元潜力模型和多指标描述性评价,当前研究方式多侧重于封闭系统和静态节点,较少对区域动态变化过程进行分析,也较少对发展趋势作出研判,发展潜力评价体系的综合性、动态性都仍有提升空间。[1] 随着文化产业和旅游产业的迅速发展,其对区域发展的贡献越来越大,区域间的竞争亦日趋激烈,文化和旅游发展潜力日渐成为学者关注的焦点。文化和旅游发展潜力研究能够较为全面客观地对区域文旅产业发展状况与前景进行评估。本书将整合技术性评价和综合性评价思路,以黄河流域城市为研究区域,在梳理国内外文化和旅游发展潜力相关文献的基础上,构建文化和旅游发展潜力评价指标体系,运用熵权法对市域旅游目的地进行潜力评价,以期为黄河流域城市文旅产业发展提供参考。

---

[1] 参见吴必虎、纪凤仪、薛涛:《黄河改道的区域地理效应与故道遗产活化——以黄河故道(江苏段)为例》,《民俗研究》2021年第3期。

（一）文化和旅游发展潜力评价指标体系构建

评价指标的选取依据实用性、综合性、科学性、代表性和可操作性等原则。[1] 区域文化和旅游发展潜力的研究涉及产业要素微观层面、供需市场中观层面及经济、政治、社会、生态等宏观层面。[2] 马勇等率先对旅游产业发展潜力进行了定量研究，他将区域旅游可持续发展潜力分为区域旅游资源的潜在保障力、区域社会经济的潜在支持力和区域环境容量的潜在承载力。[3] 杨敏从经济发展能力、基础设施与环境保障、旅游市场需求潜力、政府管理能力、文化发展水平及科教创新能力、旅游产业发展状况6个方面运用德尔菲法通过专家征询确定了旅游产业发展潜力评价体系。[4] 曹新向建立了区域旅游发展潜力的四维框架：旅游需求潜力、旅游供给潜力、旅游潜力保障力、旅游潜力支持力。[5]

学界从不同的视角，根据不同区域的实际情况，对区域旅游发展潜力指标体系的构建研究提出不同的标准和分类，总体来看，一方面，学者从发展潜力的影响因素方面，关注内因和外因，即旅游业的自我发展潜力（内在资源与效益）和外部的保障和支持力（基础设施、服务与环境）。[6] 另一方面，学者从旅游市场的不同主体进行研究，即旅游要素供给方与需求方[7]。区域文化产业发展潜力研究较少，大都为资源和资源产业化开发潜力评价研究，多从资源价值、开发条件、市场潜力等方面构建指标体系。[8] 文化和旅游融合方面，许春

---

[1] 参见尹占娥、殷杰、许世远：《上海乡村旅游资源定量评价研究》，《旅游学刊》2007年第8期。

[2] 参见许春晓、胡婷：《大湘西地区文化与旅游融合潜力及其空间分异》，《经济地理》2018年第5期。

[3] 参见马勇、董观志：《区域旅游持续发展潜力模型研究》，《旅游学刊》1994年第4期。

[4] 参见杨敏：《青海旅游产业的发展潜力评估》，《统计与决策》2006年第14期。

[5] 参见曹新向：《中国省域旅游业发展潜力的比较研究》，《人文地理》2007年第1期。

[6] 参见丁建军、朱群惠：《我国区域旅游产业发展潜力的时空差异研究》，《旅游学刊》2012年第2期。

[7] Y.Y.Chen, Y.J.L, X.F.Gu, et al., "Evaluation of Tourism Development Potential on Provinces along the Belt and Road in China: Generation of a Comprehensive Index System", *Land*, 2021, 10(9).

[8] 参见陈梅花、石培基：《基于AHP法的文化旅游资源开发潜力评价——以南阳玉文化旅游资源为例》，《干旱区资源与环境》2009年第6期。

晓等从资源、资料、劳动力、技术4个方面构建文化和旅游融合潜力测度模型,对大湘西地区文化和旅游融合潜力和空间分异进行研究。[①] 王秀伟从文化产业和旅游业的投入—产出角度对大运河文化带文化和旅游融合发展水平进行测度[②]。潜力评价模型在文化和旅游领域的应用性研究存在多元差异化评价指标体系,对其指标体系进行总结概括,如图1-17所示。

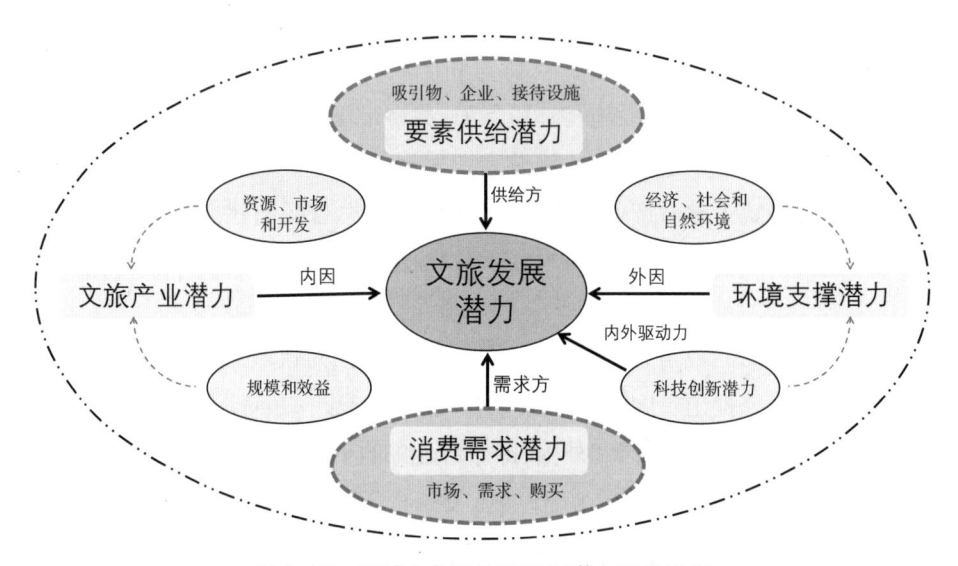

图1-17 区域文化和旅游发展潜力评价指标

本书在综合借鉴国内外区域文旅产业发展潜力评价已有研究成果的基础上,结合黄河流域中下游区域文化和旅游发展实践,从环境供给与支持、市场需求与购买、产业发展贡献和科技创新潜力4个维度,筛选出25项测量指标,对黄河流域中下游城市文化和旅游发展潜力进行定量评价(见表1-25)。

[①] 许春晓、胡婷:《大湘西地区文化与旅游融合潜力及其空间分异》,《经济地理》2018年第5期。
[②] 王秀伟:《大运河文化带文旅融合水平测度与发展态势分析》,《深圳大学学报(人文社会科学版)》2020年第3期。

表1-25　文化和旅游发展潜力评价指标体系

	一级指标	二级指标	三级指标	权重
文化和旅游发展潜力指数（P）	环境供给与支持（P_1）0.307	公共环境供给力 0.178	交通客运量（X_1）	0.039
			城市市政公用设施建设水平（X_2）	0.084
			电信业务总量（X_3）	0.055
		自然环境支持力 0.025	空气质量优良天数（X_4）	0.011
			绿化覆盖率（X_5）	0.005
			人均公园绿地面积（X_6）	0.018
		经济环境支持力 0.088	第三产业占地区生产总值的比重（X_7）	0.014
			第三产业固定投资比重（X_8）	0.013
			实际利用外资总额（X_9）	0.072
	市场需求与购买（P_2）0.165	旅游需求潜力 0.142	国内旅游人次（X_{10}）	0.026
			入境旅游人次（X_{11}）	0.067
		消费者购买潜力 0.080	恩格尔系数（X_{12}）	0.004
			人均GDP（X_{13}）	0.030
			居民教育文化和娱乐消费价格指数（X_{14}）	0.001
	产业发展贡献（P_3）0.227	产业规模潜力 0.093	高A级景区数（X_{15}）	0.027
			住宿餐饮业企业数（X_{16}）	0.045
			文化遗产数（X_{17}）	0.030
			文化机构数（X_{18}）	0.012
		产业效益潜力 0.217	国内旅游收入（X_{19}）	0.035
			旅游外汇收入（X_{20}）	0.152
			文化体育娱乐业就业人员数（X_{21}）	0.047
			住宿餐饮业就业人员数（X_{22}）	0.054
	科技创新潜力（P_4）0.301	科技创新潜力 0.178	R&D人员数（X_{23}）	0.054
			R&D经费支出（X_{24}）	0.067
			专利授权数（X_{25}）	0.037

1. 环境供给与支持

文化和旅游产业具有较强的产业关联性和辐射力，既依赖于自身发展状况,也离不开整个社会经济发展环境的支撑。① 杨立勋也认为其发展对经济条件、基础设施和生态环境的依赖程度相对较高②,社会和环境因素作为"外因"对文旅可持续发展潜力有重要影响③。多名学者将旅游发展潜力供给力、保障力、支持力、承载力等作为潜力评价的重要指标④。因此环境供给与支持潜力主要从公共环境、自然环境和经济环境3个方面进行指标选取。环境的供给与支持潜力越高,城市形象越好,游客的满意度越高,文旅产业越发达,区域产业可持续发展潜力越高。

公共环境供给力即社会对文旅产业发展的基础设施的供给,是本地居民和游客共用的设施,包括公用事业设施和现代化社会生活基本设施⑤,是旅游业向旅游者提供服务的物质基础,是旅游经历的重要构成要素。旅游潜力的研究越来越关注区域和旅游资源在基础设施和服务方面的能力。⑥ 交通可达性和便利性是文化和旅游发展的重要因素⑦。为表达区域旅游交通现状和承载能力,本书选取了交通客运量指标进行量化描述⑧,此外,本书选取城市市政公用设施建设水平⑨表示城市市政公用设施建设水平,以此量化公共环境卫生管理能力,选取电信业务总量⑩描述区域的通信设施建设水平。

---

① 参见丁建军、朱群惠:《我国区域旅游产业发展潜力的时空差异研究》,《旅游学刊》2012年第2期。
② 杨立勋、石一博:《西北五省区旅游产业发展潜力测度及评价研究》,《生态经济》2017年第10期。
③ B.Mckercher,"The Unrecognized Threat to Tourism:Can Tourism Survive'Sustainability'", *Tourism Management*,1993,14(2).
④ 田巧莉、邓飞虎:《广西旅游产业发展潜力的测度与评价》,《社会科学家》2019年第2期。
⑤ C.Nipon,"The Potential of Hot Springs in the Western Thailand for Health Tourism and Sustainability",*Economics World*,2016,4(4).
⑥ J.Priskin,"Assessment of Natural Resources for Nature-based Tourism:The Case of the Central Coast Region of Western Australia",*Tourism Management*,2001,22(6).
⑦ V.Orlova," Potential of the Tourism and Recreation Sphere in the European North:Evaluation and Development Vector in Terms of the Arctic Development",*Economic and Social Changes:Facts,Trends,Forecast*,2021,1(73).
⑧ 王冠孝、梁留科:《山西省城市旅游发展潜力评价研究》,《干旱区资源与环境》2015年第9期。
⑨ 田巧莉、邓飞虎:《广西旅游产业发展潜力的测度与评价》,《社会科学家》2019年第2期。
⑩ 王冠孝、梁留科:《山西省城市旅游发展潜力评价研究》,《干旱区资源与环境》2015年第9期。

自然环境支持力指自然生态环境对旅游活动的吸引、制约与保障能力。Canestrill 在对旅游地竞争力与发展潜力的关系研究中,较早提出旅游地的自然承载力是影响旅游地发展潜力的重要因子[1]。随着社会对环境污染问题的持续关注,空气质量[2]、植被与绿化(人均公园绿地面积)等自然资源要素越来越成为影响区域吸引力和竞争力的重要因素。区域人口密度能够衡量区域环境与资源的人均占有比例,可以反映出自然环境的承载能力和可接待外来游客的水平[3]。

经济环境支持力包括区域总体经济发展水平、产业投资和管理水平、服务业发展水平和对外开放水平等。经济环境首先影响到区域的基础设施状况,还影响区域的旅游投资能力、开发规模和方向、旅游接待能力等。[4] 区域的文旅产业发展中,基础设施和资源为基础和保障,经济支持则作为发展动力,能够为未来文旅产业发展提供资金和平台,综合经济实力越强,越有利于区域文旅产业发展潜力的发挥和提升。[5] 在投入方面,选取第三产业固定投资比重衡量企业和政府投资能力,能够反映出对该区域包括旅游业在内的第三产业发展的重视程度,比重越大则说明该区域对文化和旅游产业的发展越重视。在产出方面,选取第三产业占地区生产总值的比重[6]来衡量第三产业的产业地位和经济贡献力度,反映该区域文化和旅游产业经济产出能力和发展水平;选取实际利用外资总额[7]来反映对外开放程度。

---

[1] E.Canestrelli,P.Costa,"Tourist Carrying Capacity:A Fuzzy Approach", *Annals of Tourism Research*,1991,18(2).

[2] 向雨川、杨晓霞:《基于 TOPSIS 法的渝东南民族地区旅游发展潜力评价研究》,《西南师范大学学报(自然科学版)》2018 年第 12 期。

[3] H.Feng,X.Chen,P.Heck,et al.,"An Entropy-perspective Study on the Sustainable Development Potential of Tourism Destination Ecosystem in Dunhuang,China", *Sustainability*,2014,6(12).

[4] 参见宋咏梅:《区域旅游产业发展潜力测评及显化机制研究:以陕西为例》,陕西师范大学博士学位论文,2013 年。

[5] 参见易银飞:《区域旅游业发展潜力评价研究》,湖南大学硕士学位论文,2007 年。

[6] 杨立勋、石一博:《西北五省区旅游产业发展潜力测度及评价研究》,《生态经济》2017 年第 10 期。

[7] 张雨泽:《资源衰退型城市旅游发展潜力研究》,燕山大学硕士学位论文,2014 年。

2. 市场需求与购买

旅游者是文化和旅游活动的主体。本书从旅游需求潜力和消费者购买潜力两方面阐释市场为主体的潜力评价。旅游需求潜力是反映区域内产生客源能力的指标,旅游国内人次数和入境旅游人次数是旅游国内外客源市场规模大小的重要表现。

购买潜力主要表现为消费者的出游力,是指在满足消费者支付能力,同时拥有闲暇时间并心怀旅游意愿而实现的。① 由于闲暇时间的量化难度限制,本书选取人均GDP、恩格尔系数和居民教育文化及娱乐消费价格指数来衡量消费者的购买潜力。旅游作为一种精神需求,只有在居民生活达到一定水平的时候才会产生,人均GDP能够衡量区域生活水平和个人经济能力。恩格尔系数②和人均教育文化娱乐支出分别作为负向指标和正向指标反映区域在文化和旅游等休闲娱乐方面的花费,居民教育文化和娱乐消费价格指数在价格方面反映区域旅游消费能力和旅游经济发展水平。

3. 产业发展贡献

产业的自我发展和成长是旅游产业发展潜力中的主导和先行元素。③ 旅游相关企业供给、消耗和产出是旅游产业发展的直接动力。作为区域文化和旅游发展潜力的"内因",其规模和效益直接关系到文化和旅游资源的品位与质量。

产业规模代表着在一定时期内可以向旅游者提供的、能够满足旅游者需要的旅游产品和服务的总和,主要受文化企业、旅游企业和事业单位数量影响和制约。他们作为吸引物为旅游活动提供场所和资源,是旅游产业存在与发展的基础,也作为接待设施体现区域旅游接待能力,是旅游生产能力最直接、最明显的实现条件,是旅游发展潜力形成和发挥的基础条件④。本书选取高

---

① 参见赵英丽:《新时期居民国内出游力影响因素研究》,《地域研究与开发》2006年第2期。
② 冯学钢、王晓云、杨昇:《西南民族旅游目的地发展潜力研究》,《旅游论坛》2009年第1期。
③ 参见丁建军、朱群惠:《我国区域旅游产业发展潜力的时空差异研究》,《旅游学刊》2012年第2期。
④ R. Croes, M. A. Rivera, "Tourism's Potential to Benefit the Poor: A Social Accounting Matrix Model Applied to Ecuador", *Tourism Economics*, 2017, 23(1).

A级景区(包括4A级景区和5A级景区)数、住宿餐饮业企业数。

文化和旅游发展对区域社会经济的贡献,可以从经济贡献和就业贡献两方面汇报。经济贡献主要从国内旅游收入、旅游外汇收入两方面进行描述。就业贡献一定程度上对劳动力资源的使用情况有所反映。本书选取文化体育娱乐业就业人员数和住宿餐饮业就业人员数反映文旅产业直接或间接的就业贡献度。

4. 科技创新潜力

高新技术已成为旅游产业优胜劣汰的关键,成为强化旅游市场竞争,提高市场竞争力的重要手段之一。区域旅游可持续发展必须依靠创新和高科技化。本书从人才、资金投入和成果3个方面选取R&D人员数、R&D经费支出和专利授权数3个指标进行区域文化和旅游发展的科技创新潜力评价。[1]

(二) 黄河流域城市文化和旅游发展潜力测度评价

1. 研究区域

黄河干流河道全长5464千米,以流经市域作为黄河流域研究范围,流经市域总面积198.46万平方千米,研究范围包括黄河流经的9省72个市(包括地级市、省直辖县、自治州等)[2]。流域战略地位重要,区域优势明显,土地、矿产、能源资源十分丰富,开发潜力巨大,在国民经济发展的战略布局中,具有承东启西的重要作用。文化和旅游发展方面,上游作为黄河水源主要补给地和重要涵养区,生态旅游发展潜力大,中下游地区拥有古都、古城、古迹等丰富的人文资源,文化和旅游吸引力强。截至2021年年底,黄河流域9省份拥有世界遗产20处、不可移动文物30余万处、国家级非遗代表性项目649项、国家全域旅游示范区47个、国家5A级旅游景区84个、国家级旅游度假区9个、全国乡村旅游重点村329个、全国红色旅游经典景区85个。

---

[1] 参见许春晓、胡婷:《大湘西地区文化与旅游融合潜力及其空间分异》,《经济地理》2018年第5期。

[2] 王尧、陈睿山、郭迟辉等:《近40年黄河流域资源环境格局变化分析与地质工作建议》,《中国地质》2021年第1期。

2. 数据来源

本书数据主要来源于 2020 年中国城市年鉴、各级政府颁布的统计公报和统计年鉴。由于部分城市数据缺失较多,因此仅检索获取研究区域内的 65 个地级市文化和旅游发展潜力的相关数据,并对其中极个别缺失的数据采用平滑法插值进行补充。

3. 研究方法

(1)熵权法

熵权法的基本思路是根据指标变异性的大小来确定客观权重,某个指标的信息熵越小,表明指标值的变异程度越大,提供的信息量越多,在综合评价中能起到的作用也越大,其权重也就越大,反之同理[1]。其测算过程如下:

首先,运用极差法进行数据标准化处理,如式(1.10)、式(1.11)所示。原始数据为 α_{ij},标准化后数据为 I_{ij}(i 为第 i 个要素层指标,j 为第 j 个城市)。

正向指标:
$$I_{ij} = \frac{\alpha_{ij} - \min \alpha_{ij}}{\max \alpha_{ij} - \min \alpha_{ij}} \tag{1.10}$$

负向指标:
$$I_{ij} = \frac{\max \alpha_{ij} - \alpha_{ij}}{\max \alpha_{ij} - \min \alpha_{ij}} \tag{1.11}$$

其次,使用熵权法计算求得各指标的熵值(e_i)、差异系数(d_i),最后确定指标权重(ω_i)。计算过程如式(1.12)至式(1.14)所示,其中 n 为被评价对象数量,n=65。

$$e_i = -\frac{1}{\ln n} \sum_{i=1}^{n} f_{ij} \ln f_{ij},$$

其中

$$f_{ij} = \frac{I_{ij}}{\sum_{i=1}^{n} I_{ij}} \tag{1.12}$$

$$d_i = 1 - e_i \tag{1.13}$$

$$\omega_i = \frac{d_i}{\sum_{i=1}^{n} d_i} \tag{1.14}$$

---

[1] 崔琰、席建超:《基于出游潜力模型的省级出境旅游市场分类研究》,《资源科学》2015 年第 11 期。

从而得出三级指标权重值,将二级指标得分作为原始数据再次进行运用熵权法进行运算得出二级指标权重值,同理能够确定环境供给与支持(P_1)、市场需求与购买(P_2)、产业发展贡献(P_3)和科技创新潜力(P_4)4个指标对目标层(Y)的权重值,以此能够得到黄河流域城市文化和旅游发展潜力评价模型,其基本原理为:

$$P = \omega_1 P_1 + \omega_2 P_2 + \cdots + \omega_i P_i \tag{1.15}$$

式中,P是发展潜力,P值越大表明发展潜力越大;P_i是第i个发展潜力评价指标的综合得分,综合得分是对第i个指标所包含的各发展潜力评价因子的原始赋值,通过极差法标准化处理后求和而获得的;ω_i是第i个发展潜力评价指标的权重。

(2)基于熵权的TOPSIS综合评价法

TOPSIS是一种综合评价方法,又称为优劣解距离法。它通过逼近理想解的程度来评估各个样本的优劣等级,是有限方案多目标决策分析的一种方法,可用于效益评价、卫生决策和卫生事业管理等多个领域。基于熵权的TOPSIS综合评价法是指基于熵权法的权重运算,将权重和标准化的数据相乘后的数据作为原始数据对其进行评价的方法。较之熵权法,基于熵权的TOPSIS综合评价法可以考虑属性之间的相关性,更加准确地评估决策对象的优劣程度。其测算过程如下:

首先,根据熵权法的权重计算结果构建加权决策矩阵(R),r_{ij}即为熵值法计算下的得分值(i为第j个要素层指标,i为第j个城市),$i = 1,2,3,\cdots,m$,$j = 1,2,3,\cdots,n$,如式(1.16)所示。

$$R = (r_{ij})_{mn} = (w_i \cdot I_{ij})_{mn} \tag{1.16}$$

其次确定正理想解(R^+)和负理想解(R^-),寻找最优和最劣方案:

$$\begin{cases} R^+ = \max(r_{i1}, r_{i2}, r_{i3}, \cdots, r_{in}) \\ R^- = \min(r_{i1}, r_{i2}, r_{i3}, \cdots, r_{in}) \end{cases} \tag{1.17}$$

计算各可行方案到正、负理想的解欧氏距离D_j^+和D_j^-:

$$\begin{cases} D_j^+ = \sqrt{\sum_{i=1}^{m}(r_{ij} - R_i^+)^2} \\ D_j^- = \sqrt{\sum_{i=1}^{m}(r_{ij} - R_i^-)^2} \end{cases} \tag{1.18}$$

计算相对贴近度,即综合评价指数(C):

$$C_j = \frac{D_j^-}{D_j^+ + D_j^-} \tag{1.19}$$

4. 测算结果与分析

(1)权重分析

由于分析数据缺失,本书首先剔除青海省海北、黄南、海南、果洛、玉树5个藏族自治州、海西蒙古族藏族自治州和四川省的阿坝藏族羌族自治州,最终保留65个地级市,运用熵权法得出各级指标权重值,如表1-26所示。运用这一原理,本书运用案例地65个城市2019年各指标的数据赋值和指标权重,可获得黄河流域城市文化和旅游发展潜力评价模型为:

$$Y = 0.307 P_1 + 0.165 P_2 + 0.227 P_3 + 0.301 P_4 \tag{1.20}$$

表1-26 黄河流域各城市文化和旅游发展潜力指数

序号	城市	指数	序号	城市	指数	序号	城市	指数
1	西安	0.752	23	临汾	0.114	45	白银	0.084
2	青岛	0.547	24	新乡	0.114	46	固原	0.084
3	郑州	0.404	25	晋城	0.112	47	陇南	0.082
4	济南	0.381	26	焦作	0.109	48	乌海	0.082
5	兰州	0.314	27	渭南	0.107	49	商丘	0.079
6	呼和浩特	0.300	28	安阳	0.106	50	延安	0.078
7	太原	0.256	29	宝鸡	0.104	51	吕梁	0.078
8	洛阳	0.255	30	东营	0.104	52	海东	0.077
9	淄博	0.224	31	聊城	0.102	53	巴彦淖尔	0.077
10	潍坊	0.223	32	定西	0.101	54	濮阳	0.076
11	鄂尔多斯	0.211	33	乌兰察布	0.100	55	中卫	0.076
12	西宁	0.177	34	菏泽	0.098	56	石嘴山	0.075
13	济宁	0.172	35	济源	0.098	57	天水	0.072
14	银川	0.164	36	德州	0.098	58	榆林	0.070
15	大同	0.159	37	临夏回族自治州	0.095	59	吴忠	0.065
16	开封	0.154	38	阿拉善盟	0.095	60	鹤壁	0.064

续表

序号	城市	指数	序号	城市	指数	序号	城市	指数
17	包头	0.152	39	武威	0.092	61	庆阳	0.064
18	泰安	0.143	40	忻州	0.091	62	阳泉	0.063
19	运城	0.140	41	三门峡	0.090	63	铜川	0.057
20	晋中	0.136	42	商洛	0.090	64	平凉	0.057
21	滨州	0.126	43	甘南藏族自治州	0.087	65	朔州	0.057
22	长治	0.117	44	咸阳	0.085			

如表1-26所示,对熵权法确定的指标权重进行分析发现,环境供给与支持要素是城市文旅产业发展的重要影响因素,其权重为30.7%。文化和旅游产业作为一种服务类产业,对公共环境与设施要求较高,依赖性较强,公共环境供给力准则的权重最高(17.8%),经济环境支持力准则旨在衡量城市的第三产业经济发展、对外贸易经济发展等水平,在文化和旅游发展潜力的评价中也占有一定比重(8.8%)。科学技术创新作为城市文化和旅游发展的动力,科技创新潜力要素对黄河流域城市文化和旅游发展潜力影响较大,其比重为30.1%。产业发展贡献准则(22.7%)从企业机构数、吸引物数量、收入和就业等各方面衡量城市文化产业和旅游业的规模与效益,对城市文旅产业发展潜力评价有重要意义。从市场需求与购买准则方面来说,旅游需求指标从旅游人次上衡量城市文化和旅游发展水平,是重要的评价准则,其作为分准则,权重为14.2%,排名第四。

对各因子的权重进行分析来看,权重排名前13(即权重大于3.5%)的因子中,旅游外汇收入是衡量城市文化和旅游业发展潜力的重要指标,能反映城市的国际旅游吸引力和经济效益,其权重最高,为15.2%;其次为城市市政公用设施建设水平,反映交通等基础设施建设作为文化和旅游活动开展的基础,在文旅产业发展中具有较高的必要性和重要性,其权重为8.4%。实际利用外资总额权重排名第三(7.2%),反映城市吸引外资能力、经济开放程度和国际化水平。R&D经费支出、R&D人员数和专利授权数作为衡量区域创新能力的因子排名分别为4、7和12,权重为6.7%、5.4%和3.7%;入境旅游人次能够反映城市的国际旅游吸引力，同时侧面表现当地文化和旅游资源的品牌影响力，权重为6.7%。电信业务总量为5.5%，随着移动通信技术升级以及移动互联网的快速发展，作为新基建的重要内容，城市通信业发展水平在用户体验、文化传播、智慧城市、智慧旅游等方面是文化旅游业发展的技术支撑。从旅游六要素来看，"食"和"住"作为旅游六要素的基本条件对衡量区域文化旅游业发展潜力拥有重要价值，住宿餐饮业就业人员数、文化体育娱乐业就业人员数和住宿餐饮业企业数反映了城市文化和旅游接待能力和旅游经济发展水平。"行"是旅游活动的基础和媒介，交通客运量因子（3.9%）能够反映出该城市交通便利度和客源市场规模，是其旅游接待能力和旅游吸引力的综合表现。

（2）综合潜力指数分析

由于海北藏族自治州、黄南藏族自治州、海南藏族自治州、果洛藏族自治州、玉树藏族自治州、海西蒙古族藏族自治州和阿坝藏族羌族自治州数据缺失较多，本书对黄河流域各城市的文化和旅游发展潜力指数的测度与分析分以下两个部分：

首先，对数据缺失严重的7个自治州的相关数据进行整合和汇总，以表1-25中的指标体系为基础，对三级指标进行删减剔除，选取交通客运量、空气质量优良天数、第三产业占地区生产总值的比重、国内旅游人次、人均GDP、高A级景区数、国内旅游收入和R&D经费支出8个指标衡量城市文化和旅游发展潜力水平，运用基于熵权的TOPSIS综合评价法测算出72个城市的文化和旅游发展潜力综合指数值，对72个城市的文化和旅游发展潜力指数进行排序，为分析以上8个自治州的发展潜力提供数据参考。总体来看，阿坝州和海西州位于中级潜力区，黄南州和海北州位于较低潜力区，果洛州、海南州和玉树州位于低潜力区。

阿坝州旅游资源总量丰富，拥有众多高密度、高品位、独特性的世界级旅游资源，如自然风光秀美的九寨沟、国之瑰宝大熊猫以及包含嘉绒文化、安多文化、康巴文化等民族文化瑰宝的藏羌走廊文化，使其文化和旅游业发展禀赋高，优势显著，文化和旅游业发展成熟，产业规模和效益高。海西州地处青藏高原腹地，州域主体是素有中国"聚宝盆"美誉的柴达木盆地，生态环境优美，自然资源富集,有茶卡盐湖、艾肯泉、黑独山等一批优质旅游资源吸引国内外游客观光打卡,此外,海西州作为资源型城市,经济发展迅速,GDP 在全国处于领先地位,其文化和旅游业的经济环境发展优势明显。黄南州的生态文化和旅游吸引力强,拥有国家级热贡文化生态保护区等资源优势,文化和旅游发展潜力处于中间地位,黄南州正在做好基础设施升级、产业布局优化、丰富产品体系、提升服务水平等工作,探索基于黄南的独特生态价值体系。海北州拥有独一无二的红色资源,生态旅游资源优势明显,交通等基础设施建设相对完善,为文化和旅游发展提供了基础和条件,但在旅游需求潜力和产业规模与效益方面,与其他地区尚有一定差距。果洛州、海南州和玉树州文化和旅游发展潜力水平较低,其经济发展和基础设施建设水平相对落后,文化和旅游资源未形成品牌,总体潜力水平较弱。这 7 个自治州在黄河上游源头区形成了以西宁市、阿坝州和海西州为中心的西部文化旅游区,自然环境支持力和产业规模潜力优势显著,公共环境供给力、经济环境支持力和科技创新潜力发展空间巨大。

其次,剔除 7 个自治州数据,运用基于熵权的 TOPSIS 综合评价法对其余 65 个城市的文化和旅游发展潜力综合指数值进行测度,对其潜力值进行排序与分析,如表 1-25 所示。从各城市的潜力值来看,西安深厚的文化底蕴和旅游品牌使其一直处于领先地位。青岛、郑州作为新一线城市发展紧随其后。郑州作为河南省省会,是河南省旅游的中心集散地和旅游交通枢纽,旅游发展速度与日俱增。青岛作为热门滨海度假旅游城市在发展文化和旅游方面展现出得天独厚的资源禀赋。此外,济南、兰州、呼和浩特和太原 6 个省会城市发展潜力领先于其他各市。天水、平凉、庆阳、吴忠、石嘴山、榆林、铜川、朔州、阳泉、鹤壁文化和旅游发展潜力值较低,在资源、经济发展、政策支持、创新能力等方面竞争力相对较弱。

(3)潜力指数聚类分析

根据 2019 年的黄河流域城市文化和旅游发展潜力指数值,运用自然断点法对 65 个城市的综合潜力值和各一级指标的潜力指数进行聚类分析,潜力等级共分 5 级,分别为高潜力区、较高潜力区、中级潜力区、较低潜力区和低潜力区。高潜力区以西安、郑州、青岛为代表,该潜力区为新一线的省会城市或副省级城市,文化和旅游资源丰富,经济发达,文旅产业发展成熟,区位、交通优势明显,是具有国际影响力的旅游目的地,在文旅产业区域发展中具有主导作用。较高级潜力区以兰州、太原、济南、呼和浩特为代表,具有省会城市优势和文旅产业品牌优势,但城市的科技创新能力相对不足,对其文化和旅游发展潜力产生一定制约。中级潜力区受高潜力区和较高潜力区的辐射和带动,市场需求与购买能力处于中等发展水平,拥有一定的产业发展基础与文化和旅游资源禀赋,但其文旅业发展的供给和科技创新等支持力较欠缺。较低潜力区的经济发展水平不均,其文化和旅游资源开发不足,文旅产业在区域发展战略中尚未占据重要地位。低潜力区经济发展较落后,其城市发展主要以一二产业为主导,文旅产业发展尚不成熟。

西安、郑州、青岛三个城市为黄河流域城市文化和旅游发展的高潜力区。作为关中文化的代表,西安市文化和旅游业发展潜力始终处于领先地位。随着2007年国家级文化产业示范区——曲江新区的成立,西安市一直将文化和旅游业作为城市发展的核心竞争力,把"加强文化建设促进文旅融合发展"作为全市十项重点工作之一,依托西安丰厚的文化资源,打造出一座博物馆之城、演艺之都。西安的文化和旅游产业发展成熟,加上雄厚的经济、人文基础,使其成为黄河流域中下游城市文旅业发展的典范。山东流域面积约占黄河下游总面积的80%,青岛是山东乃至沿黄地区经济实力和创新能力最强的城市之一,作为黄河流域重要开放门户,是国内重要的文化创意城市。青岛以打造国际滨海旅游目的地为目标,努力建设开放、现代、活力、时尚的国际大都市。郑州地处黄河流域腹地,在黄河文明中居于中心地位。河洛文化、商都文化、农耕文化、根亲文化等多元文化在郑州汇集,文化和旅游资源丰富、历史底蕴厚重、品位高。黄河国家区域重大战略提出后,郑州以保护传承弘扬黄河文化为主线,以重大文旅项目为新引擎,以"华夏文明之源、黄河文化之魂"为主题,努力建设国家中心城市。

济南、兰州、呼和浩特和太原是黄河流域城市文旅业发展的第二梯队。作为省会城市,济南、兰州、呼和浩特和太原是黄河文化旅游带建设的重要节点。济南环境供给与支持、科技创新潜力较高,但旅游吸引力和旅游经济发展不如高潜力区城市,因此在市场需求与购买、产业发展贡献方面处于较高潜力区;

兰州和呼和浩特在市场需求与购买方面处于一般发展水平,在旅游吸引力和居民生活水平提升方面仍有较大发展空间;太原在4个分指标层发展均衡,皆处于较高发展水平。

从各省份潜力值整体发展状况来看,河南省作为中华文明主要发祥地和黄河文明中心,文化旅游优势突出,八大古都在河南的有郑州、开封、洛阳和安阳4个,其省域城市能力发展水平不均但整体相对较高,基本形成了以郑州为中心,以洛阳、开封为次中心的沿黄文化旅游带。洛阳是古丝绸之路的东方起点和隋唐大运河的中心,其孕育的河洛文化是黄河文化的主脉与活水源头,文旅业发展展现出更大空间。开封凭借北宋文化在古都文化和旅游中品牌效应显著,但在环境供给与支持、科技创新潜力方面较为欠缺。鹤壁、濮阳和商丘发展潜力水平最低。

山东省凭借其优越的地理位置和经济发展优势,整体潜力较高,其沿黄城市文化和旅游发展潜力呈现"1+1+4"的特点,以青岛为创新中心,以济南为历史文化中心,以淄博、潍坊、济宁和泰安4个文化旅游高地为辅,打造齐鲁文化、儒家文化等黄河文化旅游品牌。处于第三梯队的淄博、潍坊、济宁和泰安4个城市均在环境供给与支持、产业发展贡献方面处于较高潜力区,市场需求与购买、科技创新潜力处于一般发展水平。

内蒙古自治区地广人稀,旅游承载力强,其草原和沙漠文化极具地区特色。鄂尔多斯和包头的环境供给与支持、产业发展贡献水平较高,科技创新潜力强,市场需求与购买水平略显不足。乌海和巴彦淖尔文化和旅游业发展潜力较低。

结合前面对青海省部分自治州的分析来看,由于交通区位和经济发展劣势,旅游季节性强,该省黄河文化旅游发展潜力整体较低,区域差异较大,呈现出以西宁和海西蒙古族藏族自治州为双核心的西北黄河源文化和旅游发展品牌。

宁夏回族自治区除银川位于中级潜力区外,其他沿黄城市文化和旅游发展潜力皆处于低水平潜力区,反映出宁夏文化和旅游发展在全流域发展中处于劣势,亟须充分发掘其文化和旅游资源,建设宁夏特色黄河文化和旅游品牌。

山西省各城市文旅产业发展相对均衡。大同处于一般潜力区,其他大多处于较低潜力区。朔州和阳泉在全流域中潜力指数相对较低,朔州排名最后。总体来看,山西省沿黄城市的文化和旅游发展缺乏更高潜力区的引导,太原的文化和旅游发展应更具竞争力和代表性,充分发挥其作为省会城市在全省文化和旅游发展中的辐射带动作用。分指标分析发现,山西省黄河流域市场需求与购买潜力指数普遍较高。究其原因,山西省厚重的文化底蕴和得天独厚的文化和旅游资源为其文旅产业发展提供了坚实基础,山西省黄河文化和旅游业发展潜力巨大。

甘肃省整体发展潜力较弱。兰州是全省黄河流域发展的重心所在,天水、平凉和庆阳发展潜力指数较低。

陕西省发展水平不均衡,西安一马当先,其他城市发展潜力皆处于较低水平区,其区域辐射和承接能力不足,应加强省内城市间的协同和合作,实现共同发展。

第二章

推进黄河国家文化公园建设研究

内 容 提 要

本章主要围绕黄河国家文化公园建设进展及存在问题、黄河国家文化公园建设评估以及黄河国家文化公园高质量建设路径三个核心问题进行了系统的研究。

自黄河国家文化公园被正式纳入国家文化公园体系以来,实践层面的黄河国家文化公园建设不断发展:一是构筑起以国家远景规划为引领、专项政策为主体、相关政策为指导以及辅助政策为支持的黄河国家文化公园建设政策网络体系;二是探索形成了以"中央—省—市(县)"为特征的分级管理体制和多渠道来源的资金机制;三是一系列重大文化项目建设有序开展;四是黄河国家文化公园数字化建设快速推进。同时,也存在以下几个方面问题:一是管理体制机制尚需完善;二是政策体系尚需完善;三是建设中面临项目比例不够合理、区域发展不平衡以及公众参与方式有限等问题。

通过对黄河国家文化公园九省(区)文化产业和旅游产业综合发展水平的测度发现,2012年至2021年,沿黄九省(区)无论是文化产业还是旅游产业都存在较大的省际和区域差异;九省(区)文旅产业融合水平基本处于上升态势,但是总体水平依然较低;且文旅产业融合水平受文化消费、政策支持、人力资本、交通通达度等因素的影响;进一步分析发现,九省(区)黄河国家文化公园建设潜力存在明显的上中下游分段差异,这种差异大致以黄河在宁夏与内蒙古的交界处以及黄河在山西、陕西和河南三省交界处为地理分界点。

基于黄河国家文化公园建设中存在的问题,以及对黄河流域文旅产业支撑性、各地发展潜力的评估,本书认为,推动黄河国家文化公园高质量建设,须科学谋划、系统推进。首先,明确黄河国家文化公园建设的科学理念、发展目标以及功能定位,是推动黄河国家文化公园建设的前提。其次,明确战略规划与政策方向,为黄河国家文化公园建设提供政策支撑。再次,完善国家文化公园管理体制机制,是确保黄河国家文化公园高质量建设的重要保障。最后,注重数字技术的应用,将数字化作为黄河国家文化公园建设的重要技术手段和发展方向。

第一节 绪 论

黄河国家文化公园具有国家重点文化遗产保护、文化产业和旅游业发展、国家意识培育、国际文化传播、公共文化服务和公民文化权益保障等多功能属性,并总体服务于"打造中华文化标识,增强文化自信"的战略目标。自2020年国家提出黄河国家文化公园建设目标以来,黄河国家文化公园建设与研究在实践和理论层面不断拓展。

一、研究进展

通过中国知网检索题名"国家文化公园",共计有490篇相关文献(截至2023年4月15日),主题分布在管理体制探讨、促进文旅融合、强化遗产保护、推动乡村振兴等众多研究领域。其中,与"黄河国家文化公园"高度相关的文献有51篇,自2021年国家发展改革委组织召开黄河国家文化公园建设保护规划编制启动会后,相关文献数量呈迅速上升趋势。本节立足现有文献,着重围绕黄河国家文化公园相关研究,对核心主题进行综述,旨在为推进黄河国家文化公园建设提供理论基础。

(一)国家文化公园相关研究

1. 国内研究

(1)国家文化公园的内涵研究

一是关于国家文化公园的概念研究。国内学者多通过概念拆解,从"国家""文化""公园"三个维度进行解读。其中,"国家"代表了顶层设计与政治根源,展示宏观格局;"文化"体现了本质属性与文化根源,强化情感关联;"公园"代表权属表达、空间限定和组织管理根源,拥有复合功能。① 立足国家角度,王克岭(2021)②认为国家文化公园是一类"由国家主导生产的主客共享的国际化公共产品",明确"国家"和"人民"两个维度是国家文化公园高质量发展的前提(程遂营等,2022)③。立足文化角度,付瑞红(2021)④、赵云等(2020)⑤认为文化是国家文化公园的核心概念,国家文化公园的构建弥补了我国自然保护地体系对文化关注的不足(吴必虎等,2023)⑥,是文旅融合的最佳方式(吴殿廷等,2021)⑦。立足公园角度,钟晟(2022)⑧认为国家文化公园是一类彰显与塑造中华民族文化共同体价值的"国家文化空间体系"。此外,樊潇飞等(2022)⑨提出国家文化公园是集成原真性、艺术性和民族性的国家文化载体,同时具备促进文旅融合、资源保护和区域经济发展的生态属性与经济属性。胡炜霞等(2023)⑩则指出国家文化公园更强调国家形象而非区域集合,更突出文化属性而非经济属性。

二是关于国家文化公园的建设背景研究。王方晗等(2023)⑪指出国家文化公园概念的出现是基于国际文化遗产保护的两个转向,即从重视单体遗产保护转为同时注重群体和社区遗产保护,以及从重视静态的文物保护转为同

---

① 参见李飞、邹统钎:《论国家文化公园:逻辑、源流、意蕴》,《旅游学刊》2021年第1期。
② 王克岭:《国家文化公园的理论探索与实践思考》,《企业经济》2021年第4期。
③ 程遂营、张野:《国家文化公园高质量发展的关键》,《旅游学刊》2022年第2期。
④ 付瑞红:《国家文化公园建设的"文化+"产业融合政策创新研究》,《经济问题》2021年第4期。
⑤ 赵云、赵荣:《中国国家文化公园价值研究:实现过程与评估框架》,《东南文化》2020年第4期。
⑥ 吴必虎、纪凤仪、金彩玉:《文化景观史视角下国家文化公园体系构建初探》,《民俗研究》2023年第1期。
⑦ 吴殿廷、刘宏红、王彬:《国家文化公园建设中的现实误区及改进途径》,《开发研究》2021年第3期。
⑧ 钟晟:《文化共同体、文化认同与国家文化公园建设》,《江汉论坛》2022年第3期。
⑨ 樊潇飞等:《新时代文化旅游发展中建设国家文化公园的价值、问题与优化》,《社会科学家》2022年第12期。
⑩ 胡炜霞、赵萍萍:《黄河国家文化公园文化资源禀赋与旅游发展水平耦合研究——黄河流域沿线九省区域角度》,《干旱区资源与环境》2023年第1期。
⑪ 王方晗、王璐璐:《以人为本遗产理念下的中国国家文化公园实践》,《民俗研究》2023年第1期。

时注重遗产的活态传承和可持续发展。

三是关于国家文化公园的建设目标研究。2019年12月印发的《长城、大运河、长征国家文化公园建设方案》首先对国家文化公园的建设目标进行了划定。部分学者认为，应进一步着眼"文化强国"战略目标（程遂营等，2022[①]；冷志明，2022[②]）。

四是关于国家文化公园的基础理论研究。从入选主题出发，五个入选的国家文化公园具备建设载体时间跨度大、连贯性、区域性（范周等，2022[③]；吴必虎等，2023[④]）、要素与主体的构成多元、管理体制交织以及活态性的特点（邹统钎等，2023[⑤]），其理论源流包括文化线路、遗产廊道与线性文化遗产。赵云等（2020）[⑥]提出了开展国家文化公园价值研究的必要性，其价值实现过程本质上是公园区域内的文化整合。王秀伟等（2021）[⑦]将大运河国家文化公园建设的内生动力归结于文化记忆重构与文化空间生产的多维度交互。

（2）国家文化公园的建设研究

一是关于国家文化公园的管理主体研究。国家文化公园的管理主体既包括中央到地方各级政府及其主管部门，也包含以企业为主的市场主体，以居民、游客与社会组织为代表的社会主体（王方晗等，2023）[⑧]。国家层面施行专门机构管理框架下的分头管理制度（刘敏，2022）[⑨]；省级层面依托本地实际，

[①] 程遂营、张野：《国家文化公园高质量发展的关键》，《旅游学刊》2022年第2期。

[②] 冷志明：《国家文化公园的"国家性"建构研究》，《吉首大学学报（社会科学版）》2022年第5期。

[③] 范周、祁吟墨：《国家文化公园建设导向下的黄河文化旅游发展研究》，《理论月刊》2022年第8期。

[④] 吴必虎、纪凤仪、金彩玉：《文化景观史视角下国家文化公园体系构建初探》，《民俗研究》2023年第1期。

[⑤] 邹统钎、仇瑞：《国家文化公园整体性保护思想诠释与路径探索》，《民俗研究》2023年第1期。

[⑥] 赵云、赵荣：《中国国家文化公园价值研究：实现过程与评估框架》，《东南文化》2020年第4期。

[⑦] 王秀伟、白栎影：《大运河国家文化公园建设的逻辑遵循与路径探索——文化记忆与空间生产的双重理论视角》，《浙江社会科学》2021年第10期。

[⑧] 王方晗、王璐璐：《以人为本遗产理念下的中国国家文化公园实践》，《民俗研究》2023年第1期。

[⑨] 刘敏：《国家文化公园管理体制机制研究》，《中国国情国力》2022年第5期。

在"领导小组+办公室"基本管理架构的基础上,形成临时性协调机构、临时性专门机构、政府组成部门和事业单位4种管理体制(吴丽云等,2022)[1]。

二是关于国家文化公园的管理模式研究。国际上如美国、日本、韩国等多国主要采用了中央垂直管理、属地管理与综合管理的管理体系(邹统钎等,2020;刘敏,2022)。吴承忠等(2023)[2]基于制度堕距视角,探讨了国家文化公园建设中的央地关系,提出了完善国家文化公园央地共建共管的机制。刘晓峰等(2021)[3]认为大运河文化带建设将大运河国家文化公园作为重要抓手,二者从属于整体与部分、定向与探索、布局与布点的关系。

三是关于国家文化公园的建设要点研究。宋蒙(2022)[4]以长城国家文化公园(内蒙古段)建设为例,指出统筹管理体制机制、打破行政区划壁垒以及强化文化遗产与核心文化价值的保护、开发和再利用是国家文化公园的构建特色。傅才武等(2022)[5]强调了数字化发展对建设国家文化公园的关键作用。程遂营等(2022)[6]将认定标准、管理机构、运行机制和法律保障等视作国家文化公园建设亟待破解的关键问题。

四是关于国家文化公园的建设问题研究。在制度规划层面,国家文化公园的建设存在空间边界不确定、文化标志物不确定、建设资金和责任主体不确定等问题(祁述裕,2022)[7];在生态化建设方面,存在历史文化考量欠缺、历史文化遗产与生态匹配存在脱节等问题(陈喜波等,2022)[8];在数字化建设方面,存在着建设方向不明确、重硬件轻软件、重对内流程轻对外平台、重开发轻

---

[1] 吴丽云、邹统钎、王欣等:《国家文化公园管理体制机制建设成效分析》,《开发研究》2022年第1期。

[2] 吴承忠、彭建峰:《国家文化公园建设中的央地关系研究——基于制度堕距的视角》,《福建论坛(人文社会科学版)》2023年第6期。

[3] 刘晓峰、邓宇琦、孙静:《大运河国家文化公园省域管理体制探略》,《南京艺术学院学报(美术与设计)》2021年第3期。

[4] 宋蒙:《长城国家文化公园内蒙古段建设研究》,《前沿》2022年第2期。

[5] 傅才武、程玉梅:《"文化长江"超级IP的文化旅游建构逻辑——基于长江国家文化公园的视角》,《福建论坛(人文社会科学版)》2022年第8期。

[6] 程遂营、张野:《国家文化公园高质量发展的关键》,《旅游学刊》2022年第2期。

[7] 祁述裕:《国家文化公园:效果如何符合初衷》,《探索与争鸣》2022年第6期。

[8] 陈喜波、王亚男、郗志群:《北京大运河国家文化公园建设的生态路径研究》,《城市发展研究》2022年第8期。

传播等问题(张义,2022)[①];在体制机制方面,邹统钎等(2022)[②]、吴丽云等(2022)[③]、白翠玲等(2021)[④]指出国家文化公园管理面临跨区域协调机制尚不完善、社会建设能力和意愿较弱的现实困境。此外,学界认为,资金、人才等问题也制约了国家文化公园的建设。

五是关于国家文化公园的建设路径研究。学界认为,国家文化公园应紧紧围绕功能区建设,从以下几个方面优化建设进程:①组建实体管理机构,明确多元主体权责,完善管理运行体制(刘晓峰等,2021[⑤];吴承忠等,2023[⑥]);②强化协同联合,理顺国家与地方的管理定位(傅才武,2022[⑦]),兼顾区域特色与整体统筹;③探索多方参与的多元化资金保障机制(范周等,2022[⑧]);④促进跨界融合,通过塑造文化场景,强化整体性文化遗产保护(樊潇飞等,2022[⑨]);⑤挖掘文化内涵,打造标志性国家文化公园品牌(宋蒙,2022[⑩]);⑥合理运用现代化建设手段,以数字科技提升区域综合创新效能(邹统钎等,2023[⑪]);⑦建立监督考核机制,对国家文化公园保护建设情况进行总结评估

---

① 张义:《国家文化公园数字化水平的多维评价及提升策略》,《探索与争鸣》2022年第6期。
② 邹统钎、韩全、李颖:《国家文化公园:理论溯源、现实问题与制度探索》,《东南文化》2022年第1期。
③ 吴丽云、邹统钎、王欣等:《国家文化公园管理体制机制建设成效分析》,《开发研究》2022年第1期。
④ 白翠玲、武笑玺、牟丽君等:《长城国家文化公园(河北段)管理体制研究》,《河北地质大学学报》2021年第2期。
⑤ 刘晓峰、邓宇琦、孙静:《大运河国家文化公园省域管理体制探略》,《南京艺术学院学报(美术与设计)》2021年第3期。
⑥ 吴承忠、彭建峰:《国家文化公园建设中的央地关系研究——基于制度堕距的视角》,《福建论坛(人文社会科学版)》2023年第6期。
⑦ 傅才武:《国家文化公园建设中的地方激励问题》,《探索与争鸣》2022年第6期。
⑧ 范周、祁吟墨:《国家文化公园建设导向下的黄河文化旅游发展研究》,《理论月刊》2022年第8期。
⑨ 樊潇飞等:《新时代文化旅游发展中建设国家文化公园的价值、问题与优化》,《社会科学家》2022年第12期。
⑩ 宋蒙:《长城国家文化公园内蒙古段建设研究》,《前沿》2022年第2期。
⑪ 邹统钎、仇瑞:《国家文化公园整体性保护思想诠释与路径探索》,《民俗研究》2023年第1期。

与专项督导(刘敏,2022①;王方晗等,2023②)。

2. 国外相关研究

通过谷歌学术、Web of Science 数据库等外文文献与数据平台,以国家文化公园(national cultural park)、国家历史公园(national history park)、国家公园和文化遗产(national park and cultural heritage)、国家公园和历史保护(national park and historical preservation)、国家公园和文化旅游(national park and cultural tourism)为关键词检索,掌握国外学术界在国家文化公园相关领域的研究进展。国家文化公园是我国提出的概念,在国际上并无直接相关研究讨论。外文文献中相关领域的研究多集中于以下几个方面:一是国家公园中历史文化遗产的规划和保护路径与促进可持续发展(T.Cengiz,2007;R.Puhakka,2009;J.A.Wessels 等,2022)③;二是如何通过规划管理在国家公园建设中平衡生态保护与历史保护(S.R.Gourley 等,2017)④;三是讨论政府与社区等利益相关者对国家公园历史保护与文化旅游的建设作用⑤(S.Darcy 等,2009;M.Reimann 等,2011;R.Stoffle 等,2020;F.Hu 等,2022)。

---

① 刘敏:《国家文化公园管理体制机制研究》,《中国国情国力》2022 年第 5 期。

② 王方晗、王璐璐:《以人为本遗产理念下的中国国家文化公园实践》,《民俗研究》2023 年第 1 期。

③ Tülay Cengiz, "Tourism, An Ecological Approach in Protected Areas: Karagol-Sahara National Park, Turkey", 2007; R.Puhakka, S.Sarkki, S.P.Cottrell, et al., "Local Discourses and International Initiatives: Sociocultural Sustainability of Tourism in Oulanka National Park, Finland", *Journal of Sustainable Tourism*, 2009, 17(5); J.A.Wessels, A.Douglas, "Exploring Creative Tourism Potential in Protected Areas: The Kruger National Park Case", *Journal of Hospitality & Tourism Research*, 2022, 46(8).

④ S.R.Gourley, "Towards Ethical Stewardship: Balancing Natural and Historic Cultural Resources in National Parks", *Virginia Environmental Law Journal*, 2017, 35(3).

⑤ S.Darcy, S.Wearing, "Public-private Partnerships and Contested Cultural Heritage Tourism in National Parks: A Case Study of the Stakeholder Views of the North Head Quarantine Station (Sydney, Australia)", *Journal of Heritage Tourism*, 2009, 4(3); M.Reimann, M.L.Lamp, H.Palang, "Tourism Impacts and Local Communities in Estonian National Parks", *Scandinavian Journal of Hospitality and Tourism*, 2011, 11(1); R.Stoffle, O.Seowtewa, C.Kays, et al., "Sustainable Heritage Tourism: Native American Preservation Recommendations at Arches, Canyonlands and Hovenweep National Parks", *Sustainability*, 2020, 12(23); F.Hu, Z.Wang, G.Sheng, et al., "Impacts of National Park Tourism Sites: A Perceptual Analysis from Residents of Three Spatial Levels of Local Communities in Banff National Park", *Environment, Development and Sustainability*, 2022, 24(3).

（二）黄河国家文化公园相关研究

1. 黄河国家文化公园内涵研究

黄河国家文化公园的内涵同样可从"黄河""国家""文化""公园"四个方面进行阐述。这里的"黄河"体现了建设范围、空间范围和符号范围的三重含义（程遂营，2022）[①]。建设黄河国家文化公园是推进黄河文化保护传承弘扬的重要举措（张兴毅，2023）[②]，对深化文旅融合实践、传播弘扬黄河文化、增进民族凝聚力具有重要作用，具有构筑中华民族的精神家园、彰显中华民族的民族品格、展示中华民族的哲学思想的时代价值（张祝平，2022）[③]。张野等（2022）[④]提出了黄河国家文化公园的发展定位：一是黄河文化保护传承弘扬的核心区；二是黄河流域高质量发展的承载区；三是国家文化形象展示的样板区；四是公共休闲的示范区；五是文旅深度融合发展的先行区。

2. 黄河国家文化公园与黄河文化旅游带的关联研究

王利伟（2021）[⑤]认为黄河国家文化公园建设需要处理好黄河国家文化公园建设与黄河流域生态保护和高质量发展战略的关系，其建设保护进程不能独立于黄河流域生态保护和高质量发展战略之外，应做到两者紧密衔接。

3. 黄河国家文化公园建设研究

在建设主体方面，鉴于黄河国家文化公园具有显著的复杂网络结构特征（刘英基等，2022）[⑥]，学界认为其建设需要政府部门、企业组织、从业人员和社

[①] 程遂营：《黄河国家文化公园文旅协调发展水平差异归因与路径优化》，《河南大学学报（社会科学版）》2022年第6期。
[②] 张兴毅：《推动山西黄河国家文化公园高质量发展的若干思考》，《经济师》2023年第2期。
[③] 张祝平：《黄河国家文化公园建设：时代价值、基本原则与实现路径》，《南京社会科学》2022年第3期。
[④] 张野、李紫薇、程遂营：《黄河国家文化公园的发展定位》，《黄河文明与可持续发展》2022年第1期。
[⑤] 王利伟：《高水平推进黄河国家文化公园建设保护》，《中国经贸导刊》2021年第13期。
[⑥] 刘英基、张满朝：《共生、共治与共创：黄河国家文化公园建设促进文旅深度融合的实现路径》，《中外文化交流》2022年第4期。

区居民"四体联动",共同努力(胡炜霞等,2023)①。在建设存在的问题方面,在文旅融合方面,程遂营(2022)②、胡炜霞等(2023)③通过定量分析发现,黄河国家文化公园文旅协调发展程度整体偏低,高水平与低水平耦合协调城市数量较少,沿线九省文化资源禀赋整体水平偏低,且空间差异显著。在品牌塑造方面,雷克等(2023)④指出,黄河国家文化公园存在传播路径相对固定、传播方式相对滞后、传播内容较为单一、文化IP赋能较弱的建设问题。同时,在国家形象塑造与区域文化特质展示之间尚需协调(范周等,2022)⑤。在建设路径方面,刘英基等(2022)⑥基于共生共治理论,从跨区域协同视角出发,认为黄河国家文化公园建设应实现区域、治理、生态与文化多层面的共生、共建与共创。程遂营(2022)⑦、张祝平(2022)⑧、范周等(2022)⑨、张兴毅(2023)⑩从加快文旅融合发展、整治生态环境、建设数字基础设施、完善运营机制与法律保障体系、强化规划研究、推进黄河文化保护传承与现代转型等方面探讨了黄河国家文化公园建设策略。

---

① 胡炜霞、赵萍萍:《黄河国家文化公园文化资源禀赋与旅游发展水平耦合研究——黄河流域沿线九省区域角度》,《干旱区资源与环境》2023年第1期。

② 程遂营:《黄河国家文化公园文旅协调发展水平差异归因与路径优化》,《河南大学学报(社会科学版)》2022年第6期。

③ 胡炜霞、赵萍萍:《黄河国家文化公园文化资源禀赋与旅游发展水平耦合研究——黄河流域沿线九省区域角度》,《干旱区资源与环境》2023年第1期。

④ 雷克、张蕴秋:《数字时代下黄河国家文化公园的品牌宣传与传播路径分析》,《传播与版权》2023年第1期。

⑤ 范周、祁吟墨:《国家文化公园建设导向下的黄河文化旅游发展研究》,《理论月刊》2022年第8期。

⑥ 刘英基、张满朝:《共生、共治与共创:黄河国家文化公园建设促进文旅深度融合的实现路径》,《中外文化交流》2022年第4期。

⑦ 程遂营:《黄河国家文化公园文旅协调发展水平差异归因与路径优化》,《河南大学学报(社会科学版)》2022年第6期。

⑧ 张祝平:《黄河国家文化公园建设:时代价值、基本原则与实现路径》,《南京社会科学》2022年第3期。

⑨ 范周、祁吟墨:《国家文化公园建设导向下的黄河文化旅游发展研究》,《理论月刊》2022年第8期。

⑩ 张兴毅:《推动山西黄河国家文化公园高质量发展的若干思考》,《经济师》2023年第2期。

学界普遍认为黄河国家文化公园亟待加强品牌建设工作。谢遵党（2022）[①]论述了围绕黄河文化特质选好黄河国家文化公园主题的重要性。程遂营（2022）[②]认为黄河国家文化公园建设的重点任务是打造黄河文化旅游品牌，通过集聚政府、企业、社会组织等多方力量，以规划体系、文化资源数据库与黄河文化挖掘保护传承弘扬标志性工程建设为基本项目，挖掘与打造"黄河文明""黄河文化"品牌，形成可复制推广的成果。范周等（2022）[③]提出创新黄河文化表达方式，构建黄河文旅产品体系。雷克等（2023）[④]围绕品牌传播路径，在扩大公众参与、构建特色文化IP、应用数字技术、构建全媒体矩阵、推动文旅融合下的品牌传播这五个方面提出了建设策略。

（三）研究述评

综上所述，近年来国内对国家文化公园的学术关注度呈大幅上升态势，形成了较为丰富的研究成果。有关国家文化公园的研究多来自文化、旅游、考古、建筑科学与工程等关联度较强的学科，研究主题涉及以下几个方面：一是国家文化公园的内涵、价值与概念辨析；二是国家文化公园的管理体制探析；三是国家文化公园的实践建设问题与路径探索。就黄河国家文化公园建设来说，仍有许多问题有待深入研究。比如，对黄河国家文化公园建设与黄河重大国家战略建设关联的讨论较少；对黄河国家文化公园建设问题的分析主题较为局限，多集中于品牌塑造与文旅融合方面的研究；对黄河国家文化公园规划与建设特色的讨论较为缺乏。

[①] 谢遵党：《黄河国家文化公园建设探究》，《中国非物质文化遗产》2022年第4期。
[②] 程遂营：《黄河国家文化公园文旅协调发展水平差异归因与路径优化》，《河南大学学报（社会科学版）》2022年第6期。
[③] 范周、祁吟墨：《国家文化公园建设导向下的黄河文化旅游发展研究》，《理论月刊》2022年第8期。
[④] 雷克、张蕴秋：《数字时代下黄河国家文化公园的品牌宣传与传播路径分析》，《传播与版权》2023年第1期。

二、研究内容

本书着眼于文旅融合,重点以黄河国家文化公园为载体,探讨如何通过对黄河文化资源的科学规划、保护、开发和管理,推动文化资源、生态环境和旅游的有机融合和协调发展,实现从地理空间到文化空间、从生产生活到文化旅游、从自然生态到人文地标的功能转换,更好地保护、传承、弘扬黄河文化。主要从以下几个方面展开研究。

(一) 厘清黄河国家文化公园建设的现状与问题

对现状的准确把握和科学研判是推进黄河国家文化公园建设的前提。根据黄河国家文化公园建设的复杂性和系统性特征,结合黄河国家文化公园建设的顶层设计要求,本书从以下三个方面总结黄河国家文化公园建设现状。一是梳理政策体系建构。作为政府推动的重大文化工程,中央与地方政府针对黄河国家文化公园建设出台的各类政策,包括相关省份政策规划制定、工作推进机制完善等,在很大程度上决定了黄河国家文化公园建设状况。二是从重大项目建设情况分析黄河国家文化公园建设进展。从政策落地角度看,黄河国家文化公园建设在实践中具体表现为文化项目,特别是重大文化项目,包括文物保护传承利用、文化产业和旅游产业发展与融合、国家文化公园标识建设等。三是研究黄河国家文化公园建设的管理机制,包括中央与地方、地方政府与基层等,探索符合实际的黄河国家文化公园建设保护路径,为推进黄河国家文化公园建设提供参考。

(二) 开展黄河国家文化公园建设评估

尽管黄河流域文化和旅游资源类型丰富、各具特色、价值较高,但碎片化保护开发现象仍然存在,文旅融合程度和综合开发水平有待提高。因此,在黄河国家文化公园建设中如何深化文旅融合十分紧迫。一是要围绕黄河国家文化公园沿线城市的文旅融合程度测度、文化旅游产业发展差异、影响因素以及区域文化和旅游产业发展效率及影响因素等问题进行思考,为深化黄河国家文化公园文旅融合发展提供理论支撑;二是从文物与旅游资源、经济发展水平、地方政策支持等方面构建黄河国家文化公园区域发展指数评估指标体系,开展黄河国家文化公园区域发展指数评估,为整体把握黄河国家文化公园功能分区与区域协同提供基础支撑。

(三) 提出黄河国家文化公园高质量建设路径和建议

立足于促进黄河国家文化公园高质量发展,本书从以下五个方面提出黄河国家文化公园发展路径和建议。

一是厘清黄河国家文化公园建设的价值理念、目标和功能定位;二是基于黄河国家文化公园建设的系统性要求,通过黄河国家文化公园建设的整体战略及区域发展规划,明确总体功能实现、主体功能区建设、文旅产品体系打造、重大项目开发以及文旅产业发展等;三是多维度评估黄河国家文化公园政策工具的有效性,推进黄河国家文化公园政策体系的系统性建设;四是从立法、组织机构、权责体系、保障监督机制等方面,研究如何优化机构设置,明确管理权限,理顺相应关系,完善黄河国家文化公园建设的管理体制机制;五是应发挥技术创新和赋能作用,从 IP 培育、产品开发、场景构建、数字传播等方面,探讨黄河国家文化公园数字化建设的路径。

三、研究方法

本书采用理论与实践相结合、逻辑演绎与实证检验相结合的研究方法,包括文献研究法、实地调研法以及实证分析法。

(一) 文献研究法

从政策落实和学术研究中梳理黄河国家文化公园已有的研究成果和实践做法,包括相关学术期刊、著作、会议、网络文献、政策文件等,与地方相关研究机构交流探讨黄河国家文化公园建设思路以及跨省市、跨部门、跨领域协同治理机制,为本书研究提供学术参考。

（二）实地调研法

通过实地调研、座谈和访谈等方法,从三个维度收集黄河国家文化公园建设资料:一是从实践层面,考察黄河国家文化公园落地项目的区域规划、遗产保护和旅游利用情况,以及观光、游憩、娱乐、教育等方面的功能设计和产品开发,探索各地黄河国家文化公园建设成果、经验与不足;二是从政府层面,了解各地对黄河国家文化公园的建设理念、顶层规划、组织保障、多元治理等方面的认识理解、政策措施和存在的问题,获取相关统计数据;三是从企业层面,了解文旅企业对黄河国家文化公园建设和运营的参与意愿、参与形式、盈利模式和政策需求等情况。

（三）实证分析法

基于数据进行实证分析,有利于提升研究结论的客观性和科学性。本书通过熵值法和CRITIC法等实证研究方法,从经济发展环境、文化和旅游资源以及公共文化服务等维度构建黄河国家文化公园建设潜力评估指标体系,并从相关机构数量、相关从业人员、经营效益、资产投入水平四个层面构建黄河国家文化公园文化和旅游产业综合发展水平评价体系,对黄河国家文化公园文旅融合发展水平进行综合测度与评估,为黄河国家文化公园高质量建设提供数据支撑。

第二节　黄河国家文化公园建设现状和问题

自2017年国家文化公园概念提出以来,以黄河文化为依托、以黄河文化遗产资源为主要内容、以保护传承弘扬黄河文化为导向的黄河国家文化公园建设成为相关部门和学术讨论的重要议题。

一、黄河国家文化公园建设现状

2019年9月,习近平总书记在黄河流域生态保护和高质量发展座谈会上的讲话中指出:"要深入挖掘黄河文化蕴含的时代价值,讲好'黄河故事',延续历史文脉,坚定文化自信,为实现中华民族伟大复兴的中国梦凝聚精神力量。"①黄河国家文化公园建设正式列入国家文化公园体系建构之中。

(一) 初步构建起政策网络体系

政策规划是推动重大文化工程建设的前置条件。近年来,在推动黄河国家文化公园建设过程中,中央与地方相关部门密集出台了一系列政策规划文件,构筑起以国家远景规划为引领、专项政策为主体、相关政策为指导以及辅助政策为支持的黄河国家文化公园建设政策网络体系(见图2-1)。

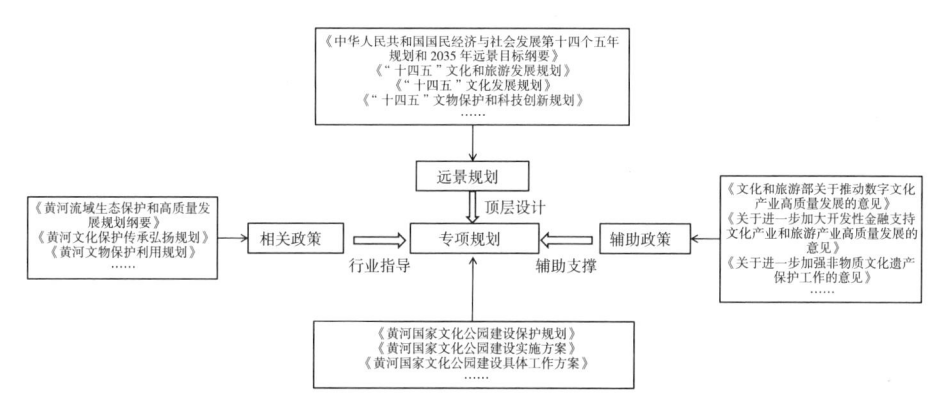

图 2-1 黄河国家文化公园政策网络体系图

其中,《中华人民共和国国民经济和社会发展第十四个五年规划和2035年远景目标纲要》《"十四五"文化和旅游发展规划》《"十四五"文化发展规划》等远景规划政策,确定了黄河国家文化公园的地位和功能,为黄河国家文化公园建设明确了方向。例如,《"十四五"文化和旅游发展规划》提出,"以国家文化公园建设为重点,培育一批中华优秀传统文化保护传承示范区、革命文化继承弘扬样板区、社会主义先进文化创新发展引领区";《"十四五"文化和科技创新规划》提出"依托文物资源推进中华文明标识体系建设。建设长城、大运河、长征、黄河等国家文化公园"。国家发展改革委、文化和旅游部等多

---

① 习近平:《在黄河流域生态保护和高质量发展座谈会上的讲话》,《求是》2019年第20期。

部门制定的黄河国家文化公园建设专项政策,是黄河国家文化公园政策体系的核心内容。目前,国家层面的专项政策主要有《黄河国家文化公园建设保护规划》《黄河国家文化公园建设实施方案》《黄河国家文化公园建设具体工作方案》等,从宏观规划到具体实施方面为黄河国家文化公园建设设计了路线图。特别是由国家发展改革委牵头制定的《黄河国家文化公园建设保护规划》,提出了黄河国家文化公园建设目标,对黄河国家文化公园建设的空间结构、管理体制、发展路径等进行了谋划,是黄河国家文化公园建设的行动指南。

除了国家宏观战略层面的远景规划,行业内的相关规划政策也为黄河国家文化公园建设提供了重要指导,是构成黄河国家文化公园政策网络体系的重要内容,如《黄河流域生态保护和高质量发展规划纲要》《黄河文化保护传承弘扬规划》《黄河文物保护利用规划》等。

2021年前后,沿黄九省(区)先后编制完成了本省(区)黄河国家文化公园建设保护规划。目前,各省黄河国家文化公园建设需要重点关注四类主体功能区和推进实施五大工程。例如,陕西省《黄河国家文化公园(陕西段)建设保护规划》对黄河国家文化公园(陕西段)的空间范围、基础条件、资源构成、总体布局、建设目标、空间格局等内容进行了具体规划,是黄河流域率先完成规划编制的省份之一。河南省基于省际区位特征和黄河文化资源特点,在《黄河国家文化公园(河南段)建设保护规划》中,创新性提出"文明的冲积扇"这一概念,为黄河国家文化公园建设提供政策支撑。

(二) 管理体制机制逐步成形

高效稳定的管理机制是推动黄河国家文化公园建设的保障。2019年年底出台的《长城、大运河、长征国家文化公园建设方案》,确立了国家文化公园建设实行"中央统筹、省负总责、分级管理、分段负责"的管理机制,提出了完善国家文化公园建设管理体制、强化顶层设计和跨区域统筹协调、健全工作协同与信息共享机制等要求。在此制度设计背景下,国家文化公园在国家层面实行的是分头管理机制,中宣部牵头成立的国家文化公园建设工作领导小组负责总体协调,五大国家文化公园在领导小组的领导下由各部门具体负责建设工作。① 中央层面的工作领导小组作为专门管理机构,办公室设在文化和旅游部。五大国家文化公园在国家文化公园建设工作领导小组的领导下开展工作,分别由中宣部、国家发展改革委、文化和旅游部、国家文物局等部委分头具体落实。黄河国家文化公园由国家发展改革委牵头建设,国家发展改革委就黄河国家文化公园建设审议地方黄河国家文化公园规划、组织实施文化保护传承利用工程等,加强指导,推动黄河国家文化公园建设。

在省级层面,按照"中央统筹、省负总责、分级管理、分段负责"的要求,全国形成了"中央—省—市(县)"为特征的分级管理体制。地方工作领导小组和办公室参照国家层面的工作机制开展黄河国家文化公园文件的编制工作。在"领导小组+办公室"基本管理架构的基础上,各地结合本地实际,形成了临时性协调机构、临时性专门机构、政府组成部门和事业单位4种管理体制,明确了推进本地国家文化公园统筹协调和建设工作的具体部门。目前,上述机制建设还处于探索过程中。②

在建设资金层面,黄河国家文化公园建设主要有三类资金来源:一是财政拨款,作为给国家文化公园实体管理机构的政府组成部门和事业单位提供日常管理和运营的经费。二是中央专项经费,包括两个方面:一方面是中央现有财政资金渠道,主要涉及国家文化公园空间范围内各类资源保护利用等方面的原有专项资金,如文物保护经费等;另一方面是在现有财政渠道基础上,为地方国家文化公园建设提供项目启动资金,主要是通过中央预算内投资,支持国家文化公园、国家重点文物保护和考古发掘等重大旅游基础设施、重点公共文化设施项目建设。例如,2021年国家发展改革委、文化和旅游部等七部门

---

① 参见刘敏:《国家文化公园管理体制机制研究》,《中国国情国力》2022年第5期。
② 临时性协调机构即最为普遍设立的办公室,不牵涉专有人员和专属场所,多以会议、文件等方式推进工作;河南、青海等省设立了专班作为临时性专门机构,抽调人员在一定时间内专门从事该项工作。此外,部分省市创新性地建立了国家文化公园专门性管理机构,以政府组成部门或者事业单位形式,全面推进本地国家文化公园的建设。前者配备专门编制和人员,责权清晰且有行政管理权,工作推进力度大,如河南省将设于文化和旅游厅的国家文化公园建设工作领导小组办公室转变为实体性机构,增加专门编制。后者虽有编制、人员和资金,但不具有管理职能,涉及多部门的工作需要由政府部门来协调。同时,国家和各省(自治区、直辖市)鼓励建立健全政府部门、文旅企业、文博机构、社会组织和社会公众等共同参与国家文化公园建设保护的长效机制。

联合制定《文化保护传承利用工程实施方案》，按照重点项目和非重点项目对国家文化公园建设予以支持（见表2-1）。

表2-1 国家文化公园单个项目可申请中央预算内投资额度表

项目类型		可申请中央投资支持的最高投资（万元）	中央投资最高支持额度（万元）			
			东部地区	中部地区	西部地区	西藏、四省涉藏州县、新疆南疆四地州
国家文化公园	重点项目	—	8000	8000	8000	8000
	一般项目	—	2000	2000	2000	2000

资料来源：2021年国家发展改革委、文化和旅游部等七部门联合发布的《文化保护传承利用工程实施方案》。

由于国家文化公园体量巨大，单纯依靠政府财政拨款或少量建设补助资金难以适应建设所需，"专项债券"和"发展基金"是国家文化公园建设中调动社会资本的一种探索。例如，文化和旅游部、国家开发银行制定了《关于进一步加大开发性金融支持文化产业和旅游产业高质量发展的意见》，强调通过部行合作为国家文化公园范围内文化产业和旅游产业项目的推介、服务、融资等提供支持。相关资金运作机制在黄河国家文化公园建设中也有运用和体现。

（三）重大项目建设有序开展

按照国家相关规划，黄河国家文化公园重点建设管控保护、主题展示、文旅融合、传统利用4大类主体功能区；协调推进文物和文化资源保护传承利用，系统推进保护传承、研究发掘、环境配套、文旅融合、数字再现5个重点基础工程建设。目前，以黄河国家文化公园建设为契机，沿黄各省份开展了一系列重大文化项目建设。据不完全统计，沿黄9个省（区）各有至少8个项目入选国家"十四五"文化保护传承利用工程项目储备库（见表2-2），其中陕西入选项目最多，共14个；河南10个；山东、山西、宁夏、甘肃、四川、青海等省份各

9个;内蒙古8个。相关项目聚焦国家文化公园建设五大工程,主要以博物馆、考古遗址公园、基础设施建设、文旅融合等为主要内容。例如,山东省实施了定陶汉墓、济南明府城等重大文物保护工程;陕西省将碑林博物馆、石峁遗址保护、黄帝陵祭祀、渭河文化遗产带等14个项目纳入国家储备库。河南加快建设黄河国家博物馆、黄河悬河文化展示馆、黄河流域非物质文化遗产保护展示中心等重大工程项目,保护传承弘扬黄河文化,致力于打造具有国际影响力的黄河文化和旅游带。

表 2-2 黄河国家文化公园入选"十四五"文化
保护传承利用项目储备库数量

序号	省份	数量(个)	代表性项目
1	山东	9	东营市黄河人家风景区
2	河南	10	黄河国家博物馆建设项目
3	山西	9	陶寺遗址博物馆建设项目
4	陕西	14	石峁国家考古遗址公园建设项目
5	内蒙古	8	内蒙古黄河大峡谷文化旅游景区项目
6	宁夏	9	黄河国家文化公园(宁夏段)引黄古灌区世界灌溉工程遗产展示中心建设项目
7	甘肃	9	黄河国家文化公园——河州牡丹文化公园基础设施建设项目
8	四川	9	阿坝州若尔盖黄河文化博物馆建设项目
9	青海	9	青海省黄河文化博物馆建设项目
合计		86	

除了国家重大项目支持,各地积极探索通过"地方政府专项债""招商引资"等方式实施黄河文化公园项目建设,带动一大批项目落地实施。

例如,山东省新建成元宇宙黄河市集项目,重点推进黄河文化园、东营龙居·大宋风云、杨庙·黄河里度假区等11个签约文旅项目;中国齐笔文化博物馆、黄河文化体验中心项目等7个文化传承弘扬项目;黄河石油文化旅游综合项目、黄河生态廊道建设项目等20个文化旅游融合项目。这些项目通过了2022年国家发展改革委地方政府专项债项目审核。2023年,山东省为黄河南展区龙文化生态旅游项目等36个项目申报了地方政府专项债。

陕西省推进124个、总投资约700亿元的标识性代表性项目建设；发行文化类地方政府专项债券项目24个，支持陕西考古博物馆、陕西文化艺术博物馆、宝鸡秦腔博物馆等项目建设；配合中央电视台拍摄纪录片《黄河之歌》，推出交响乐《永远的山丹丹》等一批作品，打造《延安·延安》等70余台特色演艺节目，建设陕北民歌博物馆、"黄河文化记忆"主题数字图书馆；投资实施沿黄重点文旅项目300个，20个景区入选国家级黄河主题旅游线路。

2021年，河南省推动21个黄河国家文化公园项目，实施一批标志性工程；重点打造隋唐洛阳城遗址、北宋东京城遗址等50个核心展示园，河洛文化等20条集中展示带，洛邑古城等130处特色展示点；开展黄河国家文化公园488处重大资源分类与评价，建立了黄河文化遗产资源大数据库。

（四）推动黄河国家文化公园数字化建设

数字再现是黄河国家文化公园建设的五大工程之一。在数字化时代，借用数字技术赋能国家文化公园建设，是国家文化公园数字再现工程的基本内容。从实践层面看，黄河国家文化公园数字化建设主要包括以下几个方面：

第一，黄河国家文化公园数字化服务平台构建。例如，陕西省在黄河国家文化公园数字化建设中，着力构建"1+2"的智慧体系。其中，"1"是指一个智慧综合信息平台，用于储存、分析和可视化黄河国家文化公园建设、治理中的数据信息；"2"分别指一个智慧管理系统、一个智慧服务系统，前者用于支撑日常管理和决策使用；后者主要面向文化旅游服务，助力形成参与性智慧服务，增强游客交互感。

第二，黄河文化资源的数字化传播。例如，山东省注重发挥数字技术优势，创新开展"云旅游""线上展销"等业务，拓宽黄河文化的传承、传播渠道。①

第三，黄河文化资源数字IP生产。黄河国家文化公园的文化遗产和自然

---

① 参见范周：《文化数字化战略背景下国家文化公园的发展向度和建设思考》，《人民论坛·学术前沿》2022年第23期。

遗产元素十分丰富,具有独特魅力。通过数字化 IP 生产,能打破地域与时空的限制,创新传统文化资源转化方式。如,2022 年中传文创投资有限公司与三七互娱联合推出首期国家文化公园主题数字藏品,于数藏中国平台正式发售,共计 12500 份,上线很快售罄。

第四,强化数字技术赋能功能,利用云计算、大数据、人工智能等技术,为黄河文化资源库建设、数字化产品开发以及文旅融合提供服务。沿黄九省(区)相继研发推出了黄河数字资源专题库、非遗数字展示馆等数字平台。其中,非遗数字展示馆聚焦弘扬黄河文化、讲好黄河故事,从小程序平台、非遗电商工具、短视频传播、文创礼物、腾讯 IP 非遗表情包、原创音乐大赛等多个维度,挖掘黄河流域非物质文化遗产资源,综合运用科技创新、营销传播、文化创意等手段,搭建了数字化的宣传、推广、交易平台,致力于让黄河文化与非遗焕发新的活力。此外,河南省还开展了"行走河南·读懂中国"元宇宙大赛,在国家文化公园数字化建设方面开展了新探索。

二、黄河国家文化公园建设中存在的问题及解决建议

由于黄河国家文化公园建设是一个新探索,在管理体制机制、项目建设、政策体系等方面还存在不少亟待解决的问题。

(一)黄河国家文化公园管理体制机制尚需完善

1. 管理机构和人员稳定性应进一步提升,责任主体应进一步明确

目前,我国国家文化公园管理机构和人员的设置稳定性和专业性应进一步提升。比如,每个国家文化公园均有一个部委具体负责,但实际上只是由相关司局代行管理职责,应进一步明确责任主体。[1] 又如,目前各地设立的国家文化公园建设工作领导小组和办公室,以及部分省设立的专班,均属于临时机构。专班人员多是抽调人员,流动性较强,且大多需要兼顾原有岗位工作任务。

---

[1] 参见祁述裕:《国家文化公园:效果如何符合初衷》,《探索与争鸣》2022 年第 6 期。

2. 跨区域、跨部门统筹协调机制应进一步完善

黄河国家文化公园建设成员单位众多,涉及文物、文旅、财政、发改、环保等多部门。从沿黄九省(区)整体来看,目前各省区除组建了黄河国家文化公园领导小组以外,仅有少数省份在省级层面设立了黄河国家文化公园办公室专门负责国家文化公园建设事务。部门联动、共商共建的常态化机制应进一步健全,统筹协调应进一步加强,这样才利于推进黄河国家文化公园建设。从国家层面看,黄河国家文化公园虽然与黄河流域生态保护和高质量发展国家区域重大战略密切相关,但在协调机制建设方面尚属于弱项。由于省域间区域协同治理、利益共享的机制应进一步完善,加上区域经济发展水平不均衡和利益诉求的多元化,尚未达成具有较高约束力和较强可操作性的合作模式①,在文化资源的传承活化上存在重复投入等情况,导致出现同质化开发的问题。此外,国家文化公园建设内容繁多、保护形态多样,所含遗址遗迹、旅游景区、自然保护区等均有既定的管理和运营机制,分属不同部门管辖,这也加大了国家文化公园标准化管理和跨部门统筹协调的难度。②

3. 建设资金来源应进一步拓宽

国家文化公园建设资金来源应进一步拓宽。从政府管理角度来看,我国把国家文化公园作为一项具有特定开放空间的公共文化载体,要承担系统推进保护传承、研究发掘、环境配套、文旅融合、数字再现等重点基础工程建设的职责,要实现上述目标,需要数额巨大且可持续的资金支持。目前,黄河国家文化公园建设资金采取的是中央和地方共担的方式——确定重点领域和范围,采取项目制,中央政府提供一定的专项资金,地方政府提供配套资金。实际上,地方仍然是项目建设资金的主要承担方。由于黄河国家文化公园建设所涉及的区域多地处中西部,有些地区经济欠发达,筹措资金能力不足。这又增加了当地的财政压力。③ 同时,由于国家文化公园的初期建设多集中于展示园、基础设施等内容,公益性强,企业参与的盈利模式尚不清晰,这也导致企

---

① 参见刘晓峰、孙静:《协同学视角下大运河国家文化公园与京津冀协同发展的战略互嵌》,《东岳论丛》2022年第9期。
② 参见刘敏:《国家文化公园管理体制机制研究》,《中国国情国力》2022年第5期。
③ 参见祁述裕:《国家文化公园:效果如何符合初衷》,《探索与争鸣》2022年第6期。

业参与国家文化公园建设的积极性有待进一步提高。[①]

4. 应形成系统性的制度体系

当前,黄河国家文化公园建设尚未形成系统性的制度体系。比如,以什么标准来衡量地方国家文化公园的建设质量,从哪些维度来考察国家文化公园建成与否等,应形成系统性的制度化要求。同时,黄河国家文化公园重点建设区与非重点建设区的分类设计导致了重点建设区获得更多关注和支持,而非重点建设区获得的关注相对较少。

(二) 黄河国家文化公园政策体系尚需进一步完善

国家文化公园建设的系统性和复杂性,要求从各个方面进一步完善国家文化公园配套政策体系。总体来看,目前各省份在黄河国家文化公园政策制定方面,基本只有区段国家文化公园建设规划,与之相配套的管理制度、工作机制、财政政策、土地政策等应进一步健全,黄河国家文化公园政策体系应进一步完善。

1. 国家文化公园财政支持政策应进一步明确

国家文化公园的国家性、公共性特征都决定了其建设应以国家财政为主。2022年9月,财政部和国家林草局(国家公园局)出台了《关于推进国家公园建设若干财政政策的意见》,明确了国家公园建设的总体要求、重点方向、政策体系和保障措施,特别是从自然资源调查监测、自然资源产权管理、国土空间规划和用途管制、生态保护修复、自然资源安全、灾害防治以及其他事项等七个方面对中央和地方财政事权和支出责任作出明确规定。但对于国家文化公园建设中的四类功能区和五大工程,中央与地方如何确立财事责任划分并形成财政合力,应进一步明确规定。现有经费主要依靠中央和省级预算内投资,各类投融资渠道应进一步有效利用。

2. 黄河国家文化公园建设政策应进一步明确

黄河国家文化公园建设政策应进一步明确,如:

[①] 参见吴丽云、邹统钎、王欣等:《国家文化公园管理体制机制建设成效分析》,《开发研究》2022年第1期。

一是确定空间边界。科学确定空间边界是建设国家文化公园的前提和基础。黄河国家文化公园历史和文化脉络复杂,其空间边界难以在短时间内准确界定,只能模糊处理。这种处理办法虽然有利于各地因地制宜,但也容易导致各地制定规划时自行其是。有些地区在制定当地国家文化公园建设规划时,出于平衡所辖地区的需要,出现了公园体量过大的情况,从而加大了建设难度。

二是确定文化标志物。文化标志物是国家文化公园的核心要素。由于我国文物和文化资源极为丰富,且地域性很强,国家文化公园建设方案中并没有对具有突出意义、重要影响、重大主题的文物和文化资源进行分类和说明,应明确文化标志物。

3. 辅助配套政策尚需完善

黄河国家文化公园涉及广泛,生态、土地等辅助政策均需予以配套。一方面,建设黄河国家文化公园与黄河流域生态环境保护修复紧密相关。公园建设涉及的重点项目基本为文化旅游、文物保护等工程,生活污水排放、施工扬尘污染、规划外乱引水、违规开山采石采砂、违章建筑等问题需要警惕。另一方面,囿于土地政策限制,项目用地问题有时难以解决。

(三) 黄河国家文化公园建设中的问题

在实际建设过程中,黄河国家文化公园也存在一些问题。

1. 五大工程项目比例存在失衡现象

国家文化公园建设五大工程包括保护传承、研究发掘、环境配套、文旅融合、数字再现。在实际建设过程中,各地倾向于开展保护传承、文旅融合工程,其他类工程较少,导致五大工程在实践中存在比例失衡现象。从沿黄九省(区)公示的"十四五"文化保护传承工程项目储备项目和收集到的九省(区)60个黄河国家文化公园项目来看,黄河文化博物馆、黄河文化遗产馆等保护传承类项目比例最高,占比52%;文旅融合类、环境配套类以及研究发掘类分别占比20%、20%和8%(见图2-2)。数字再现工程项目数为0。

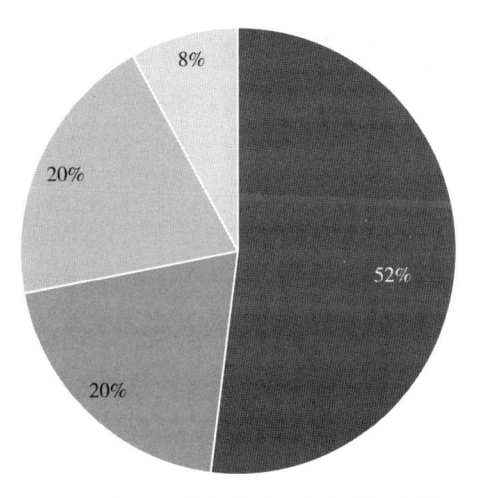

■ 保护传承类 ■ 文旅融合类 ■ 环境配套类 ■ 研究发掘类

图 2-2 黄河国家文化公园各类项目比例图

2. 资源和经济禀赋带来的区域发展基础不平衡

区域发展不平衡是黄河国家文化公园建设面临的一个突出问题。① 黄河国家文化公园各省区和城市的文化和旅游资源禀赋与经济发达程度都存在明显差异。从文化遗产资源来看,黄河沿线九省(区)是我国文物和文化资源最为富集地区,相关九省(区)共有不可移动文物 30 余万处,国家级非物质文化遗产代表性项目约 900 项,省级以上文物保护单位 9300 余处,拥有世界文化遗产 11 处、世界文化与自然遗产 1 处、全球重要农业文化遗产 3 处、世界灌溉工程遗产 4 处,中国重要文化遗产 32 处,国家历史文化名城、中国历史文化名镇、中国历史文化名村 100 多处。这些丰富的资源分散在整个黄河流域,形成了各省区的基础差异。这种差异呈现出跨省区、跨地域分散化、非均衡分布的特点。因此,黄河国家文化公园在空间跨度下的协同建设规划工作就需要适应这种差异性。其中,文旅资源禀赋更加富集的省区在推动国家文化公园实现多种功能属性的过程中,其优势地位也更加凸显。

---

① 参见吴承忠:《国家文化公园建设中的区域不平衡及发展路径问题》,《探索与争鸣》2022 年第 6 期。

3. 公众参与程度应进一步提高

公众参与是《保护非物质文化遗产公约》的一项重要内容。文化遗产保护强调公民、法人、其他非法人组织通过提供资金援助、技术、志愿服务等方式，自愿加入、协助、支持文化遗产保护工作，积极参与文化遗产信息分享、经营运作、监督管控等环节。我国已经出台了有关公众参与文化遗产保护的制度，但实施效果还应进一步改善，尤其是在非遗的立项、验收、结项、数据建立等环节。

第三节　黄河国家文化公园文旅产业支撑与建设潜力评估

促进文化产业和旅游产业发展是国家文化公园建设的题中应有之义，国家文化公园的诸多功能在很大程度上需要通过文旅产业开发予以实现。同时，国家文化公园超大体量的特点，决定了国家文化公园在建设过程中必然呈现出不同的地域特征。这种特征受到地方经济环境、文旅资源禀赋等影响，表现出不同的地方潜力特征。因此，有必要对黄河国家文化公园文旅产业的支撑性和地方发展潜力进行评估，为推动黄河国家文化公园建设提供依据。

一、黄河国家文化公园文旅产业支撑评估

黄河流域文化和旅游资源优势突出，具有多重开发价值。对黄河流域文旅产业综合发展水平进行评估，有助于深入研究沿黄各省区黄河文化和旅游资源发掘程度，进一步优化文旅资源的开发布局。同时，对文旅产业融合发展水平的评估及对其影响因素的研究，有利于沿黄省区进一步调动积极因素，促进文化产业与旅游产业协调发展。

（一）黄河流域九省（区）文旅产业综合发展水平评估

1. 指标选取与数据来源

建立一套科学的评价指标体系是衡量文化产业与旅游产业发展状况的基

础。此前,一些学者重点考虑了相关投入和产出指标。本书认为,投入与产出和企业主体、人力投入、资产投入、经济效益等密切相关。为了兼顾文化产业与旅游产业发展特点以及保证数据的可得性,本书从相关机构数量、相关从业人员、经营效益、资产投入水平四个层面设计了一级指标。文化产业各指标数据均来源于2013—2022年《中国文化及相关产业统计年鉴》以及《中国文化文物统计年鉴》(2019年后包含相关旅游数据,年鉴名称有所变化)。旅游产业各指标数据来源于2013—2018年的《中国旅游统计年鉴》(2019年后与《中国文化文物统计年鉴》合并)以及黄河国家文化公园九省(区)的统计年鉴和统计公报(见表2-3)。

表2-3 黄河流域文化产业与旅游产业综合发展水平评价指标体系

评价目标	一级指标	二级指标
文化产业综合发展水平	文化产业相关机构数量	规模以上文化制造业企业单位数(个)
		限额以上文化批发和零售业企业单位数(个)
		规模以上文化服务业企业单位数(个)
		文化市场经营机构数(个)
	文化产业相关从业人员	规模以上文化制造业企业年末从业人员数(人)
		限额以上文化批发和零售业企业年末从业人员(人)
		规模以上文化服务业企业年末从业人员数(人)
		文化市场经营机构从业人员数(人)
	文化产业经营效益	规模以上文化制造业企业营业收入(万元)
		限额以上文化批发和零售业企业营业收入(万元)
		规模以上文化服务业企业营业收入(万元)
		文化市场经营机构营业收入(千元)
	文化产业资产投入水平	规模以上文化制造业企业资产总计(万元)
		限额以上文化批发和零售业企业资产总计(万元)
		规模以上文化服务业企业资产总计(万元)
		文化市场经营机构资产总计(千元)

续表

评价目标	一级指标	二级指标
旅游产业综合发展水平	旅游产业相关机构数量	旅行社机构数(个)
		星级饭店总数(个)
		A级旅游景区总数(个)
		限额以上住宿业法人企业数(个)
	旅游产业相关从业人员	旅行社从业人员数(人)
		星级饭店从业人员数(人)
		A级旅游景区从业人员数(人)
		限额以上住宿业企业年末从业人数(人)
	旅游产业经营效益	星级饭店营业收入(亿元)
		A级旅游景区营业收入(亿元)
		国内外旅游总收入(亿元)
		限额以上住宿业企业营业收入(亿元)
		限额以上餐饮业企业营业收入(亿元)
	旅游产业资产投入水平	星级饭店固定资产原价(亿元)
		限额以上住宿业企业资产总计(亿元)
		限额以上餐饮业企业资产总计(亿元)

2. 指标权重确定与产业评价模型

文旅产业融合发展的现有研究中主要通过客观赋权中的熵值法确定指标权重,熵值法和CRITIC法之间具有一定的互补性。因此,本书通过将熵值法和CRITIC法这两种客观赋权方法进行组合,再确定综合权重,以避免主观性,减少单一方法的偏差①。在构建好原始数据矩阵之后,权重确定的步骤如下:

$$x'_{pij} = \frac{X_{pij} - X_{jmin}}{X_{jmax} - X_{jmin}} + 0.0001 \qquad (2.1)$$

---

① 本书评价所涉及的数据为黄河九省(区)在2012—2021年的面板数据,其中每一项数据均涵盖了地区、时间和指标三个不同维度,为充分显示每一项公式的含义,对熵值法的通用公式进行了适应性变动。

$$P_{pij} = x'_{pij} / \sum_{i=1}^{m} \sum_{p=1}^{n} x'_{pij} \tag{2.2}$$

$$E_j = -k \sum_{i=1}^{m} \sum_{p=1}^{n} (P_{pij} \ln P_{pij}) \tag{2.3}$$

$$D_j = 1 - E_j \tag{2.4}$$

$$W1 = D_j / \sum_{j=1}^{t} D_j \tag{2.5}$$

$$x'_{pij} = \frac{X_{pij} - X_{jmin}}{X_{jmax} - X_{jmin}} \tag{2.6}$$

$$S_j = \sqrt{\frac{\sum_{i=1}^{m} \sum_{p=1}^{n} (x'_{pij} - \bar{X}_j)^2}{mn - 1}} \tag{2.7}$$

$$R_j = \sum_{j=1}^{t} (1 - r_{jt}) \tag{2.8}$$

$$C_j = S_j \times R_j \tag{2.9}$$

$$W2 = C_j / \sum_{j=1}^{t} C_j \tag{2.10}$$

通过式(2.11)进行组合确定综合权重 W_j,并假定 $W1$ 和 $W2$ 具有同等重要性,即 $\alpha = \beta = 0.5$。最后通过线性加权公式构建出文化产业与旅游产业的综合评价模型,即式(2.12)和式(2.13)。

$$W_j = \alpha W1 + \beta W2 \tag{2.11}$$

$$U_C = \sum_{j=1}^{t} W_j x'_{pij} \tag{2.12}$$

$$U_T = \sum_{j=1}^{t} W_j y'_{pij} \tag{2.13}$$

3.文旅产业综合发展水平评估结果分析

从2012—2021年黄河国家文化公园九省(区)的文化产业总体发展水平来看,九省(区)存在较大的省际和区域差异,除四川省外基本按照黄河上中下游出现分层现象,见图2-3。山东省作为黄河流域唯一的沿海省份,经济发展水平较高。作为儒家文化发源地,山东省历史文化资源丰富,在各年文化产业综合发展水平排名上均处于第一位。河南省和四川省处于第二梯队,分别是中原文化和巴蜀文化的发源地,经济发展水平在黄河流域位居前列,发展速度提升较快。中游地区的陕西省2016年之后呈现较快提升的趋势,但发展水平仍可以提高,上升空间较大;山西发展水平有待提升,作为我国能源大省,经济上也面临着产业转型压力。上游的内蒙古、宁夏、甘肃、青海四个省区各年的文化产业综合评价值均处于0.1以下,虽然自然景观和民族风情等具有特色,但在区位条件等因素影响下文化产业发展水平提升不大。

通过划分一定时段来看,2012—2017年,山东、河南、四川、陕西等省文化产业发展水平基本处于上升态势,而山西、内蒙古、宁夏、甘肃、青海等省区虽然有一定的波动上升,但提升并不明显。这一阶段,沿黄省区文化产业促进政策密集出台,文化消费水平稳步提升,一系列积极因素使得文化产业得到了良好发展。2017—2020年山东、河南、四川、陕西等发展水平较高的省份文化产业出现下滑、波动或降速等趋势,可能和各省经济下行压力较大等因素有关。但2021年,黄河国家文化公园九省(区)文化产业发展水平均出现不同程度的上升趋势。

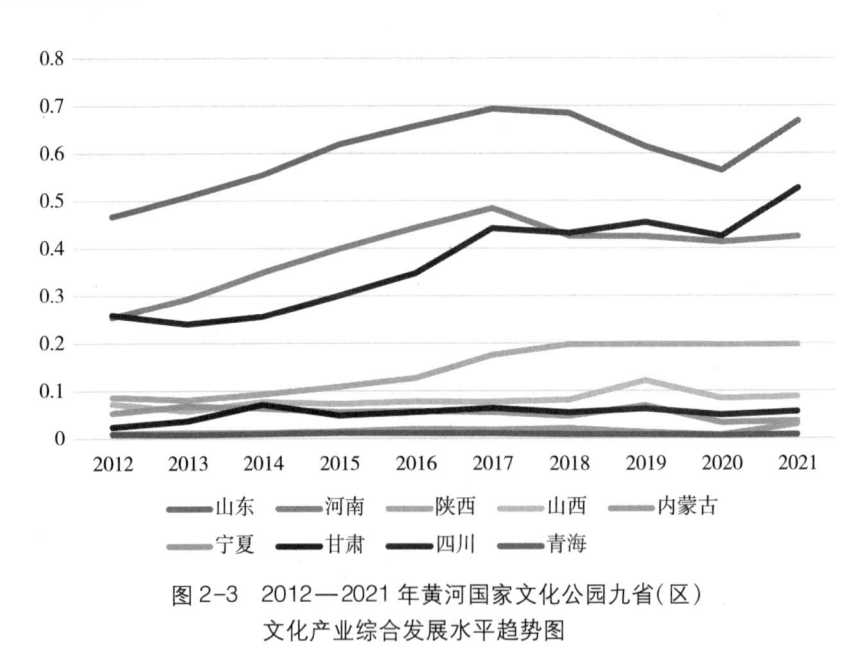

图2-3 2012—2021年黄河国家文化公园九省(区)文化产业综合发展水平趋势图

黄河国家文化公园九省(区)旅游产业也存在比较明显的区域和省际的差异,见图2-4。山东省因其丰厚的文化旅游遗产处在旅游产业发展水平的第一梯队。四川、河南和陕西则因拥有较大的省内旅游市场可列入第二梯队。其余省区发展水平和发展速度均较低。从时间上的发展趋势来看，2019年之前沿黄九省（区）旅游产业总体发展水平处于上升态势，与我国近年来比较火爆的旅游市场形成对应。2020年因新冠疫情，旅游产业受到较大冲击。沿黄九省（区）旅游业综合评价值的均值出现明显下降。与文化产业相比，旅游产业受到的疫情冲击更为严重，整体均值的下降幅度更大。2021年，旅游产业逐步回暖，黄河国家文化公园九省（区）旅游产业综合发展水平均有一定程度的回升。

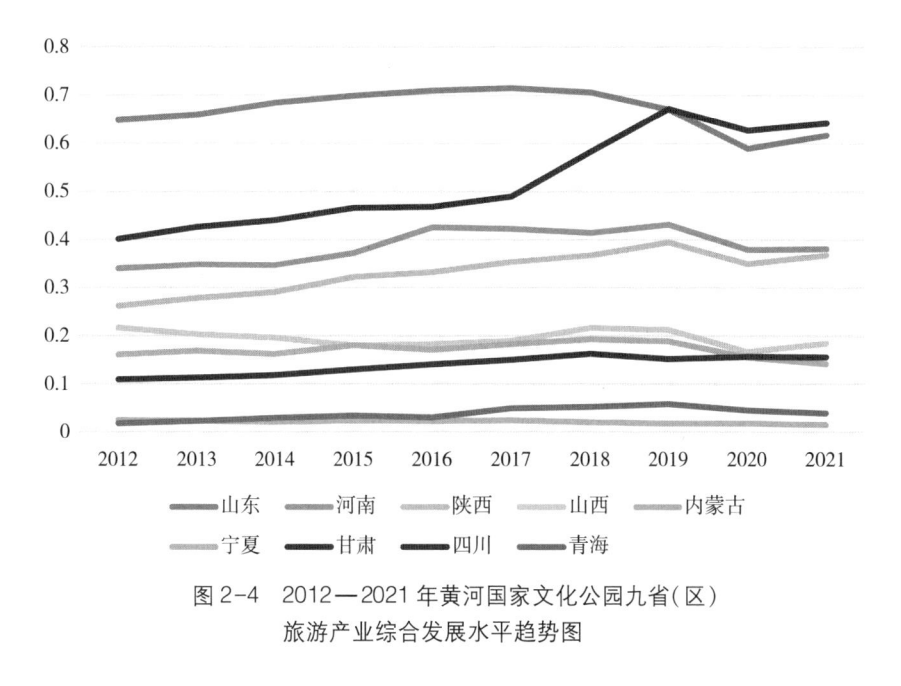

图 2-4 2012—2021 年黄河国家文化公园九省（区）旅游产业综合发展水平趋势图

本书进一步分析了两个产业发展的同步性情况。除山东、河南等部分省份外，沿黄九省（区）在2012—2021年中的绝大部分年份均属于文化产业滞后型。九省（区）文化产业发展相对于旅游产业来说更不充分。这可能是由于文化产业所依赖的要素较多且在一线城市更容易聚集。在同步发展型中，山东省和河南省在2014—2021年均实现了文化产业与旅游产业同步发展，四川省和宁夏回族自治区的两个产业在个别年份是同步发展的，其余省（区）未出现同步发展。

（二）文旅产业融合发展水平评估

1. 模型构建

文化产业与旅游产业可视为具有开放性的产业系统，并由各种要素系统和子系统构成。文化产业与旅游产业发展越来越依靠科技、信息和数据等要素，这些要素能够超越时空局限，具有较强的流动性。文化产业与旅游产业均包括众多二级产业，产业链较长。同时，两个产业具有交叉性，在产业活动中形成了明显的耦合关系。耦合可以表示两个及以上系统之间相互影响和相互促进的状态。系统之间的耦合多是在强相关性下发生的，而文化产业综合评价值 U_C 与旅游产业评价值 U_T 在 0.01 的显著性水平下相关性达 0.9454。耦合发展可以使得文化产业与旅游产业系统相互渗透，成为一个整体。在参考相关研究基础上，本书主要通过构建耦合度和耦合协调度模型来研究黄河国家文化公园九省（区）文旅产业的融合发展水平。

本书参考了相关学者对于耦合度模型误区及修正的研究，耦合度模型的规范公式可以归纳为式（2.14）。因为本书主要研究文化产业与旅游产业两个系统，当 n=2 时该公式可以简化为式（2.15）。

$$C = \left[\prod_{i=1}^{n} U_i \Big/ \left(\frac{1}{n}\sum_{i=1}^{n} U_i\right)^n \right]^{\frac{1}{n}} \quad (2.14)$$

$$C = \frac{2\sqrt{U_C U_T}}{U_C + U_T} \quad (2.15)$$

耦合度 C 的取值范围在[0,1]，数值越大则融合程度越深，但当综合发展水平均较低时也会出现数值较大的情况。因此，本书为更好地反映文旅产业的融合发展水平构建了耦合协调度模型（式 2.16）。D 的取值范围同样为[0,1]，越靠近于 1 融合程度越深。T 是在综合考虑下文化产业和旅游产业的综合发展水平，其中 α 和 β 是分配给文化产业系统与旅游产业系统在 T 中的权重，$\alpha+\beta=1$。本书认为两个产业的重要程度一致，因此 $\alpha=\beta=0.5$。

$$D = \sqrt{C \times T} \quad (2.16)$$

$$T = \alpha U_C + \beta U_T \quad (2.17)$$

2. 文旅产业融合发展水平评估结果分析

耦合度的具体数值区分度较差,本书主要通过耦合协调度的数值来代表黄河国家文化公园九省(区)文旅产业的融合发展水平,见表2-4。从黄河国家文化公园九省(区)文旅产业融合发展水平的均值来看,2012—2019年九省(区)的均值从0.383连续提高到了0.465,在2020年下滑至0.433,2021年回升到0.436。整体看,黄河国家文化公园九省(区)文旅产业融合发展水平近年来基本处于上升态势,但是总体水平依然较低。与融合发展水平的均值相比,青海、甘肃、宁夏、内蒙古、山西五个省区在2012—2021年均处于均值以下的水平,四川、陕西、河南、山东四个省份的融合发展水平则高于均值。2012—2017年黄河国家文化公园九省(区)的融合发展水平均连年提高,之后部分省份出现波动或下降,尤其是2020年所有省区的融合发展水平均出现下降。在发展速度上,四川和陕西等省份的发展速度相对较快,宁夏和青海等省区则相对迟缓。从各省区的具体数值来看,山东融合发展水平的测度值保持在0.759和0.862之间,说明该省文化产业与旅游产业综合发展水平较高,并实现了较好的产业融合。四川、河南和陕西融合发展水平的测度值保持在0.404和0.773之间,说明这三个省份核心城市文化产业和旅游产业的融合发展比较突出。山西、内蒙古和甘肃融合发展水平的测度值保持在0.23和0.412之间,说明这三个省区具有一定的资源优势和产业基础,但在文化产业与旅游产业的融合过程中比较缺乏科技、人才等要素的推动。青海和宁夏融合发展水平的测度值保持在0.107和0.158之间,与其余省份有一定的差距,主要源于文化产业与旅游产业综合发展水平的滞后。

表2-4 2012—2021年黄河国家文化公园九省(区)
文旅产业融合发展水平及当年排名

年份 省份	2012	2013	2014	2015	2016	2017	2018	2019	2020	2021
山东	0.759/1	0.779/1	0.804/1	0.831/1	0.849/1	0.862/1	0.856/1	0.825/1	0.784/1	0.801/1
河南	0.557/3	0.580/2	0.606/2	0.639/2	0.678/2	0.692/3	0.668/3	0.675/3	0.651/3	0.634/3
陕西	0.405/4	0.404/4	0.420/4	0.447/4	0.469/4	0.517/4	0.543/4	0.553/4	0.537/4	0.519/4
山西	0.360/5	0.336/5	0.356/5	0.345/5	0.352/5	0.355/5	0.372/5	0.412/5	0.357/5	0.357/5

续表

年份 省份	2012	2013	2014	2015	2016	2017	2018	2019	2020	2021
内蒙古	0.312/6	0.335/6	0.325/6	0.323/6	0.322/6	0.325/6	0.316/6	0.346/6	0.274/7	0.269/7
宁夏	0.126/8	0.130/8	0.126/9	0.138/9	0.147/8	0.147/9	0.145/9	0.124/9	0.107/9	0.146/8
甘肃	0.230/7	0.258/7	0.308/7	0.287/7	0.303/7	0.319/7	0.314/7	0.320/7	0.304/6	0.306/6
四川	0.585/2	0.580/3	0.595/3	0.628/3	0.656/3	0.705/2	0.734/2	0.773/2	0.754/2	0.763/2
青海	0.111/9	0.116/9	0.131/8	0.142/8	0.140/9	0.158/8	0.151/8	0.155/8	0.133/8	0.133/9
均值	0.383	0.391	0.408	0.42	0.435	0.453	0.455	0.465	0.433	0.436

3. 文旅产业融合发展水平的等级及其时空分布

为从时间和空间两个维度上更加直观地反映黄河国家文化公园九省（区）文旅产业融合发展水平，本书借鉴了相关文献中对耦合协调度等级的划分。本书采用"十分法"将融合发展水平的测度值即耦合协调度分为十个等级：极度失调（0—0.09）、严重失调（0.10—0.19）、中度失调（0.20—0.29）、轻度失调（0.30—0.39）、濒临失调（0.40—0.49）、勉强协调（0.50—0.59）、初级协调（0.60—0.69）、中级协调（0.70—0.79）、良好协调（0.80—0.89）、优质协调（0.90—1.00）。在融合发展水平等级上，山东各年均为中级协调和良好协调等级。

从相对地理位置来看，协调等级也具有比较明显差异。处于东南方向的山东、河南、陕西、四川四个省份协调等级明显高于处于西北方向的山西、内蒙古、宁夏、甘肃、青海等省区。西北方向五个省区生态环境脆弱，在经济发展水平、交通便利度等方面也落后于东南方向四省。

（三）文旅产业融合发展水平影响因素

1. 研究假设

本书认为文旅产业融合发展的过程离不开政策引导、高素质人才的参与和科技推动，但更重要的是文化消费激发了融合需求，文化消费是文旅产业融合发展的主要驱动力。

因此，本书重点分析文化消费对文旅产业融合发展水平的影响。根据马斯洛的需求层次理论,在基本的物质需求得到满足之后,人们对于精神层面上的文化消费需求逐渐增加,这直接促成了文化市场和旅游市场的繁荣。近年来单纯的观光旅游在逐渐向各种具有文化内涵的旅游形态转变,如文化遗产地游、博物馆游、环球影城游等。同时,在旅游消费过程中各类文创产品成了旅游衍生品。文化消费不仅为文化产业和旅游产业提质升级提供了重要动力,而且成为文化产业与旅游产业联结的中介,促进文旅产业在资源、产品、市场等层面上的融合。2020年文化和旅游消费的减少使得大批文旅企业处境艰难,文化产业与旅游产业的融合发展水平出现了较大程度的下降,这也从侧面反映了文化消费的作用。因此,本书提出如下假设:文化消费的增加对文旅产业的融合发展水平具有积极的正向影响。

2. 变量选取

本书选取文旅产业融合发展水平作为被解释变量,通过上面测算的耦合协调度数值进行反映。将文化消费作为核心解释变量,并通过城镇居民人均文化娱乐消费支出指标进行反映,同时为了缓解异方差、多重共线性、自相关等问题,对指标进行了取对数处理。在参考相关研究的基础上,本书选取了政策支持力度、科技创新、人力资本、经济发展水平、对外开放水平、交通通达度作为控制变量。本书所有解释变量的反映指标均来源于2013—2022年的《中国统计年鉴》《中国文化及相关产业统计年鉴》和《中国科技统计年鉴》。

3. 模型选择与结果分析

由于检验结果表明模型存在一定的异方差、序列相关问题,因此,本书考虑使用可行广义最小二乘估计即FGLS模型进行回归分析,回归结果见表2-5。

表2-5 影响因素分析模型回归结果

D (融合发展水平)	Coef.	St.Err.	t-value	p-value	95% Conf	Interval	Sig
lnconsum (文化消费)	.055	.016	3.47	.001	.024	.086	***
lnexpend (政策支持)	.052	.023	2.28	.023	.007	.098	**

续表

D (融合发展水平)	Coef.	St.Err.	t-value	p-value	95% Conf	Interval	Sig
lntechnol (科技创新)	.005	.005	0.99	.32	-.005	.016	
lnhumanca (人力资本)	.046	.019	2.41	.016	.009	.083	**
lnpergdp (经济发展水平)	.025	.028	0.88	.381	-.031	.08	
lninvest (对外开放水平)	.007	.011	0.59	.553	-.015	.029	
highway (交通通达度)	.184	.028	6.64	0	.13	.238	***
Constant	-1.273	.369	-3.45	.001	-1.997	-.55	***
Mean dependent var		0.417		SD dependent var		0.225	
Number of obs		90		Chi-square		618.703	

注：***$p<.01$,**$p<.05$,*$p<.1$。

从模型的回归结果来看，文化消费在 0.01 的显著性水平下系数为正，说明文化消费对于文化产业和旅游产业融合发展水平能够起到积极的正向影响，使得研究假设得以验证。全国统一大市场中蕴含着巨大的文化消费潜力，扩大文化和旅游市场消费需求对于文旅产业融合发展具有重要意义。

在控制变量中，政策支持、人力资本和交通通达度能够对文旅产业的融合发展水平起到显著的正向影响。首先，政府财政资金的支出能够直接促进融合项目的开发，同时发挥财政资金的杠杆作用，撬动社会资本投入文化和旅游市场，促进融合产品的开发。其次，高素质复合型人才可以为融合发展提供新创意、开发融合新模式。最后，交通通达度的提高有利于促进青海、甘肃、宁夏和内蒙古等地理位置相对偏远的省区文化旅游资源开发和文旅产业要素的流动，加快文旅产业融合发展。

另外，科技创新、经济发展水平和对外开放水平三个控制变量的系数虽然为正，但对于文旅产业融合发展水平的影响效果未通过显著性检验。究其原因，一是文旅产业融合发展过程中，科技创新虽然促进了新产品的开发和新业态的成长,但当前科技创新成果在融合发展中的应用还不够普遍,科技含量高的融合业态市场占比还不高。二是黄河国家文化公园九省(区)之间经济发展水平存在差异,尤其是一些中西部省份的经济水平对于文旅产业融合发展的支撑能力不足。三是由于近年来本土文化和旅游企业的崛起以及严峻的国际贸易形势,外商投资对文旅产业发展的影响程度在降低。

(四) 主要结论与启示

1. 研究结论

第一,黄河国家文化公园九省(区)文化产业与旅游业的综合发展水平在疫情之前基本连年提升,发展态势良好。但2020年受到了较大影响,旅游业受到的冲击更大,2021年有回暖迹象。同时,文化产业和旅游产业的综合发展水平存在明显的区域和省际差异,其中山东、四川、河南、陕西等省份表现较好,山西、内蒙古、宁夏、甘肃、青海五个省区综合发展水平有待提升。在文旅产业发展同步性的类型划分上,黄河国家文化公园多数省区以文化产业滞后型为主,山东和河南文旅产业发展同步性表现更为突出。

第二,本书认为文化产业和旅游产业作为复杂的产业系统,具有较高的产业关联度,两者在实践中通过子系统和要素的相互渗透、相互影响,走向融合发展。实证分析中,黄河国家文化公园九省(区)文旅产业的融合发展水平2012—2019年上升发展态势良好,2020年下降趋势明显,2021年略有回升。九省(区)在融合发展水平的协调等级上具有比较明显的时空分布差异,处于东南方向的四省的协调等级明显高于处于西北方向的五省,即黄河中上游省区协调等级较低。

第三,本书主要通过FGLS回归模型考察了文旅产业融合发展水平的影响因素,经过分析发现文化消费对文旅产业融合发展水平具有显著的正向影响,可以作为融合发展的联结纽带和重要推动力。控制变量中,政策支持、人力资本和交通通达度也具有显著的正向影响;科技创新、经济发展水平和对外开放水平的影响效果则不显著。这意味着应该加大沿黄省区尤其是地方财政较弱省份的政策支持力度。沿黄省区也需要加大文旅产业复合型人才的培养和引进,同时通过完善交通促进产业开发和融合发展。

2. 研究启示

黄河国家文化公园建设应遵循产业发展规律，发掘各省区文化和旅游资源优势。对于黄河中下游的河南和山东两省，应发挥引领作用，培育龙头企业，实现文旅产业更高质量和更加协调发展。处于中游的山西和陕西两省具备较大的发展潜力，需要加强文旅产业转型升级，从文旅产业的粗放式发展转向集约式发展，促进文旅产业整体水平的提高。处于上游地区的内蒙古、宁夏、甘肃、青海、四川五省区，应加强黄河文化生态保护，完善交通等基础设施建设，充分利用当地特色文旅资源，优先实现有重点文旅行业的发展。

黄河国家文化公园建设应该提振文化和旅游消费，释放文化和旅游市场潜力。黄河国家文化公园九省（区）应积极开展文化和旅游消费惠民活动，加强与线上企业平台的合作，加大对本地市场消费潜力的发掘。文化和旅游部门可开设新媒体平台账号，利用短视频、直播等方式加强当地文化与旅游产品的推广，促进产品的网络营销。依托"云展览""云旅游"等线上文化和旅游活动，积极推广有效的盈利模式，提高文化和旅游企业的经济效益。

黄河国家文化公园建设应加强科技、文化和旅游之间创新融合，促进文旅产业数字化转型升级。黄河国家文化公园九省（区）应加大财政投入力度，培养和引进数字化人才，加强数字化转型的软硬件设施建设等方面的谋划。

黄河国家文化公园建设应该坚持共建共享的理念，调动社会力量参与。在黄河国家文化公园重大项目建设中，发挥"文旅融合"主体功能区和配套工程的带动作用，激发企业等社会主体参与建设的积极性。各地政府应积极引进和培育符合文化和旅游消费新场景的企业，在金融、税收等方面提供政策优惠，加强服务平台建设。同时，黄河国家文化公园九省（区）应加强协调机制的建立，充分发挥协同作用，共同打造文化旅游精品线路，促进黄河流域文旅产业的优势互补和整体发展。

二、黄河国家文化公园建设潜力评估

黄河国家文化公园建设潜力评估有助于明确重点，增强政策支持的针对性，提高中央和省级专项财政资金的投入产出效率。同时，建设潜力评估也有助于发现黄河国家文化公园建设过程中的薄弱环节,探究制约因素,促进黄河流域文化及其遗产的整体性保护和开发。

(一)评估对象与评价指标体系

1.评估对象范围的界定

当前,黄河国家文化公园的空间边界比较模糊,虽然以沿黄九省(区)为主要建设地,但缺少更为详细的空间范围划分。本书认为,空间边界不确定在实际建设过程中容易导致黄河国家文化公园建设特点和特色不突出,公众难以真切感知黄河国家文化公园的存在,影响黄河文化公园的目标功能的实现。本书中黄河国家文化公园评估对象范围的界定主要遵循现实可行性、以文化为核心、统筹协调的原则,评估对象共计包括黄河沿线九省(区)的52个地级市。

2.评价指标体系的构建

2022年8月,中共中央办公厅、国务院办公厅印发的《"十四五"文化发展规划》提出推进国家文化公园建设要形成具有特定开放空间的公共文化载体,集中打造中华文化重要标志。黄河国家文化公园建设应着眼于加强黄河文化的系统研究和宣传推介,建设黄河文化遗产廊道和文化旅游带。本书在对黄河国家文化公园空间范围内各城市的建设潜力进行评估时,着重选取了与文化旅游资源禀赋和公共文化服务载体相关的指标。由于国家文化公园的建设资金主要来源于中央和地方政府的拨款,且在建设和运营过程中需要较多第三产业部门参加,因此一个地区的经济发展环境可能对国家文化公园的建设起到支撑或者制约作用。具体评价指标见表2-6。

表2-6 黄河国家文化公园建设潜力评估指标

一级指标	二级指标
经济发展环境	全市生产总值(亿元)
	人均生产总值(万元)
	第三产业增加值(亿元)
	全体居民人均可支配收入(元)

续表

一级指标	二级指标
文旅资源禀赋	A级旅游景区(家)
	5A级旅游景区(家)
	4A级旅游景区(家)
	全国重点文物保护单位(处)
公共文化服务	公共图书馆(个)
	公共博物馆(个)

3. 评价指标权重的确定

权重确定和评价模型的步骤可参照本节第一部分,通过Stata进行运算得到不同方法下的指标权重,熵值法下的指标权重差异较大,CRITIC法下的指标权重差异较小。5A级旅游景区、全国重点文物保护单位和第三产业增加值等指标所占的综合权重较大,见表2-7。

表2-7 黄河国家文化公园建设潜力评估指标权重

评估指标	熵值法权重	CRITIC法权重	综合权重
全市生产总值(亿元)	11.90%	7.44%	9.67%
人均生产总值(万元)	5.51%	10.64%	8.07%
第三产业增加值(亿元)	14.96%	8.15%	11.55%
全体居民人均可支配收入(元)	4.71%	13.75%	9.23%
A级旅游景区(家)	6.86%	9.41%	8.14%
5A级旅游景区(家)	21.89%	12.05%	16.97%
4A级旅游景区(家)	5.15%	9.38%	7.27%
全国重点文物保护单位(处)	12.58%	10.74%	11.66%
公共图书馆(个)	3.33%	10.97%	7.15%
公共博物馆(个)	13.11%	7.48%	10.29%

(二)评估结果分析

1. 总评估得分分析

如表2-8,省会城市建设优势明显,部分历史文化名城与资源型城市排名靠前。在评估涉及的八个省会城市中有六个位于省内评估得分的首位,所有省会城市均位于平均水平线之上。省会城市一般作为本省的政治、经济与文化中心,在推进国家文化公园建设中具有诸多有利条件。以排名处于前两位的西安和郑州为例,西安作为十三朝古都和"一带一路"沿线的重要城市,历史文化底蕴深厚,拥有五家5A级景区,秦始皇兵马俑和大雁塔等人文景观享誉海内外,经济和人口占到陕西省三分之一以上。郑州作为黄河沿线的重要城市和全国八大古都之一,中原文化源远流长,郑州黄河文化公园以及在建的黄河国家博物馆等文化地标均可以成为黄河国家文化公园的重要组成部分。洛阳、济宁和延安等地均是我国著名的历史文化名城,河洛文化、儒家文化和红色文化等与黄河文化交汇贯通,地区内的众多文物古迹和非物质文化遗产是黄河流域的宝贵财富。鄂尔多斯、淄博和东营等城市依靠煤炭、石油等资源经济发展较好,人均生产总值和全体居民人均可支配收入等指标突出,黄河国家文化公园建设的经济支撑能力较强。

建设潜力评估得分总体较低。从总评估得分可以看出,46座城市的评分位于0.4以下,占比接近90%,总评估得分的平均分为0.2636。因此,对于大多数地区来说,建设黄河国家文化公园不能满足于发展现状,需要各级财政力量的投入和社会力量的广泛参与。位于甘肃省和青海省的一些地区经济基础薄弱,如玉树藏族自治州和果洛藏族自治州经济生产总值仅为71.1亿元和51.5亿元,地方政府很难有足够的人力物力财力投入黄河国家文化公园的建设。也要看到,如能发挥好独特的民族文化、自然景观等优势,在少数民族地区建设黄河国家文化公园依然前景可期。例如,四川省阿坝藏族羌族自治州排名就比较靠前,文化和旅游资源禀赋和公共文化的发展较为突出。

表2-8 黄河国家文化公园相关城市总评估得分及排名

西安市	洛阳市	郑州市	济南市	济宁市	鄂尔多斯市	淄博市	阿坝藏族羌族自治州
0.783/1	0.620/2	0.618/3	0.546/4	0.461/5	0.453/6	0.351/7	0.350/8
临汾市	晋中市	渭南市	延安市	东营市	银川市	宝鸡市	太原市
0.336/9	0.323/10	0.317/11	0.312/12	0.309/13	0.308/14	0.308/15	0.308/16

续表

榆林市	运城市	泰安市	呼和浩特市	包头市	咸阳市	忻州市	新乡市
0.303/17	0.297/18	0.295/19	0.281/20	0.261/21	0.258/22	0.250/23	0.230/24
焦作市	乌海市	西宁市	阿拉善盟	滨州市	德州市	开封市	兰州市
0.230/25	0.226/26	0.226/27	0.220/28	0.216/29	0.207/30	0.203/31	0.197/32
菏泽市	聊城市	吕梁市	商洛市	三门峡市	海东市	巴彦淖尔市	石嘴山市
0.182/33	0.179/34	0.179/35	0.163/36	0.156/37	0.145/38	0.140/39	0.134/40
濮阳市	临夏回族自治州	甘南藏族自治州	铜川市	济源市	吴忠市	海南藏族自治州	中卫市
0.122/41	0.112/42	0.112/43	0.109/44	0.106/45	0.097/46	0.093/47	0.079/48
白银市	黄南藏族自治州	玉树藏族自治州	果洛藏族自治州				
0.074/49	0.048/50	0.042/51	0.029/52				

2. 评分地理分布状况

建设潜力水平区域不均衡，上中下游存在分段差异。大致以黄河在宁夏与内蒙古的交界处以及黄河在山西、陕西和河南三省交界处为分界点。鄂尔多斯市上游地区建设潜力评估得分以低水平为主，从鄂尔多斯市到陕西省渭南市和山西省运城市的中间地区评估得分以中游水平为主，西安市到黄河入海口连线一段出现了较多的高水平地区，总体呈现带状分布。

高潜力地区空间范围较小，省内高低潜力地区间列分布。各省总评估得分的平均值从大到小依次排列为：陕西、四川、山东、山西、河南、内蒙古、宁夏、甘肃、青海。在总评估得分中，建设潜力评估得分较低的城市分布广泛，各个省份几乎均有出现。因此，从省内建设潜力评估来看也存在一定的不平衡情况。黄河国家文化公园建设以青海、甘肃、内蒙古、河南、山东为重点建设省份，但要提升总体建设水平不能仅仅依靠省内数量极少的"增长极"，也需要加强评估得分较低城市的建设。

3. 分项评估得分分析

为进一步探讨各城市建设潜力评估所受到的制约原因，本书进一步计算了各城市在一级指标上的分项评估得分。各个城市的受制约原因存在差异，除西安和郑州两个城市各项指标排名均位于前五名外,其他城市均具有一定的短板。如洛阳和济宁凭借深厚的文化底蕴和众多文化遗产,在文旅资源禀赋和公共文化服务指标上排名靠前,但经济发展环境排名较靠后,在黄河国家文化公园建设中容易受到资金和财政等经济方面的制约。而像鄂尔多斯、东营和包头等城市经济发展环境排名较高,文旅资源禀赋和公共文化服务排名却相对滞后,说明当地建设黄河国家文化公园需要进一步发掘文化旅游资源,不断提升公共文化服务的水平。一些城市在各项指标上相对均衡,但不够突出,因此建设潜力评估排名大多处于中部位置。还有一些城市在各项指标排名上均处于平均线以下,既不具备较好的经济发展环境,文旅资源禀赋和公共文化服务水平也较靠后。

基于以上分析,本书以经济和文化两个维度将评估城市划分为以下五种发展类型,并进行了大致归类:

(1)经济与文化领先型:西安市、郑州市;

(2)经济发展制约型:洛阳市、济宁市、临汾市、延安市、晋中市、渭南市、阿坝藏族羌族自治州、运城市、咸阳市、忻州市、吕梁市、临夏回族自治州、甘南藏族自治州;

(3)文化发展制约型:济南市、鄂尔多斯市、太原市、东营市、银川市、榆林市、呼和浩特市、包头市、兰州市、阿拉善盟、滨州市、乌海市、菏泽市、济源市;

(4)经济与文化相对均衡型:淄博市、宝鸡市、泰安市、新乡市、西宁市、焦作市、德州市、开封市、商洛市;

(5)经济与文化双重制约型:聊城市、三门峡市、巴彦淖尔市、海东市、石嘴山市、濮阳市、铜川市、海南藏族自治州、吴忠市、白银市、中卫市、黄南藏族自治州、玉树藏族自治州、果洛藏族自治州。

(三)研究启示

黄河国家文化公园建设可以鼓励部分城市建设示范区和样板区。由于各个城市在经济发展水平和文旅资源禀赋等方面存在较大差异,且国家文化公园作为新概念,不仅需要中央层面上的政策创新,更需要地方政府探索创新实践。因此,本书认为,可选取西安、郑州、洛阳和济南等城市先行建设黄河国家文化公园的示范区和样板区,在现有四大主体功能区和配套工程的基础上,集中打造黄河国家文化公园的标志,加强在各类媒体上的形象宣传,增强黄河国家文化公园在普通民众心中的形象感知。在管理体制上,鼓励地方政府根据实际情况设立相应机构或者安排专门管理人员,明晰管理的主体责任,加强跨部门跨地区协调机制的建立。

黄河国家文化公园建设需要进一步发挥建设潜力评估得分较高城市的扩散效应,加强对发展相对滞后地区的政策倾斜。当前各个省区黄河国家文化公园的建设潜力发掘还不够充分,虽然形成了一定数量的增长极,但对于周围地区的带动作用还不强。在黄河国家文化公园建设中,政府部门应该促进资金、人才等向发展相对滞后地区的转移。比如,对于热贡文化生态保护区、格萨尔文化(果洛)生态保护实验区等黄河流域的文化生态保护区,利用管控保护区加强文化遗产的整体性保护,提高中央财政专项资金对于这些地区的倾斜力度,促进自然保护和人文景观保护相统一。

黄河国家文化公园建设应着眼于补齐城市发展短板,激发城市经济与文化的互动潜力。文化发展相对滞后的城市需要深入挖掘黄河文化资源和各地域特色文化资源,塑造独具特色的文化和旅游品牌,发挥经济优势打造优质的公共文化服务。经济发展相对滞后的城市需要加强文化和旅游基础设施的投入,加强文化和旅游企业的引进,培育具有活力的文化和旅游市场,把地区文化和旅游资源优势转化为经济价值。经济与文化发展均不够充分或存在双重制约的城市需要避免缺乏特色的重复建设,在规划中加强创意设计,打造文化地标,提高城市吸引力。

第四节 推进黄河国家文化公园建设的路径

基于黄河国家文化公园建设中存在的问题,以及对黄河流域文旅产业支撑性、各地发展潜力的评估,本书认为,推动黄河国家文化公园高质量建设,须科学谋划、系统推进。首先,明确黄河国家文化公园建设的价值理念、发展目标与功能定位,是推动黄河国家文化公园建设的前提。其次,明确战略规划与政策方向,为黄河国家文化公园建设提供政策支撑。再次,完善国家文化公园管理体制机制,是确保黄河国家文化公园高质量建设的重要保障。最后,注重数字技术的应用,将数字化作为黄河国家文化公园建设的重要技术手段和发展方向。

一、黄河国家文化公园建设的价值理念、发展目标与功能定位

2023年7月,国家发展改革委、中宣部、文化和旅游部、国家文物局等部门联合印发了《黄河国家文化公园建设保护规划》(以下简称《规划》)。《规划》对总体空间布局、重点功能区和重点建设任务进行了说明。

(一) 黄河国家文化公园建设的价值理念

1.黄河文化生态保护优先

黄河国家文化公园建设秉持文化生态保护优先的价值理念,包括系统性保护、整体性保护、原真性保护、创新性保护等。系统性保护指对黄河文化所承载的自然环境、生产生活方式、经济形式、语言环境等进行系统保护。整体性保护一是指跨区域、跨部门、跨行业协同保护;二是对黄河文化进行时空完整性保护。原真性保护指对黄河流域物质文化遗产本体原始性保护,目的是使物质文化遗产不再因外界自然或者人为因素而被损害。创新性保护指对具有活态发展的黄河流域非物质文化遗产等进行创新性保护,使其更符合当下人民群众的精神需求。

2.传承黄河文化,弘扬民族精神

黄河孕育了中华民族。在中华文明的发展过程中,黄河流域在很长时间里居于轴心地位。在我国5000多年的文明史上,黄河流域有3000多年是全国政治、经济、文化中心。以农耕经济为基础的治理理念、历史习俗对现代文明的影响依然可见。黄河文化深刻影响着中华民族的民族心理与性格。20世纪以来,在治理黄河中形成的治黄文化,为黄河文化注入了新的内涵,成为激励全国人民团结奋斗的精神支柱。黄河文化作为中华民族的基本文化符号和文化基因,塑造了中华民族自强不息、坚韧不拔的民族品格,是中华民族

坚定文化自信的重要根基,要系统发掘黄河文化所蕴含的哲学观点、人文精神、价值理念、道德规范等,提炼中华民族最深层的精神追求和独特的精神标识。

3. 坚持文化全民共享,促进精神生活共同富裕

黄河国家文化公园是公共文化载体。习近平总书记指出,"共享发展是人人享有、各得其所,不是少数人共享、一部分人共享"①。黄河国家文化公园坚持公益性运营,坚持文化全民共享,着眼于不断完善文化公共服务功能,通过开展文化教育,为公众提供了解中华文化、民族精神、黄河文化的机会以及休憩的场所。鼓励公众参与,调动全民积极性,激发民众文化保护、传承、利用意识,增强民族自豪感,最大限度满足人民群众日益增长的精神文化需求。

4. 坚持黄河文化资源有效管理和合理利用

2006年,《世界文化遗产保护管理办法》提出"保护为主、抢救第一、合理利用、加强管理"的原则。黄河国家文化公园应坚持有效管理和合理利用文化资源的价值理念,促进人与自然资源、文化资源良性互动,最大限度地发挥其"价值"(value)与"效益"(benefit)。② 通过整合具有突出意义、重要影响、重大主题的文物和文化资源,对这些文物和文化资源进行公园化管理运营。

(二) 黄河国家文化公园的发展目标

1. 黄河文物和文化资源保护传承利用协调推进

第一,加强黄河文化生态系统保护。黄河文化源远流长,历史悠久。随着城市化、工业化进程的加快,不少文物遗产或被拆毁或被迫动迁,黄河文化生态面临巨大冲击,迫切需要加强文化生态保护。第二,更好传承黄河文化。《中华优秀传统文化传承发展工程"十四五"重点项目规划》指出,运用现代科技力量,提高保护传承水平。例如,通过现代科技加强黄河文化的数字化保护传承,借助现有设施和数字资源,建设黄河国家文化公园官方网站和数字云平

---

① 《习近平著作选读》第一卷,人民出版社2023年版,第440页。
② 参见张玉钧:《国家公园理念中国化的探索》,《人民论坛·学术前沿》2022年第4期。

台,对黄河文物和文化资源进行数字化展示,对历史名人、诗词歌赋、典籍文献等关联信息进行实时展示,打造永不落幕的网上空间。第三,实现黄河文化创造性转化、创新性发展。一是推进黄河文化与当代文化相适应,与现代社会相协调。如从黄河文化中提炼题材、获取灵感、汲取养分,推出一批精品电视节目和图书佳作。二是促进文旅融合,如集中打造一批黄河文旅示范区,培育一批有竞争力的黄河文旅企业等。

2. 形成权责明确、运营高效、监督规范的管理模式

黄河国家文化公园项目工程量大,涉及主体繁多,需要兼顾和协调多方利益。目前,黄河国家文化公园建设存在着管理体制尚需进一步完善、协调机制不顺畅等问题。在实际项目建设过程中,黄河国家文化公园不少文物资源和文化遗址开发建设需要解决跨区域、跨省市、跨部门协作问题。这迫切需要建立一套权责明确、运营高效、监督规范的国家级文化公园管理模式。

(三) 黄河国家文化公园的功能定位

《规划》强调分类建设管控保护、主题展示、文旅融合、传统利用等4类重点功能区,以此强化对黄河文化的保护、展示、融合、利用、交流等多项功能。

1. 发挥黄河文化管控保护功能

通过划定管控保护区,一是对黄河文物本体及周边生态、自然环境实施严格保护和管控,对濒危文物进行封闭管理。二是通过实施重大修缮保护项目,对黄河流域濒危损毁文物进行抢救性保护,对重点文物进行预防性、主动性、引导性保护。三是采取集中连片保护措施,加大管控力度,严防不恰当开发和过度商业化。四是严格执行文物保护督察制度,确保黄河文化保护工作受到严格监督。

2. 发挥黄河文化主题展示和利用功能

通过打造主题展示区,全面阐释黄河文化时代价值。黄河文化的主题包括中华文明探源、寻根问祖、世界文化遗产、安澜文化、石窟文化、非遗、红色基因传承等。

3. 发挥黄河文化文旅融合功能

通过建设文旅融合区,加强旅游高质量产品供给,提升旅游消费水平和能

力,助力黄河流域建设彰显国家形象、具有国际影响力的区域旅游目的地。例如,文化和旅游部于2021年发布10条黄河主题国家级旅游线路,这10条黄河主题国家级旅游线路都积极地发挥了黄河文化文旅融合功能,具体包括:中华文明探源之旅、黄河寻根问祖之旅、黄河世界遗产之旅、黄河生态文化之旅、黄河安澜文化之旅、中国石窟文化之旅、黄河非遗之旅、红色基因传承之旅、黄河古都新城之旅、黄河乡村振兴之旅。

二、优化黄河国家文化公园战略与规划

整体来看,国家文化公园规划体系建构尚处于起步阶段。尽管黄河流域九省(区)先后颁布了《黄河流域生态保护和高质量发展规划》和《黄河文化保护传承弘扬规划》,但在黄河国家文化公园分省建设保护规划方面,九省(区)编制进展不一。部分省份在综合规划编制过程中在黄河国家文化公园的区域协调、品牌塑造、机制改革方面做了一些探索,但尚未形成系统的规划文本。此外,在空间利用、产业发展等方面还缺少专门的规划文件。因此,优化黄河国家文化公园战略与规划应坚持系统化、差异化、数智化区域协调战略,围绕功能区建设,从管控保护、主题展示、文旅融合、传统利用四项重点精准发力。

(一)战略优化策略

1. 坚持系统思维

黄河国家文化公园建设涉及多元主体的协同参与,根据不同主体的类别可将协同形式划分为四个维度。

第一,文化带与文化公园建设关系协同。省、市一级在制定黄河国家文化公园建设的总体规划后,应将黄河文化旅游带与黄河国家文化公园的建设工作进行实质性区分。应明确黄河国家文化公园与黄河文化旅游带的关系,两者是并列关系还是隶属关系,二者重合的重点工程如何处理等。

第二,地方政府各部门之间的关系协同。应进一步梳理文旅、宣传、文物、水利、生态环境等各相关部门的职责,根据实际管理需要,判断是否设立有专门编制和固定人员的实体管理机构,具体承担推进黄河国家文化公园建设

工作。

第三,政府和企业、当地居民与游客等社会力量的关系协同。可借鉴其他国家文化遗址公园的建设经验,探索特许经营模式在黄河国家文化公园运行的可行性,如借鉴长征国家文化公园贵州段建设中对于旅游小镇、培训基地、特色演艺、食宿购物等自筹资金开发建设的配套项目,通过旅游收费接待的形式进行运营。又如,在资源募集机制上,可借鉴江苏省经验,发行黄河文化带建设专项债券和设立黄河文旅产业发展基金,争取中央预算内资金支持。

第四,黄河国家文化公园四大功能区的关系协同。应进一步明确四大功能区的空间范围、功能划分等。如文旅融合区和主题展示区是否有重叠部分,管控保护区是否应完全禁止任何文旅消费活动,传统利用区与文旅融合区究竟应该如何划分等。

鉴于黄河国家文化公园与大运河国家文化公园的空间形态有相似之处,可借鉴相关省市制定大运河国家文化公园保护规划的做法。如,杭州市在划分空间区划时,将管控保护区划定为基础资源空间,由重点文物保护单位的保护范围与新发掘相关文物遗存临时保护区组成;主题展示区为国家文化公园的主要实体空间,主要由具备开放参观游览条件、地理位置和交通条件相对便利的特色文物和文化遗产资源构成;文旅融合区由主题展示区及其周边就近就便和可看可览的历史文化、自然生态、优质文旅资源组成;传统利用区为三区外居民、企事业单位的传统生活生产区域。

2. 实行差异化战略

一方面,应抓住黄河国家文化公园的特点,提炼黄河文化标志物和文化主题。另一方面,黄河流域九省(区)应突出各自的地域特色,避免出现不同区段规划建设的同质化。黄河国家文化公园的文化价值包括河湟文化、河套文化、河洛文化、齐鲁文化等特色鲜明的地域文化。为讲好黄河文化故事,在核心形象展示方面,一是借助中华文明探源工程,如河南省串联西坡遗址、王城岗遗址、二里头遗址等沿黄历史文化遗产,打造"黄河——中华文明起源"的建设工程;二是借助河海交汇、河道变迁的历史背景,如山东省利用"黄河变迁""黄河治理""黄河入海"的生态景观与传统历史人文故事,打造"黄河——民族自强不息"的建设工程;三是提炼革命文化的丰富内涵,如陕西围绕延安革命旧址、毛主席东渡黄河纪念地等红色圣地系统规划,打造"黄河——红色基因传承"建设工程。此外,黄河上游生态保护区域,如青海、四川、甘肃等省应以"筑牢黄河屏障、焕发黄河生机"作为当地黄河国家文化公园建设的主题。

3. 推进数智化战略

首先,形成黄河文化遗产数据库,推动沿黄地区文化遗产的普查整理、梳理分类和规范标识工作有序进行。其次,发展黄河国家文化公园体验新场景,综合应用 VR、8K、5G、AI 等前沿技术提升黄河文化遗产的数字化、沉浸式、互动性展示利用水平,拓展黄河文化遗产资源在社会教育、创意设计等领域的开发利用。最后,依托数字经济平台,加强"互联网+黄河文旅"产品的制作和推广,结合科技创新实现文博创意产品从研发、设计到制作等环节的整体品质提升,进一步探索文旅新模式。

4. 完善区域协调战略

黄河国家文化公园范围横跨九省(区),属于大型线性文化遗产,由于不同地区资源禀赋与经济比较优势不同,需形成协调统筹机制,调动各个地区的积极性。首先,明确黄河国家文化公园的边界范围和空间布局是区域协调机制建立的前提。黄河流域覆盖范围广,只有明确划分管辖范围,建设责任才能落到实处。其次,各省区段之间应加强协调沟通,打破行政区划的限制。目前,针对省区间共有或共享的黄河流域自然与历史文化资源的协作管理仍十分有限,如陕西、山西、河南等省区在黄河交会处的河道文旅资源应如何合作共建就是迫切需要解决的问题。最后,应定期举办九省(区)"黄河国家文化公园省际合作联席会议""黄河国家文化公园建设保护会议"等联动活动,促进交流共享,深化产业联动、科技创新等合作,深化黄河国家文化公园建设的共识。

(二) 规划优化策略

1. 管控保护规划

鉴于管控保护功能区的工作重点为黄河流域的文化生态环境保护,在制定黄河国家文化公园管控保护规划时,重点应配合《黄河流域生态环境保护规划》的主要任务与重点工程,加强在生态治理、科技创新、基础设施建设等方面的支撑与保障。一方面,由于黄河上、中、下游的管控重点不同,各省区在编制规划时应立足实际。如青海、四川作为上游区域,应以生态保护与修复、水污染防治为保护重点;内蒙古、甘肃、宁夏等省区立足荒漠生态区现状,应以水沙调控与水资源集约利用作为管控重点;山西、陕西、河南、山东等省作为中下游区域,应以防洪安全作为管控重点。另一方面,将管控保护区与黄河保护法的监督作用相结合,严格划分管控保护区的核心范围与缓冲区域,仅在核心范围内允许一定的科研活动,如黄河各段多处险工、探源遗址等工程区域,对违规行为加大处罚力度。此外,应重点关注黄河河道通航、交通网络构建、水污染防治、旅游基础设施兴建、农业文化遗产保护等问题。

2. 主题展示规划

提升黄河文化品牌的社会认可度和影响力,是黄河国家文化公园建设亟待解决的问题。编制主题展示功能区规划目的在于明确各分段黄河国家文化公园的文化主线,瞄向重点文化标志区、文化标志点的 IP 塑造,建立展示窗口形象,提升黄河国家文化公园文化标志物的知名度与美誉度。

首先,主题展示规划应与数智化战略联动,应充分运用网络表演、网络视频、数字艺术等新形态,强化数字技术在黄河文化影响力提升与价值挖掘中的作用,重视文化资源向文化资本的转化。如山西博物馆采用"科技+文化 IP"形式,联合数字科技企业开展"大河上下·民族根魂"主题云展览,入选"2022年度中华文物全媒体传播精品"项目。其次,黄河国家文化公园的宣传主体不应局限于相关政府管理机构,还应充分发挥企业、社会公众、驻外机构等在品牌传播中的积极作用,形成多主体传播的效应。例如,德国柏林中国文化中心在海外视频网站发布山东济南百里黄河风景区等地的系列视频,实现黄河文化的海外传播,提升了黄河文化的国际影响力。

3. 文旅融合规划

文旅融合规划编制的重点是探索市场化运营模式,通过培育和引入一批有潜力的文旅企业,依托相关政策支持,努力形成产业链条完善的文旅产业集群。如,借鉴三江源国家公园的特许经营机制,制定商业项目审批标准,构建"政府+企业+当地居民"的方式,开展企业与社会参与式的商业项目。同时,规划编制应以解决黄河国家文化公园与已有的国家级旅游风景区、自然保护区、文保单位相互关系为重要目标,理顺国家文化公园体系与原有旅游市场体系、自然保护体系、文物保护体系的关系,实现政策上的有效协同。

4.传统利用规划

参照其他国家文化公园建设经验,黄河国家文化公园中的传统利用区域应为生态保护与文旅建设以外的城乡居民、企事业单位与社会团体的生产生活区域。应在保护黄河文化生态的同时,引导社区居民适度发展文化旅游、特色生态产业以增收致富。例如,长城文化公园山西段建设制定了培育"长城社区""长城人家"等民宿联盟品牌建设的相关规划,致力于带动长城沿线村镇经济发展。黄河国家文化公园建设可借鉴上述经验。

三、完善黄河国家文化公园政策法规体系

应进一步健全国家文化公园法律法规体系与管理体系。在法律层面,应进一步建立健全统一、综合的国家文化公园基本法和地方层面专门的黄河国家文化公园管理条例。在政策层面,尽管部分省份已有一些财政支持方面的政策引导,但相较于各地已出台的黄河流域生态保护与治理政策文件,尚缺少专门的、系统性的扶持性文件作为指导。因此,完善黄河国家文化公园政策法规体系,是黄河国家文化公园高质量建设的重要基础。

(一)健全法律法规制度

尽管国家层面已颁布黄河保护法,地方政府部门也出台了相关规划和政策,为黄河国家文化公园建设提供了一定的规范和保障,但由于规制层级不够、内容单一,难以满足黄河国家文化公园建设出现的新问题。迫切需要从以下几方面完善法律法规制度。

1.制定国家文化公园法

实际上,从国家层面制定国家文化公园法是对五大国家文化公园建设工作的系统性与整体性的充分考虑,这有利于明确和规范国家文化公园的定位与性质、分区机制、财政保障机制、监管机制、法律责任等事项,形成统领国家

文化公园建设的根本遵循和法律依据。① 目前,旅游法、文物保护法、非物质文化遗产法、黄河保护法、历史文化名城名镇名村保护条例等法律法规均对黄河国家文化公园的部分功能进行了制度设计,但对空间边界、责任主体、技术规范等关键内容的法律规制仍需完善。例如,目前各省相关行政区域内黄河国家文化公园具体边界范围和空间布局并没有以法律、政策等形式进行明确的划分,一定程度上影响了黄河国家文化公园建设的推进工作。

国家公园法的制定可以为开展国家文化公园立法工作提供充分的参考借鉴。首先,应规范国家文化公园的概念,明确统一的主管部门,明确是否设立专门负责国家文化公园管理事务的实体机构,划定相应的职责范围。例如,组建国家文化公园管理局,设立黄河等五家国家文化公园的综合管理机构。其次,应明确各大国家文化公园的面积、分区与空间布局的具体方案,制定后续国家文化公园建设与评估章程。例如,陕西省拥有大量的红色文旅资源,应明确其归属,即是由黄河国家文化公园与长征国家文化公园两家公园分头管理,还是共同管辖。

2. 地方层面完善地方工作条例

地方层面应结合本地资源与实际建设情况,探索制定黄河国家文化公园的行政法规条例。在《黄河国家文化公园条例》立法工作完成后,可与《黄河国家文化公园建设保护规划》《黄河流域生态保护和高质量发展规划纲要》等文件共同构成解决黄河国家文化公园建设相关问题的政策法规体系。

首先,制定条例应提高针对性,全面加强黄河文物和文化资源保护、黄河精神文化传承、黄河流域生态保护、区域内文旅深度融合与数字技术赋能五部分工程建设的事项规定,科学划定四大功能区的边界与功能定位;其次,以法律形式处理好黄河国家文化公园与分段内自然生态保护区、大遗址保护区、风景名胜区以及国家公园等涉及多主体的功能区之间的关系,建立工作协作机制,如在市一级文旅局下设立黄河国家文化公园管理处,明确职责,解决目前黄河国家文化公园建设职责不清问题。

---

① 参见吴承忠、彭建峰:《国家文化公园建设中的央地关系研究——基于制度堕距的视角》,《福建论坛(人文社会科学版)》2023年第6期。

（二）完善政策扶持体系

加大政策扶持力度,是推进黄河国家文化公园工程项目的重要保证。亟须以政策形式加强人才、资金、数字技术等资源的扶持力度,优化黄河国家文化公园建设的政策环境。

1. 强化人才支撑力度

一是加强人才培育。既要培育文旅产业管理人才,也要加强对市场营销、生态保护、河道治理、数字技术等领域人才的培养,形成高素质的产学研人才队伍。例如,流域各段的政府部门牵头与省内文旅院校成立研学基地,定期邀请省内外专家举办黄河文化保护传承弘扬专题讲座等。二是创新人才引进模式。利用五大工程建设开通以项目引进人才的"绿色通道",通过顾问指导、项目合作和兼职轮岗等多种方式引才引智。三是构建人才培育激励机制。围绕"文化+数字""文化+农业"等跨产业融合提升技能,通过理论培训、实践锻炼、外派学习等方式培养重点人才,采取多种手段对技术研发和项目成果予以奖励。

2. 拓宽资金支持渠道

一是文旅企业扶持。采取贷款贴息、提高担保补助力度、健全融资担保体系、发行地方政府专项债券等措施,给予参与黄河国家文化公园建设的文旅企业一定额度的奖励补助。二是文保项目扶持。加快建设黄河国家文化公园沿线文化旅游基础设施和公共服务设施,依照建设优先级进行补助,建立项目资金投入事前评估、事中监督、事后管理系统,为优化资金使用提供依据。如谋划省一级黄河流域文化旅游产业投资基金,重点支持黄河国家文化公园保护传承、研究发掘、环境配套、文旅融合、数字再现等工程项目。

3. 加强数字技术支持

一是丰富线下体验。打造具备监管、服务、数据分析等多种功能的黄河国家文化公园数字服务平台,积极利用新技术赋能场景体验,搭建基于5G、虚拟现实、增强现实、人工智能、超高清等技术的沉浸式黄河文化线下体验场景。例如,以沉浸式数字游览观赏、智能化数字知识讲解为基础项目,在博物馆与景区内开发场景化游戏体验、5D黄河景观纵览等互动模式,设计"黄河文化+互动手游""黄河文化+网络动漫""黄河文化+密室逃脱""黄河文化+剧本演绎"等新业态融合活动。二是建设线上公园。依托三维图形图像技术、计算机网络技术、立体显示系统、互动娱乐技术等,突破传统实体展馆限制,建设线上黄河国家文化公园。

四、黄河国家文化公园管理体制机制的优化策略

国家文化公园具有明显的线性文化遗产特征,是生态、生产、生活空间的叠加,是自然、人文、居住等功能的综合体。[①] 黄河国家文化公园建设,应注重对自然环境、历史遗迹、社区发展实施整体性保护与利用,构建形象突出、特色鲜明的国家文化标志。为此,亟须创新管理体制机制,优化组织机构和管理队伍,建立有效的跨地区、跨部门协调机制,完善多样化资金保障机制,积极引导政府、市场、社会和公众等多元主体共同参与。

(一)优化管理机构设置,构建统一管理机制

我国国家文化公园建设采取中央统筹与地方分权相结合的管理模式。这种管理模式能够调动中央和地方两个积极性。为防止管理碎片化问题,[②]应进一步明晰中央和地方在国家文化公园建设中的定位,理顺中央和地方的关系。在国家层面,国家文化公园建设工作领导小组可考虑在原有相关部委成员基础上,增加国家文化公园相关省份作为成员,负责统筹协调国家文化公园建设宏观问题,以及国家文化公园建设和运营中跨部门、跨省域重要事务。可考虑设立国家文化公园管理局这一有固定编制和相应权责的专门机构,作为国家文化公园规划引领、立法起草、资金投入、项目建设、标准制定、日常管理等综合性统筹部门,指导国家文化公园建设。黄河沿线省(区、市)可灵活设立有专门编制和固定人员的省级国家文化公园管理局,负责辖区内黄河国家

[①] 参见邹统钎、仇瑞:《国家文化公园整体性保护思想诠释与路径探索》,《民俗研究》2023年第1期。

[②] 参见邹统钎、韩全、李颖:《国家文化公园:理论溯源、现实问题与制度探索》,《东南文化》2022年第1期。

文化公园的各项规划管理工作。市级和县级层面可根据当地国家文化公园的资源体量，设置更加灵活的专设性管理中心或兼任性管理委员会，负责规划落实和项目实施。

同时，可考虑构建分级分类管理体系，按照"具有国家象征意义、能够展示国家形象和打造中华文化标识"的标准，在黄河国家文化公园建设九省（区）遴选出若干主题突出、意义重大的黄河国家文化公园项目，由国家文化公园管理局直接管理，具体工作由地方国家文化公园管理局执行，其他文化单位或项目则由地方主管部门负责管理和运营，此举可以体现国家文化公园的国家性。

（二）建立跨地区、跨部门协调机制，加强区域交流合作

从区域看，黄河国家文化公园呈开放性、散点化、不均衡的带状布局，上游流域远离城市，常住人口少，有些地方甚至是无人区；而中下游的河南、山东等省份人口密集，城市、县区、村镇遍布其间，跨省市、跨部门的行政管理主体多层多类，较难形成高效统一的统筹管理机制。要突破以行政区划分界线的思维定式，妥善处理与国家公园、国家级自然保护区、风景名胜区、地质公园、森林公园等资源类型的多头交叉管理问题，就应建立有效的跨区域、跨部门协同管理机制，实现对国家文化公园资源的有效整合和一体化开发。

首先，应发挥各级黄河国家文化公园统一管理机构的统筹协调和技术支持职能，打破部门和地域限制，明确划定公园整体及各段的所有权、管理权和经营权，避免多重、交叉、低效管理。其次，可借鉴大运河文化保护传承利用省部际联席会议的做法，在国家文化公园建设工作领导小组框架下建立国家文化公园省部际联席会议机制，推动国家文化公园建设保护相关各行业管理系统、平台等互联互通，推动跨部门跨层级信息共享；统筹利用各部门资源，明确责任主体，细化任务分工，协调解决跨地区、跨部门的重大问题。最后，可考虑设置全国性"专门委员会"，负责黄河国家文化公园建设的跨区域调研、规划、协调、宣传、检查等工作，促进黄河沿线城市的公共服务和资源开发合作。

实施区域协作战略。黄河流域不少著名景区景点位于两省甚至三省交界

处,如晋陕大峡谷、壶口瀑布就分别位于山西和内蒙古、陕西和山西交界之处。黄河国家文化公园建设应强化区域协作机制,增强文旅联动效应,尤其是要强化诸如豫鲁之间、陕甘之间相邻省份的协作机制。一方面,可加强基础设施对接,统筹规划和推进区域基础设施建设,实现互联互通、共建共享、互利互惠。另一方面,可合作瞄准目标市场开展针对性营销,推动与沿黄省(区)客源互推共享、产品线路共联、旅游品牌共塑、旅游市场共治。

(三) 探索多元化资金保障机制,拓展投融资渠道

国家文化公园建设是一项长期的文化工程,涉及面广,资金需求量大,充足、持续的资金支持是关键。目前,国家文化公园建设采取的是项目制,即由中央政府提供专项资金支持,这种方式能解决初期建设的资金问题,但缺乏持续性和可预期性。① 在资金保障机制方面,应充分发挥政府主导作用,完善市场机制,实现财政投入与多元投入机制并举。

第一,应进一步加大对各级国家文化公园专项资金投入力度,重点投向国家文化公园的基础设施、公共服务建设以及重大标志性项目建设,并对经济欠发达、基础设施和公共服务相对落后的地区予以资金倾斜。根据财政部《政府投资基金暂行管理办法》,国家文化公园既属于基础设施和公共服务领域,也属于新兴产业发展内容,完全符合设立政府投资基金的要求,②可借鉴江苏等省做法,通过设立政府产业发展基金和发行地方专项债券,以政府资金最大限度撬动社会资本参与黄河国家文化公园建设。

第二,应鼓励多种形式的社会投资。例如通过PPP融资模式,吸引社会力量、民间资本参与黄河流域文化旅游项目开发建设;鼓励金融部门向发展潜力大、前景好的黄河流域文化旅游建设项目提供贷款支持;推进跨部门、跨地区的旅游企业联合和资产重组,支持具备条件的企业发行债券和股票,或在境内外上市融资,募集社会资金,形成良性发展的旅游开发资本市场;通过出台旅游投融资优惠政策,吸引发达省区、境外资本对黄河流域文化旅游项目的开

---

① 参见祁述裕:《国家文化公园:效果如何符合初衷》,《探索与争鸣》2022年第6期。
② 参见祁述裕:《国家文化公园:效果如何符合初衷》,《探索与争鸣》2022年第6期。

发投入;壮大社会捐赠资金规模。在此过程中,各级政府应加强资金来源管理,明确资金类型配比和社会资本可进入范围并出台规范;积极出台引导性政策,注重资金补偿、实物补偿、财政转移支付、资源基金、门票收入、利润返还、政府向社会力量购买服务等多样化手段的组合使用,对于实际投资达到一定数额的企业,探索给予企业土地、税收、教育附加费返还等捆绑让利,①依法合规推动政府和社会资本合作。

（四）完善社会公众参与机制,发挥民主决策监督作用

黄河国家文化公园的国家性质决定了其具有鲜明的"国家所有、全民共享"的特征。② 应进一步发挥民主决策、民主监督的作用,探索科学有效的鼓励公众参与的机制,为公众知情权和参与权提供制度保障。③

第一,在编制规划过程中要广泛听取社会公众的意见,鼓励公众积极参与;规划编制完成后要向社会公布并征求意见,并依据反馈的意见调整优化,力求科学和完善。第二,鼓励和引导社会资本通过兴办实体、资助项目、提供服务、捐赠物资等方式参与黄河国家文化公园建设;探索特许经营模式、公私合营模式（PPP）、非政府组织（NGO）参与模式、基础设施公募（REITs）等参与运营的可行性④,建立准入方式、约束条件、激励政策等制度。第三,依托大专院校、社会组织、企业等搭建志愿服务平台,开展常态化、机制化、多样化的志愿服务。第四,积极发挥当地居民、经营者、专家学者、志愿者、社会舆论的监督作用,开通多种监督渠道,建立健全信息公开制度、举报制度和权利保障机制、社会监督机制,让多元社会力量参与国家文化公园建设监督。第五,借力高水平的专家学者和研究机构,设立专家咨询委员会和黄河国家文化公园研究院,提供决策参谋和政策咨询,推动科学研究、文化阐释、文旅融合、人才培

---

① 参见刘敏:《国家文化公园管理体制机制研究》,《中国国情国力》2022年第5期。
② 参见孙华:《国家文化公园初论——概念、类型、特征与建设》,《中国文化遗产》2021年第5期。
③ 参见钟林生、肖练练:《中国国家公园体制试点建设路径选择与研究议题》,《资源科学》2017年第1期。
④ 刘敏、张晓莉:《国家文化公园:从文化保护传承利用到区域协调发展》,《开发研究》2022年第3期。

养等黄河文化研究体系建设。

五、推进黄河国家文化公园数字化建设

数字技术在加快黄河国家文化公园建设、推动黄河文化全景呈现的过程中发挥着至关重要的作用。中共中央、国务院印发《黄河流域生态保护和高质量发展规划纲要》指出："综合运用现代信息和传媒技术手段,加强黄河文化遗产数字化保护与传承弘扬。"文化和旅游部、国家发展改革委、国家文物局联合编制的《黄河文化保护传承弘扬规划》将数字再现作为黄河国家文化公园的重点工程。数字化已经成为黄河国家文化公园建设的重要内容。

目前,沿黄九省(区)在推动黄河国家文化公园数字化建设中取得了一定的进展,但仍然存在着一些问题,如黄河文化数据采集相对滞后、关联性不强,黄河数字文化场景和数字文化产品还比较匮乏,技术标准不统一等。推进黄河国家文化公园数字化建设亟须厘清建设内容的核心环节,围绕核心环节设计具有可操作性的项目,搭建技术实现框架,进而推进黄河国家文化公园的技术赋能和数字再现。

(一) 黄河国家文化公园数字化的核心环节与项目设计

1. 黄河国家文化公园数字化的核心环节

黄河国家文化公园数字化是以黄河文化数据为核心生产要素,在不同技术组合的支持下,通过数字场景搭建、数字内容开发、数字文化传播的有机嵌套和配合,实现要素有序集聚、多元主体协作、文化记忆接续,最终彰显中华文明的数字黄河文化工程。围绕黄河这一文化符号和标识,各维度、各领域、各层级的因素经由数字技术和网络空间,参与到黄河文化公园的建设中来。黄河国家文化公园的数字化过程涉及要素、空间、产品、价值、秩序等维度,其核心环节包括黄河文化数据采集和标注、黄河数字文化场景搭建、黄河数字文化内容开发、黄河数字传播矩阵搭建和黄河数字文化治理(见图2-5)。

黄河文化数据采集和标注为黄河国家文化公园数字化提供必需的生产要素。文化数据是数字时代文化资源开发的关键要素,特别是数据整合,有助于

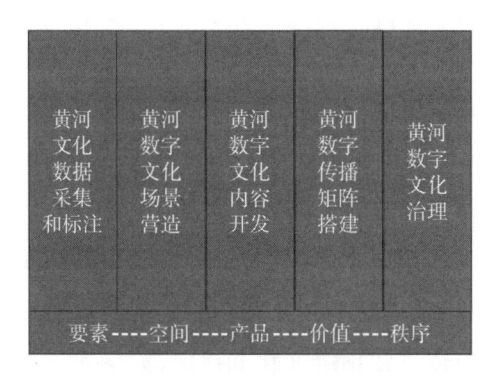

```
┌─────────────────────────────────────────┐
│  黄  黄  黄  黄  黄                      │
│  河  河  河  河  河                      │
│  文  数  数  数  数                      │
│  化  字  字  字  字                      │
│  数  文  文  传  文                      │
│  据  化  化  播  化                      │
│  采  场  内  矩  治                      │
│  集  景  容  阵  理                      │
│  和  营  开  搭                          │
│  标  造  发  建                          │
│  注                                     │
│                                         │
│  要素----空间----产品----价值----秩序    │
└─────────────────────────────────────────┘
```

图 2-5　推进黄河国家文化公园数字化的核心环节

实现黄河文化资源的集中、存储,建立统一的资源池。国家文物局等部门联合印发的《黄河文物保护利用规划》明确提出建立黄河文物资源数据库。因此,应从黄河文化资源池中提取具有历史传承价值的中华文化元素、符号和标识,形成关联的文化产品和服务。同时在大数据技术支撑下,应将黄河文化资源与公众的个性需求、使用习惯和文化偏好相联系,提供有特色的个性化服务,实现多样化的公共文化服务。比如,敦煌研究院于20世纪80年代提出"数字敦煌"构想,利用计算机技术和数字图像技术对敦煌石窟文物进行数字化采集。截至2023年,敦煌研究院已完成了近290个洞窟、44身彩塑的数字化采集,还有170多个洞窟的虚拟漫游数据采集。依托数字化成果,参观者足不出户就能在网络空间体验敦煌艺术。

黄河数字文化场景为黄河国家文化公园数字化提供空间载体。若想实现黄河国家文化公园的可见可知可感,就必须依托一定的空间载体。在数字化过程中,无论是基于物理空间的数字重构,还是虚拟空间的价值创造,数字文化场景在真正意义上实现了黄河文化的全景呈现。数字场景颠覆了传统场景的构成要素和表现形式,拓宽了文化表达的感官边界和想象空间,更具沉浸感和体验感,呈现出丰富多样的黄河文化形态。比如,山东省实施的中华文化体验廊道数字工程,通过打造云游平台,汇聚沿黄河文化体验廊道各类文旅资源,推进廊道沿线民俗村落、景区景点、游客中心等数字化建设,提供场景化、数字化、智慧化服务矩阵。沿线应建设一批数字文化体验园、文化体验馆、文化体验厅,拓展沉浸式互动体验、虚拟展示、智慧导览等新型文化旅游服务。

同时,不同数字文化场景应相互连接,形成沿黄地区数字文化展示集群。

黄河数字文化内容开发可以为黄河国家文化公园数字化提供产品和服务。当前,数字经济已成为生产生活的重要组成部分,黄河国家文化公园建设必须与现代生活方式和消费方式相融合。以黄河文化为素材创作和生产的数字产品和服务,经由供求、价格、竞争等市场机制,能够实现资源的合理配置。在此过程中,黄河国家文化公园以数字商品的形式对接消费者的需求,从而实现黄河文化与现代生活方式的连接。黄河文化在此过程中也实现了自身的接续和发展。以黄河文化数字藏品为例,中国黄河文化经济发展研究会发起的"黄河安澜"系列数字藏品,甄选了以黄河为主题的艺术作品,通过3D技术和动态视觉技术,将黄河流经的青海、四川、甘肃、宁夏、内蒙古、山西、陕西、河南、山东段的典型地貌和人文风情融合在一起,让藏家们在领略黄河两岸知名景观的同时,聆听黄河的声音,其背后的艺术收藏价值与文化价值令行业瞩目。再如,山东省图书馆在"海豹数藏"发行的首款数字藏品"清代彩绘《山东黄河全图》",15分钟内就售罄。正是基于数字技术,黄河沿线的文博单位可以围绕文化资源进行更多更丰富的创新创作,在推进文物资源开放共享的同时,对文物进行正规、合理的活化,激发数字时代黄河文化资源的新价值。

以黄河数字传播矩阵形塑公众关于黄河国家文化公园的价值认知。运用数字技术,面向全球搭建元素可链接、知识可共享、文化可感知的传播矩阵,是提升黄河文化影响力的必要途径。构建新型传播矩阵包括表达媒介的创新,通过建设黄河文化知识服务平台,以领域知识树、文化地图网格和知识管理等技术打造知识终端,一方面可以推动展现黄河文明的公共文化广泛传播;另一方面可以推动黄河文化研究的学术共同体建设。数字技术赋予黄河文化知识服务平台以分类展示、内容检索、虚拟体验、研学众创等功能,助推实现黄河文化知识的可视化生产、数字化加工和多元化利用。[1] 比如,国家艺术基金2023年度传播交流推广资助项目"黄河两岸是我家:纪实影像创作巡展",以"黄河之水天上来""大河铸魂·岁岁安澜""让黄河成为造福人民的幸福河"3个篇

---

[1] 李芳:《以数字技术赓续黄河文脉》,《光明日报》2022年7月4日。

章,通过100余组当代中国最具典型性的黄河纪实影像作品来讲述黄河故事,呈现黄河流域丰富的文化积淀和历史文脉。① 再如,文旅中国与河南省文化和旅游厅合作,通过运营"沿黄九省(区)'黄河之旅'旅游联盟"文旅号,以"数字化传播+目的地宣传推广"为呈现形式,打造文旅宣传"爆款"。②

以黄河数字文化治理为黄河国家文化公园数字化提供基本的制度保障。充分运用数字领域的新技术,借鉴其他国家的经验做法,通过数据共享、数字协作和跨部门的流程再造,打通沿黄地区的文化数据壁垒,降低企业交易成本,解决传统治理过程中存在的信息滞后、风险模糊、目标迷失等问题。比如,山东省以市级管理部门为单位,依托智慧文旅平台,协同布局智慧文旅平台、数据资源共享、数字应用项目。同时,还采取市场化运作模式,选择技术能力强、商业运营经验丰富的公司合作,积极建设完善以公共服务和行业监管为主要功能的市级智慧文旅平台,以此为基础建立健全黄河旅游体验体系、营销系统、服务系统和管理系统,全面提升黄河文化数字化服务管理水平。③

2. 黄河国家文化公园数字化的项目设计

围绕黄河国家文化公园数字化的核心环节,并结合最新的文化数字化实践,本书为推进黄河国家文化公园数字化进行系统化的项目设计,以促进黄河国家文化公园的技术赋能与数字再现。

(1)建设中华文化数据库黄河分库

系统梳理沿黄地区的历史文化、民族文化、红色文化、生态文化等,运用大数据、云计算、广域数字采集等技术,推进沿黄地区文化资源的数字化采集,将文化符号、精神标识转化为可处理的数据。横向层面上,推进黄河流域各区域间的文化资源整合,实现沿黄九省(区)黄河文化资源的持续汇聚和多元交

---

① 参见新华网:《"黄河两岸是我家:纪实影像创作巡展"平遥开展》,见 http://sx.news.cn/20230915/e80ea91fdbb54d1daccc5158a0ddfaa2/c.html。
② 参见文旅中国:《助力讲好"黄河故事",文旅中国建设黄河文化和旅游数字资源库》,见 https://www.ccmapp.cn/news/detail?id=862ce867-e626-4ce9-a0cb-bea91c9c860b&categoryid=c7393edaa33541efb79c3b32574d9d54&categoryname=%E9%8E%BA%E3%84%A8%E5%B4%98。
③ 参见文旅中国:《山东实施黄河文化数字化提升行动》,见 https://www.ccmapp.cn/news/detail?id=a57ff6dd-522a-47c2-b57f-3a87f66e7c01&categoryid=10935-mssql&categoryname=%E4%BA%A7%E4%B8%9A。

融;纵向层面上,贯通中华文明各历史时期的黄河文化脉络和文化谱系。对接国家文化大数据体系建设,搭建动态的黄河文化资源数据库,实现对基础信息数据、本体数据、保存环境数据、文保机构管理数据等相关数据的采集、汇聚、分析、挖掘。在数据整合方面,按照统一标准(关联标识符国际标准ISLI)整合沿黄地区分散的文化资源数据,关联文化资源数据以文字、图片、音频和视频等方式展示,同时不同媒介之间又彼此相互关联。在全面记载和保存文化资源相关信息资料的基础上,对数据进行深度分析、模拟处理和网络传送。

(2)开展黄河文化遗产数字活化计划

运用AR、VR等技术对黄河文化遗产进行数字重建,通过信息技术实现人机界面的可视化互动,促进艺术性思维与数字科技的互相渗透,强化遗产的互动感和体验感。借助短视频、直播等形式,推动非遗传习活动线上全景体验。利用数字化手段让文化上云,变成可资利用的数据,借助AR、VR对文化遗产进行数字重建。比如,2022年"5·18国际博物馆日"期间,山西博物院和山西辰涵数字科技股份有限公司以小程序的形式,联合推出"大河上下·民族根魂"黄河文化云展览,引导观众在线上完成一段难忘的黄河文明探索之旅。该云展览共三个单元,其中"一河万里"从"九曲黄河""黄河水系"两个部分展现了黄河的地理风貌和支流生态;"一河千年"从"根源文化""主干文化""融合文化""奋斗文化""复兴文化"五个部分展现了黄河文明发展历程变迁;"一河安澜"分别展现了沿黄九省(区)建筑、美食、民俗与技艺等。凭借数字创意和动效交互的结合,黄河文化更加灵动鲜活,触手可及,为观众呈现出一场别开生面的"黄河文化盛宴"。①

(3)打造黄河国家文化公园数字展示集群

一是打造黄河数字博物馆群。借鉴云游博物馆,如"云游敦煌""数字故宫"的设计思路,运用数字文博标准化解决方案,统筹建设线上黄河文化博物馆体系,重点联合黄河国家博物馆、省级博物院、各地市博物馆展览馆等,形成黄河博物馆联盟数字场馆平台。借助云计算技术,实现馆内藏品线上实时展

---

① 参见国家文物局:《〈大河上下·民族根魂〉黄河文化数字化展示传播》,见http://www.ncha.gov.cn/art/2022/7/26/art_2653_176063.html。

示,举办云展览、云演艺等线上活动,满足公众在线观展学习交流需求。提供文博信息一键检索功能,逐步实现多语种版本信息传播推广。比如,腾讯文旅围绕开封等1市8县非遗文旅资源数字化,打造"河南黄河非遗智能管家"——黄河非遗数字馆小程序,设置非遗地图、礼物互动、非遗内容栏目、礼物电商等模块,以九个地市非遗坐标、文博展馆及当地名品、精品文化旅游线路、非遗文创礼物等吸引观众。① 二是开展黄河文旅场景数字提升工程。支持文化和旅游企业帮助景区、文博场馆、文化街区等文化空间实施技术改造,推动黄河文化与大数据、云计算、区块链等新技术深度融合。比如,甘肃实施马家窑遗址等10处史前文化遗址公园建设和永泰城址等34处黄河文物数字化保护项目,建成659个乡镇数字文化驿站、744个村级数字文化服务点,"乡村飞'阅'计划"覆盖228个乡镇,104个图书馆均配备数字文化云屏服务设备。②

(4)营造黄河数字文旅消费场景

一是在重点区域积极培育黄河数字消费体验中心,推动数字创新平台布局,围绕文博场馆、景区、历史街区等有条件的地方进行数字化、智能化改造,培育数字艺术、沉浸式体验等新型文化业态,打造"文化+科技"深度融合消费新地标。二是加快传统线下业态数字化改造和转型升级,发展个性化定制、柔性化生产,推动线上线下消费高效融合、上下游全链条联动发展。依托历史文化街区,打造黄河网络互动体验街区,注入电商直播孵化、IP内容生产、互娱游戏体验等业态,形成集沉浸式文旅体验和数字文创产业布局于一体的综合性街区。三是探索虚拟文旅消费场景的模式创新,以网络技术突破消费的时空限制、容量限制,拓展文旅消费空间。比如,河南省文化和旅游厅联合腾讯文旅推出首个河南非遗数字馆官方微信小程序"老家河南黄河之礼",不仅能够帮助政府智能化管理非遗数据,还为全国各地甚至世界各地的游客提供了

---

① 参见央广网:《河南再度联手腾讯 让黄河非遗焕发新生》,见 https://hn.cnr.cn/cj/20200529/t20200529_525109800.shtml。

② 参见甘肃省文化和旅游厅:《五个方面持续发力为保护传承黄河文化、讲好黄河故事注入新的时代内涵》,见 https://wlt.gansu.gov.cn/wlt/c108541/202101/e5480f8370de4a5e94494aa-943a5999e.shtml。

更加便捷新奇的体验,通过打造"互联网+黄河文明"的线上线下融合新场景,让年轻受众通过沉浸式交互体验领略黄河文明之美。小程序将河南非遗资源数字化,设置"探索"(非遗手绘地图)、"全景博物馆"、"传习"、"资讯"、"礼物"等线上实用趣味互动体验板块。用户还能进入小程序"礼物"电商平台浏览、购买非遗传承人与时尚先锋大师共同打造的非遗文创新品。[①]

(5) 培育黄河数字文化内容 IP

一是立足黄河文化资源,提取其中最具象征意义、最能体现地域独特性,且能够稳定延续和不断复制的典型文化符号,培育和孵化黄河文化 IP,推动黄河文化 IP 与网络文学、网络游戏、网络视频、网络音乐等数字产业融合。二是举办黄河数字文创大赛、黄河游戏设计比赛、黄河动漫大赛,推动黄河文化嵌入数字场景。塑造黄河虚拟形象大使和数字文化标识,扩大黄河文化内容的影响力。比如,手游《QQ 飞车》首度打破省、市界限,以黄河及河南为主题开启全新企划,将黄河植入游戏场景,新赛道"黄河万里奔流"以母亲河为设计灵感,将黄河发源地三江源、九曲十八弯、黄河入海口、鲤鱼跃龙门等景象融入赛道。玩家们可以从赛道中感受黄河文化,在游戏中领略母亲河的魅力。再如,黄河博物馆发布的黄河吉祥物,由 6 个分别以"少年轩辕黄帝、少年河洛郎、仰韶彩陶娃、少年黄河龙、黄河鲤鱼、镇河铁牛"为创意的"河宝"组成。同时,以"河宝"为主角的大型电视动画片《黄河传奇》开机制作,增强了黄河文化的传播力。[②]

(6) 策划"云端黄河"系列节庆活动

策划"云端黄河"系列节庆活动。以线上与线下相结合的方式,运用数字技术提升节庆活动的吸引力。一方面,打造线上传统文化节庆活动,继续强化《元宵奇妙夜》《清明时节奇妙游》《端午奇妙游》《七夕奇妙游》等中国节日系列节目,借助互联网技术扩大受众范围。另一方面,围绕特定主题,顺应时代趋势,与 UCCA、摩登天空等艺术机构和娱乐公司合作,策划黄河诗歌节、"大

---

① 参见河南省文化和旅游厅:《上云端开启黄河宝藏"老家河南 黄河之礼"非遗数字馆小程序上线》,见 https://hct.henan.gov.cn/2020/12-24/2064605.html。
② 参见黄河网:《黄河标志和吉祥物正式发布》,见 http://www.yrcc.gov.cn/xwzx/hhyw/202110/t20211030_234808.html。

河上下"摄影展、黄河音乐会、黄河戏剧节、黄河艺术展等黄河文化新节庆。采用实景演出形式,以黄河沿岸为演出舞台,利用声光电技术增强节庆活动的表现力,注重现代化、时尚化和创意化,形成"云端黄河"系列节庆体系。

(7)构建黄河文化数字传播矩阵

一是把握当下碎片化、符号化和美学化的文化传播特点,进行黄河文化内容的营销宣传,改变以往重宣传轻营销的思路。二是采取多地区链式传播策略,基于微博、公众号、小程序、头条号、短视频平台等新媒体,以文字、图片、视频、直播等表达形式,促进黄河文化的即时分享、传播互动,打造适合现代受众需求的黄河文化数字传播矩阵。适应分众化、差异化传播趋势,把握受众群体的年轻化、个性化、交互性等特征,打造新内容和新模式。三是加强个性化推荐与个性化传播,构建包含图文、漫画、纪录片、广播剧,以及线上名家讲座等多维度多渠道的传播内容矩阵。筹划黄河文化网络综艺,展现黄河历史、黄河生态、黄河岸居民生活。创作黄河文化纪录片,以黄河文化与中华文明起源、发展为主题,创作系列具有历史底蕴和视觉冲击、有内容深度的黄河文化专题纪录片。四是充分发挥 KOL 的传播力和影响力,邀请网红大 V 游览黄河沿线,传承弘扬黄河文化。比如,沿黄九省(区)电视台联合制作和播出的大型文化综艺节目《黄河文化大会》以极具代入性和参与感的黄河文化知识竞答作为内容展开的切口,邀请 99 位黄河文化爱好者,进行"百舸争流""泾渭分明""鱼跃龙门""黄河入海"四轮答题比拼。节目以 AR 技术营造沉浸式答题互动氛围,提炼黄河文化元素,以视觉手段呈现全景式黄河画卷,引起了广泛的社会关注。①

(8)开发黄河数字文旅地图

一是基于 AI、大数据等技术支持,面向文旅管理者,提供产业管理及全域旅游分析能力,通过分析游客聚客点、游客过夜率、游客出行目的、游客迁徙方式、线路、商业、景区舒适度,以及智能调度等功能服务,为相关部门提供多角度、直观可视化的大数据报告,打通数据孤岛,实现黄河文旅资源及社会资源

---

① 参见新华网:《山东卫视〈黄河文化大会〉对黄河文化的书写与传承》,见 http://www.news.cn/culture/20230116/f662ff42d9ae42cfa6665205f9a1e497/c.html。

的整合共享。二是面向景区提供客流分析、游客游览路径分析、游客画像分析、交通拥堵分析、应急管理、智能报警等服务,对景区流量实时监测,全面提高文旅统计的时效性、科学性和精准性。三是以满足游客个性化需求为导向,为游客提供景区特色功能展示,如黄河文化名片、智能导览、AR游览、景区实时信息、定制logo、AR复原遗迹、地区精选推荐等互动功能服务,覆盖用户出行全场景,全面升级游客体验。通过黄河数字文旅地图,打通沿黄地区的文旅目的地,提高管理和运营效率,增强黄河文化旅游的吸引力。

(9)开发黄河国家文化公园数字监测系统

一是推进沿黄文物安全监测预警。利用大数据分析、红外监控、安防传感设备等,对黄河国家文化公园覆盖的文物实现全方位无死角保护,对文物日常安全管理数据、文物保护单位的长波段SAR卫星监测数据,进行实时监测、动态跟踪,建立安全隐患的等级评估体系,实现常态化高效监管。二是提升沿黄文化智能监管效能。收集沿黄文化企业发展数据,实现对文化市场可量化、可评价的精准画像。搭建文化产业发展数据云图,形成"监测—提示—指挥—响应"的管理闭环。三是联通沿黄地区文化监管资源。充分运用数字领域的新技术,适当借鉴其他国家的经验做法,通过数据共享、数字协作和跨部门的流程再造,打通沿黄地区的文化数据壁垒,解决传统国家公园治理过程中存在的信息滞后、风险模糊、目标逃逸等问题。比如,腾讯文旅利用腾讯云技术优势,给河南9个地市非遗带来更智能的非遗数据管理,让文化资源与数字接轨,实现文化资源数字化、云端化、数据化,为游客提供便捷新奇的体验同时,帮助政府智能化管理非遗数据。①

(二) 黄河国家文化公园数字化的技术实现框架

数字技术赋能黄河国家文化公园的生产、展示、传播、消费、管理等多个环节,促进各类生产要素的高效配置,主要体现在资源端、供给端、需求端和治理端的赋能作用(见图2-6)。

---

① 参见央广网:《河南再度联手腾讯 让黄河非遗焕发新生》,见 https://hn.cnr.cn/cj/20200529/t20200529_525109800.shtml。

层级		支撑技术
资源端	标本库、基因库、素材库、资源共享平台、产权交易平台……	数据采集与标注技术 资源管理与服务技术 ……
供给端	知识图谱、智能工具、虚拟助手……	区块链技术 实时渲染技术 人工智能技术 ……
需求端	线下体验 博物馆、文化馆、美术馆、旅游景区…… / 线上云游 网站、公众号、小程序、APP……	5G通信技术 人机交互技术 可视化技术 ……
治理端	安全保障、舆情监测、流量分析、场馆管理、在线服务……	物联网技术 云计算技术 智能管理技术 ……

图 2-6 黄河国家文化公园数字化的技术实现框架

从资源端看,数字技术可以促进黄河国家文化公园文化资源的数据转化。数字经济时代,文化数据已成为一种核心的生产要素。一方面,黄河国家文化公园蕴含着丰富的信息和素材,对数据式解决方案有现实需求。基于标准化和编码化的文化资源数据,梳理黄河文化体系中历史、地理、人文、社会、艺术等方面的素材及信息,形成黄河文化资源数据库,对黄河国家文化公园的资源利用具有重要意义。比如,以前,故宫博物院的文物藏品有180万件,每次展出的仅占所有文物的2%。近些年来,故宫博物院十分重视文物资源的数字采集和转化。另一方面,文化数据可以促进价值链重塑和闭环价值系统形成,为黄河文化资源活化利用提供了广阔空间。

文化资源数据化主要依赖于数据采集与标注技术、资源管理与服务技术。首先,通过图文扫描、立体扫描、全息拍摄、数字摄影、运动捕捉等方式,将文化资源处理为计算机可以识别和解析的信息编码。资源管理与服务技术则通过数据库、磁盘阵列、光盘塔、光纤和网络连接以及一系列相关规定、协议,实现对上述编码进行管理和分发。通过这些技术的集成运用,不仅可以把黄河文化资源的档案资料如手稿、音乐、照片、影像、艺术图片等,编辑转化为数字化格式,保存于数字磁盘、光盘等物质介质中,而且还可利用多媒体网络数据库存储和管理,使之完整有序、便于检索,整体提升对黄河文化资源的使用水平。比如,通过全球第一个基于区块链的数字文化遗产开放共享平台——"数字敦煌·开放素材库",全球学者、文化爱好者、创意设计者可以获取来自莫高窟等石窟遗址及敦煌藏经洞文献的6500余份高清数字资源档案。[①]

从供给端看,数字技术可以为黄河国家文化公园的产品供给提供便利和支撑。数字技术提供摄取、生成、存储和处理各种文化数据的能力,为大众共创黄河文化产品提供了低门槛支持。一方面,数字技术突破了以往大众创作发布渠道不通畅的障碍,让普通大众也能将极富创意的灵感转化为文化产品。例如,发布自己的视频、照片、脱口秀等。另一方面,数字技术可以突破新创意新作品"面市"的障碍。基于知识图谱、人工智能工具、虚拟助手等技术工具,我们可以完成黄河文化数据的采集清洗、标记关联、解构重构,形成黄河历史文化资源向文化旅游产品转化的生产创作体系。同时,以微信为载体,形成文化众创中心,结合博物馆、大剧院、图书馆、文化馆、景区、科研院所、文化公司等文化机构的资源与服务,形成创意互联协作体系。

---

① 参见新华网:《数字敦煌开放素材库正式上线》,见 http://www.news.cn/2022-12/13/c_1129204014.htm。

从需求端来看,数字技术凭借线上云游和线下体验的方式为黄河国家文化公园赋能。线上云游是利用网络平台形成统一的黄河文化数字展示。面对黄河文化公园空间过大、边界不清的问题,互联网空间打破时空界限,赋予各地文化资源再创新的能力以及统一文化脉络的场域,从而解决黄河文化碎片化建设和各自表述的问题。同时,数字技术突破了信息有限的障碍,借助智能搜索技术和智能分发技术,使消费者能够从海量的黄河文化资源及产品中选择他们感兴趣的内容。比如,故宫博物院发布的"数字故宫"小程序,用户既可以通过小程序快速定位、浏览"数字文物库""故宫名画记""全景故宫",还可以在"相识大考验"趣味答题中了解文物知识,吸引了近 500 万名来自天南海北的观众通过这一全新的渠道了解故宫。线下体验是利用集成技术进行黄河文化现代化表达,改变以往文化展示枯燥单一的特点。XR、面部识别、动作捕捉、空间定位、多点触控技术等构成的交互技术在文博场馆、演艺场所等线下文化设施中广泛应用,旨在激发受众兴趣,引导受众参与和互动。再如,美国克利夫兰艺术博物馆运用交互技术将参观者的面部表情与馆藏艺术品进行匹配,增进参观者与艺术品的联系。谷歌艺术与文化(Google Arts and Culture)运用 3D 可视化、大数据、人工智能等技术开发各类互动小游戏,如街头画廊(Street Galleries)、艺术自拍(Art Selfie)等,吸引用户参与。以街头画廊为例,用户可以在全球十个城市的虚拟场景中,设置自己喜欢的画作,有效提升了文化体验。①

从治理端看,数字技术对黄河国家文化公园的科学系统管理具有重要价值。Internet/Web 技术、GIS 技术等可以高效应用于公园管理体系中,融入管理工作的方方面面。比如,游览向导和虚拟实景漫游改善游览管理的条件,运用各种多功能的多媒体展示设备、电子触摸屏以及电子化向导等,多层次多种手段改善参观游览的硬件条件;应用计算机虚拟技术,建立虚拟实景漫游系统,利用高技术实现向游客生动展现黄河文化。以江西博物馆的"数智江博"项目为例,运用基于流程业务的协同管理系统、基于数据分析的可视化系统、智慧导览系统等,通过知识图谱、数据挖掘、融合展示等技术,实现了全馆业务

---

① 参见祁述裕、闫烁:《以数字集成技术助推文化创新》,《学习时报》2022 年 6 月 17 日。

的整体数字化转型和智慧化升级,构建起透彻感知、泛在互联、智能融合新型博物馆,为我国博物馆数字化转型与智慧化升级提供了参考模式。①

在文化和旅游深度融合的背景下,数字技术初步融入文化旅游的生产、传播和消费环节。其中,数字再现在文博场馆、旅游景区、演艺场所等空间中得以实现。然而,面对黄河文化这一特定的文化形态,以及黄河国家文化公园这一特定场域,数字再现的理念、方式和手段都发生了新的变化。

黄河国家文化公园的数字再现是借助数字技术对黄河文化文物资源进行数字化展示,其主要包含虚拟原生、虚实融生、数字孪生三种形态(见图2-7)。

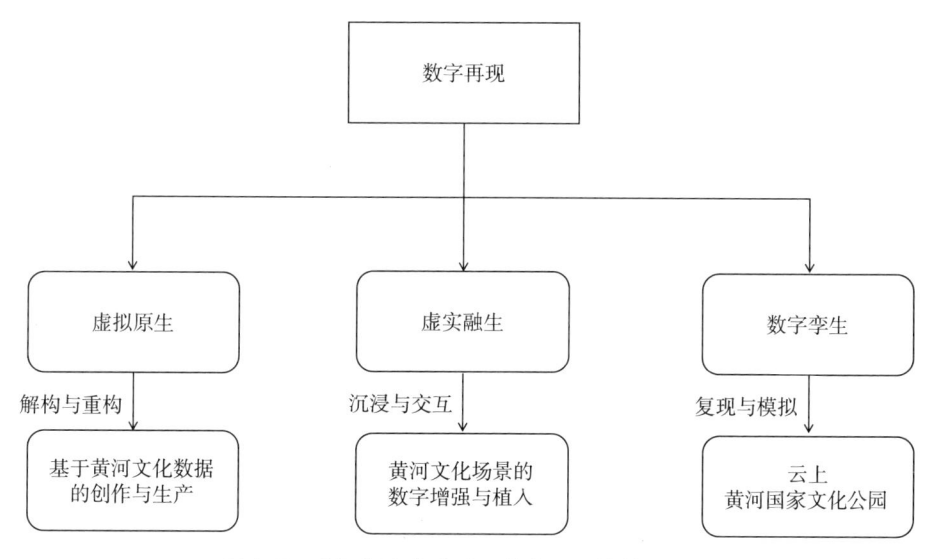

图2-7 黄河国家文化公园数字再现的基本形态

数字孪生(digital twin)是以数字化方式创建物理实体的虚拟模型,分析数据模拟物理实体在现实环境中的行为,通过虚实交互反馈、数据融合分析、决策迭代优化等手段,为物理实体增加或扩展新的能力。② 比如,黄河水利科学研究院用数字孪生技术来传承、活化和弘扬黄河文化遗产,运用丰富的"声、光、影"数字科技设备、环绕式立体荧幕、一体化电子沙盘,结合三维高空

---

① 参见江西省文化和旅游厅:《智慧赋能,释放江博力量》,见 http://dct.jiangxi.gov.cn/art/2022/5/19/art_14552_3964025.html。

② 参见陶飞、刘蔚然等:《数字孪生及其应用探索》,《计算机集成制造系统》2018年第1期。

拍摄手段以曲面屏集中展示,利用动态模拟技术、AR、VR、影音再现、实景建模和体感交互虚拟场景等高新技术手段,打造黄河水文化与智慧水利平台融合创新体验中心,不仅能够再现黄河发展变迁以及沿线历史特征、风土人情、自然景观等场景,同时也展现出流域内重点水利工程、远程智能调度等人工治河方略等场景,从而更加立体地展示黄河文化。[1]

虚拟原生则是在虚拟空间中发挥自身的想象力任意构建虚拟形态。比如,在游戏中,通过编辑工具 Studio,创作者便可参与游戏制作,其中的虚拟物品、场景和活动都是由玩家自行设计。除了通过沉浸式体验在虚拟时空中拓展人们的精神生活,元宇宙也是虚拟世界与现实世界的融合和交互,现实世界的活动和事件会映射到虚拟世界中,同时人们在虚拟世界中的所作所为也会影响到现实世界。概括来说,便是虚实融生,即融合元宇宙:一方面,是虚拟融入现实,利用 XR(扩展现实)技术可以在现实的场景中看到虚拟物品或形象,比如风靡全球的 AR 游戏"Pokemon GO";另一方面,也是现实嵌入虚拟。

(三) 推进黄河国家文化公园数字化建设的保障措施

第一,成立区域性黄河国家文化公园数字联盟、合作交流平台。整合沿黄地区文化资源,发挥各地区的资源禀赋和比较优势,形成分工合作、共建共享的黄河数字文化共同体。比如,山东管理学院与沿黄九省(区)的河南大学、山西大学、内蒙古艺术学院、四川音乐学院、西安美术学院、山东艺术学院等高校共同谋划,成立"黄河流域数字化非遗保护协同创新联盟"。[2] 再如,2020年10月,甘肃省文化和旅游厅主办了黄河文化数字化论坛及沿黄九省(区)黄河文化数字化交流推广活动。

第二,制定黄河国家文化公园数字化标准体系。一是规范黄河文化数据的获取、存储及应用,提高黄河文化数据的管理和使用效率。二是制定黄河国家文化公园数字化建设中共享的兼容格式和协议,促进个人、企业和公共部门

---

[1] 参见黄河网:《数字孪生领航 智能模拟盘"活"黄河文化》,见 http://www.yrcc.gov.cn/zlcp/xkyj/202205/t20220517_240720.html。

[2] 参见中国网:《"黄河流域数字化非遗保护协同创新联盟"成立仪式在山东管理学院举行》,见 http://edu.china.com.cn/2022-11/15/content_78519731.htm。

间的数据共享和跨部门流动。三是整合沿黄地区的文化数字化标准,规范数字文化相关行业的术语、技术、流程和服务,推进黄河国家文化公园数字化建设过程中涉及的各种数据、设施、服务、管理、安全等标准建设。四是根据数字文化技术的特点,建立通用性文化技术标准,确保不同技术的兼容性和互操作性。同时,坚持开放兼容的原则,与行业企业标准互通。还要不断完善和更新技术标准,以适应新技术的发展和市场的需求。

第三,强化沿黄地区数字文化复合型人才培养。一是加快创意人才、技术人才的培养和引进。推动专业和学科调整,依托高校、园区、科研院所,培养数字创意人才、文化科技人才,以高校、科研院所为依托建设数字文化管理人才、技术研发人才、数字创意人才的教育培训基地;以职业学院等为依托,建立数据中心、算力中心所需的职业技工教育培训基地。二是积极吸引海内外优秀人才参与黄河国家文化公园数字化建设,加强数字文化人才交流和协作,建立多种交流平台和机制,提高人才的创新能力和协同能力,促进跨地区、跨学科、跨领域的合作和创新。

第四,加强黄河文化数字基础设施建设。一是逐步提升黄河国家文化公园的无线网络和5G网络覆盖度。建设以信息技术交换为主的基础设施,支持面向行业通用需求,建设数据中心、云平台等数字基础设施,完善黄河国家文化公园的"云、网、端"数字底座,打通"数字化采集—网络化传输—智能化计算"数字链条。二是加强黄河APP、小程序等移动互联网基础设施建设,促进产业互联互通。搭建黄河文化数字化服务平台,集成同文化生产适配的各类应用软件和工具,为各类文化生产主体提供标识解析、搜索查询、匹配交易、结算支付、消费平台衔接、精准数据分析等服务。为各类文博场馆、旅游景区等提供专网接入、数据采集、数据解构、数据存储、文化算力、网络切片解决方案等服务,发挥有线电视、广电5G广覆盖的优势以及5G融合视听、5G频道、智能推荐电视、5G广播等资质资源能力,满足广大用户多元化、个性化的高新视听消费需求。三是鼓励数字文化企业参与黄河国家文化公园数字基础设施开发合作,完善人工智能应用所需基础数据、计算能力和模型算法,推动传统文化基础设施转型升级。

第三章

黄河文化旅游带建设研究

内容提要

黄河文化旅游带是以黄河干流及主要支流为主轴,以节点、线路和整体环境为核心的线形区域。通过串珠成线、以线带面的方式将黄河干流两侧的文化遗产、历史、风俗、故事、艺术等文化单元和旅游要素、自然资源进行串联整合,形成文化遗产、生态、旅游休憩和地方经济整体性发展的线性廊道。建设黄河文化旅游带,对于推动区域经济转型、带动黄河流域文化旅游整体性发展、提升黄河文化品牌影响力具有重要意义。

黄河是黄河文化旅游带的基础和载体,流域是确定黄河文化旅游带区域边界的基本空间。依据流域范围的一致性、行政区界的完整性、文化旅游产业的优势性和带状区域的集聚性等标准,确定黄河文化旅游带的空间范围包含9个省(区)、58个城市,核心区为黄河干支流流经的县级行政区,拓展区为县级行政区所在的市(州、盟),并具有带状密集性、间隔连续性、内部关联性和发展动态性等特征。

黄河流域积淀的物质文化遗产和非物质文化遗产及旅游资源,是黄河文化旅游带的重要资源基础。黄河流域的世界文化遗产、大遗址、自然遗产、中国历史文化名城、名镇、名村及水利遗产、农业文化遗产、非物质文化遗产、高A级景区呈非均衡集聚分布状态,集中分布在黄河中下游地区。依据"点—轴系统"及资源分布结构,从"面—线—点"三个尺度出发确立黄河文化旅游带"一廊贯穿、六区协同、十带引领"的空间布局,并提出发挥节点的核心驱动作用、注重轴线的串联带动作用、发挥城市群的辐射带动功能等黄河文化旅游带的空间构建思路。

针对黄河文化旅游带空间跨度大、涉及部门多,在空间布局、资源整合、产业开发、基础设施建设、区域合作等方面存在的问题,提出通过优化黄河文化旅游带空间布局、推动黄河文化旅游带融合发展、推动黄河文化旅游带协同发展,实现不同地区发展路径的多元化、差异化和整体性发展,达到"1+1>2"的协同效应。最后从建立黄河文化旅游带规划引导机制、构建黄河文化旅游带协同机制、健全黄河文化旅游带政策法律保障机制等方面,提出黄河文化旅游带协同发展的对策建议。

"带状发展"是我国文化旅游区域化发展的主要特征,也是"十四五"期间文化旅游发展的重要趋势。带状发展状况在很大程度上反映了资源配置和区域协同能力。近年来,文化旅游的带状发展备受学术界和政府部门关注。2020年1月3日召开的中央财经委员会第六次会议强调,要实施黄河文化遗产系统保护工程,打造具有国际影响力的黄河文化旅游带。2021年10月8日,中共中央、国务院印发的《黄河流域生态保护和高质量发展规划纲要》明确提出,要强化区域间资源整合和协作,推进全域旅游发展,建设一批展现黄河文化的标志性旅游目的地,打造具有国际影响力的黄河文化旅游带。建设黄河文化旅游带,对于推动区域经济转型、带动黄河流域文化旅游整体性发展、提升黄河文化品牌影响力具有重要意义。

第一节 黄河文化旅游带文献回顾

全球许多重要的自然和文化资源都呈线状分布。黄河文化旅游带属于线性概念,国内外关于线性文化遗产的研究为构建黄河文化旅游带提供了重要的理论支撑。

一、线性文化遗产研究现状

在文旅融合背景下,文化遗产受到的关注度越来越高,成为旅游发展的新动力。文化遗产由"点状"向"线状"或"面状"演化的趋势越来越显著。[1] 线性文化遗产的概念是从欧美国家的"文化线路(Cultural Route)""遗产廊道(Heritage Corridor)"等概念衍生而来。文化线路和遗产廊道是线性遗产的两种主要形式。

---

[1] 参见张书颖、刘家明、朱鹤、张香菊:《线性文化遗产的特征及其对旅游利用模式的影响——基于〈世界遗产名录〉的统计分析》,《中国生态旅游》2021年第2期。

（一）关于文化线路的研究

欧洲地区最早提出和实践了文化线路的概念。早在1964年,欧洲理事会就首次论述了"文化线路"的理念,并于1993年认定了第一条文化线路——桑地亚哥·得·卡姆波斯特拉朝圣之路,并被列入世界遗产名录。1994年,国际古迹遗址理事会在马德里召开了"线路——我们遗产的一部分"的专题会议,对"文化线路"的内涵和外延进行了界定:"文化线路是一条交流之路,可以是陆路、水路或其他形式,具有实体界限,以其特有的动态和历史功能特征,服务于特定、明确的目的。"

1998年,文化线路科学委员会(CIIC)成立,标志着以"交流和对话"为特征的跨地区或跨国家的文化线路,作为新型遗产理念为国际文化遗产保护界所认同。中国学术界关注文化线路的研究起步较晚。2004年前后,中国学者才开始关注文化线路的概念与内涵、文化线路的界定与价值评价、文化线路的保护等方面。[①] 2005年10月,ICOMOS第15届大会暨科学研讨会在中国西安召开,通过了有关《文化线路宪章(草案)》的决议,将文化线路定义为:任何交通线路,或陆上,或水上,或其他类型,有清晰的物理界限和自身特殊的动态机制和历史功能,以服务于一个特定的明确界定的目的。这一定义明确了"交通线路""交流互动""动态系统"是文化线路的基本构成要素。2014年,丝绸之路(西安至天山段)和大运河被列入世界文化遗产名单,标志着文化线路正式成为世界遗产保护的新领域。[②]

（二）关于遗产廊道的研究

遗产廊道(Heritage Corridor)是20世纪80年代在绿线公园、国家保护区、绿色廊道基础上形成的一个概念,是美国的一种跨区域遗产保护理论与规划方法。遗产廊道作为线性文化景观,一般依托山川水系、交通干线或文明交流路线等线性载体,实现单个遗产点的串联和辐射,推动文化遗产、生态、旅游休

[①] 参见高静、王敏娴、乔桂强:《文化线路遗产活化利用:欧洲经验及启示》,《自然与文化遗产研究》2024年第1期。

[②] 参见孙华:《论线性遗产的不同类型》,《遗产与保护研究》2016年第1期。

憩和地方经济的整体性发展。

国外对遗产廊道的研究起步较早,已由关注概念、评价标准的理论层面向规划设计、多元管理等实践层面转变,一是从组织、产品、市场营销等维度研究遗产廊道的旅游发展(Cottle Curt,2003)[1]和遗产旅游对经济影响(D.J.Stynes 等,2004)[2];二是从遗产保护、生态修复、合作模式等维度评估遗产廊道的价值(Michael P.Conzen 等,2001)[3];三是从管理机制、参与机制、规划引导等方面研究国家遗产廊道的管理模式。[4]

国内关于线性文化遗产的研究起步较晚。2001年,王志芳、孙鹏首次提到了遗产廊道的理念,介绍了遗产廊道的概念、选择标准、保护管理方法及规划的重点等内容。[5] 随后国内学者依据遗产廊道的基础理论,结合国内丰富的遗产资源,围绕遗产廊道的构建原理(俞孔坚等,2010)[6]、构建过程(朱强,2009)[7]等展开相关研究。目前,我国相关研究处于从理论到实践的转向过程中,建立科学、成熟的遗产廊道建设规划体系是未来的研究目标。从研究对象来看,大运河、茶马古道、丝绸之路、长城等遗产廊道的研究较多,黄河文化遗产廊道的研究尚未得到足够重视。

尽管"文化线路"或"遗产廊道"的评判标准、边界范围、实现路径和管理机制尚需形成可操作性的方案,但"文化线路"或"遗产廊道"理念对打造黄河文化旅游带有重要启示。文化旅游带与"文化线路"和"遗产廊道"的基本理

---

[1] Cottle Curt,"The South Carolina National Heritage Corridor Taps Heritage Tourism Market", *Forum Journal*, No.8, 2003, 66(50).

[2] D.J.Stynes, Y.Sun, *Economic Impacts of National Heritage Area Visitor Spending*, Michigan: Michigan State University, 2004.

[3] Michael P.Conzen, et.al., "Metropolitan Chicago's Regional Cultural Park: Assessing the Development of the Illinois&Michigan Canal National Heritage Corridor", *The Journal of Geography*, No.3, Vol.100, 2001, 111(117).

[4] 参见陶犁、王立国:《国外线性文化遗产发展历程及研究进展评析》,《思想战线》2013年第3期。

[5] 参见王志芳、孙鹏:《遗产廊道——一种较新的遗产保护方法》,《中国园林》2001年第5期。

[6] 俞孔坚等:《发生学视角下的大运河遗产廊道构成》,《地理科学进展》2010年第8期。

[7] 朱强:《遗产廊道规划的理论框架——以工业遗产廊道为例》,《城市发展研究——2009城市发展与规划国际论坛论文集》,2009年。

念并无本质不同,"文化线路"与"遗产廊道"都是基于大尺度遗产进行区域化整体性保护的理念,是一种集生态与文化遗产保护、旅游开发、经济振兴等多个维度于一体的具有动态特征的线性文化景观,主张自然、文化、历史景观的结合和人、地、物、故事的结合,强调线状各个遗产节点共同构成的文化功能和价值以及至今对人类社会、经济可持续发展产生的影响。所不同的是,文化旅游带与"文化线路"和"遗产廊道"的出发点、侧重点、属性特征、内涵主题、应用目的及管理方式略有差异,但"文化线路"和"遗产廊道"主张跨区域系统性、整体性保护和强调遗产保护、休闲游憩、经济振兴等多维价值的理念,无疑能够为黄河文化旅游带的研究与实践提供有益借鉴。

二、黄河文化旅游带研究现状

国内学术界关于长江旅游带、大运河旅游带、丝绸之路旅游带等大尺度线性空间的研究相对较多,对黄河文化旅游带的研究尚处于起步阶段。

(一) 黄河文化旅游带的概念研究

郑建栋(2018)[①]认为黄河文化带指在黄河沿线两侧一定区域空间内,以某些共同的文化特征为基础,并利用这些文化特征及历史文化资源的地域优势,构建形成具有地带连续性的文化区域。张稳柱(2020)[②]认为,黄河文化旅游带覆盖9个省(区),是具有全球影响力的内河旅游带,是彰显中华民族精神的文明带,是体验独特中华魅力的璀璨文化带。黄河文化旅游带的应用研究较多,目前学界尚没有对黄河文化旅游带的概念做出严格界定。

(二) 黄河文化旅游带的资源利用与产品开发研究

王启(2013)[③]对中原经济区黄河文化旅游带内的旅游资源进行了初步分

---

① 参见郑建栋:《黄河文化带概念、构建目的和路径探讨——以陕西黄河文化带为例》,《遗产与保护研究》2018年第9期。
② 张稳柱:《打造黄文旅带的路径探讨》,《2020中国旅游科学年会论文集》,2020年。
③ 王启:《中原经济区黄河文化旅游带旅游资源分类与价值研究》,《河南科技》2013年第16期。

类,并对资源要素价值和资源影响力进行了评价。白长虹(2015)从旅游目的地的打造视角研究黄河文化和旅游产品的开发;张辉(2020)①从黄河文化旅游带产品体系建设的视角出发,提出要深入研究黄河文化旅游带的历史轴线、黄河文化旅游带产品构成要素、区域分工、多种文化主题的旅游产品等重要问题。

(三) 基于地方视野研究黄河文化旅游带构建思路

林龙飞(2008)[②]认为,河南黄河文明旅游带的构建要加强区域协作,采取产业集聚战略,将黄河文明旅游打造成世界知名旅游品牌。杨俊博(2017)[③]提出应建立需求对接平台、加大旅游信息化宣传力度、加快建设区域间部门协调机制等具体措施,以促进河南沿黄黄金旅游带的进一步发展。王璐(2021)[④]从加强区域统筹协同、整合区域宣传营销、连通区域旅游廊道等方面提出建设郑汴洛黄河文化旅游带。宋灵燕(2018)[⑤]分析了黄河济南段的资源优势,提出了构建济南黄河文化旅游带的建议。杭栓柱等(2020)[⑥]从打造区域文旅生态产品体系和完善基础配套设施等方面,提出构建内蒙古黄河流域"几"字弯文化旅游生态经济带。

(四) 从宏观上研究黄河文化旅游带构建思路

唐金培(2021)[⑦]从构建文化保护传承利用体系、规划体系、创新体系、构建文化旅游产业体系、保障体系、品牌体系六个方面,提出以六大体系助力黄

---

① 张辉:《黄河文化旅游带高质量发展几点意见》,见 https://ishare.ifeng.com/c/s/v004-GexQjFjmL0WmFuFwQNtweRO3k--vzhBaV24ukr14EmXw__? spss=np。
② 林龙飞:《论黄河文明与河南黄河文明旅游带的构建》,《经济师》2008年第9期。
③ 杨俊博:《河南沿黄黄金旅游带智慧旅游发展现状及对策研究》,《洛阳理工学院学报(社会科学版)》2017年第2期。
④ 王璐:《郑汴洛黄河文化旅游带建设研究》,《西部旅游》2021年第4期。
⑤ 宋灵燕:《济南打造黄河文化生态旅游带研究》,《济南职业学院学报》2018年第2期。
⑥ 杭栓柱等:《推动黄河流域"几字弯"文化旅游生态经济带建设研究》,《前沿》2020年第3期。
⑦ 唐金培:《以六大体系助力黄河文化旅游带建设》,《中国旅游报》2021年11月8日。

河文化旅游带建设。吴丽云(2020)①提出打造高质量黄河文化旅游带,要加强制度创新,通过顶层设计实现区域协同发展;要加强管理创新,实现资源分区、分类、分段管理;要加强主体创新,构建多主体并存的多元发展格局。银元和罗眉(2020)②提出打造黄河文化旅游带,要处理好生态保护与旅游开发的辩证关系、产业发展与国家战略的协同关系等七大关系。程遂营和宋军令等(2020)③从空间、时间和产业层面提出了沿黄黄金旅游带的构建路径,并从空间和管理运营两个维度提出了沿黄黄金旅游带的开发模式。

(五) 从跨区域合作视角研究黄河文化旅游带建设

吴锋和宋诗睿(2020)④提出从机制、资源、产业和人才协同四个方面,提高"十四五"时期黄河"几"字弯文化产业协同创新能力。唐金培(2021)⑤从创新区域协同发展体制机制、创新区域市场监管制度机制、创新长效建设保障机制等方面提出推进省部合作、区域协同和精准对接,推动黄河文化和旅游区域联动、城乡联动和要素联动,发挥重点城市、重大项目、重点景区的引领带动作用,推进沿黄地区文化和旅游产业规模化、高端化、集约化发展,以龙头带动提高黄河文化旅游带国际影响力。

三、研究现状评述

国内学者围绕黄河文化旅游带进行了初步研究,形成了部分有建设性的成果,但还存在以下不足:

第一,系统性的深度研究不足。国内关于黄河文化旅游带的研究总体发文数量较少,且多以报纸、普通期刊为主,核心期刊发文量较少;从文献内容

---

① 吴丽云:《以创新为引领 建设黄河文化旅游带》,《中国旅游报》2020年1月20日。
② 银元、罗眉:《打造黄河文化旅游带应处理好七个关系》,《中国旅游报》2020年6月5日。
③ 程遂营、宋军令等:《沿黄黄金旅游带构建与可持续发展》,科学出版社2020年版。
④ 吴锋、宋诗睿:《黄河几字弯区域文化发展协同创新路径研究》,《北京文化创意》2020年第5期。
⑤ 唐金培:《创新驱动多方联动龙头带动 推进黄河文化旅游带建设》,《中国旅游报》2021年9月14日。

看,既有研究多是针对现状的梳理、描绘,缺乏对黄河文化旅游带构建机制和路径、政策的系统研究。

第二,立足省际视野的成果较多,全局性视角的成果较少。国内关于黄河文化旅游带的文献多集中于某个区域,如对山东、陕西、河南、甘肃黄河文化旅游带进行研究,缺乏全流域的整体性研究。

第三,学科交叉研究不足。黄河文化保护传承弘扬研究是一个系统工程,涉及社会学、艺术学、管理学、经济学和历史学等多学科领域,需要以多学科的综合思维分析研究相关问题,以解决其在文化传承、产业化开发、制度建设等方面的问题。从现有文献来看,综合性学科的研究成果不多,这与黄河文化保护传承弘扬工程的系统性要求有一定距离。

第二节 黄河文化旅游带的基本概念及系统构成

一、黄河文化旅游带的概念及特征

所谓"带",是具有宽度和长度且宽度远远小于长度的一种空间形态。沿河布局产业以形成产业密集带,是一种典型的空间经济集聚形态。① 产业带通常是沿着河流、交通干线或重要设施在特定空间上集中分布、在功能上互为关联的产业集聚区,强调产业活动的连续性、密集性和关联性,其发展状况在很大程度上取决于区域资源配置方式和协同能力。例如,长江产业带、大运河产业带都是集聚特征较为显著的产业带。

黄河是我国带状旅游的重要代表,在我国旅游空间体系中扮演着重要的角色。打造具有国际影响力的黄河文化旅游带,是党和国家的重要工作部署,是保护传承弘扬黄河文化的创新之举。所谓黄河文化旅游带,指的是以黄河干流及主要支流为主轴,以节点、线路和整体环境为核心,依据空间相关、功能

---

① 参见黄勤:《论内河产业带的空间结构、空间演进及空间效应》,《四川大学学报(哲学社会科学版)》2015年第2期。

相关和历史相关的构建逻辑,通过串珠成线、以线带面的方式将黄河干流两侧的历史、风俗、故事、艺术、文物、建筑等文化单元和旅游要素、自然资源进行串联整合,形成文化遗产、生态、旅游休憩和地方经济整体性发展的线性区域。黄河文化旅游带包含两重含义,一是文化旅游资源的密集带,大遗址、古建筑、非遗密集分布在黄河干流与重要支流两岸,形成了若干文化圈或文化集聚区,集中体现了黄河流域文明的厚重与延续;二是以重要节点城市或区域中心城市为核心形成的生产要素集聚的产业带,肩负着文化传承、生态保护、地方经济振兴和旅游休憩的多重任务,具有带状密集性、间隔连续性、内部关联互补性和发展动态性等特征。

(一) 带状密集性

黄河文化旅游带在依托黄河干流及白河、黑河、洮河、湟水、汾河、渭河等主要支流形成狭长的带状空间内,文化遗产数量高度密集,不管是数量、体量还是价值,都远远高于"带"外地区。根据第三次全国文物普查,黄河流域共有不可移动文物约12.4万处,占全国的16.2%,区域不可移动文物密度约为全国平均密度的1.9倍,其中古遗址古墓葬占比高达54%。文化旅游资源同样高度富集,以西安、太原、郑州、洛阳、开封、大同等城市为中心形成的历史文化旅游带,不论是景区、园区数量,文化产业增加值、旅游综合收入还是旅游接待人次等各项产业指标都高于其他区域,形成了若干个各具特色的产业集聚带,并沿主轴线向外递减,呈现梯度变化的特征。

(二) 间隔连续性

黄河文化旅游带以干支流和主要交通要道为"生长轴",但并不意味着整个沿黄地带都是一片连绵不断的文化旅游资源或产业集聚区。事实上,依据黄河流域所形成的地质及水文条件,黄河干流河道可分为界点明确的上、中、下游。由于不同区段水文、土壤、气候、植被、地势、交通等条件差异较大,大部分黄河区段已丧失了通航功能,因此一定程度上破坏了文化旅游活动的线性连续性,呈现出断续相连的状态,甚至在不同区域出现了多核心产业集聚现象,具有间隔连续性等特征。

（三）内部关联互补性

黄河上中下游、干支流间相互制约、相互影响较为显著,不同区段之间既相互区别又密切联系。黄河上游是全流域最主要的淡水涵养地和最重要的生物栖息地,生态地位非常重要。黄河中游是中华民族和中华文明的重要发祥地,是黄河流域文化资源分布最为密集、等级最高、品位最高的核心区域,文化旅游产业发展势头最为强劲。黄河下游区位条件优越,交通便利,人口密度较高,具有较强的人口集聚能力和产业发展动能,承接产业转移能力强,城镇化水平也高于中上游地区。黄河上中下游之间、各增长点之间,存在部分资源优势互补、产业分工协作的联系。当然应该看到,黄河上、中、下游各区域、各中心之间的联系还比较松散,资源与产业的协同发展尚不充分。

（四）发展动态性

《黄河流域生态保护和高质量发展规划纲要》《黄河文化保护传承弘扬规划》等规划明确提出,要打造具有国际影响力的黄河文化旅游带。河南、陕西、山东、青海等省份也相继将打造黄河文化旅游带纳入地方规划。黄河文化旅游带建设是一个系统工程,牵涉文物、非遗、旅游、生态等多种要素,其核心是以带状集聚化发展方式从整体上推动黄河文化保护传承弘扬。黄河文化旅游带不是一个封闭静态系统,是干支流和节点建设、产业空间选择以及流域文化旅游开发活动长期相互作用的产物,并与周围环境发生密切联系和能量交换。随着沿黄九省(区)实践的深入,黄河文化旅游带的时空逻辑将不断发展演化。在人口、资源、技术、信息等要素沿轴线进行集聚与扩散的过程中,各省(区)之间的经济联系会更加紧密,文化旅游业态将更加丰富,区域合作方式将更加多元,黄河文化旅游带的总体功能、产业能级以及内部结构等均会发生明显变化。

二、黄河文化旅游带的系统构成

系统论认为,系统是结构与功能的统一体,一个系统要发挥最佳功能和最大效益,构造系统时就必须在科学分析各要素、各子系统及其相互作用与互动关系的基础上进行优化整合。黄河文化旅游带由自然资源、历史文化名城名镇名村、旅游目的地、黄河文化标志性景观和产品、主要旅游交通干线、资本、技术、人才、市场、环境、管理、制度等多种要素构成。根据发生学"功能相关""历史相关""空间相关"的构成原理,黄河文化旅游带将不同层次、不同价值维度的自然景观、遗产单体、景区景点、重点村镇、节点城市、通道等构成要素纳入一个"多时空层叠"的多维系统结构中,形成集生态与遗产保护、文化旅游与经济振兴等功能于一体的动态复杂系统,[①]包含了文化子系统、产业子系统和设施子系统三大子系统。各要素之间、各子系统内部、各子系统之间的互动关系与共同作用形成了黄河文化旅游带完整系统。

(一) 黄河文化旅游带文化子系统

黄河是中华文明最主要的发祥地,是中华民族的母亲河,文化旅游资源具有数量多、体量大、分布广、品位高、组合好的特征,并且孕育了河湟、河套、关中、三晋、河洛、齐鲁等典型地域文化。分布于黄河流域的古建筑、古遗址、水利遗址、农业遗址等物质文化遗产,节庆习俗、工艺美术、戏曲舞蹈、民间音乐等非物质文化遗产,以及地文景观、水域风光、生物景观、天象与气候景观、建筑与设施、历史遗迹等旅游资源共同构成的标志性文化景观及旅游目的地是黄河文化旅游带的核心要素,在交通干道的串联下共同形成黄河文化旅游带的整体空间结构。

(二) 黄河文化旅游带产业子系统

黄河流域九省(区)根据资源禀赋与经济基础,不同程度上都通过资源创意开发和市场运作发展文化产业及旅游业。黄河流域的文化产业类型主要分为新闻出版业、电影电视业、动漫游戏业、文化旅游业、数字文化产业、演艺文博业以及其他特色文化产业。黄河流域的文化产业类型多为资源型文化产

---

① 参见俞孔坚、奚雪松:《发生学视角下的大运河遗产廊道构成》,《地理科学进展》2010年第8期。

业,其中文化旅游业与文博业是黄河流域的重点文化产业类型,其他产业类型各省依托自身文化资源优势在布局上各有侧重:山西、山东、河南、陕西与四川的文化产业类型较为全面,文化产业综合实力位于九省前列;内蒙古、甘肃、青海、宁夏在演艺、节庆等特色文化产业中表现突出,共同形成了以黄河流域特色文化资源为依托的文化产业格局。旅游产品、影视精品、演艺精品、"老家河南"和"文化陕西"等品牌所构成的产业体系是构建黄河文化旅游带的动力系统。

(三) 黄河文化旅游带设施子系统

黄河文化旅游带的设施体系包括交通设施、公共服务设施及解说系统等。交通设施主要包括绿色廊道和游步道等交通干线。绿色廊道主要由栖息地、湿地、林地、农田等绿地系统构成。游步道是通过慢道或快道连接遗产节点的交通线路,满足居民户外休闲游憩与教育需求。公共服务设施由博物馆、图书馆、文化馆、旅游集散中心、服务区、自驾营地、自驾驿站、星级酒店、主题民宿、特色餐饮等组成,为黄河文化旅游带的发展提供物质支撑。解说系统通过解说主题、解说设施、标识系统阐释遗产资源的文化内涵及价值,一方面提高公众对遗产资源的保护认知水平,另一方面对休闲游憩起到辅助作用,具有主题的多元性、叙事的连续性与功能的整体性等特点。[1]

黄河流域的自然资源、文化遗产和旅游资源是构建黄河文化旅游带的资源体系,文化产业和旅游开发是黄河文化旅游带的产业体系,游憩道、公共服务设施和解说系统是黄河文化旅游带的设施体系(见表3-1)。黄河文化旅游带三个子系统之间存在相互促进关系,资源体系、产业体系和设施体系所形成的自然资产、文化资产和社会资产之间通过相互影响、相互作用进行能量交换,最终实现整体系统功能。文化子系统为区域产业发展提供富足的产业资源,是黄河文化旅游带产业发展的基础。可通过主题产品的供给、核心旅游目的地的打造为区域产业发展提供全新的途径,创造新的经济增长方式,促使传统产业升级,实现由基础资源向生态功能、文化功能和经济功能的动态演化。

---

[1] 参见陈琳、奚雪松:《美国慢行道系统评述及启示》,《国际城市规划》2010年第4期。

同时，文化旅游产业的发展反过来对保护弘扬传承黄河文化发挥着不可替代的重要作用，通过产业化发展方式对黄河文化的开发、保护和传播，能够增强文化自信与自觉，促进社会与人的全面与可持续发展。

表3-1 黄河文化旅游带构成

资源体系	自然资源	黄河干流、重要支流周边的水系湖泊、绿地等自然资源
	文化遗产	文物、建筑、遗址、文化景观等物质文化遗产
		民俗、节庆、戏曲、舞蹈、手工艺等非物质文化遗产
	旅游资源	地文景观、水域风光、生物景观、天象与气候景观、人文活动
产业体系	文化产业	文化创意、影视、动漫、数字文化等
	旅游开发	文化旅游产品、景区景点、精品线路
设施体系	游憩道	黄河沿线风景道、骑行道、步道等交通设施
	公共服务设施	博物馆、图书馆、文化馆、旅游集散中心、服务区、自驾营地、自驾驿站、星级酒店、主题民宿、特色餐饮
	解说系统	解说主题、解说设施、标识系统

由文化旅游资源向现实功能的演变离不开交通、设施等要素的支撑，游憩道、基础设施最终影响整个系统结构的稳定性。因此，构建黄河文化旅游带要突破以往关注于局部要素的静态视角，着眼于多维度的价值和功能，从系统论的视角来推动黄河文化旅游带的自然功能、历史功能向现实功能演进，对黄河文化旅游带的时空结构和内在逻辑形成整体性、系统性的把握，在更高层次上协调文化、旅游和生态环境的关系。

第三节 黄河文化旅游带资源分布及空间格局

一、黄河文化旅游带的边界

黄河是黄河文化旅游带的基础和载体，流域是确定黄河文化旅游带区域边界的基本空间。依据流域范围的一致性、行政区界的完整性、文化旅游产业的优势性以及带状区域的集聚性等原则,经过黄河流域演变分析、黄河流域经济区中心城市界定、黄河流域文化旅游经济中心城市选择,并结合经济区的空间连续性,最终获得黄河文化旅游带的空间范围,共包含9个省(区)、58个城市。① 黄河文化旅游带流经青海、四川、甘肃、宁夏、内蒙古、陕西、山西、河南、山东9个省(区)行政区域,核心区为黄河干支流流经的县级行政区,拓展区为县级行政区所在的市(州、盟)。黄河文化旅游带中心城市见表3-2。

表3-2 黄河文化旅游带中心城市

上游	青海	西宁市
		海东市
		海北藏族自治州
		黄南藏族自治州
		海南藏族自治州
		果洛藏族自治州
	四川	阿坝藏族羌族自治州
	甘肃	兰州市
		白银市
		天水市
		平凉市
		临夏回族自治州
		甘南藏族自治州
	宁夏	银川市
		石嘴山市
		吴忠市
		中卫市
	内蒙古	呼和浩特市

---

① 参见程遂营、宋军令等:《沿黄黄金旅游带构建与可持续发展》,科学出版社2020年版。

续表

中游	内蒙古	包头市
		鄂尔多斯市
		巴彦淖尔市
	山西	太原市
		大同市
		阳泉市
		长治市
		晋城市
		朔州市
		晋中市
		运城市
		忻州市
		吕梁市
	陕西	西安市
		铜川市
		宝鸡市
		咸阳市
		渭南市
		延安市
		榆林市
		商洛市
下游	河南	郑州市
		开封市
		洛阳市
		安阳市
		鹤壁市
		新乡市
		焦作市
		濮阳市
		三门峡市
		济源市

续表

		济南市
下游	山东	东营市
		济宁市
		泰安市
		德州市
		聊城市
		滨州市
		菏泽市
		淄博市

二、黄河文化旅游带的资源分布

黄河文化旅游带是一个以节点、线路和整体环境为核心的线形遗产区域,根据黄河文化旅游带的构成系统,黄河流域积淀的考古遗存、水利遗产、农耕遗产、古建筑等物质文化遗产和非物质文化遗产及旅游资源,是黄河文化旅游带的重要资源基础。

(一) 黄河文化旅游带物质文化遗产分布

自1985年加入《保护世界文化和自然遗产公约》以来,截至2021年,我国已成功申报世界遗产56项。其中,文化遗产38项、自然遗产14项、文化与自然双遗产4项。世界遗产总数、自然遗产和双遗产数量均居世界第一。其中,处于黄河流域的世界文化遗产共有11处,世界文化与自然混合遗产1处。全国重点文物保护单位2000多处,省级文物保护单位7300多处。[①] 从空间分布看,世界文化遗产分布于山西3处、陕西2处、河南4处、山东2处,集中分布在黄河中下游地区。列入《大遗址保护利用"十四五"专项规划》的大遗址分布:青海2处、宁夏2处、甘肃3处、内蒙古4处、山西5处、陕西15处、河南

---

① 数据来源:文化和旅游部网站。

16处、山东10处。上游地区大遗址占黄河流域大遗址总量的12.28%,中游地区大遗址占黄河流域大遗址总量42.11%,下游地区大遗址占黄河流域大遗址总量45.61%。此外,分布于黄河流域的世界自然遗产共有4处,集中在四川省(九寨沟风景名胜区、黄龙风景名胜区、四川大熊猫栖息地)与青海省(青海可可西里),具有明显的分布不均衡特征。

表3-3 黄河流域九省(区)文化文物资源分布

省份	世界文化遗产(处)	大遗址(处)
青海	0	2
四川	0	0
宁夏	0	2
甘肃	0	3
上游总计	0	7
内蒙古	0	4
山西	3	5
陕西	2	15
中游总计	5	24
河南	4	16
山东	2	10
下游总计	6	26

截至2023年3月,国务院公布的142座历史文化名城中,黄河流域九省(区)分布有37座,全国占比26.1%。其中青海1座、甘肃4座、宁夏1座、内蒙古1座、山西6座、陕西6座、河南8座、山东10座。住房城乡建设部和国家文物局已公布的313处中国历史文化名镇,位于黄河流域的有50处,全国占比16%,其中上游分布9处,中游分27处,下游分布14处,占全流域比重分别为18%、54%和28%。公布的487处中国历史文化名村中,位于黄河流域的有132处,全国占比27.1%,其中上游分布11处,中游分布101处,下游分布20处。另外,黄河流域还保有世界灌溉工程遗产3处(陕西泾阳郑国渠、宁夏引黄古灌区、内蒙古河套灌区),全球重要农业文化遗产3处(陕西佳县古枣

园、甘肃迭部扎尕那农林牧复合系统、山东夏津黄河故道古桑树群）。[1]

表 3-4　黄河流域九省（区）文化文物资源分布

省份	中国历史文化名城（座）	中国历史文化名镇（处）	中国历史文化名村（处）
青海	1	1	5
四川	0	0	0
宁夏	1	0	1
甘肃	4	8	5
上游总计	6	9	11
内蒙古	1	5	2
山西	6	15	96
陕西	6	7	3
中游总计	13	27	101
河南	8	10	9
山东	10	4	11
下游总计	18	14	20

由上述表 3-3、表 3-4 可以看出，黄河流域的世界文化遗产、大遗址、自然遗产、中国历史文化名城、名镇、名村及水利遗产、农业文化遗产呈非均衡集聚分布状态，集中分布在黄河中下游地区，陕西、山西、河南、山东四省文化遗产资源最为密集。从资源类型上看，主要有都城城邑聚落、建筑群落、农田水利、道路交通、人文胜迹等，反映了黄河流域各大地理单元从聚落和农业起源、文明因素萌芽和（古国）文明形成与发展的完整历程。考古发掘和研究证明，在黄河流域的广袤地域中，不仅分布着众多的旧石器时代古人类遗存，而且新石器时代各类古文化如星罗棋布，产生了诸如灵宝北阳平遗址、临淄桐林遗址、日照尧王城遗址、襄汾陶寺遗址、神木石峁遗址等巨型中心古文化遗址，显示出黄河文化达到了很高的文明程度。中华文明早期阶段夏、商、周时期，以及秦、西汉、东汉、隋、唐、北宋等几个强大的统一王朝，其核心地区也都在黄河中

---

[1]　数据来源：文化和旅游部网站。

下游一带。①

表3-5 黄河流域的世界遗产名录

序号	名称	地点	批准时间
1	泰山	山东泰安	1987年
2	长城	河北、北京、甘肃	1987年
3	莫高窟	甘肃敦煌	1987年
4	秦始皇陵	陕西西安	1987年
5	九寨沟风景名胜区	四川九寨沟	1992年
6	黄龙风景名胜区	四川松潘	1992年
7	曲阜孔庙、孔林、孔府	山东曲阜	1994年
8	峨眉山风景名胜区(含乐山大佛风景区)	四川乐山峨眉山	1996年
9	平遥古城	山西平遥	1997年
10	青城山与都江堰	四川都江堰	2000年
11	龙门石窟	河南洛阳	2000年
12	云冈石窟	山西大同	2001年
13	四川大熊猫栖息地	四川成都、阿坝、雅安、甘孜	2006年
14	安阳殷墟	河南安阳	2006年
15	五台山	山西五台	2009年
16	登封"天地之中"历史建筑群	河南登封	2010年
17	元上都遗址	内蒙古正蓝旗	2012年
18	大运河	北京、天津、河北、河南、山东、安徽、江苏、浙江	2014年
19	丝绸之路:长安—天山廊道的路网	河南、陕西、甘肃、新疆	2014年
20	青海可可西里	青海、西藏青藏高原	2017年

资料来源:《世界遗产名录》,截至2019年7月6日。

从以上资源分布可见,黄河中下游分布的物质文化遗产最为密集,最具代表性的有陕西石峁、山西陶寺、河南二里头、河南双槐树、山东大汶口等重要遗

---

① 参见侯仁之主编:《黄河文化》,华艺出版社1994年版。

址,这类遗址资源等级高、价值大,具有根源性、延续性、包容性、融合性等特征,集中承载了黄河文化的核心价值和丰富内涵。

(二) 黄河文化旅游带非物质文化遗产分布

截至 2022 年,黄河流域共有 738 项国家级非遗代表性项目、619 名国家级非遗代表性传承人,设立了 9 个国家级文化生态保护区,分别涵盖民间文学,传统音乐,传统舞蹈,传统戏剧,曲艺,传统体育、游艺与杂技,传统美术,传统技艺,传统医药,民俗十大类。黄河流域非物质文化遗产数量多、分布广、结构复杂,为精准分析非遗资源的空间分布,采用区位熵法对黄河流域九省(区)的国家级非物质文化遗产进行量化分析,具体计算公式为:$Q_{ij} = (G_{ij}/G_j)/(G_i/G)$,其中,$Q_{ij}$ 为 j 地区 i 国家级非遗的区位熵;i 为非遗类型,j 为研究区域样本,G_{ij} 为 j 地区 i 类型非遗的数量,G_j 为 j 地区各种类型非遗的数量,G_i 为黄河流域九省(区)i 类型非遗的数量,G 为黄河流域九省(区)非遗的总量。根据区位熵法得到黄河流域九省(区)国家级非遗的区位熵值,见表 3-6。

表 3-6 黄河流域国家级非物质文化遗产区位熵值

地区	民间文学	传统音乐	传统舞蹈	传统戏剧	曲艺	传统体育、游艺与杂技	传统美术	传统技艺	传统医药	民俗
青海	1.40	1.45	1.22	0.24	0.90	0.91	0.80	0.86	1.35	1.50
四川	0.82	1.44	2.73	0.37	0.00	0.00	0.89	1.33	0.52	0.90
宁夏	0.71	1.26	0.00	0.00	0.91	0.00	1.39	0.87	4.11	1.87
甘肃	0.66	1.17	1.53	0.89	1.42	0.00	0.86	1.35	0.43	0.87
内蒙古	0.75	1.55	0.29	0.50	0.00	2.60	0.73	0.92	2.18	1.74
山西	0.76	0.76	0.76	1.26	0.88	0.79	0.89	1.35	1.03	1.10
陕西	0.94	1.00	0.87	1.18	1.69	0.65	1.35	0.69	0.36	0.87
河南	0.84	0.74	0.97	1.50	0.54	2.54	1.23	0.64	0.81	0.55
山东	1.57	0.73	0.69	1.31	1.59	1.36	1.10	0.69	0.87	0.59

可以看出,黄河流域国家级非遗区位熵值均有显著差异,说明其空间分布呈现出非均衡态势。从遗产类型来看,民间文学集中分布在青海、山东两省;传统音乐集中分布在青海、内蒙古、四川等省(区);传统舞蹈集中分布在四川等省(区);传统戏剧集中分布在山西、陕西、河南、山东四省;曲艺集中分布在陕西、甘肃等省(区),传统体育、游艺与杂技集中分布在内蒙古和河南两省(区);传统美术集中分布在宁夏、陕西等省(区);传统技艺集中分布在山西、四川等省(区);传统医药集中分布在宁夏、内蒙古等省(区);民俗集中分布在内蒙古、宁夏、青海等省(区)。从总量分布来看,黄河流域的国家级非遗项目集中分布在山西、山东、青海、陕西、河南五省,其中山西分布最多,为 168 项,山东分布 114 项,青海分布 73 项,陕西分布 68 项,河南分布 61 项。[①]

黄河流域国家级非物质文化遗产的空间与物质文化遗产的空间分布基本一致,主要分布于黄河中下游地区。这些以非物质形式存在的文化形态,蕴含了丰富的信仰习俗、特定的生活方式、独特的审美情趣和稳固的价值观,对中华民族伦理道德、价值观、风俗民情、精神风貌的塑造和养成产生了深刻影响,是构建黄河文化旅游带的重要支撑。

(三) 黄河文化旅游带的旅游资源分布

黄河流域分布的文化旅游资源数量多、体量大、分布广、品位高、组合好,发展条件优越。拥有黄龙风景名胜区,秦始皇陵,平遥古城,云冈石窟,龙门石窟,登封"天地之中"历史建筑群,曲阜孔庙、孔林、孔府等大批优质资源。河南郑州市、洛阳市、开封市、安阳市、濮阳市,陕西西安市、延安市、榆林市、咸阳市,山东济南市、聊城市、淄博市、泰安市等都是国家历史文化名城,拥有麦积国家森林公园、天台山国家森林公园、骊山国家森林公园、牛背梁国家森林公园、嵩山国家森林公园、黄河口国家森林公园、额济纳胡杨国家森林公园、五台山国家森林公园、五老峰国家森林公园等众多国家森林公园,以及山东黄河三角洲、河南黄河湿地、伏牛山、九寨沟、孟达天池、青海湖、陕西牛背梁等国家级

---

① 数据来源:文化和旅游部网站。

自然保护区。①

截至2023年底,沿黄城市A级及以上景区数量为4715处,5A级旅游景区有94处,其中:青海4处、四川17处、甘肃7处、宁夏5处、内蒙古7处、陕西12处、山西11处、河南15处、山东16处。此外,沿黄城市还有9个国家级旅游度假区、31个国家生态旅游示范区、32个全国红色旅游经典景区、23个国家级旅游休闲街区、386个全国乡村旅游重点村镇,为黄河文化旅游带高质量发展奠定了坚实基础(见表3-7)。

表3-7 黄河流域九省(区)2023年A级旅游景区数量

省(区)	景区总数 A级(处)	5A级(处)
山西	312	11
内蒙古	406	7
山东	1184	16
河南	681	15
四川	868	17
陕西	523	12
甘肃	443	7
青海	179	4
宁夏	119	5
黄河流域	4715	94
全国	14917	318
黄河流域占全国比(%)	31.61	29.56

(四)黄河文化旅游带资源分布与流域空间的耦合分析

自然地理是人类历史展开的基础,黄河流经区域复杂的地理环境背后,伴随着黄河文化中心的历史生成与空间变迁。黑格尔曾提出"历史的地理基

---

① 参见程遂营、宋令军:《沿黄黄金旅游带构建与可持续发展》,科学出版社2020年版。

础"概念,按照地理特征把世界区分为干燥的高地同广阔的草原和平原、巨川大江流过的平原区域以及跟海相连的海岸区域三种类型,①三种不同的地理风貌塑造了不同的文化性格和文化精神。黄河流域横跨青藏高原、内蒙古高原、黄土高原、华北平原等四大地貌单元和我国地势三大台阶,拥有黄河天然生态廊道和三江源、祁连山、若尔盖等多个重要生态功能区域,沿途分布着雪山、冰川、湖泊、湿地、草原、峡谷、平原等多种自然景观。② 三大阶梯强劲的高低势能决定了黄河的涓涓细流,从巴颜喀拉山脉北麓的约古宗列盆地流出,一路向东奔流入海。③

黄河自西向东的奔流过程中,不断接纳渭水、泾水、汾水、涑水、沁水、洛水、漳水等支流,形成了百川汇流的特点。这既是地形所决定,同时也塑造着地面的形态和人类的活动。考古发现,新石器时代的文化遗产大多分布在两个较低的阶梯上,尤其以第二个梯度的黄土地带最为密集,这正好证实了黑格尔"历史的地理基础"理论。青藏高原是这三大阶梯中最高的一级,由于氧气稀薄,生存条件较差,而黄河中下游地区气候温和、土壤肥沃,动植物资源丰富,适宜于农业种植,较第一阶梯能够承载更多人口,也更容易产生更加严密、复杂的社会组织,为我国古代文明的发育提供了良好的条件。④ 这也是古城址、大遗址、历史文化名城、名镇、名村和传统村落等在山西、陕西、河南、山东四省分布较为密集的原因所在。

三、黄河文化旅游带的空间格局

黄河文化旅游带资源空间分布结构与黄河流域的历史地理基础具有高度耦合性,依据"点—轴系统"及资源分布结构,初步确立黄河文化旅游带的空间格局。

---

① 参见黑格尔:《历史哲学》,王造时译,生活·读书·新知三联书店1956年版。
② 参见孙丕苓、彭田田、沈丹丹:《2000—2020年黄河流域生态退耕时空分异特征》,《黄河文明与可持续发展》2022年第1期。
③ 参见任慧、李静、肖怀德、鲁太光:《黄河文化论纲》,《艺术学研究》2021年第1期。
④ 参见侯仁之主编:《黄河文化》,华艺出版社1994年版。

(一) 确立黄河文化旅游带空间格局的理论基础

"点—轴系统"理论是在德国地理学家瓦尔特·克里斯塔勒(Walter Christaller)的"中心地理论"基础上形成的。这种理论认为,社会经济客体存在空间集聚和空间扩散两种倾向。大部分社会经济要素在"点"上集聚,并沿线状基础设施而形成"轴"。点即各级区域的中心地——如各层级的中心城镇或各级居民点。轴则是能够连接不同等级中心城镇的地带或通道,由交通线、通信干线和能源线、水源通道连接起来的"基础设施束"集聚了人口、资金、技术等资源要素形成产业聚集带,并对附近区域有扩散作用。[1] "点—轴系统"关注社会经济空间结构与组织,解释了社会经济客体在空间内的集聚与分散规律及相互作用,回答了区域发展中的发展过程和地理格局之间的关系,是构建黄河文化旅游带空间格局的重要理论依据。

(二) 黄河文化旅游带的空间格局

产业轴线的经济学意义在于通过交通干线、河流、能源设施束等不同层级的产业轴线促使点与点、点与区、区与区之间生产要素的自由流通,而其空间意义体现为生产要素的空间载体或者生产要素空间集聚带,在不同的轴带上呈现出各自独特的生产要素结构形态。[2] 因此,黄河文化旅游带轴线的确定应充分考虑各地区文化旅游要素结构和交通连接性等问题。本书结合黄河流域的环境承载能力和社会经济发展水平,在保持文化内涵、历史肌理、周边建筑及生态景观一致性和协调性的基础上,依据"点—轴理论",从"面—线—点"三个尺度出发确立了黄河文化旅游带"一廊贯穿、六区协同、十带引领"的空间布局。

1. 一廊贯穿

以青海、四川、甘肃、宁夏、内蒙古、山西、陕西、河南、山东九省(区)境内

---

[1] 参见陆大道:《关于"点—轴"空间结构系统的形成机理分析》,《地理科学》2002年第1期。

[2] 参见康明:《我国六大文化产业带战略布局研究——基于点轴理论视角》,《重庆与世界(学术版)》2013年第8期。

黄河流域沿线自然和文化景观等为依托,推进兰州至东营段3800公里"几"字形国家旅游公路建设,串联河湟、河套、关中、三晋、河洛、齐鲁等典型文化区,系统展示人类起源与农业起源时期的山西西侯度遗址、陕西蓝田人、山东沂源人、山西丁村遗址、河南栾川人、新密李家沟等古人类遗址;文明起源时期的马家窑文化遗址,半坡、杨官寨、铸鼎原遗址群、双槐树、大汶口、焦家等仰韶文化—大汶口文化遗址,石峁、陶寺、古城寨、王城岗等龙山文化遗址;早期国家文明形成时期的二里头、偃师商城、郑州商代都城、安阳殷墟、周原、丰镐等大遗址;后来的汉唐长安城、汉魏洛阳故城、隋唐洛阳城、北宋东京城等都城遗址。充分发挥黄河及沿线区域在人员往来、文化交流等领域的优势,以及黄河干流廊道对流域旅游业发展的带动作用,完善流域旅游基础设施和公共服务体系,优化流域旅游业空间形态,提升空间运行效率,促进沿线城市和旅游景区整体发展,构建多民族文化汇聚融合与东西方文明交流互鉴的黄河文化遗产廊道。

2. 六区协同

(1)河湟文化旅游区。河湟地区泛指黄河及其支流湟水河、大通河之间的广阔地带,其空间范围包括黄河上游九曲之地和青海境内湟水谷地、青海东部地区和甘肃西部与青海接壤地带,包括宁夏部分地区和四川省境内五个黄河流经县。[①] 黄河支流中以湟水最大,湟水亦名湟河,源出青海省东北部噶尔藏岭,向东南流,经湟源、西宁、乐都、民和诸县,往南汇大通河,入黄河。[②] 发源于此的河湟文化独具特色,汉族、藏族、回族、土族、撒拉族等民族在这里交融共生,形成了灿烂的河湟文化,孕育了土族盘绣、花儿、河湟皮影等优秀传统艺术文化,保留了有着"东方庞贝"之称的"喇家遗址"、瞿昙寺等历史文化遗址。河湟地区作为"三江之源""中华水塔",是黄河的源头区,也是黄河上游重要的生态屏障和水源涵养地,拥有珍贵的生物多样性资源,是全球重要的生物基因库,并由此孕育了河湟地区独特而丰富的地域生态文化。[③] 在历史的

---

① 参见刘中和:《论河湟地区的气候变化与文化演变——以马家窑、齐家、辛店和卡约文化期为考察范围》,《学理论》2014年第20期。
② 参见周侃:《湟水与大通河》,《甘肃水利水电技术》2014年第7期。
③ 参见李学勤、徐吉军:《黄河文化史》,江西教育出版社2003年版。

演进中,河湟地区作为中原与周边政治、经济、文化力量伸缩进退、相互消长的中间地带,兼具农耕文化和游牧文化的特征,形成了自己独具特色的多元性。①

河湟地区拥有发展特色文化产业的适宜土壤。河湟地区与羌彝文化产业走廊在空间上有部分重合,处于唐蕃古道、丝绸之路青海道的要冲,是汉族、藏族、回族、土族、撒拉族等各族人民生产生活的主要聚集地。区域内自然生态独特,文化形态多样,文化资源富集,民族多样性突出,设立了热贡文化、格萨尔文化(果洛)、藏族文化(玉树)、羌族文化等国家级文化生态保护实验区,是黄河流域国家级文化生态保护实验区最多的地区。河湟地区有热贡艺术、花儿等非物质文化遗产代表项目和土族纳顿节、骆驼泉的传说等国家级非遗项目百余项,培育了"热贡唐卡""青海刺绣"等特色文化品牌,有显著的地域特色和民族风情,为发展特色文化产业提供了适宜的土壤。

河湟地区具备发展生态旅游的良好基础,拥有三江源自然保护区、长沙贡玛自然保护区、若尔盖自然保护区、青海湖、循化孟达森林公园、贵德国家地质公园、若尔盖国家湿地公园、岷江源国家湿地公园、多美林卡国家湿地公园等生态资源,打造了山地型、河湖型、草原型、森林型、沙漠戈壁型和人文型生态旅游产品,培育了"清清黄河""天上龙羊""碧水丹山坎布拉"等文化旅游品牌。

河湟地区依托各区域特色民俗乡镇、凸显河湟特色的文化产品以及文化服务,形成河湟文化旅游胜地。2023年,地处河湟地区核心地带的青海省接待游客4476.35万人次,旅游总收入430.64亿元,同比增长196.3%。甘肃西部与青海接壤地带依托丰富的文化生态旅游资源,打造了一批丰度高、品质优、差异化、互补性强,品牌资源集聚优势明显的文化生态品牌,建成了以永靖黄河三峡为代表的3A级以上旅游景区几十家以上。

建设河湟文化旅游区,要以黄河上游、湟水流域及大通河流域所构成的"三河间"地区为核心地带,辐射青海西宁、海东、海南、黄南及甘肃兰州、临夏和四川西北(阿坝州)等周边地域,突出草原文化和农业文化交会区的文化地

---

① 参见丁柏峰:《河湟文化圈的形成历史与特征》,《青海师范大学学报(哲学社会科学版)》2007年第6期。

理特征,彰显区域内的汉族、藏族、蒙古族、土族、回族、撒拉族等多民族融合发展特色,串联喇家遗址、湟中"卡约文化遗址"、沈那遗址、瞿昙寺、拉卜楞寺、塔尔寺等历史文化遗址,三江源自然保护区、阿坝黄河九曲第一湾、黄龙风景名胜区、龙羊峡水库、青海湖、日月山、长沙贡玛自然保护区、若尔盖自然保护区、循化孟达森林公园、贵德国家地质公园、岷江源国家湿地公园、多美林卡国家湿地公园等自然保护区和重点景区,建设自然生态资源丰富、地域特色和民族风情突出的文化旅游区。

（2）河套文化旅游区。关于河套地区的地域范围历来说法不一。《明史》卷四十二《地理志三·陕西条》对河套概念的诠释是:"北有大河,自宁夏卫东北流经此,西经旧丰州西,折而东,经三受降城南,折而南,经旧东胜卫,又东入山西平虎卫界,地可二千里,大河三面环之,所谓河套也。"①现在,河套一般指贺兰山以东、吕梁山以西、阴山以南、长城以北之地。包括银川平原（宁夏平原）和鄂尔多斯高原、黄土高原的部分地区,今分属宁夏、内蒙古、陕西。黄河在这里先沿着贺兰山向北,再由于阴山阻挡向东,后沿着吕梁山向南,形成"几"字形,故称"河套"。河套平原可分为银川平原、后套平原和前套平原（又称土默特平原）三部分。

河套文化属于草原文化中一个独立的单元文化圈。在自然生态方面极具特色,相对有限的空间内密集并存着大河、大山、草原、农田、沙漠等极端不同的自然生态,构成了复杂的生态聚合体,②在文化形态上是边塞文化与黄河文化、游牧文化与农耕文化共存的复合体。③ 河套地区分布着众多与黄河文化密切相关的考古遗址和重要文物,包括水洞沟遗址、鸽子山遗址、菜园遗址、姚河塬遗址、西夏陵遗址、贺兰山岩画、大窑文化遗址、萨拉乌苏遗址、海生不浪文化遗址、白泥窑子遗址、阿善遗址等一系列文化遗存,以及固原古城、云中郡故城、蒲滩拐故城、十二连城城址、河滨县故城、东胜卫故城等诸多历史古城遗

---

① 参见郭志敏:《河套文化旅游资源的开发研究——以巴彦淖尔市为例》,中央民族大学硕士学位论文,2011年。

② 参见恩和特布沁:《论河套文化对民族文明的贡献》,《前沿》2008年第8期。

③ 参见恩和特布沁:《河套文化的历史特征及现代发展》,《实践（思想理论版）》2008年第10期。

址。河套地区非物质文化遗产也非常丰富,既有花儿、宁夏小曲、秦腔、蒙古族长调、呼麦、马头琴等独特的艺术形式,也有泥塑、砚台制作技艺、剪纸、砖雕、二毛皮制作等传统技艺和丰富的民间故事、民间信仰、祭祀活动等民俗文化。

打造河套文化旅游区,要联动中卫、吴忠、银川、石嘴山、兰州、临夏、巴彦淖尔、呼和浩特、包头、鄂尔多斯等核心城市,串联黄沙古渡原生态旅游区、西夏陵国家考古遗址公园、西夏博物馆、宁夏水洞沟旅游区、金沙湾生态旅游区、纳林湖景区、黄河水利文化博物馆、河套农耕文化博览苑、五当召等文化遗址和旅游景区,突出多元文化交融积淀的总体特征,挖掘阴山文化、长城文化、水利文化等文化内涵,彰显其开放包容、厚道大气的精神特质,打造集草原文化、边塞文化、农耕文化、少数民族游牧文化、生态文化、红色文化于一体的河套文化旅游区。

(3)关中文化旅游区。关中是一个特定的区域概念,是指"居四关之中"而言。其名始于战国时期,一般认为西有散关,东有函谷关,南有武关,北有萧关,后又增加东边的潼关和北边的金锁关,包括西安、宝鸡、咸阳、渭南、铜川、杨凌五市一区,总面积55623平方公里。

在中华文化源远流长的历史进程中,关中地区是黄河文化的重要发源地和发展核心区,这里有蓝田人、大荔人、半坡遗址、炎帝陵等远古历史文化遗址,有周、秦、汉、唐等14个朝代上千年的建都史,留下了5万多处文物遗址、700多万件馆藏文物,拥有兵马俑、秦岭、华山等中华文明、中华地理的精神标识和自然标识,一定程度上构成了从华夏文明的发祥与文脉传承到中外文明交流的完整序列[1],是华夏文化、炎黄文化的高地,同时还是中华根脉文化、盛世文化、生态文化、都城文化的富集地,是中华文明最具代表性的地区之一。

从世界文化遗产数量来看,截至2019年,陕西省共有秦始皇帝陵及兵马俑坑、"丝绸之路:长安—天山廊道的路网"(包括汉长安城未央宫遗址、唐长安城大明宫遗址、大雁塔、小雁塔、兴教寺塔、彬州大佛寺石窟、张骞墓7处遗产点)等2项、8处世界文化遗产。从非物质文化遗产数量来看,关中地区列入联合国教科文组织的"人类非物质文化遗产代表作名录"的有西安鼓乐、中

---

[1] 丁洪玲:《陕西黄河文化资源开发建设的调研与思考》,《新西部》2020年第25期。

国剪纸、中国皮影3个项目,列入国家级非遗名录有"秦腔""安塞腰鼓"等60余个项目,数量在黄河流域九省(区)中名列前茅。关中地区现有国家级重点文物保护单位100多处。此外,关中地区有阿房宫遗址、半坡遗址等古遗址和党家村古建筑群、韩城大禹庙、大雁塔等古建筑,有司马迁墓和祠、唐代帝陵等古墓葬,有西安、咸阳、韩城等历史文化名城和党家村、陈炉镇等历史文化村镇,是黄河流域文化旅游资源最为富集地之一。

关中地区拥有强劲的文旅产业发展势头,共有200余个A级文化和旅游景区。其中,5A级景区有华山、西安城墙、大雁塔、华清池、秦始皇兵马俑、法门寺等。从基础设施来看,拥有黄河流域专门的沿黄观光公路,全长828.5千米,沿线经过4市、12区县、72个乡镇、1220个村,连通了司马迁祠、党家村、韩城古城、华山等50余处旅游景点,极大地促进了沿黄地区的旅游开发、生态环境保护及区域经济合作。从文化产业的发展来看,西安曲江新区入选首批国家文化产业示范园区,文化产业集聚效应显著,文化产业增加值逐年快速增长。从对外文化交流来看,关中地区连续举办了六届丝绸之路国际艺术节;2019世界文化旅游大会、"东亚文化之都"西安活动年、2019欧亚经济论坛文旅分会等重大活动相继召开,关中地区传承弘扬黄河文化的国际影响力不断提升。

建设关中文化旅游区,要以西安为中心,串联宝鸡、咸阳、渭南、铜川、杨凌区,辐射天水、延安、河洛、三晋等区域,依托秦始皇帝陵及兵马俑坑、大雁塔等世界文化遗产,以及黄帝陵、华山、西安城墙、华清池、法门寺等重要景区,整合西安鼓乐、中国剪纸、中国皮影等人类非物质文化遗产和秦腔、安塞腰鼓等国家级及省级非遗,彰显炎黄根祖文化和周秦汉唐文明,完整展示西周、秦、西汉、隋、唐等14个王朝建都的文化资源,打造以历史文化创新为主题的关中文化旅游区。

(4)三晋文化旅游区。"三晋"一词最早见于《商君书·徕民》:"秦之所与邻者,三晋也。"《战国策卷十八·赵策》中也屡有出现:"及三晋分知氏,赵襄子最怨知伯,而将其头以为饮器。"此处"三晋"所指乃一国家概念,分指韩、魏、赵三国。而进入战国以后,韩都新郑,魏都大梁,赵都邯郸,三国之疆域皆越出了今山西省域范围,亦远大于唐代之河东道。"三晋"一词由国家概念转为地域概念,始自北魏王遵业的《三晋记》。这之后,"三晋"便常常作为山西地域的雅称而被广泛使用。三晋文化区地理范围西、南两面以黄河为界,东依太行,北至云中马邑,与今山西省辖区大致相同。①

三晋地区也是华夏文明的重要发祥地,是华夏文明最早的核心区域之一,既有灿烂辉煌的历史文化资源、丰厚的红色文化旅游资源,又有特色鲜明的民俗民间文化旅游资源,拥有世界文化遗产3处,国家历史文化名城6座,中国历史文化名镇名村111处,中国传统村落550处,共有不可移动文物53875处,全国重点文物保护单位531处,居全国第一。其中,旧石器文化遗存近400处,数量位居全国之首。古渡口有42处、民俗民间活动项目有86种,现存大小剧种38个,民歌15000余首,民间舞234种,古戏台2800多座,国家级非遗代表性名录项目121项。全域202家A级景区中,黄河沿线共10家。共有43个文化产业示范(实验)园区和示范基地,从业人数11595人,沿黄地区重点城市文化产业园区数量较多。

建设三晋文化旅游区,以山西省"黄河一号"公路为轴,以忻州、吕梁、临汾和运城4个地级市为核心,向北承接内蒙古呼和浩特和包头,向南连接河南洛阳和郑州,跨河分别与陕西榆林、延安和渭南相呼应,与黄河晋陕峡谷的陕西沿黄观光路相望,以沿线A级景区和重要镇村为支撑,打造精品化品牌景区和线路,将山西沿黄区域打造成根亲文化、西口文化、晋西北民俗文化、现代水利文化、水运文化、古镇古村文化、黄土文化、红色文化等多元文化相互交融,集历史体验、峡谷观光、休闲度假、康体养生、科考研学旅游于一体的三晋文化旅游区。

(5)河洛文化旅游区。河洛文化有狭义、广义之分,狭义的河洛指黄河、洛河夹角内以嵩山、洛阳为中心的四邻地区,其范围大致相当于今天的洛阳市及与其周边接壤的部分地区;广义的河洛则包括西至潼关,东至开封,南至伏牛山北麓,北跨黄河至晋东南、济源至安阳一带相对广袤的区域。② 河洛文化是中原文化的核心,也是中华传统文化的精华和主流。河洛地区不仅诞生了

---

① 参见智宇晖:《三晋文化与唐代文学》,南开大学博士学位论文,2013年。
② 参见李乔:《河洛文化研究述论》,《地域文化研究》2019年第4期。

最早的国家,率先进入了文明社会,并且在不断吸纳四周文化精华的同时,也将自己的文化不断向外扩散传播。[①] 河洛文化的源头性、包容性、融合性、开放性、综合性等特征,使其能长期保持先进性,最终为中华民族多元一体的发展格局作出重要贡献。

河洛地区地处黄河的历史地理枢纽,河道总长711公里,地处山区向平原过渡河段,兼具峡谷河道、过渡河道、游荡性河道、悬河、大河平湖等,景观十分丰富。河洛地区位于黄河中下游分界线,花园口(嘉应观)一带具有"悬河头、华北轴、百川口、万古流"的独特地理特征,地理位置十分关键。河洛地区是黄河文化集大成之地。李家沟文化、裴李岗文化、仰韶文化、龙山文化等史前文化类型谱系完整。进入国家文明以后,从夏、商、周至唐、宋先后有22个王朝在河洛地区建都,历史绵延不绝,文化世代传承,具有显著的延续性。受中原先民南迁以及丝绸之路、隋唐大运河的影响,以河洛地区为代表的黄河文化向全国、全世界传播,至今影响深远。

河洛地区是黄河文化旅游资源富集区。河洛地区有四大古都,世界文化遗产5处,纳入国家规划的大遗址16处。此外,河洛地区还有201处全国重点文物保护单位、52项国家级非物质文化遗产代表性项目、4个世界级地质公园(嵩山、云台山、王屋山—黛眉山、伏牛山)、8个国家5A级旅游景区、26255个旅游资源单体。郑、汴、洛沿黄"三点一线"旅游线路较为成熟,少林寺、龙门石窟、清明上河园等旅游景区品牌效应凸显。三门峡黄河国际文化旅游节已连续举办25届,洛阳牡丹花会和开封菊花花会已连续举办37届,在传承弘扬黄河文化方面的影响力与日俱增。

打造河洛文化旅游区,围绕郑、汴、洛"三座城、三百里、三千年"的主题,整合中游伊洛河流域和环嵩山地区资源,通过共建中华历史文明主游径、构建一体化旅游产品体系、加强立体化交通无缝对接、持续推进郑、汴、洛同城化建设等手段,共同建设三城一体的黄河历史文化主地标城市,集中展示古都文化、汉字文化、元典文化、农耕文化、治黄文化、功夫文化、根亲文

---

① 参见张文军:《河洛文化的融合性——兼谈河洛文化与闽台的关系》,《中原文物》2003年第1期。

化、名人文化等特色文化,共同构建河洛文化旅游区,使其真正成为全景式展示中华文明主根主脉的空间载体,成为"行走河南、读懂中国"的集中展示地。

(6)齐鲁文化旅游区。齐鲁文化有广义、狭义之分,广义的齐鲁文化指从古到今山东地带的文化,时间段为公元前 11 世纪至今,时间上双向分别延伸至东夷文化和新时期山东文化;包括先秦齐国、鲁国所在的地理区域,大致相当于今天的山东省。① 狭义的齐鲁文化指先秦时期的齐国文化和鲁国文化,时间段为公元前 11 世纪至公元前 3 世纪;包括先秦时期的齐国、鲁国,以两国文化的渊源、发生、发展、表现等为主要对象。②

齐鲁地区素有"孔孟之乡、礼仪之邦"的美誉,"一山一水一圣人"蜚声海内外。

齐鲁地区依托于靠山面海的环境奠定了文化景观的基底,尤其是产生了以孔孟为代表的儒家学说,儒家"礼乐文化"构成了齐鲁文化的基本内涵之一。从先秦时期到秦汉一统直至现在,齐鲁文化以宏大的文化气象,成为民族文化认同的标志、维护国家统一的精神支柱。③ 齐鲁文化的历史影响和意义远超出其特定历史时期和特定的地理界限,其孕育出的儒家文化,成为中华文明的核心和主干,并对后世的文化心理、民族意识、伦理观念、行为准则和审美情趣产生了巨大影响。

齐鲁地区文化底蕴厚重,有着悠久的历史,沉淀出极其丰富的文化遗产,共有世界文化遗产 4 处,国家历史文化名城 6 座、省历史文化名城 4 座、全国重点文物保护单位 150 处、省级文物保护单位 1087 处、国家级非遗项目 118 项、省级非遗项目 619 项。齐鲁传统文化保护传承体系逐步健全,曲阜优秀传统文化传承发展示范区、齐文化传承创新示范区建设加速推进,尼山世界文明论坛、世界儒学中心影响力不断扩大,成为中华优秀传统文化保护传承示范高地,为黄河文化保护传承弘扬奠定了坚实基础。

---

① 参见安作璋:《齐鲁文化研究序说》,《齐鲁文化研究》2002 年第 2 期。
② 参见郭墨兰:《齐鲁文化比较论》,《齐鲁学刊》1990 年第 1 期。
③ 参见李伟:《黄河与齐鲁文化研究的价值、现状与展望》,《齐鲁师范学院学报》2018 年第 2 期。

齐鲁地区产业基础雄厚强劲,是黄河流域经济实力和创新能力最强的地区,GDP约占全国的1/10。沿黄地区深入推进新旧动能转换综合试验区、黄河三角洲高效生态经济区、济南都市圈建设,区域经济发展的增长点、增长极不断涌现,人民生活水平不断提高,经济发展质量不断提升。依托黄河人文资源丰富独特、生态景观优良秀美的优势,围绕新旧动能转换,齐鲁地区大力发展文化创意和精品旅游产业,文旅融合潜力巨大。黄河三角洲经过多年的生态调水和保护治理,已建成我国暖温带最完整的湿地生态系统、全球候鸟迁徙的重要栖息地和沿海地区最大的海滩自然植被区之一,拥有省级以上自然保护地82处,林地面积超过150万公顷。曲阜尼山圣境、泰山封禅大典、济南百花洲、枣庄台儿庄古城等一批沿黄重大文化旅游项目建成开业。现有A级景区622处,占全省总数50%,其中5A级景区16处、4A级景区102处,形成5个环城市游憩带、8个集群化发展县和一大批集群化发展乡镇、连片开发区,为打造黄河文化旅游带打下了良好基础。

打造齐鲁文化旅游区,应以"济南—泰山—曲阜"为中心,依托黄河人文资源丰富独特、生态景观良好的优势,围绕新旧动能转换,连接东营、济南、中华泰山和孔孟故里,集中展示儒家文化、墨家文化、兵家文化、齐文化、泉文化、水浒文化、运河文化、海洋文化等特色文化,突出泰山—曲阜优秀传统文化保护传承示范区的中心地位。

3. 十带引领

是否具有航运之利及意义的大小,是衡量今天世界上长大河流在所在国家与区域的经济地位的基本标准。陆大道和张东琪认为,黄河没有全线航运条件,因此在全国经济层面,不存在黄河经济带。① 由于黄河上中游的三级势差和绵延婉转的走向,黄河沿线也没有长大铁路干线、能源输送通道等组合在一起而形成强大的综合性的运输通道,因此也不存在一条从源头到入海口完整贯穿的黄河文化旅游带。但根据黄河流经区域的文化特质、资源禀赋以及沿黄公路等交通干道,形成了部分中小尺度的文化旅游带。

(1) 白河—黑河文化旅游带。白河、黑河是黄河上游四川省境内的两条

---

① 参见陆大道、孙东琪:《黄河流域的综合治理与可持续发展》,《地理学报》2019年第12期。

大支流,位于黄河流域最南部,流经川北若尔盖高原,两河分水岭低矮,无明显流域界,存在同谷异水的景观,加之流域特性基本相同,堪称"姊妹河"。①

黑河(又称墨曲)发源于红原与松潘两县交界岷山西麓的洞亚恰,由东南流向西北,经若尔盖县,于甘肃省玛曲县曲果果芒汇入黄河,河道长456公里,流域面积7608平方公里。② 白河(又称嘎曲),地势较高,泥炭出露不明显,河水较清,发源于红原县查勒肯,自南而北,流经红原县,至若尔盖县的唐克镇附近汇入黄河,河道长270公里,流域面积5488平方公里,干流均为土质河床。要整合川西、甘南等地的旅游资源,建设以生态、红色和民族特色文化为主题的文化旅游带。

(2)湟水文化旅游带。湟水是黄河上游左岸一条大支流,发源于大坂山南麓青海省海晏县境,流经西宁市,于甘肃省永靖县付子村汇入黄河,全长374公里,流域面积32863平方公里,其中约有88%的面积属青海省,12%的面积属甘肃省。

湟水位于青藏高原与黄土高原的交界地带,北界以巍峨高耸的祁连山脉与河西走廊水系相邻,南部以拉脊山与黄河干流为界,西隔日月山与青海湖为邻。湟水流域大地构造属祁连山褶皱带,地质条件复杂,独特的地形地貌与水系构造形成了湟水干流与支流大通河两个自然条件迥异的地理景观区。

支流大通河位于流域北部,由祁连山及其紧傍的大坂山组成一狭长的谷地,大通河流经其间,上游多沼泽,中下游为高山峡谷,河道长561公里。以两河交汇点计,它比湟水干流还长256公里。流域内海拔高程为3000—4000米,气候寒冷,林草繁茂,人烟稀少,以畜牧业为主。应联动青海塔尔寺、门源油菜花海、青海湖、祁连山草原等重点景区,以生态文化为主题,建设多民族文化交流融合的生态文化旅游带。

(3)洮河文化旅游带。洮河地处青藏高原东北边缘和黄土高原西部,是黄河上游右岸的一条大支流,发源于青海省河南蒙古族自治县西倾山东麓,于甘肃省永靖县汇入黄河刘家峡水库区,全长673公里,流域面积25527平方公

---

① 参见刘浩翔、胡佳祥、王雄延等:《阿坝州黄河流域浮游植物群落结构与水质评价》,《四川水利》2022年第1期。
② 参见赵资乐:《黄河上游黑河、白河流域水沙规律》,《甘肃水利水电技术》2005年第4期。

里,年均径流量53亿立方米,径流模数每平方公里为20.8万立方米,是黄河上游地区仅次于白河、黑河,来水量最多的支流。

洮河流域地形复杂多样,上游为河源草原区,中游为土石山林区和黄土丘陵区,大多数地区都是草场辽阔、森林茂密的地方,地面覆盖度高,水源涵养条件好,下游属黄土丘陵沟壑区。[①] 除了勒秀洮河的婉约动人和美仁草原的辽阔独特,世界非物质文化遗产"洮州花儿"远近知名,卓尼洮砚是中国四大名砚之一。中国历史文化名镇新城镇孕育了江淮遗风,还有安多古刹禅定寺守望的藏王故里。建议整合青海省黄南州和甘肃省甘南州、定西市、临夏州等史前文化旅游资源,串联马家窑遗址公园、寺洼文化发掘遗址、石景峡景区、洮河国家湿地公园、马衔山景区、卧龙湾洮砚水镇等重要遗址、景区,建设以民族民俗风情为主题的文化旅游带。

(4)黄河金岸文化旅游带。"天下黄河富宁夏"造就了"塞上江南",反映了黄河对宁夏的慷慨馈赠。长达500余公里的"黄河金岸"将沙湖、沙坡头、黄河大峡谷、灵武黄河书院、平罗头河湾、黄河楼等景区串联起来,连成了宁夏的黄河旅游带,使黄河沿岸城市成为宁夏旅游发展的核心区。

打造黄河金岸文化旅游带,需要串联中卫、吴忠、银川、石嘴山四个核心城市,加快黄河坛、黄河楼、黄河大峡谷、青铜峡鸟岛湿地、华夏河图生态小镇、黄河外滩、黄河军事博览园、天山海世界·黄河明珠等景区建设,开发黄河观光旅游、文化体验、生态旅游、水上休闲运动等旅游系列产品。围绕沙漠旅游资源,提升沙坡头、腾格里沙漠湿地·金沙岛旅游区、金沙海、黄沙古渡等景区功能和管理服务水平,开发庙庙湖、拉巴湖等高端沙漠度假区,打造融沙漠观光、体验、运动、休闲、度假为一体的沙漠旅游产品,打造融自然景观、人文景观、历史景观、现代景观为一体的多层次黄河岸线特色旅游带。

(5)黄河"几"字弯文化旅游带。黄河"几"字弯流域是我国北方重要的生态安全屏障和能源聚集区,涵盖内蒙古、山西、陕西、宁夏、甘肃五省区,因黄河的流向而形成独特的"几"字形地貌,拥有众多横贯亚欧大陆的国际商业古通道和区域性商业古通道,是游牧文化和农耕文化交融碰撞之地。区域内分

[①] 参见张济川:《洮河水资源演变分析》,《甘肃科技》2020年第2期。

布着库布其、乌兰布和、腾格里、毛乌素等沙漠沙地，阴山、太行山、吕梁山、贺兰山、六盘山等重要山系和三盛公水利枢纽工程，"山水林田湖草"等综合性旅游自然资源组合较好，有农耕文化、游牧文化、红色文化等特色文化资源。打造黄河"几"字弯文化旅游带，需要跨区域整合银川、吴忠、中卫、太原、朔州、忻州、吕梁、乌兰察布、呼和浩特、包头、鄂尔多斯、巴彦淖尔、乌海和阿拉善盟、榆林等沿黄区域文化和旅游资源，以保护自然环境为前提进行沿黄公路规划建设，重点发展草原、森林、沙漠、阴山、黄河及文化遗产、民族风情等特色旅游，提升成吉思汗陵、响沙湾、七星湖等重点旅游景区综合竞争力，联合打造黄河"几"字弯大漠、峡谷、草原风情线。

(6)秦晋纵向沿黄文化旅游带。陕西在黄河西侧修筑了沿黄公路，北起榆林市府谷县，南至渭南市华山脚下，全长828.5公里，称作陕西"一号公路"。公路荟萃了陕北文化、三晋文化和关中文化等区域文化，串联渭南、西安、宝鸡、榆林、延安、忻州、太原、晋中、吕梁、临汾、晋城、运城等重点城市和壶口瀑布、华山等重要景区。除了陕西，山西沿黄公路2006年奠基，起于偏关县万家寨，终于平陆县城，经忻州、吕梁、临汾、运城4市17县，长度957.14公里。这条双轴线构成的秦晋文化旅游带跨度长，资源形态丰富、历史价值厚重，再加上交通便捷，已成为目前黄河流域带状发展特征最为显著的一条主带，其意义不仅限于文化旅游业，还将增进农业、能源、旅游业与关中地区乃至山西和陕西之间的联系。打造跨区域的秦晋纵向沿黄文化旅游带，串联两岸的历史文化遗迹、古建筑、历史文化名城名镇名村和高A级景区，以古都文化、生态文化、红色文化和民俗文化为重点，充分体验黄河南北贯通的雄浑奔放，领略黄河中段南北穿越的文化审美，品味中华民族自强不息的文化性格。

(7)渭河文化旅游带。渭河位于黄河腹地大"几"字形基底部位，发源于甘肃省定西市渭源县，西起乌鼠山，东至潼关，北起白于山，南抵秦岭，包括陕、甘、宁三省(区)的87个县市，流域面积13.48万平方公里，年径流量100.5亿立方米，为黄河最大支流。[1]

---

[1] 参见吴强、杨晋芳、李建成:《2003年渭河洪水的特点及治理对策》，《西北水电》2004年第1期。

渭河流域有着悠久历史文化和独特的历史地理条件,蕴含着极为丰富的古代遗存,拥有蓝田人和大荔人等旧石器时代文化遗存,仰韶文化、龙山文化等新石器时代文化遗存,西秦、周、西汉、隋、唐等13个王朝建都的文化资源。打造渭河文化旅游带,依托渭河两岸的自然生态和历史文化资源,串联宝鸡、咸阳、杨凌、西安、渭南,辐射铜川、韩城、甘肃省定西、天水等地历史人文资源,以长安文化为历史坐标,以渭河景观带为重要载体,以古代都城遗址、文化遗址类景观为重点,以博物馆集群为展示载体,打造集古都文化、丝路风情、民俗体验、农耕文化、红色文化于一体,以寻根问祖为主题的文化旅游带。

(8)汾河文化旅游带。汾河发源于山西省宁武县管涔山,纵贯山西省境中部,流经太原和临汾两大盆地,于万荣县汇入黄河,干流长710公里,流域面积39471平方公里,是黄河第二大支流,也是山西省的最大河流。

汾河流域是我国文化遗产分布最密集的地区之一,从旧石器时代的丁村遗址,到北魏石窟和唐宋元明清建筑,再到近现代革命遗产和工业遗产,生动体现了黄河流域自强不息的精神品格与延绵不断的文化脉络,其文化遗产涵盖古遗址、雕塑、墓葬石刻、古建筑和近现代重要史迹等多种类型[1],堪称全域博物馆。建设汾河文化旅游带,要串联汾河流域沿线大同、忻州、太原、晋中、临汾、晋城等重点城市和云冈石窟、悬空寺、北岳恒山、雁门关、晋祠、平遥古城、王家大院、黄河壶口瀑布、王莽岭、古堡群等重要景区,整合山西汾河流域传统文化、革命历史文化等资源。

(9)伊洛河文化旅游带。伊洛河是黄河中游小浪底水库以下最大的支流,主要由洛河和伊河组成,是一个典型的双子河。整个流域主体在河南省境内涉及陕西省的洛南县,河南省的卢氏、栾川、洛宁、嵩县、宜阳、宜川、渑池、义马、新安、孟津、洛阳市区。河流走向大致与黄河干流平行,丰富的自然资源以及悠久的发展历史,使其具有独特的人文环境和地域经济。[2] 三皇五帝等神话传说、中国文字的发源地、中华元典思想都诞生在河洛地区,这一地区是黄河文化集大成之地。

---

[1] 王轶伦:《建设汾河文化带的构想与路径》,《中国国情国力》2020年第7期。
[2] 参见王兵、臧玲:《伊洛河流域开发战略研究》,《地域研究与开发》2007年第6期。

打造伊洛河文化旅游带,要串联三门峡市(卢氏、渑池、义马)、洛阳市(城区、栾川、洛宁、嵩县、宜阳、伊川、孟津、偃师)、郑州市(巩义)等城市,联动陕西商洛(洛南),以河洛文化为主题,依托清明上河园、黄河水利风景区、龙门石窟、白马寺、关林、老君山、尧山中原大佛、伏牛山等重要景区,整合始祖文化、仰韶文化、二里头文化、殷商文化、河洛文化等优势特色文化。

(10)大汶河文化旅游带。大汶河是黄河下游最大的一条支流,发源于山东旋崮山北麓沂源县境内,干流河道长239公里,自东向西流经济南、新泰、泰安、肥城、东平等市(县),汇注东平湖,出陈山口后入黄河,流域面积9098平方公里。①

大汶河沿线分布有大汶口遗址等重要文化遗产,实证了海岱地区史前文化谱系的清晰脉络。大汶河文化是史前文化最辉煌的典型代表,是齐鲁文化的源文化。打造大汶河文化旅游带,要串联东营、滨州、淄博、济南、泰安、济宁、菏泽等重点城市,依托黄河口湿地、泰山、孔庙、孔林、孔府等重点文化旅游资源,建设以齐鲁文化为主题的文化旅游带。

第四节　黄河文化旅游带建设存在的问题

黄河文化旅游带空间跨度大、涉及部门多,在空间布局、资源整合、产业开发、基础设施建设、区域合作等方面尚存在一些问题,亟须各方形成合力破解区域发展难题。

一、空间体系有待优化

一是文化旅游及生态资源在黄河上中下游分布不够均衡。一方面,黄河流域文化遗产资源集中分布在中下游地区,中下游地区社会经济、文旅产业基

---

① 参见何振芳、牟婷婷、郭庆春等:《1979—2019年大汶河流域湿地时空演变与分异研究》,《水资源保护》2024年第2期。

础较好,吸纳了较多的人才、创意、技术等资源要素;另一方面上中下游区段的发展重点尚不够明确,如何依据资源禀赋与分布密度确定发展优先级和重要节点,缩小区域发展差距是亟须解决的问题。尽管有关部门发布了10条精品旅游线路,旨在促进不同区域间的要素交流,但由于主题线路空间跨度过大,很难落地操作。同时,跨市县旅游线路设计也引发了当地对客源流失的担忧,旅游节点的连接缺少动力。

二是黄河流域各省(区)旅游业发展不够平衡,下中上游及其相对应的东—中—西部旅游业发展空间差异明显。黄河流域中下游地区旅游业处于全国第一方阵,上游地区旅游业排名相对靠后。黄河下游省份山东的旅游收入和接待游客数量一直位居黄河流域各省(区)前列,2022年旅游收入6026.3亿元,接待游客5.9亿人次。河南2022年旅游收入3160亿元,接待游客4.36亿人次。陕西2022年旅游收入2624.8亿元。内蒙古2022年旅游收入1053.92亿元,接待游客9249.08万人次。山西2022年旅游收入32.9亿元,接待游客3010.1万人次。甘肃2022年旅游收入665亿元,接待游客1.35亿人次。宁夏2022年旅游收入304.28亿元,接待游客3882.48万人次。青海2022年旅游收入145.29亿元,接待游客2157.84万人次。[①] 数据显示,黄河中下游旅游业发展指标远高于上游地区,上中下游旅游业发展不均衡。沿黄各省(区)突破各自瓶颈,相互引流和协作发展,是拓展更大市场的关键。

三是黄河文化旅游带的规划有待进一步理顺。在黄河文化旅游带推出之前,黄河流域中已经至少存在着如下国家级的规划:"中原经济区""大运河国家文化公园""长城国家文化公园""三江源国家公园""祁连山国家公园"等,涉及的省级及以下的规划就更多。应尽快协调好黄河文化旅游带建设与这些规划的关系。从沿黄各省(区)的规划来看,对黄河文化保护传承弘扬、国家文化公园建设、公共文化服务建设等的相关规划工作均较为充分,但目前九省(区)尚未出台《黄河文化旅游带发展规划》等专项规划,黄河文化旅游带总体定位及不同区段的定位需进一步明确,与黄河国家文化公园的定位区分度尚不够清晰。尽管少数省份都明确提出了建设黄河文化旅游带的构想,但大多

---

① 数据来源:2022年各省国民经济和社会发展统计公报。

还停留在概念层面,缺乏相应的制度安排。

二、产业发展水平有待提高

一是文化资源需要进一步整合。一方面,由于经费、技术、观念等原因,部分历史文化资源仍处于沉寂状态。例如,陕西吴堡石城在建筑风格、地理位置、历史文化等方面都具有独特优势,但由于地方财政有限,产业开发乏力。另一方面,黄河流域拥有丰富的历史文化资源和生态资源,但缺乏在深度挖掘"大黄河"文化内涵的基础上进行文化资源整合。同时,沿黄各省(区)需要跨区域的资源整合,要打造出整体性的黄河文化品牌。

二是文化资源转化利用水平不足,文旅产业附加值较低。首先,文旅产业创新发展不够,产品形态主要集中在博物馆展示、景区观光、表演、节庆等传统业态上,尤其是与创意时尚设计及其他高科技产业的融合不够,黄河文化创造性转化、创新性发展的水平总体不高。其次,黄河流域文旅产业品牌化效益需进一步凸显,应对不同地域、不同层次文化品牌进行培育,建立统一的国家黄河文化旅游品牌形象。"地理黄河"具有完整性特征,"文化黄河"则主要表现为地域文化特征。黄河流域文化资源所承载的传统内涵、历史记忆、游览趣味、文化和商业价值应被充分激活,要充分挖掘历史文化资源的市场价值和产业价值。如,壶口瀑布的开发形式仍停留在观光游览的粗放型发展阶段,应充分展示价值内涵。山西永乐宫、陕西吴堡石城等,在建筑风格、历史性、文化性、艺术性等方面都具有很高的价值,但由于当地财政有限,历史文化资源优势无法有效转化为有市场价值和产业价值的产品和服务。

三是已有业态缺乏鲜明的文化特色。尽管沿黄各省(区)文化风格各具特色,但在文旅开发中市、县一级热衷于跟风模仿,喜欢上马一些投资大、见效快、风险高的大型娱乐项目,黄河文脉不够凸显。传统业态占比较大,新型业态尤其数字文旅产业发展水平不高。如何利用互联网平台、AR、VR等数字技术实现文化资源深度整合和创意发展,释放区域文化资源潜力和能量,提高文化产业附加值,形成生态文化产业链,实现区域文化产业业态创新,是区域文旅产业发展需要解决的紧迫问题。

三、基础设施及服务体系尚待进一步完善

黄河流域现有配套设施建设与旺盛的文旅市场需求匹配度进需进一步提高。该区域文旅产业的配套设施主要有传统基础设施建设、新型基础设施建设和相关配套设施建设三方面。

一是传统基础设施建设方面。黄河干流交通基础设施、公路、水路、铁路、民航机场等方面均有布局和发展。公路方面,陕西和山西两省以黄河文化为主题,打造了"沿黄公路",公路等级和质量逐年提高;水路和铁路建设都有所建设和发展,但水路方面缺乏高质量的等级航道且通航里程较弱。黄河干流九省(区)的民用机场数量逐年增加,但存在航班线路少、距景区较远等问题。

二是新型基础设施建设方面。5G基站建设、城际高速铁路和城市轨道交通、大数据中心、人工智能等对文旅产业都有影响。目前,限于当地经济发展水平,黄河干流在新基建方面尚需提高。尽管河南、甘肃等省份在实施"一机游"项目,但总体还停留在信息集成平台的层面,尚未实现数字技术对文旅产业创意、生产、传播、消费全链条的改造。

三是相关配套设施建设方面。文旅产业是一个涵盖交通、餐饮、娱乐、酒店和文创产业等的产业综合体。目前,黄河流域九省(区)在相关配套建设服务方面尚需完善。黄河干流沿河景区文化设施建设规模及展示水平均有待提升,展示体系尚需建立,传播方式较为传统。旅游服务管理精细化水平还不够高,与旅游发达地区相比存在差距,导致景区优质资源对游客吸引力大,但相关配套质量不高,旅游体验舒适度较低。随着黄河文化旅游带建设日益受到重视,应高度重视其文旅资源的优质性、稀缺性,提升区域基础设施建设和服务水平。

四、区域合作机制尚待进一步健全

一是体制机制创新意识有待提升。尽管国家出台了《关于鼓励和支持社会力量参与文物建筑保护利用的意见》等文件,但沿黄许多地区创新文化文

物管理体制机制的意愿还有待提高。国有文化文物单位的公益性文化事业单位体制机制还应进一步改革。以博物馆为例,目前各级博物馆已经成为重要的旅游目的地,但博物馆的管理机制还不完全适应旅游要求。收支两条线的体制机制也不利于调动文化文物单位文创产品开发积极性。

二是纵向管理机制有待进一步理顺。长期以来,地方政府文化和旅游的行政管理部门之间有些职能存在重合交叉问题。建设黄河文化旅游带涉及文化产业、文化事业和旅游业三个领域,其中文化产业归属宣传部门主管,文化事业和旅游业则属于文旅部门主管。有些国家重大文化工程还有其他部门参与管理。宣传部门、行政主管单位、国有文旅单位和国有企业多头管理普遍存在,一定程度制约着文化资源的保护和开发利用。

三是横向跨区域协同机制有待建立。黄河流域各省市在文化资源开发利用方面尚缺乏深度合作,跨区域协同机制有待进一步建设。

四是市场机制尚需完善。目前,黄河流域发展文旅产业主要是政府主导模式,政府主导有其积极意义,但也存在一些问题,如市场主体不活跃,民间资本的投资意愿、投资热情不足;旅游商业模式过度依赖房地产,地方债务风险淤积;旅游市场准入机制不够健全。

第五节　黄河文化旅游带建设路径

针对黄河文化旅游带在空间布局、资源整合、产业开发、基础设施建设、区域合作等方面存在的问题,依据黄河流域九省(区)资源特色、空间分布结构及现实发展情况,从优化空间布局、推进融合发展与协同发展三个方面,提出黄河文化旅游带建设路径。

一、优化黄河文化旅游带空间布局

根据黄河流域的空间构成要素及资源空间分布,从"点—线—面"三个层次提出黄河文化旅游带的空间构建思路。

（一）发挥节点的核心驱动作用

依据"点—轴"理论，"点"是指各级发展中心。根据黄河文化旅游带的空间构成要素，遗产、文化旅游集聚区和城镇是其三个节点层次。应当将重要遗产、文化旅游集聚区和区域中心城市及名城名镇名村作为黄河流域经济生态文化系统中重要的"增长点"，沿基础设施渐次扩散社会经济"流"，充分发挥溢出效应，形成以点带面、城乡联动的发展格局。

第一，发挥文化遗产的核心吸引物作用。遗产作为黄河文化的重要组成和核心载体，是黄河流域高质量发展过程中不可或缺的资源。黄河流域遗产资源密度高、品位高、价值大，但碎片化、静态化保护问题仍然存在，整体性、系统性保护亟须加强。一是系统梳理黄河文化发展脉络和资源分布，采取"主题确定—资源调查—分析与评价—格局建构"的思路系统梳理自然、文化资源的种类、数量、等级、规模、组合和结构，挖掘、提炼核心资源的内涵、特征和价值，通过健全解说系统增进大众对核心遗产历史背景与文化特征的了解，彰显区域文化特色，提升黄河文化旅游品牌影响力。二是展现农耕、水利遗产的价值与魅力，通过发展黄河文物旅游、研学旅游、体验旅游项目等方式，梳理与农耕社会当地居民生产活动相关的手工作坊、矿冶遗址、窑址等遗产资源。通过景区化开发、打造遗产廊道等方式生动展示漳水十二渠、五龙口古代水利设施、郑国渠、黄河古栈道、风陵渡、大禹渡、禹门口、蒲津渡、碛口等古代治水用水遗产的保护利用。三是围绕黄河文化价值体系，遴选一批在中华文明起源、国家治理、民族融合、文化交流、社会发展等方面具有突出价值意义的典型性、代表性黄河文物资源，通过内涵解读、符号提炼、场景构建等策略，打造一批代表中华文明与黄河文化价值的文化标识物，充分发挥其核心吸引物的作用，努力打造具有国际影响力的黄河文化旅游目的地。四是把握黄河文化旅游带空间构成复杂性、动态性和景观多样性等特征，从时间、空间、遗产本体、生态环境等方面挖掘区域文化遗产的整体价值，将水系、水利工程、湿地、森林等自然遗产和历史遗址等物质文化遗产及礼仪、风俗、节气、服饰、音乐等非物质文化遗产纳入保护开发系统。

第二，发挥文化旅游集聚区的集聚扩散效应。文化产业园区、景区、特色文化街区等载体空间有显著的集聚和扩散功能,不仅是支撑黄河文化旅游带的重要节点和窗口,而且是黄河文化和旅游发展的重要引擎和标杆,对推动区域范围内不同功能区之间的分工协作和资源的优化配置有重要作用。黄河流域共有国家全域旅游示范区47个、国家5A级旅游景区75个、国家级旅游度假区9个、全国红色旅游经典景区85个。但由于黄河空间跨度大,文化旅游资源要素集聚水平还不高。首先,充分挖掘黄河特色文化资源,对黄河文化符号进行深度提炼,从创意设计、市场运作、科技提升、配套服务等方面提升传统旅游产业文化内涵,实现文化旅游融合的乘数效应,进一步提升要素集聚水平。其次,围绕核心景区和文化产业园区、特色街区确定业态内容、主题及布局,打造黄河文化产品体系和产业体系,实现黄河文化资源整合、市场推广、业态创新等全产业链协同发展。最后,推动园区、景区场景化建设,以旅游景区和文化产业园区、特色街区等集聚区为载体,在保护整体文化风貌、留存文化标志和历史记忆的前提下,做好沿线风景道、观景台、自驾车营地、集散中心、标识系统等基础设施和公共服务配套,串点成线。以文化科技融合、空间创意及业态创新为支撑,打造一批富有黄河文化特色的生产性和消费性场景,孵化一批文创企业、园区,布局创意工坊、文创集市等新业态,打造黄河文化核心展示区、黄河文化生态保护区和黄河文化旅游示范区。推进国家5A级旅游景区、国家级旅游度假区、国家全域旅游示范区、国家公共文化服务体系示范区、国家级文化生态保护实验区等国家文化旅游品牌创建工作同步推进,推动图书馆、文化馆、影(剧)院等公共文化场馆错时开放、主客共享。

第三,发挥城镇的增长极作用。城镇是黄河文化旅游带的起点和重要增长点,其级别、功能和作用影响辐射域面的范围大小。要充分发挥各级城镇的增长极作用与扩散溢出效应,形成以点带面、城乡联动的发展格局。

首先,发挥区域中心城市的龙头带动作用。区域中心城市区位条件优越,交通便利,资源密集,是黄河流域最重要的旅游区。2022年沿黄九省(区)域中心城市旅游接待人次共64462.3万,占全国旅游接待人数的24.5%;旅游总收入共6254.76亿元,占全国旅游总收入的30.59%。九大区域中心城市旅游业的发展,不论在黄河九省(区)还是在全国均占据重要地位,增长极作用十分显著。应充分发挥西安、郑州、兰州、成都、银川、西宁、济南、太原、呼和浩特等中心城市以及玉树、中卫、忻州、临汾、延安、渭南、开封、洛阳、东营、泰安等重点旅游城市的引领作用,打造黄河文化主地标城市。以产业链和价值链为纽带,整合黄河流域的资源要素,形成具有一定规模、一定空间形态的特色区域,加强与黄河流域中小城市的文化经济联动,促进分工与协作,实现要素的流动和集聚,带动周边区域发展。

表 3-8 黄河九省(区)中心城市旅游发展情况①

城市	2019年旅游总收入(亿元)	2019年旅游接待人次(万人)	2020年旅游总收入(亿元)	2020年旅游接待人次(万人)	2021年旅游总收入(亿元)	2021年旅游接待人次(万人)	2022年旅游总收入(亿元)	2022年旅游接待人次(万人)
太原	1171.83	9655.39	354.69	3594.04	2.28	532.87	3.37	629.50
济南	1266.90	10026.00	702.80	6048.80	983.90	8192.70	711.60	6565.60
西安	3146.05	30110.43	1882.43	18417.41	2460.00	24000.00	2030.00	20000.00
郑州	1598.60	13059.50	1401.10	11304.00	1272.30	10192.80	1132.40	8949.30
呼和浩特	1040.40	4822.80	419.60	2087.10	349.80	1874.50	157.60	1399.00
银川	168.00	1642.00	113.48	1679.69	125.38	1917.82	134.10	2052.30
兰州	765.27	8205.02	421.40	4821.40	593.50	6936.10	148.30	2900.00
西宁	372.97	2855.73	219.52	2152.51	263.70	2403.90	122.40	1434.70
成都	4663.50	28000.00	3005.20	20000.00	3085.00	20500.00	1814.00	20531.90
总计	14193.52	108376.90	8520.21	70104.95	9135.86	76550.69	6253.77	64462.30

其次,以历史文化名城为引领,以重点旅游城市为核心,充分发挥世界遗产、国家重点文物保护单位的作用,依托博物馆、文化馆、艺术馆、景区、度假区等公共空间及旅游功能区,对空间形态、总体形象、主题定位、发展重点、标志性景观等进行系统谋划,彰显城市文化品牌。依托黄河沿线主要历史文化古都(城),结合中心城市旧城更新改造,重点加强古城城墙贯通、城市中轴线恢复展示、标志性城市建筑重建、历史文化街坊复建、城市水系治理等,实施古都古城的文化复兴工程。

最后,以县域为载体寻求黄河流域新的发力点。县一级处在承上启下的

---

① 数据来源:各市旅游经济发展统计公报。

关键环节。应以补设施建设短板为主导,以功能性建设为重点,从黄河上游发源地至下游出海口,选择文化底蕴厚、资源禀赋高、标识意义大、发展基础好的重点县(市、区),以黄河干流流经148个县(市、区)为核心,向两边纵深拓展,加强特色文化旅游产品体系规划建设,统筹全域干流两岸风景道体系建设和交通组织,构成黄河文化旅游带的核心支撑区。

(二) 注重轴线的串联带动作用

根据点轴理论,"轴"通常指由交通干线和水源通道连接起来的"基础设施束",轴线上的社会经济设施对产品、信息、技术、人员、金融等要素具有集聚和扩散的双重功能。[1] 轴线的经济学意义在于促进点与点、区与区之间生产要素的自由流通。黄河流域跨度大,区域间发展不平衡等问题较为突出,应依托黄河干流及沿线交通要道,提升节点之间的通达性,形成串珠成廊的发展格局。

第一,完善交通设施网络,构建黄河国家风景道体系。交通的通达性有助于公众深入了解廊道的文化内涵与景观魅力。黄河流域尤其上游地区,城市之间、景区之间的连接性还有待提高。首先,构建慢行游憩系统,通过遗产旅游、水体休闲、慢行休闲、野外休闲、冬季休闲等游憩系统规划,开展黄河风情线公共设施、健身步道建设及动植物保护,两岸绿化、美化、亮化工程等方面工作,建立完善的标识系统和集散体系。其次,完善黄河绿道体系建设。构建绿地系统有助于为沿廊道分布的文化遗产形成统一连续的背景,应依托黄河沿线自然环境强化黄河文化遗产背景的整体性。沿黄河干流和湟水、洮河、汾河、渭河、泾河、洛河、沁河、大汶河等支流岸线,建设青藏高原、青甘河谷、宁蒙河套、晋陕峡谷和豫鲁平原等重点绿道,通过建立遗产、湿地、湖泊、滩涂等节点之间的历史关联、功能关联、空间关联和视觉关联、结构关联,构建黄河国家风景道体系。最后,优化提升普速铁路、高速铁路、高速公路、干支线机场等功能,加快形成黄河流域现代化交通网络,实现城乡区域高效连通。

---

[1] 参见陆大道:《关于"点—轴"空间结构系统的形成机理分析》,《地理科学》2002年第1期。

第二,建设黄河复合型生态航道。由于大部分黄河河段不具备通航功能,节点之间的连接性以及旅游的回路性、连通性亟须提升。早在2013年,国务院批复的《黄河流域综合规划(2012—2030年)》中就提出:"2020年实现重点区段的分段通航,2030年实现全河适宜河段的分段通航。"2021年,中共中央、国务院印发的《黄河流域生态保护和高质量发展规划纲要》中也明确提出"要积极推进黄河干流适宜河段旅游通航和分段通航"。应联合自然资源、生态环境、文旅等相关行业部门,形成以水利、航运为主导的联席工作机制,集聚社会力量参与,通过航道疏浚、河势控制、碍航建筑物生态改造、码头建设等措施,分期、分段推进黄河复航和生态航道建设。提升黄河生态廊道与文化资源的整合程度,将历史文脉植入黄河生态廊道建设工作中,实现黄河河道与滩区、大堤防护林、历史文化景观等有效串联,建设兼具生态、旅游观光、文化传承等各类功能的黄河复合型生态廊道。[①]

第三,打造精品旅游线路,实现多维度交流。黄河流域跨度大,区域间文化各具特色,有必要依托黄河干流及沿线交通要道,打造不同主题的黄河文化精品线路。2021年6月,文化和旅游部在黄河文化旅游带建设推进活动上发布了10条黄河主题国家级旅游线路和《黄河文化旅游带精品线路路书》。10条黄河主题国家级旅游线路包括中华文明探源之旅、黄河寻根问祖之旅、黄河世界遗产之旅、黄河生态文化之旅、黄河安澜文化之旅、中国石窟文化之旅、黄河非遗之旅、红色基因传承之旅、黄河古都新城之旅、黄河乡村振兴之旅等主题线路(见表3-9)。所有线路均立足全域统筹,以具有突出意义、重要影响、重大主题的黄河文化旅游资源为节点,串点成线,连线成廊,通过"文化场景化、场景主题化、主题线路化"的设计,打造独具魅力的文化旅游体验。同时,为对接市场需求,在主题线路框架下,精心设计了"重温河西走廊,探索丝路美景""传承红色基因,发扬红色文化""寻味晋陕,遇见黄河"等40条黄河文化旅游带精品线路。[②]

[①] 参见黄雅静:《黄河生态廊道构建研究及应用》,《黄河·黄土·黄种人》2022年第5期。
[②] 参见文化和旅游部资源开发司、国家发展改革委社会发展司:《黄河文化旅游带精品线路路书》,中国旅游出版社2021年版。

表 3-9 黄河主题国家级旅游线路

1. 中华文明探源之旅:青海(青海省博物馆、喇家遗址、马厂塬遗址等)—甘肃(甘肃省博物馆、马家窑遗址、齐家坪遗址等)—宁夏(宁夏回族自治区博物馆、贺兰山岩画、水洞沟遗址等)—内蒙古(内蒙古博物院、和林格尔土城子遗址、托克托县云中郡故城遗址等)—陕西(陕西历史博物馆、西安半坡博物馆、石峁遗址等)—山西(山西博物院、陶寺遗址、西侯度遗址、丁村遗址等)—河南(河南博物院、庙底沟遗址、仰韶村遗址、王城岗遗址、新寨遗址、二里头遗址、殷墟遗址等)—山东(山东博物馆、大辛庄遗址、东平陵故城、小荆山遗址等)。

2. 黄河寻根问祖之旅:甘肃(伏羲庙、周祖陵等)—宁夏(黄河坛等)—内蒙古(成吉思汗陵等)—陕西(黄帝陵、秦始皇帝陵博物院等)—山西(晋祠、尧庙、洪洞大槐树寻根祭祖园等)—河南(太昊陵、黄帝故里、仓颉陵、老子故里等)—山东(孔府孔庙孔林、三孟景区等)。

3. 黄河世界遗产之旅:莫高窟(世界文化遗产)—四川大熊猫栖息地(世界自然遗产)—九寨沟(世界自然遗产)—黄龙(世界自然遗产)—元上都遗址(世界文化遗产)—秦始皇陵及兵马俑坑(世界文化遗产)—五台山(世界文化遗产)—平遥古城(世界文化遗产)—云冈石窟(世界文化遗产)—龙门石窟(世界文化遗产)—安阳殷墟(世界文化遗产)—"天地之中"历史建筑群(世界文化遗产)—泰山(世界文化和自然双遗产)—曲阜孔府、孔庙、孔林(世界文化遗产)。

4. 黄河生态文化之旅:青海(青海湖、贵德国家地质公园等)—四川(若尔盖湿地、黄河九曲第一弯、九寨沟、黄龙等)—甘肃(兰州黄河风情线、黄河三峡风景名胜区等)—宁夏(沙坡头景区、沙湖生态旅游区、青铜峡黄河大峡谷等)—内蒙古(响沙湾生态旅游区、敕勒川草原文化旅游区、库布其七星湖沙漠生态旅游区、通湖草原旅游区等)—山西(吉县壶口瀑布、偏关老牛湾等)—陕西(宜川壶口瀑布、延川乾坤湾、华山等)—河南(天鹅湖国家城市湿地公园、郑州黄河国家湿地公园、兰考东坝头黄河湾风景区等)—山东(黄河国际生态城、黄河口生态旅游区等)。

5. 黄河安澜文化之旅:海南藏族自治州(龙羊峡)—兰州市(柴家峡、八盘峡、黄河铁桥)—临夏回族自治州(刘家峡、盐锅峡)—定西市(李家峡)—吴忠市(青铜峡)—巴彦淖尔市(黄河三盛公水利枢纽工程、河套灌区、乌梁素海)—咸阳市(郑国渠)—运城市(黄河铁牛)—忻州市(万家寨)—三门峡市(三门峡)—洛阳(小浪底)—郑州(南水北调中线穿黄工程)。

6. 中国石窟文化之旅:敦煌(莫高窟)—武威(天梯山石窟)—临夏(炳灵寺石窟)—天水(麦积山石窟)—固原(须弥山石窟)—鄂尔多斯(阿尔寨石窟)—大同(云冈石窟)—太原(天龙山石窟)—巩义(巩县石窟)—洛阳(龙门石窟)。

7. 黄河非遗之旅:藏族文化(玉树)生态保护实验区—格萨尔文化(果洛)生态保护区—热贡文化生态保护区—羌族文化生态保护区—陕北文化生态保护实验区—晋中文化生态保护实验区—说唱文化(宝丰)生态保护实验区—河洛文化生态保护实验区—齐鲁文化(潍坊)生态保护区。

8. 红色基因传承之旅:青海(中国工农红军西路军纪念馆、原子城遗址等)—四川(红军长征纪念碑碑园、巴西会议旧址等)—甘肃(会宁县红军长征会师旧址、八路军兰州办事处旧址、腊子口战役遗址等)—宁夏(六盘山长征纪念馆、将台堡会师纪念碑等)—内蒙古(乌兰夫故居和纪念馆、大青山抗日游击根据地旧址等)—陕西(延安革命纪念地系列景区、"西安事变"纪念馆等)—山西(武乡县八路军太行纪念馆、王家峪八路军总部旧址、刘胡兰纪念馆等)—河南(二七纪念堂、焦裕禄烈士陵园等)—山东(济南战役纪念馆、孔繁森同志纪念馆、铁道游击队红色旅游景区等)。

9. 黄河古都新城之旅:西宁—兰州—银川—呼和浩特—榆林—韩城—西安—大同—平遥—太原—洛阳—郑州—开封—安阳—泰安—济南。

续表

> 10. 黄河乡村振兴之旅：青海（循化撒拉族自治县街子镇、互助土族自治县班彦村、贵德县松巴村等）—四川（若尔盖县唐克镇、阿坝县查理乡神座村、松潘县大录乡等）—甘肃（榆中县青城镇、西固区河口镇河口村、临夏州折桥镇折桥村等）—宁夏（永宁县闽宁镇、西吉县吉强镇龙王坝村、沙坡头区沙坡头村等）—内蒙古（托克托县郝家窑村、乌审旗无定河镇巴图湾村、海南区赛汗乌素村等）—陕西（澄城县尧头镇、韩城市西庄镇党家村、延川县文安驿镇梁家河村等）—山西（临县碛口镇、汾阳市杏花村镇、乡宁县关王庙乡坂儿上村等）—河南（惠济区古荥镇、陕州区西张村镇庙上村、兰考县东坝头乡张庄村等）—山东（岱岳区大汶口镇、章丘区官庄乡朱家峪村、博山区池上镇中郝峪村等）。

（三）发挥城市群的辐射带动功能

城市群由于空间组织紧凑，经济联系紧密，可以通过互相合作实现区域性建设一体化。黄河流域沿线集聚着7个城市群，包括关中平原城市群、中原城市群和山东半岛城市群三个区域级城市群和兰西城市群、宁夏沿黄城市群、呼包鄂榆城市群和晋中城市群4个地区性城市群，形成了"3+4"的空间组织格局。[①]

第一，重塑城市群文化发展动力。黄河流域拥有7个城市群，集中了流域60%以上的人口，经济总量占九省（区）的72%，是黄河流域人口密集区和高质量发展重心区。目前，只有宁夏沿黄城市群提出要建设中国面向阿拉伯国家和地区的经济文化交流中心，关中平原城市群提出要打造传承中华文化的世界级旅游目的地，其他5个城市群的定位都对经济发展、交通建设重视有余，对文化建设重视不足。在构建黄河文化旅游带进程中，应充分重视黄河流域城市群的区域带动作用，将文化作为黄河流域城市群高质量发展的新动力，把黄河沿线自然和文化遗产及旅游资源纳入城市群的保护开发系统当中，由过去重经济、交通建设的"经济型城市群"向生态、经济、文化并举的"文化型"城市群演变，将文化产业和旅游产业作为推动区域转型与合作的新引擎。

第二，推进城市群与文化区双向发展。根据黄河流经区域的文化特质，黄

---

① 参见方创琳：《黄河流域城市群形成发育的空间组织格局与高质量发展》，《经济地理》2020年第6期。

河文化旅游带覆盖了河湟文化区、河套文化区、三晋文化区、关中文化区、河洛文化区和齐鲁文化区等文化地理区,并与关中平原城市群、中原城市群、山东半岛城市群、兰西城市群、宁夏沿黄城市群、呼包鄂榆城市群和晋中城市群具有空间耦合性。城市群通过区域组团式发展模式,将六大文化区融入区域性产业、基础设施、城乡发展、环境保护与生态建设一体化发展进程当中,是建设黄河文化旅游带的重要载体。应立足黄河流域城市群多元文化格局,一方面,对流域内优秀传统文化、地域民族文化和旅游要素进行整合,通过发展文化产业和旅游产业,串联整个区域的文化旅游要素,以城市群为抓手,通过文化旅游化、旅游文化化的双向互动,推动河湟文化区、河套文化区、三晋文化区、关中文化区、河洛文化区和齐鲁文化区的历史文化价值向经济社会价值转换。另一方面,推动各城市群旅游业协同发展,构建各具特色、分工合理、共同繁荣的沿黄河城市群旅游目的地体系。

二、推进黄河文化旅游带融合发展

融合发展是文化旅游发展的重要趋势。由于文化产业和旅游产业具备独特的产业关联效应和空间扩散效应,推动黄河文化旅游带融合发展,可更加高效地实现其文化价值和经济价值。构建黄河文化旅游带,要以跨界融合的发展理念为指引,通过资源融合、业态融合和载体融合实现多维发展目标。

(一)推进黄河文化旅游带资源融合

黄河流域文化旅游资源价值高、种类丰富、数量庞大,但碎片化分布现状严重,资源开发也存在各自为政、同质化重新建设等问题。推动黄河文化旅游带资源协同发展,一是要做好黄河文化旅游资源普查工作,系统梳理黄河流域文物、非物质文化遗产、古籍文献等文化遗产资源的种类、数量、分布状况,加快统计、分类、评估、定级、登记与数字化工作,并适时开展黄河文化基因解码工程。二是在摸清黄河文化旅游资源家底的前提下,推动物质文化遗产、非遗、人文活动与旅游购物、地文景观、水域景观、生物景观、天象与气候景观、建筑与设施等资源整合发展,梳理"大黄河"理念打造"共生型"文化旅游资源体系,加强黄河文化旅游资源的整体性保护与开发。① 三是整体开发,统一规划,推动黄河流域文化资源和旅游资源在设施建设、产业发展和空间布局上融合发展。按照"点—线—面"空间层次和集聚分布态势,重点对区域毗邻、质性相近的文化旅游资源进行空间整合与集中开发。同时坚持资源特色化开发,提炼各省(区)发展特色与着力点,避免盲目建设、重复建设、低水平开发、无序竞争等现象的发生。四是打造黄河文化旅游地标体系,深入挖掘河湟文化、河套文化、三晋文化、关中文化、河洛文化、齐鲁文化等地域文化内涵,梳理地域文化基因谱系,以文化脉络为主导推出一批具有关联性、典型性的主地标城市和主地标景观,实现六大文化区的贯通发展。五是利用数字化技术释放和提升黄河流域文化旅游资源潜能,统筹九省(区)资源普查基础,对接国家文化大数据体系建设工程,构建准确权威、开放共享的黄河文化资源公共数据平台,推动黄河文化旅游资源的数字化存储、展示、生产、传播与消费,实现各类资源共建共享与要素自由流通。

(二) 推进黄河文化旅游带业态融合

业态融合建立在分工理论、产业集群理论和产业组织理论的基础上,是"由技术变革引发的产业边界的重新界定"②。业态融合打破了原有产业的边界,通过"渗透型融合、重组型融合和延伸型融合"等模式改变传统行业的产业结构、发展方式和运作模式,实现更加广泛、深度的交叉、渗透发展。③ 一是以黄河流域不可移动文物为主体,串联历史文化名城名镇名村、历史文化街区、历史建筑、传统村落,打造黄河流域文物主题游径。二是将黄河流域非物质文化遗产与乡村旅游、红色旅游、体育旅游等结合,举办"黄河非遗大展"等活动,发展黄河非物质文化遗产旅游。三是推动黄河流域文化和旅游与体育、农业、建筑、工业等相关产业融合发展,打造"文旅商""农文旅""文体旅"等

---

① 参见吴锋、宋诗睿:《破圈与共生:黄河干流边界共生型文化资源协同保护和高质量发展研究》,《北京文化创意》2022年第1期。
② 耿达、傅才武:《带际发展与业态融合:长江文化产业带的战略定位与因应策略》,《福建论坛(人文社会科学版)》2016年第8期。
③ 参见冯晓棠:《文化产业与相关产业融合发展研究述评》,《中国市场》2014年第4期。

综合体,形成"文旅+百业""百业+文旅"的发展格局。推动有条件的黄河内河旅游航道建设,依托黄河沿线重要水利工程设施和重点沿黄城市,开展内河游轮旅游。以龙羊峡、黄河铁桥、刘家峡、李家峡、郑国渠、三门峡、小浪底等黄河治水遗迹、水利工程遗址、水利纪念馆、博物馆、现代水利工程等设施为载体,展示水利历史文化、现代治黄方略,开发黄河水利旅游产品。四是利用新一代信息技术,融入黄河历史、民俗、艺术等文化创意元素,培育内容电商、订阅经济、智能消费、云演播、云旅游、云娱乐、云直播、云展览等黄河文化旅游消费新形态。

(三) 推进黄河文化旅游带载体融合

通过不同尺度、不同形态、不同功能的载体融合,可进一步拓展黄河文化旅游带的外延。一是依据黄河文化的全国重点文物保护单位和高 A 级景区的空间聚集特征以及黄河文化遗产价值评估,遵循真实性原则,保护与利用相协调的原则、统筹发展原则、可持续发展原则,打造一批黄河文化标识体系。二是有序推进黄河流域重要城市有机更新,通过建筑保护、特色街区建设等方式延续黄河文化基因,打造黄河文化旅游消费集聚区。持续推进西宁市力盟商业巷步行街、兰州市兰州老街、银川市怀远观光夜市、呼和浩特市塞上老街、西安市大唐不夜城步行街、太原市钟楼步行街、开封市鼓楼特色文化街区、济南市济南古城特色文化街区等国家级夜间文化和旅游消费集聚区建设。三是推动黄河流域有条件的旅游景区、度假区、休闲街区、乡村旅游区、文博场馆、文化产业园区等载体植入黄河文化元素,发展黄河主题的文体商旅综合体、沉浸式体验等新业态。四是国家发展改革委、文化和旅游部牵头,推进黄河重大文旅项目建设。把具有重大示范效应和关联效应的文旅项目建设同黄河流域城市有机更新、乡村振兴结合起来,推动文化旅游赋能城乡发展。

三、推进黄河文化旅游带协同发展

1971 年,哈肯(Hermann Haken)最早提出协同论的概念,主要探讨系统内部以及其与外部相互作用的特征和协同机理,揭示各种系统和运动现象从无序到有序的共同规律。①区域"协同"是强调多部门合作、更加包容、更加协调的区域发展策略,通过在不同区域之间建立更高层次、更深入的分工关系,使各地区的经济增长相互支撑、相互促进,实现资源配置最优化和效率最大化。

我们将黄河文化旅游带视为一个巨系统,实现区域协同发展。首先,要求这一大区域是一个开放的系统,只有开放才能打破要素、行业、部门、地域间的壁垒,实现子区域之间人才、资本、创意、技术等要素的流通和交换,由无序走向有序并形成整体性的区域功能结构。其次,巨系统及其子系统或要素必须具备充分的自主性,这要求黄河文化旅游带作为一个大区域系统,要消除条块分割和行政壁垒所带来的行政权力分布过细、资源配置不均、管理成本过高等问题,通过大区域管理、发挥市场机制的作用等方式,协调各地区、各部门、各行业的分工与文化、科技、创意、资本、市场、人才等要素的整合与自由流动,形成全方位、深层次、宽领域的融合发展格局。构建黄河文化旅游带,要通过产业协同、创新协同和设施协同,推动不同地区发展路径的多元化、差异化和整体性发展,达到"1+1>2"的协同效应。

(一) 产业协同

产业协同就是要在黄河流域九省(区)建立合理的产业分工格局,通过政策引导九省(区)深入挖掘地方特色文化旅游资源,突出比较优势实施差异化、错位发展战略,以黄河文化主题产品和黄河文化 IP 为核心,促进不同地区在产业链纵向和横向的贯通连接,构建多中心、网格式的产业分工体系,防止黄河流域同质化低水平建设。

一是要加强九省(区)文化旅游产品的合作,在系统梳理黄河流域文化旅游资源的基础上,依托文化旅游资源的唯一性、稀缺性和代表性,集中提炼黄河文化元素,打造黄河文化 IP,通过创意提升和市场运作、科技提升,打造历史文化、生态文化、红色文化等黄河文化旅游系列化产品及 IP,走出一条品质化、差异化、细分化、主题化的产品发展路径。

---

① 参见[德]H.哈肯:《高等协同学》,科学出版社1989年版。

二是创建黄河文化旅游品牌体系,根据黄河文化的内涵及地方特色提炼最有标志性的黄河文化符号进行统一规划、统一开发、统一管理、统一营销,打造立体化、多层次的黄河文化旅游品牌体系。横向上,按照区域品牌成长阶段,构建黄河流域文化产品品牌、文化企业品牌、文化行业品牌与文化区域品牌四个层次。纵向上,根据产品能力及影响力范围,构建一般品牌、市级品牌、省级品牌、国家级品牌和国际化品牌五个层次。通过要素提炼、视觉设计、产品支撑、主体培育、发布认证等举措,重点培育"中华母亲河"区域文化品牌,实施黄河文化品牌国际化战略,提升黄河文化旅游带的国际形象和国际影响力。

三是加强市场合作,尤其是在地缘关系较好、交通便利的地域展开旅游客源市场的合作,推进旅游客流、旅游企业、旅游产品等的互联互通,在产品、营销、客源等方面形成协同。建立区域联合营销策略,各省(区)可以共享营销资源,一方面九省(区)有组织地集中推广黄河整体形象,另一方面鼓励黄河营销素材的共享,通过多元化创意传播方式打造营销宣传矩阵。

四是培育推进黄河流域文化和旅游产业融合发展的产业组织平台,培育一批具有市场竞争力的黄河文化旅游市场主体。提高文化和旅游产业集聚化、专业化水平,建立黄河文化旅游产业"飞地园区",通过创意、人才、资金、技术、数据等生产要素的跨区域流动与优势互补,形成黄河文化旅游产业优势集群。[1] 建立统一的黄河文化旅游信息平台,为游客提供包括景点信息、旅游线路、住宿和餐饮信息等在内的文化旅游信息。

(二) 创新协同

"创新"是黄河流域九省(区)实现转型发展的必由之路,但创新难度大、周期长,需要通过不同地区创新的协同,使各地区都能够通过不同的创新路径提升区域创新能力。一是推动技术协同促进黄河流域数字文旅产业高质量发展,以黄河文化为核心,大力推动人工智能、区块链、5G、大数据技术赋能黄河文化旅游,打造一批适合互联网传播与消费的黄河数字文化旅游产品,发展黄

---

[1] 参见吴锋等:《黄河几字弯文化协同发展研究》,云南大学出版社2020年版。

河特色鲜明的沉浸式文旅新业态,推出一批黄河文化主题突出、体验感好、互动性强的数字文旅场景,强化科技对黄河流域文化旅游创新性发展创造性转化的支撑作用。二是由科技、工信、文旅等部门合作,搭建黄河流域九省(区)协同创新平台,加强知识产权保护与转化应用,实施一批黄河文化转化落地的共享技术和关键技术研发工程,推进黄河流域文化科技企业创新发展。三是构筑创新创业支撑平台,通过对文化科技企业孵化、重点项目培育和关键环节支持,完善创新项目载体建设和平台集聚能力,拓宽多元主体参与黄河文旅产品创新与技术创新的渠道。四是整合九省(区)智库资源,建设跨区域、跨学科、交叉型的黄河文化旅游高端智库平台,[1]实现智力资源共享,提升黄河文化旅游基础性理论和应用研究的水平,通过协同研究发挥决策咨询作用,提升黄河文化旅游决策服务能力。

(三) 设施协同

推动交通等基础设施和公共服务设施的协同是黄河文化旅游带一体化发展的重要支撑和基本前提。由于黄河目前已不具备通航货运功能,黄河干流对区域中心城市和重要节点的经济带动作用有限,需要重点推动交通等设施的一体化建设来实现黄河文化旅游带的贯通。

一是推动黄河流域交通一体化建设,沿黄河干流(东营—兰州)和湟水、洮河、汾河、渭河、泾河、洛河、沁河、大汶河等八条支流岸线,以国家等级交通线网为基础,结合黄河两岸的机场、高铁、省道和高速公路建设,提升区域内所有市、区(县)、景区景点等节点与机场、火车站等交通枢纽的连通性,建设集铁路、公路、休闲绿道、自行车道、自驾游道路等于一体的黄河文化旅游风景廊道。鼓励空间毗邻的地区共建黄河观光公路等旅游风景道。二是提升黄河流域旅游公共服务配套水平,依托流域综合性交通枢纽、中心城市和重点旅游城市,九省(区)统一规划建设旅游标识系统、集散中心、游憩服务设施、自驾车营地、民宿等文化旅游公共服务体系,建立黄河流域文化旅游设施建设标准,进一步完善解说系统。三是推进黄河流域九省(区)文化旅游智慧化建设,推

---

[1] 参见唐金培:《以六大体系助力黄河文化旅游带建设》,《中国旅游报》2021年11月8日。

动黄河流域文化文物单位、旅游景区与公安、交通、环保、气象等部门的数据共享,提升部门决策实时性与科学性。四是鼓励黄河流域九省(区)有条件的城市协同共建黄河主题博物馆、图书馆、文化馆、美术馆、非遗馆等文化设施。一方面,支持黄河流域博物馆、文化馆、图书馆、美术馆、非遗馆拓展旅游功能,推动文博场馆等文化设施进景区,将文博场馆打造为提升黄河文化形象的新地标与旅游打卡目的地;另一方面,建立黄河文博场馆联盟,探索跨区域的总分馆制建设,实现设施与资源共享。

第六节 推进黄河文化旅游带协同发展的对策建议

"协同"是对传统区域发展路径的一种优化,不仅需要调整黄河流域资源要素配置方式、治理方式,建立规划引导机制与协同发展机制,还需要对黄河流域政策工具进行全面系统优化,构建更适宜于黄河文化旅游带协同发展的政策法律体系,尝试解决现存的一些问题。

一、建立黄河文化旅游带规划引导机制

当前,河南、陕西、青海、山东等省(区)纷纷提出了建设黄河文化旅游带的战略构想,但大多停留在地方发展的视域,缺乏全局性、整体性的发展理念与举措。因此,有必要制定《黄河文化旅游带发展规划》,在对沿线城市充分调研基础上,对空间范围、总体形象、发展定位、发展重点、节点城市、目的地、标志性景观、黄河文化要素等内容进行系统谋划和专业引导,重点解决黄河文化旅游带空间布局、文化旅游资源开发与相关产业附加值提升、文旅设施体系构建以及协同治理体系构建等。[1]

---

[1] 参见赫玉玮、张辉:《"一带一路"沿线城市国际旅游合作的现实基础与路径选择》,《青海社会科学》2019年第2期。

（一）构建黄河文化旅游资源保护利用体系

对接《黄河流域生态保护和高质量发展规划纲要》《黄河文化保护传承弘扬规划》《黄河流域旅游业发展规划》《黄河文物保护利用规划》及地方出台的与黄河文化旅游相关的规划，探索形成以黄河文化主题为脉络的区域资源合作开发机制，推进相关的地区开展资源、项目、工程、平台的融合共建。加大黄河流域古建筑、历史街区、传统村落、文化景观、非物质文化遗产等系统性保护利用力度，重视黄河中上游以及下游的协同联动发展，其中尤其应重视优秀传统文化资源的跨区域开发，避免资源争夺与无序竞争。以黄帝文化的当代化为例，河南和陕西应通过规划引导形成合力，共同将黄帝文化发扬光大。类似案例还有老子文化资源的开发。河南鹿邑、灵宝、洛阳等地拥有老子活动的重要节点。陕西省周至县的楼观台和临洮县的古狄道也有老子活动的记载或传说。不同省份之间应携手共同开发老子文化资源，实现互利共赢。再如孔子，孔子生于山东葬于山东，但其周游列国前后达十四年之久，在河南，濮阳、周口、商丘、驻马店、郑州，都留下了他的足迹。儒家思想的形成与河南有很深的渊源。应加强河南和山东在孔子儒家思想相关文化资源开发的联动，进行互补式开发，这无疑会有力促进黄河文化传承弘扬。

（二）合力打造黄河文化旅游带标志性旅游目的地

发挥黄河上游自然景观多样、生态风光原始、民族文化多彩、地域特色鲜明优势，联动青海、四川、宁夏、内蒙古、甘肃等省（区），统筹区域内世界自然遗产地、国家公园、自然保护区、自然公园、湿地公园、人文生态等资源，以建设国家生态旅游示范区为契机，打造上游国际生态旅游目的地。利用中下游丰富的古都、古城、古镇、古村、古迹等人文资源，联动山西、河南、陕西、山东等省（区），以西安、洛阳、开封、大同、郑州、太原、平遥等城市为载体，依托敦煌莫高窟、秦始皇陵及兵马俑坑、五台山、云冈石窟、龙门石窟、安阳殷墟、"天地之中"历史建筑群、泰山、曲阜孔府孔庙孔林等黄河流域重要世界遗产地，突出历史文化特征和农耕文化特色，升级打造一批中华文明精神标识和中华地理自然标识，打造中下游世界文化旅游目的地。

（三）规划建设黄河风景道体系

深入推进交通运输与旅游融合发展，以流域现有国家等级交通线网为基础，以晋、陕、豫和其他省（区）已建成（或规划）的黄河旅游公路为依托，以兰州至东营沿黄河干流"几"字省际公路连接为重点，统筹打造"中国黄河 1 号旅游公路"。重点建设兰州至东营 3800 公里国家旅游风景道，规划建设湟水、洮河、汾河、渭河、泾河、伊洛河、沁河、大汶河、白河等支流岸线旅游风景道，构建黄河风景道体系。

（四）创新区域联合营销推广机制

整合九省（区）资源，构建主题突出、形象统一的黄河文化旅游带形象标识系统，形成主题化、体系化的品牌矩阵。整合政府、企业、个人等各方资源，以黄河文化资源整合、IP 开发、产业链打造、品牌培育、创意传播、文化消费、经营管理等为抓手，在视觉设计、内容策划、解说系统、推广营销、品牌体系、经营管理等方面做好系统规划，打造黄河文化旅游标识视觉体系、产品体系和场景体系形成上下联动、内引外联的黄河文化旅游带传播格局。

二、构建黄河文化旅游带协同机制

沿黄九省（区）文化和旅游行政部门已经成立"中国黄河旅游市场推广联盟"，整合开发了以黄河为纽带的系列旅游产品，连续三年举办"中国黄河旅游大会"。晋陕豫"黄河金三角区域"旅游合作也已全面展开。应以体制机制创新为核心促进黄河文化旅游带的协同发展，推动黄河流域九省（区）文化旅游发展相互支撑、相互促进。黄河文化旅游带的协同发展实质上是资源要素空间布局的结构优化和区域分工的深化，也是九省（区）利益再分配、再平衡的过程。因此，需要确立黄河文化旅游带的动力机制、区域分工协调机制、跨区域要素配置机制及协同管理机制。

（一）动力机制

区域协同的动力机制是内部驱动力和外部推力的共同作用力。外部推力是政府部门通过制定区域发展规划,出台税收、资金、土地、人才等政策,以实现区域社会经济发展目标。内部驱动力则以参与主体实现经济价值和社会认同价值为目的而组织文化经济活动。尽管国家部委、各地方政府密集出台发展黄河文化旅游的相关规划、政策,但黄河流域各省(区)始终在跨区域合作方面动力不足、深度不够、力度不强。应通过构建协同激励机制,包括利益补偿机制、平衡机制和地方政绩评价新机制,增强黄河文化旅游带跨区域协同的动力。

一是构建地区间的利益补偿机制。利益是市场主体从事经济活动的原动力,是跨行政区资源配置的基础性力量。[①] 构建利益补偿机制,主要解决黄河流域九省(区)在区域合作过程中因功能定位的差异而出现经济收益的不平衡问题。如,黄河上游生态环境脆弱,承担生态保护功能的角色较重,一定程度上牺牲了部分发展区域经济的机会。一方面,需要通过中央政府的纵向财政转移支付和地方政府之间横向财政转移支付、产业转移、人才培训、共建园区等,完善利益补偿机制,将黄河中下游旅游收入的一部分补偿给黄河上游地区的交通设施建设、环境保护等公共事业,以激励黄河上游省(区)积极参与到分工体系之中。另一方面,要优化区域互助机制,组织政府、企业和相关院校、科研机构在黄河上游地区组织开展对口支援与对口协作。另外,当地居民也是参与构建黄河文化旅游带的重要主体,环境整治、大型文旅项目建设、景区开发等活动,只有保障好当地居民的利益,才能使其积极参与到黄河流域文化旅游资源的保护开发与经营管理当中。因此,要妥善处理政府、企业、居民等利益相关者的关系,探索形成共享发展模式的利益联结机制。

二是构建与区域协同相适应的政绩评价新机制。应充分考虑黄河流域九省(区)的差异性和一体化发展的总体空间布局,建立适应新发展理念的评价体系。首先,实施分类评价,针对黄河流域不同类型地区建立新的政绩评价机制。可根据黄河上中下游不同地区的区域特点及发展任务,制定不同的评价政策,切忌评价"一刀切"。优化文化遗产的分类、分级机制,通过适当的特许

---

① 参见刘戒骄:《京津冀产业协同发展的动力来源与激励机制》,《区域经济评论》2018年第6期。

经营在合理的旅游化利用中实现保护。例如,黄河上游地区可重点考核其在生态保护方面的工作成效,中下游地区则可重点考核其在发展文化旅游等方面的经济绩效任务。其次,建立文化导向的政绩评价机制,扭转"GDP至上"的政绩观,激励引导黄河流域九省(区)追求黄河文化保护传承、文化旅游发展、公共服务提升和地方经济增长的多元化发展目标,减少地方政府在推动经济增长过程中的"零和竞争"行为。通过优化考核评价机制,引导地方政府把黄河文化传承、创新生态建设和公共服务供给作为主要任务。最后,处理好"监管、评价与鼓励创新"的关系,鼓励包容审慎,建立"容错试错"机制,激发地方政府参与黄河文化旅游带建设的积极性与创新性,支持九省(区)在黄河文化旅游带建设进程中"先行先试",以"创新"作为重要的政绩评价标准。

(二) 区域分工协调机制

推动黄河流域九省(区)的分工和错位发展,必须建立具有更强执行力和约束力的分工协调机制,尽可能减少地区之间的同质化发展。根据黄河上中下游的资源现状与经济基础,明确不同区段建设黄河文化旅游带的重点与任务。黄河上游干流长度占黄河总长的31%,多年平均出境水量占黄河径流量的49.40%,是全流域最主要的淡水涵养地和最重要的生物栖息地,生态地位非常重要。[1] 因此,黄河上游地区要将水生态安全置于第一优先级,担负起黄河上游重要的水源涵养和补给、生态修复、水土保持与污染防治重任,重点发展黄河生态旅游,打造黄河绿色旅游廊道。黄河中游是中华民族和中华文明的重要发祥地,是黄河文化的"根"和"魂"所在,集聚了黄河流域最为密集的历史文化名城、名镇、名村和重要文化遗产。因此,中游省份要充分发挥历史文化资源优势,以文化创意和文化旅游为中心,集中展示黄河流域文化遗址、文化风貌、文化变迁、文化传承、文化创新,打造黄河文化旅游带核心区。黄河下游区位条件优越,交通便利,经济发展水平较高,具有较强的人口集聚能力和产业发展动能,因此要充分发挥黄河下游地区社会经济优势,打造黄河文化

---

[1] 参见青海省水土保持局:《强化生态保护治理确保"黄河水塔"稳固》,《中国水土保持》2020年第1期。

旅游带增长极。

（三）跨区域要素配置机制

2018年,中共中央、国务院出台《关于建立更加有效的区域协调发展新机制的意见》,明确提出要充分发挥市场在区域协调发展新机制建设中的主导作用。推动黄河文化旅游带协同发展,需要构建一个要素跨区域统筹利用机制,基于整体发展最大化前提下促进黄河流域九省(区)每一个地区的发展,防止资源要素的过度集中。一是根据黄河流域九省(区)的资源禀赋与文化特色,制定更加精细的支持引导政策,利用财政补贴、资金资助、人才等差异化的政策,引导要素向特定地区流动。例如,通过在黄河流域主要城市建设文化产业集群的方式实现要素的空间集聚。二是实施统一的市场准入负面清单制度,消除歧视性、隐蔽性的区域市场准入限制。深化"放管服"改革,消除区域市场壁垒,打破行政性垄断,清理和废除妨碍统一市场和公平竞争的各种规定和做法,促进劳动力、资本、产品、技术等要素在黄河流域九省(区)的优化配置与自由流动,实现协同发展的目标。三是推动区域市场一体化建设。按照建设统一、开放、竞争、有序的市场体系要求,加快在黄河流域探索建立规划制度统一、发展模式共推、治理方式一致、区域市场联动的区域市场一体化发展新机制。四是加强"省—市县"的合作保障机制建设。省级单位需加强对地方市县的赋权,形成区域调配机制,在生态补偿政策、文化创新激励政策、土地政策、财税政策上统筹规划。如,在开发沿黄产业带的过程中可考虑相应的互助与补偿机制建设。五是搭建跨区域合作交易平台,联合九省(区)文化文物单位和市场主体,搭建黄河文化IP资源对接、版权确认、价值评估、交易、开发、传播、消费一体化的数字化平台,最大化实现黄河文化资源的社会经济价值。搭建九省(区)交流合作机制,通过政府引导、市场运作方式,定期组织不同类型的黄河文化旅游论坛、黄河节庆赛事活动,鼓励沿线城市积极参与,通过文化遗产保护合作、旅游客源市场合作、项目洽谈、投融资等形式展开广泛交流与合作。

（四）协同管理机制

一是建立健全黄河文化旅游带发展协调机制,加强与水利部黄河水利委员会(以下简称"黄委会")的对接合作。发挥黄委会的跨区域引领和协调作用,形成以行业促整体的联动效应。发起成立由文化和旅游部牵头、九省(区)共同参与的综合性权威协调机构,成立黄河文化旅游带管理委员会,可隶属于黄河国家文化公园管理委员会,实施"一套班子,两个牌子"合署办公,统筹规划黄河文化旅游带空间布局、发展目标和建设任务。推动重大项目建设,制定黄河文化旅游资源合作开发与保护、市场联合营销等合作策略,制定与发布黄河文化旅游带合作协议、发展标准及服务准则等;探索建立利益联结与补偿机制、区域互助与合作机制等各种协调机制。

二是国家发展改革委与文化和旅游部牵头,联动文物、水利、农业、科技、工信、教育、商务、住建等部门,建立黄河文化旅游带联席会议制度,[1]负责黄河文化旅游带的顶层设计,协调解决重要政策和重大事项,协调建设流域共享的旅游信息平台、旅游集散中心等旅游公共服务体系,统筹项目、资金、土地、出入境等方面的协作,推进跨区域旅游交通合作体系建设,科学、规范统计旅游数据,增加权威性,形成区域保护传承合力。

三是建立黄河流域文化旅游市场协同监管体系,构建黄河文化旅游带公共服务网,建立一体化的市场监管、投诉受理和文化旅游安全应急救援联动机制。积极开展流域性文化旅游市场秩序整治,实现行业管理信息共享,共同研究破解制约旅游市场监管协同发展的深层次矛盾和问题,推进跨流域文化旅游综合执法机制。建立容错机制,完善创新环境。明确文化和旅游领域创新探索方面的容错机制和宽松环境,既依法依规又实事求是,鼓励地方探索的积极性和企业发展的创新性,激发和保护基层创造活力。比如,积极探索建立文旅领域的"金融沙盒"监管机制,鼓励创新。

三、健全黄河文化旅游带政策法律保障机制

推进黄河文化旅游带协同发展,不仅需要调整黄河流域资源要素配置方式、治理方式,还需要对黄河流域政策工具进行全面系统优化,构建更适宜于

---

[1] 参见唐金培:《以六大体系助力黄河文化旅游带建设》,《中国旅游报》2021年11月8日。

黄河文化旅游带协同发展的政策体系。政策制定的基点要从促进局部地区的发展转向基于流域系统性优化的一体化发展。

（一）优化资金投入模式

加强黄河文化旅游带投资的顶层设计,建立区域一体化的投资战略框架,综合考虑各地区人口密度、经济发展水平以及人口、经济活动空间布局的总体趋势,明确文化、旅游、交通、创新等关键领域区域投资的差异化导向。统筹资金渠道,统筹利用现有文物保护、水利建设、生态环保、文化旅游等资金渠道,形成多渠道多元化资金筹措机制,加大对黄河文化旅游带宣传推广、旅游基础设施建设、旅游公共服务建设等的支持力度。在国家艺术基金、出版基金、旅游发展基金等各类基金项目中,设立黄河文化保护传承弘扬专项基金,以政府资金为先期投入,以市场运作为主导,广泛吸纳社会资本参与,重点支持文化遗产保护、文化开发补偿、文化资源普查梳理,公共服务设施建设等基础性环节。支持黄河九省(区)与东部沿海省市间建立投资合作机制,加大对黄河沿线省市文化旅游项目的投入力度,支持跨区域的联合开发项目。

（二）创新投融资机制

拓展文旅产业专项投融资途径,加大地方政府债券对黄河文化旅游带重大项目和基础设施建设的支持力度。鼓励金融机构加大产品和服务创新力度,支持沿黄省份设立文化和旅游专营金融机构、文化和旅游金融服务中心。推动各类政策性金融、开发性金融发展,加强对黄河文化保护传承项目的支持。鼓励、引导和吸引社会资金以PPT等形式参与旅游业开发建设。鼓励各地设立旅游产业促进基金并实行市场化运作。

（三）强化用地保障

支持沿黄河各省(区)在严守安全底线、生态保护红线、永久基本农田和城镇开发边界以及历史文化保护线的前提下,适度增加对文化和旅游项目的用地投入。推动各地专项规划与国土空间规划衔接,统筹考虑建设黄河文化旅游带的空间需求,优先保障重大旅游基础设施和公共服务项目建设用地。

激活存量低效空间资源,鼓励有条件的地区利用老厂房腾退等空间、滩涂等低效土地、矿产等资源枯竭区域优先引入文化旅游产业项目,推动城市有机更新和乡村振兴。在不改变土地用途、不固化地面的前提下,可按原地类管理。鼓励农村集体经济组织依法使用建设用地自办或以土地使用权入股、联营等方式参与开发旅游资源。鼓励各地积极探索点状供地模式,投资文化旅游项目,可采取先租后让的方式取得土地使用权。

(四) 加强人才共享

推动黄河流域不同地区之间从业资格、职称评定等各类标准的互认,减少劳动力跨地区就业的政策壁垒。整合沿黄九省(区)政府、企业、研究机构三类智库资源,建立跨区域的黄河文化旅游带高端智库,加强黄河文化旅游带基础理论与应用研究,推出一批标志性研究成果,推动成果转化落地,实现智力资源共享。支持黄河沿线各省(区)的乡土文化名人、非遗项目传承人、返乡就业人员和回乡创业大学生四类人才投入文化建设和旅游发展,实行分层次、分区域的精准人才供给。推动在黄河文化旅游带重点城市建设"飞地园区",探索"联席会议+工作专班+合资公司"投建管营机制,鼓励跨区域的行政主体通过资源互补、互利共赢的区域合作模式,由单纯的资金承接转变为人才、管理与项目的复合承接,项目投产后的产值指标、税收由园区所在地城市与投资城市共享。考虑借鉴"文化产业特派员"制度,加大文旅人才流动力度,重点解决黄河流域高端复合型文旅人才匮乏问题。

(五) 强化法律保障

2022年10月30日,十三届全国人大常委会第三十七次会议通过的《中华人民共和国黄河保护法》明确提出,国务院文化和旅游主管部门应当会同国务院有关部门统筹黄河文化、流域水景观和水工程等资源,建设黄河文化旅游带。黄河流域县级以上地方人民政府文化和旅游主管部门应结合当地实际,推动本行政区域旅游业发展,展示和弘扬黄河文化。《中华人民共和国黄河保护法》的出台,标志着黄河"共同抓好大保护,协同推进大治理"迈入有法可依的崭新阶段,把长期以来黄河保护治理的经验和做法上升到法律的高度,为全面加强黄河流域生态环境保护、推动高质量发展搭建起治理的"四梁八柱"。各地方政府要积极落实《中华人民共和国黄河保护法》,推动出台《黄河文化旅游带建设条例》,通过立法形式进一步明确建设黄河文化旅游带的原则、空间范围、建设任务和保障措施,同步推动地方法律清理。随着黄河文化旅游带的协同建设,黄河流域各地现有法律法规需要及时修正和清理。应审查现存的规范性文件,修改与经济社会发展不适应、与协同发展要求相背离的法律制度,从法律层面形成流域统筹、区域协同、部门联动的管理保护格局。

第四章
黄河文化旅游品牌培育和传播研究

内 容 提 要

黄河文化旅游品牌建构是将文化和旅游资源进行产品和服务转化,形成品牌的过程。黄河文化旅游品牌的建构过程也是一个生态系统,包括文化和旅游品牌外部环境的形成、培育和传播等多个方面。透过系统的多棱镜,借助生态隐喻的方法,本章建构了黄河文化旅游品牌生态系统结构,即环境子系统、生产子系统与消费子系统,来分析黄河文化旅游品牌构建的现状和问题。

近年来,沿黄各省探索打造黄河文化和旅游产品、培育与传播文化和旅游品牌,取得了初步成效,形成了阶段性发展特点,如资源禀赋优势突出、黄河文化和旅游特色品牌数量增多、政府和企业积极利用新媒体推动品牌传播发展、线上与线下结合推动品牌传播等。但黄河文化和旅游品牌培育与传播仍存在一些问题,如资源即产品的观念、沿黄文化和自然资源集聚化程度仍较低、配套政策支撑不足影响政策实施、文旅品牌的竞争力和均衡性不强、创意不足制约品牌价值的提升、品牌联动性缺乏和品牌培育灵活性不足、缺乏整合营销传播意识、品牌传播主体多元化格局尚待建立、品牌传播未能有效激发文化认同感、缺乏对具有地域特色的"标志性文化"的传播等。

河南省塑造黄河文化旅游品牌的实践具有典型意义,通过打造"行走河南、读懂中国"总品牌,依托不同黄河文化类型形成相应产品和文旅品牌,构建起系统化、层次性的开发格局,对于推动其他沿黄省域文化旅游品牌的培育和传播具有一定的借鉴作用。

未来,黄河文化旅游品牌的培育和传播要统筹规划、系统推进,从重视黄河文化和旅游资源的转化利用、坚持从市场需求出发分类培育品牌的原则和理念、塑造凸显区域特色的文化旅游品牌、以文化与技术融合促进品牌价值提升、增加品牌联动性、构建差异化与多元化传播体系、提升黄河文化旅游品牌的国际化水平七个方面推动黄河文化和旅游资源的转化利用,打造创意性的文化产品和服务,塑造鲜明黄河特色的文化旅游品牌。

第一节　绪　论

一、研究内容

黄河文化旅游品牌培育和传播是挖掘、"活化"黄河文化资源,推动黄河流域文化产业和旅游产业高质量发展的重要路径。构建黄河文化和旅游品牌是一项系统工程,应在系统梳理黄河丰富的文化资源基础上,构建文化与旅游融合与动态发展的系统机制,激活黄河文化内在活力,提高区域文旅产业发展潜力,扩大黄河文化的国际影响力。

本章针对黄河流域文化和旅游资源类型丰富、品质较高,文化和旅游产品类型多样,但开发层次尚待提高,文化内涵不足,品牌知名度不高,传播力和影响力较弱等特点,分析黄河文化旅游系列品牌培育策略,创新品牌传播路径,发掘黄河文化的当代价值。

二、文献综述

目前,国内外学者对文化旅游品牌的研究可以归纳为两个维度,一是文化旅游品牌的内涵研究;二是文化旅游品牌的培育研究。

(一) 文化旅游品牌的内涵

目前,学术界有关品牌的理论众多,但聚焦于区域文化旅游品牌的研究很少。由于学界尚未对区域文化旅游品牌形成明晰定义,因此本书对其上位概念:品牌、文化品牌、旅游品牌、文化旅游品牌的内涵进行梳理与总结。

1. 品牌

国内外对于品牌的内涵研究主要集中于物格化、人格化和复合化三个维度。

其一,为品牌的物格化研究,聚焦于品牌的载体如产品或服务,从品牌表层的"识别功能"对品牌的本体进行阐述。如,美国市场营销协会(AMA)认为:"品牌是对具体事物赋予一种静态的名称、术语、标记、符号或设计,或是它们的组合应用。"

其二,为品牌的人格化研究,聚焦于品牌的功能,特别是品牌所承载的区域特质以及凝聚的情感价值,从品牌的功能层面对品牌的关系及其衍生的人格进行阐述。作为"人"的品牌拥有生命、情感、个性、形象等特征,因此伯利·加德纳和西德尼·利维认为品牌应该注重开发出个性,满足顾客理性和情感需要。[1]

其三,为品牌的复合化研究,从一个生态系统的宏观视角对品牌进行综合界定。在生态学影响下,品牌研究被嵌入一个更富有层次与动态的系统之中,例如,温克勒认为品牌是一个复杂、充满活力、不断变化的有机组织。[2] 国内最早从生态视域下研究品牌的学者王兴元认为品牌作为复杂的"生物",生活在经济、社会和竞争形成的生态环境中,并与相关环境共同组成具有极其复杂的系统行为的品牌生态系统。[3]

此外,不少学者在此基础上对区域品牌进行了研究。凯文·莱恩·凯勒最早提出地理位置可以像产品或服务一样品牌化,因此区域品牌是以地理区域命名的公共品牌,是涵盖了国家品牌、城市品牌、地区品牌、目的地品牌、地理品牌、集群品牌等多种区域品牌的属概念。[4] 首先,区域品牌具有明显的地域属性,因此区域品牌是地方文化和地方特色相结合的产物。[5] 其次,区域品牌是产业集群发展的必然产物,代表一个产业集群产品的主体和形象。[6] 最

---

[1] B.B. Gardner, S.J. Levy, "The Product and the Brand", *Harvard Business Review*, 1995, March-April, pp.33-39.

[2] 参见王启万、朱虹、王兴元:《品牌生态理论研究动态及展望》,《企业经济》2017年第3期。

[3] 参见王兴元:《品牌生态系统结构及其适应复杂性探讨》,《科技进步与对策》2006年第2期。

[4] 参见孙丽辉、毕楠、李阳、孙领:《国外区域品牌化理论研究进展探析》,《外国经济与管理》2009年第2期。

[5] 参见杨建梅、黄喜忠、张胜涛:《区域品牌的生成机理与路径研究》,《科技进步与对策》2005年第12期。

[6] 参见马向阳、刘肖、焦杰:《区域品牌建设新策略——区域品牌伞下的企业品牌联合》,《软科学》2014年第1期。

后,区域品牌具有诸如名称、标志、包装等品牌的一般特征。基于此,区域品牌可以理解为在特定空间区域内,依托自然社会优势资源形成的、在市场上具有较高美誉度和影响力的行业、产业、产品品牌。①

2. 文化品牌

文化品牌作为品牌的一个类型,是以物质为载体,以文化为依托,以文化产业为核心取向的符号系统。文化品牌是相关文化、艺术、娱乐、休闲、新闻、出版、传播等行业的品牌,主要涵盖了文化艺术、新闻出版、广播影视、网络传播、休闲娱乐、文化旅游、会展收藏、体育健身等八个主要领域及其他衍生领域。②

从构成上看,文化品牌是由包含诸如名称、标志等视觉产物的显性要素与诸如文化品牌个性、体验等隐性要素等共同构成。从属性上看,文化品牌除了具有品牌的普遍意义外,也有自身独特个性:一是强调意识形态属性;二是更注重感情投入与精神因素。文化品牌本质上是要向消费者传达文化所代表的属性信息。③

3. 旅游品牌

由于旅游产品兼有一般商品与服务的双重属性,旅游品牌作为品牌的一个类型,是指旅游产品及服务的名称、标记或符号,或它们的相互组合,是企业品牌与产品品牌的统一体,体现着旅游产品的个性以及消费者对此的认同。狭义的旅游品牌内涵是指某一种旅游产品的品牌;广义的旅游品牌具有结构性,包括某一单项旅游产品的品牌、旅游企业品牌、旅游集团品牌或连锁品牌、公共性产品品牌、旅游地品牌等。④

4. 文化旅游品牌

文化旅游品牌是文化和旅游共生互融的产物。2018年,文化部和国家旅游局进行职责整合,组建文化和旅游部。在国家机构改革和文旅深度融合的

---

① 参见舒咏平、吴希艳编著:《品牌传播策略》,北京大学出版社2007年版,第18页。
② 参见欧阳友权、杜鹃:《我国文化品牌发展现状、问题及对策》,《黑龙江社会科学》2009年第5期。
③ 参见刘文俭:《省域文化品牌建设的思路与对策——以山东为例》,《北京行政学院学报》2010年第4期。
④ 参见张文娟:《基于区域整体利益的旅游目的地品牌营销研究》,武汉大学博士学位论文,2010年。

背景下,很多学者将密不可分的"文化品牌"与"旅游品牌"合并为"文化旅游品牌"进行研究。综合当前学者们对文化旅游品牌的实证研究,本书认为文化旅游品牌内涵为:依托区域文化资源禀赋,从物质文化与非物质文化两种视角进行旅游要素的遴选与提炼塑造的文化旅游产业品牌,是地区文化旅游产业拥有的知名度、美誉度的复合体。

(二) 文化旅游品牌的培育

文化旅游品牌的培育是打造品牌的全流程,是关涉品牌从无到有、从有到好的复杂系统工程。按照品牌培育时序可以将其分为文化旅游品牌的建构与塑造、整合与协同两个方面。

1. 文化旅游品牌的建构与塑造

文化旅游品牌的培育有两种路径,第一种是依托产业集群组合既有品牌,第二种是基于区域特色塑造新的品牌。塑造与培育新的文化旅游品牌主要是指"全面分析当地旅游资源所具备的独特性,针对当地所拥有的文化传承以及充分把握旅游市场的前提下,根据文化内涵基本特征来做好自身品牌定位,打造一个独特且鲜明的文化旅游品牌"①。其中,品牌定位是品牌塑造与培育的起点,依据独特的文化特色进行品牌定位并选择恰当的培育"工具"对资源要素进行系统的整合,从而转化为具有个性化的实际旅游产品。这种个性化不仅是旅游动机产生的主要因素,还是形成品牌鲜明个性与形象的重要势能。

2. 文化旅游品牌的整合与协同

区域文化旅游品牌在建设过程中具有跨行政区、跨文化区的特点,因此需要文化旅游品牌建设主体包括区域内各相关社会部门之间进行横向协同。②此外,由于不同品牌形象之间可以相互比较与借鉴,为规避文化资源相似的地区出现文化旅游品牌冲突,品牌建设主体还需要在跨区域横向协同开发的基础上,对构成文化旅游品牌的资源要素进行纵向协同,树立大文化旅游品牌观。

---

① 雒志达:《河北省文化旅游品牌培育和推广研究》,《文化创新比较研究》2021年第10期。
② 参见侯兵、张慧:《基于区域协同视角的大运河文化旅游品牌体系建研究——兼论"千年运河"文化旅游品牌建设思路》,《扬州大学学报(人文社会科学版)》2019年第5期。

学者们通过丰富多样的案例着重对文化旅游品牌差异化塑造进行研究。[1]

（三）文化旅游品牌的营销与传播

文化旅游品牌具有提高区域文化旅游产业发展潜力、促进区域文化资本增值的强大效应，而恰当的营销与传播手段是发挥品牌杠杆力的"助推器"。在万物皆媒、媒融万物的背景下，只有基于自身品牌定位，恰当选择诸如"联合营销、体验营销、名人效应营销、新媒体营销"等策略并进行个性化组合传播渠道、构建传播矩阵，才能最终生成具有识别性的差异化的符号，传达对目的地独特相连的、值得记忆的旅游体验期望，强化旅游者与目的地之间的情感联系，创造出能够对消费者目的地选择行为产生积极影响的目的地形象。[2]

（四）黄河文化旅游品牌

建设黄河文化旅游品牌应构建"大品牌"意识，在寻找着力点、搭建新平台和创建新品牌的基础上，打造具有国际影响力的品牌。[3] 国内对黄河文化旅游品牌的研究主要聚焦于具体沿黄省份文化旅游品牌的建构。有学者提出河南要凝练具有较高认知度的文化符号和国际化旅游品牌，以促进打造具有国际影响力的黄河文化带。[4] 依托于上位品牌的建设，沿黄城市的相关子品牌建设也将有助于提升城市文化形象。[5] 建构黄河文化旅游品牌能够加强重点领域的交流合作，促进产业融合，推动各地文化旅游高质量发展。[6]

---

[1] 参见吴晓山：《民俗文化旅游品牌战略研究——以"刘三姐"文化旅游为例》，《特区经济》2010年第8期。
[2] 参见杨磊：《基于共生理论的扬州城市旅游品牌发展研究》，扬州大学硕士学位论文，2021年。
[3] 参见李玉福：《"美术考古"视域下的黄河文化旅游品牌建设——以沿河艺术遗存为例》，《文化产业》2019年第12期。
[4] 参见李紫薇、王书丽、田佳惠：《河南黄河文化旅游带国际化品牌建设探析——基于黄河国家文化公园建设背景》，《人文天下》2022年第2期。
[5] 参见王瑞平：《试论郑州城市文化形象提升策略研究》，《学园》2013年第33期。
[6] 参见陈小红：《陕西沿黄区域文化旅游高质量发展的路径分析》，《渭南师范学院学报》2021年第7期。

综上,国内外学者从多维度对文化旅游品牌的建构进行了深入研究,为本书提供了丰富的研究视角和理论借鉴。

目前,有关黄河区域文化旅游品牌的建设也存在以下不足:

在学理层面,区域文化旅游品牌尚未形成明晰的定义,保护传承弘扬黄河文化的研究对象范围不够清晰。此外,黄河流域属于大型线性文化遗产,其文化旅游品牌的建构需要宏观的系统研究分析框架。

在实践层面,黄河流域尚缺乏创意性发掘文化和旅游资源的产品、企业,也缺乏有影响力的文化旅游品牌。

本书立足于黄河文化保护传承弘扬的背景,致力于在系统、动态、互动视野下构建黄河区域文化旅游品牌的内涵与层次结构。

三、研究方法

(一) 文献研究法

本章聚焦黄河流域文化旅游品牌研究。由于目前学界对区域文化旅游品牌研究较少,因而,本书采取了文献研究法以厘清文化旅游品牌的相关概念及培育研究现状。通过文献梳理,拓展区域文化旅游品牌的研究视野,明确黄河文化旅游品牌的研究思路。

(二) 实地调研法

鉴于黄河文化旅游品牌的培育和传播需要有在地的适配性,因而实地调研是本书研究不可或缺的环节。通过对沿黄九省(区)的实地调研,本书掌握了较为丰富的黄河文化旅游品牌发展情况资料。因此,本书有较为充分的材料支撑对黄河文化旅游品牌现存问题的论述,让品牌培育和传播的建议更具落地性。

(三) 案例研究法

区域文化旅游品牌涉及的品牌概念及种类是多元的,且黄河流域横跨了全国九个省份,品牌发展情况复杂。因此,针对黄河文化旅游品牌的构建和发展的特点及问题,本书选取沿黄九省(区)中的典型案例进行研究,归纳总结黄河文化旅游品牌培育和传播的实践经验。

第二节 黄河区域文化旅游品牌的内涵和系统结构

一、黄河文化旅游品牌的内涵:黄河文化创新转化的符号价值体现

黄河流域横跨了全国九个省(区),黄河文化旅游品牌是区域性的文化旅游品牌,区域文化和旅游品牌的创建和提升是一个复杂的系统工程。划定区域文化旅游品牌的外延是明确其内涵的前提。首先,通过对文献的梳理,形成区域文化旅游品牌与其邻近的"属概念"即品牌、区域品牌、文化品牌、旅游品牌以及文化旅游品牌的逻辑关系图(见图4-1)。

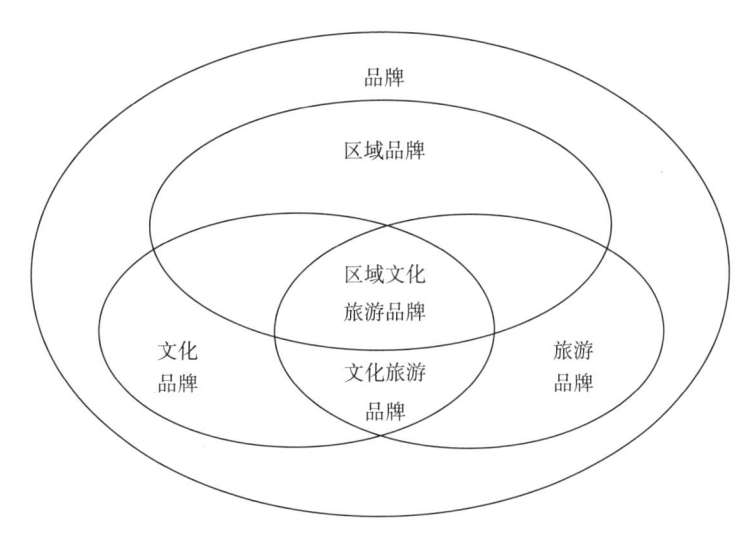

图4-1 区域文化旅游品牌内涵与上位概念内涵的逻辑关系图

其次,根据逻辑关系图可以推导出区域文化和旅游品牌的外延,区域文化旅游品牌是品牌的一个子集并处于区域品牌、文化品牌与旅游品牌三大品牌系统的交集处,成为文化和旅游品牌的有机组成部分。因此,区域文化旅游品

牌在具有一般品牌的特征外,还兼具区域、文化、旅游品牌的个性特征。

区域文化和旅游品牌的外延及其复杂的属性特征决定了区域文化旅游品牌是文化资源"活化"为产品与服务,形成品牌的结果,是将凝结在文化中的精神价值和经济价值进行创造性转化和创新性发展的过程。

在界定区域文化旅游品牌外延的基础上,借助大卫·索斯比在归纳文化内涵时提出的"同心圆"体系,界定黄河文化旅游品牌内涵:以黄河自然文化资源为核心,将文化、旅游和关联产业进行结合,形成具有鲜明黄河文化符号标识的价值品牌体系(见图4-2)。

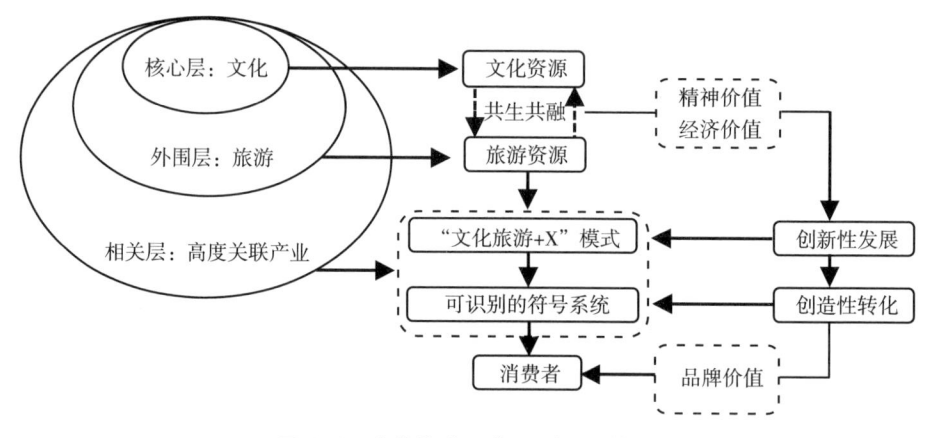

图4-2 文化旅游品牌"同心圆"体系

黄河文化旅游品牌的塑造过程体现了基于文化资源基础上的价值挖掘和创造过程。首先,文化是区域文化和旅游品牌的核心识别和影响因素,也是品牌形象的重要构成维度。因此,立足于黄河文化资源主体性、根源性等独特文化基因的开发是黄河文化旅游品牌建设的核心环节。其次,由于文化是显性与隐性的统一,其抽象部分的文化意义可以借助旅游资源赋形,实现二者的共生互融,通过文化旅游吸引物和文化体验连接消费者。因此,打造负载黄河文化内涵的旅游产品与活动是黄河文化旅游品牌建设的重要环节。最后,赋予餐饮等文化旅游关联产业更多的文化内涵,形成"文化旅游+X"模式,通过借助现代化的传播手段使黄河文化可观、可感、可亲,最终形成一个消费者可识别的符号系统,体现黄河文化创新转化的符号价值。

二、黄河文化旅游品牌系统结构:环境、生产和消费(传播)子系统的统一

黄河文化旅游品牌的建构是将黄河文化和旅游资源进行产品和服务转化,形成品牌的过程,具有系统性、层次性、关联性、独特性、多样性等特点。

宏观上,黄河文化旅游品牌建构具有系统性特点。黄河文化旅游品牌是沿黄九省(区)文化资源开发形成的大品牌体系,凸显黄河流域文化及其品牌的标识性。黄河文化旅游品牌的建构过程是一个生态系统,聚焦于整体性文化和旅游品牌的培育和建构、整体性文化和旅游品牌外部环境的形成等,即海克尔在《生物体普通形态学》中提出的"生态"概念:生物群落的生存状态,包括一个生物群落与其他生物群落的关系,以及与生态环境的关系,在整体上形成具有鲜明黄河文化特色的品牌内涵和价值,如黄河流域的节庆文旅品牌、旅游演艺品牌等品牌形态塑造。

中观上,黄河文化旅游品牌的构建凸显区域性、层次性、独特性和关联性等特点。黄河文化旅游品牌的培育由沿黄九省(区)共同推动,各省(区)根据自身文化和旅游资源特色,形成省(区)层面的文化旅游产品和品牌,凸显黄河文化旅游品牌的区域文化特色。同时还要求黄河流域九省(区)文化和旅游资源的开发要在特色化的基础上兼顾关联性和协同性,共同推动跨省区黄河文化旅游品牌的塑造,如"行走河南、读懂中国"等省域品牌、基于共同开发的黄河壶口瀑布文旅品牌塑造等。

微观上,黄河文化和旅游资源产品转化具有多样性的特点。黄河文化和旅游资源禀赋优势突出,其产品在开发过程中应充分利用数字技术、创意等方式,力求体现黄河文化内涵与符合当代消费需求,并通过营造多样化的文化和旅游场景,增强体验感,提升黄河文化旅游品牌吸引力。

借助生态隐喻的方法,本章建构了黄河文化旅游品牌生态系统结构(见图4-3),用以分析黄河文化旅游品牌构建的现状,以推动黄河文化资源向产品和品牌转化,不断提升黄河文化旅游品牌体系的竞争力。

透过系统的多棱镜,可以将黄河文化旅游品牌生态系统依据品牌建设的

不同阶段拆解为环境子系统、生产子系统与消费子系统。作为品牌核心层的文化资源蕴含在环境子系统中，作为品牌外围层负载文化意义的旅游产品与旅游活动是在生产子系统中生成，作为品牌相关层的关联产业是在消费子系统中实现品牌延伸。

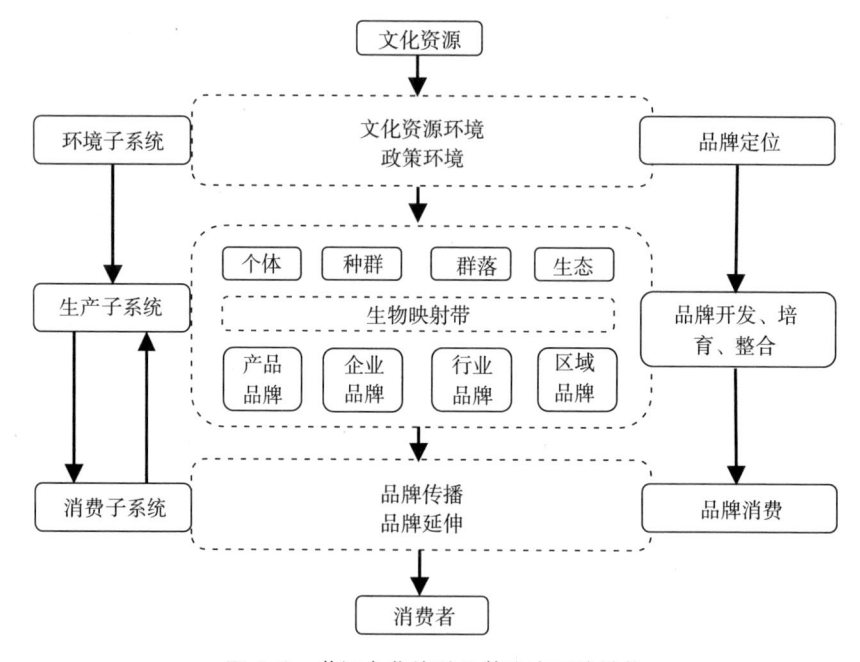

图 4-3　黄河文化旅游品牌生态系统结构

首先，环境子系统是黄河文化旅游品牌生态系统的非生物成分，由资源环境要素与政策环境要素构成。在生态学中，任何一种生物都是生活在一定的自然、人文、社会等环境中，生物体要想生存与发展必须适应生物体赖以生存的周围环境并与外界环境系统进行物质、能量、信息等资源的交换从而获取生态营养。黄河文化旅游品牌环境子系统同样如此。文化旅游品牌的开发高度依赖于文化资源发掘与政策支持，因此作为区域文化旅游品牌建设的"源环境"不仅是品牌定位的起点，更是支持品牌生存与发展的必要条件。

其次，生产子系统是类似于生物群落的有机系统。根据生物生态系统与区域文化旅游品牌生态系统的映射关系，将黄河文化旅游品牌划分为四个层次：一是犹如物种个体的产品品牌；二是同一区域中工艺、技术相似的企业构成企业种群,形成企业品牌;三是不同的企业品牌通过物质、能量和信息的交换,相互作用和影响成为犹如群落的行业品牌;四是不同的行业品牌既相互竞争又相互依存,形成区域品牌。生产子系统关涉品牌的开发、培育与整合环节,不仅从微观视角将品牌视为一个"复杂的生物",而且从宏观视角关注区域文化旅游品牌生产子系统内各品牌如何利用资源谱系中的不同区间,对生产与消费空间进行分割、嵌入,并在双向互动中形成具有相对稳定的区域品牌。[1]

最后,消费子系统是将文化资源转化、输出为文化旅游品牌的最终环节。一方面,消费子系统包含品牌传播环节,关注品牌与消费者能否建立深度情感联结。另一方面,消费是实现生产与再生产的前提条件,品牌消费是区域文化旅游品牌价值实现的重要手段,因此消费子系统还关注品牌延伸情况,即品牌衍生、带动效应能否发挥出来。

由此,黄河区域文化旅游品牌生态系统有着系统性、层次性、多样性、地域性等特性,是一个包含环境子系统、生产子系统、消费子系统的综合体,是文化资源转化为品牌并与消费者建立深度情感联结的多层嵌套过程。首先,经由环境子系统输送资源、政策营养物质至生产子系统进行品牌初步定位,然后生产子系统中包含的成员彼此互动联系共同进行品牌开发、培育与整合,最终作用于消费子系统,通过品牌传播与消费者建立深度情感联结,同时消费子系统又会反作用于生产子系统,为品牌延伸提供不竭动力。

第三节 黄河文化旅游品牌培育及传播的现状

黄河文化旅游品牌建设在环境营建、品牌培育以及品牌传播方面取得了一定的成绩,形成了突出的特点,但也有许多问题亟待解决,需要进一步推动黄河文化和旅游品牌的培育和传播。

---

[1] 参见李明武:《产业集群的品牌生态演化》,《中华商标》2012年第9期。

一、黄河文化旅游品牌环境营建特点与问题

(一) 黄河文化旅游品牌资源禀赋突出

环境子系统是文化旅游品牌系统的重要组成部分,由资源环境要素与政策环境要素构成。文化旅游品牌的开发高度依赖于文化资源发掘与政策支持,因此可以说品牌环境营建是支持品牌生存与发展的必要条件。

自然文化资源是决定黄河文化旅游品牌发展质量和影响力的重要基础条件和保障,黄河文化旅游品牌在资源禀赋方面优势突出。黄河自然文化资源可被划分为物质文化遗产、非物质文化遗产、自然遗产三个部分(见图4-4),其种类繁多且具有重要的历史价值和现实意义。

1. 中国世界遗产中黄河流域文化遗产占比多

自然遗产是重要的文化资源。中国于1985年加入《保护世界文化和自然遗产公约》,截至2024年8月6日,中国世界遗产总数达59项,包括世界文化遗产40项,世界自然遗产15项,世界文化与自然双遗产4项。其中,有20余项世界遗产分布于黄河流域。[①]

2. 物质文化遗产中黄河流域物质文化遗产占比接近一半

物质文化遗产包括古迹、建筑(群)、遗址等。黄河流域是我国古代政治、经济、文化中心地区,建都的历史可追溯至约公元前2070年,帝舜封禹于阳城(今河南登封)建立夏朝。此后,商朝定都于亳(今河南商丘),后迁都于殷(今河南安阳);周朝定都于镐京(今陕西西安);秦朝定都于咸阳;西汉定都于长安(今陕西西安);东汉、魏晋定都于洛阳;隋唐定都于长安(今陕西西安);宋朝定都于东京(今河南开封)。如今,我国的八大古都,有1个位于陕西省,有4个位于河南省,分别是西安、洛阳、开封、安阳以及郑州。

2016年,国家文物局印发《大遗址保护"十三五"专项规划》,"十三五"时期大遗址共有152处,其中74处位于黄河流域九省(区),占比为48.7%。其中,山西有7处,内蒙古有10处,山东有10处,河南有21处,四川有9处,陕

---

① 部分世界遗产为两省或多省共有。

西有19处,甘肃有9处,青海有5处,宁夏有5处。①

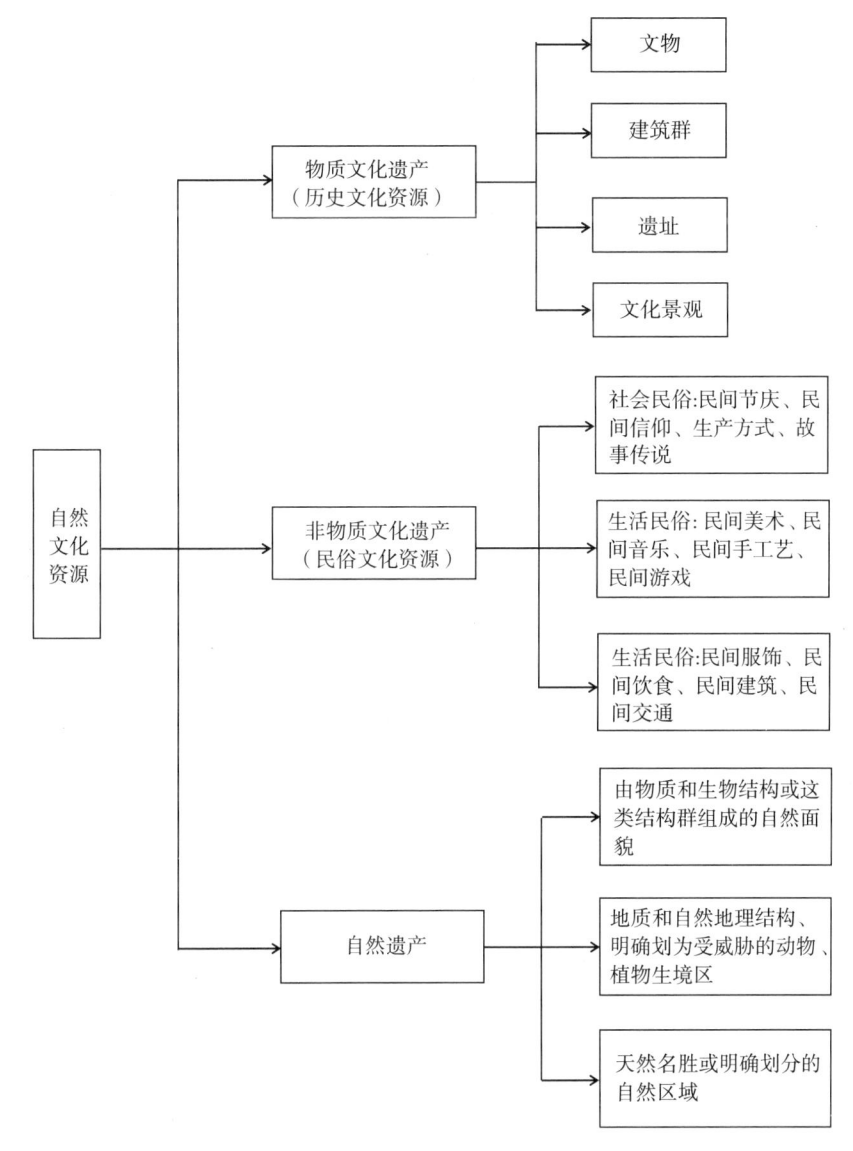

```
                          ┌─→ 文物
                          │
          ┌→ 物质文化遗产 ─┼─→ 建筑群
          │  (历史文化资源)│
          │               ├─→ 遗址
          │               │
          │               └─→ 文化景观
          │
          │               ┌─→ 社会民俗:民间节庆、民
          │               │   间信仰、生产方式、故
          │               │   事传说
自然      │               │
文化 ─────┼→ 非物质文化遗产├─→ 生活民俗:民间美术、民
资源      │  (民俗文化资源)│   间音乐、民间手工艺、
          │               │   民间游戏
          │               │
          │               └─→ 生活民俗:民间服饰、民
          │                   间饮食、民间建筑、民
          │                   间交通
          │
          │               ┌─→ 由物质和生物结构或这
          │               │   类结构群组成的自然面
          │               │   貌
          │               │
          └→ 自然遗产 ────┼─→ 地质和自然地理结构、
                          │   明确划为受威胁的动物、
                          │   植物生境区
                          │
                          └─→ 天然名胜或明确划分的
                              自然区域
```

图 4-4 黄河自然文化资源分类图

---

① 部分大遗址为两省或多省共有。

3. 黄河流域拥有数量较多、层级较高的非物质文化遗产

非物质文化遗产是文化资源的重要组成部分。截至2019年年底,我国入选联合国教科文组织非物质文化遗产名录名册的项目共有40个,其中24个项目分布于黄河流域九省(区);我国国家级非遗代表性项目共有1372项、扩展项目共有464项,其中515项代表性项目、236项扩展项目分布于黄河流域九省(区),占比分别为37.5%和50.9%。我国国家级文化生态保护区共有21个,其中有8个分布于黄河流域九省(区),占比为38.1%;国家重点文物保护单位共有5058处、国家历史文化名城共有135座,其中分别有1825处和45座分布于黄河流域九省(区),占比分别为36.1%和33.3%。[1]

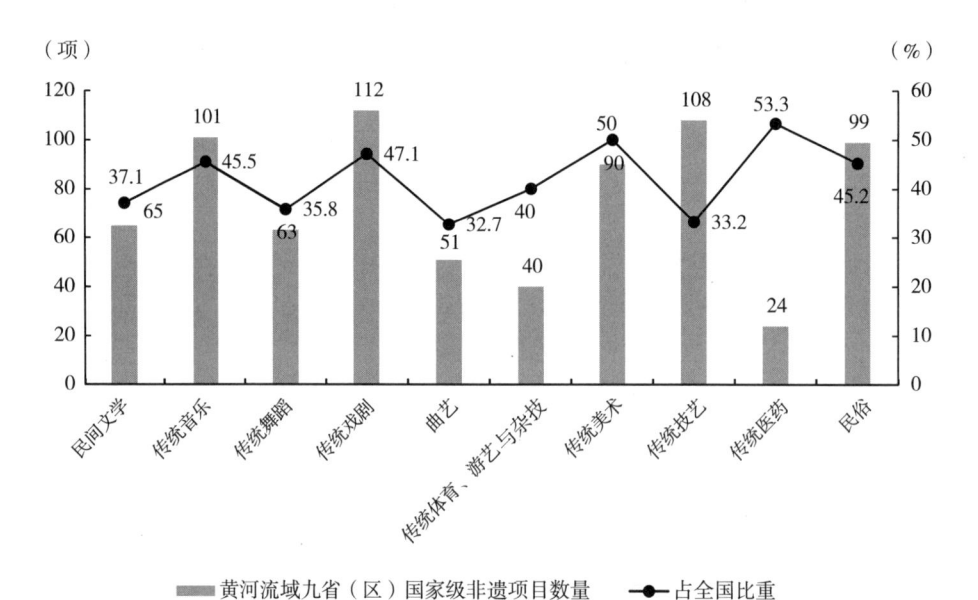

图4-5 黄河流域国家级非遗项目数量及占全国比重[2]

为促进非物质文化遗产保护工作规范化,国务院制定了"国家、省、市、县"四级保护体系。2017年,在省级非物质文化遗产项目数量方面,山西、山东、河南、四川、陕西均高于全国平均水平,山西(942个)位列黄河流域九省

---

[1] 参见牛家儒:《论黄河流域文化的保护传承和合理利用》,《中国市场》2021年第6期。
[2] 参见牛家儒:《论黄河流域文化的保护传承和合理利用》,《中国市场》2021年第6期。

(区)第一;在市级非遗项目数量方面,山西、山东、河南、四川、陕西、甘肃均高于全国平均水平,山东(2778个)位列黄河流域九省(区)第一。

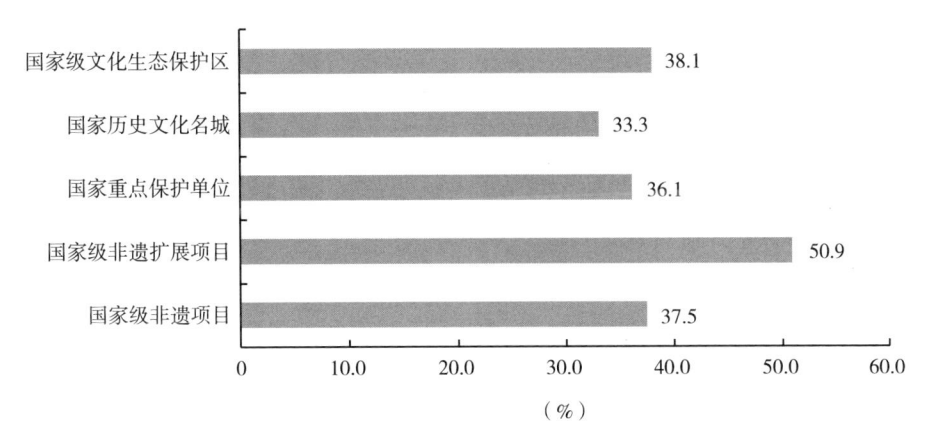

类别	比重(%)
国家级文化生态保护区	38.1
国家历史文化名城	33.3
国家重点保护单位	36.1
国家级非遗扩展项目	50.9
国家级非遗项目	37.5

图4-6 黄河流域各类国家级项目占全国的比重[①]

(二)黄河文化旅游品牌环境营造存在的问题

1. 资源即产品的理念

沿黄省区具有种类多样、内涵丰富的文化和旅游资源,但沿黄省域文化资源开发的理念和方式还存在一定滞后性。这种方式目前亟须改进,原则是应有利于文化资源的多元价值展示。

2. 非遗资源与现代生活的衔接程度尚需提高

沿黄地区迥异的地理风貌、生活方式和文化习俗孕育了一大批极具潜力的非遗资源,但在现代社会快节奏、多元化的生活方式下,非遗资源往往容易被忽视或与日常生活脱轨。一方面,少数非遗匠人与现代社会的互动和创新不够。另一方面,非遗资源还缺乏相应的创意支持。少数如刺绣、陶瓷等在很长时间里都受到广泛的喜爱、推崇和扶持,并得以漂洋过海,为全世界所知,则容易获得传承与发展,而其他一些民间技艺往往不具知名度,或因地处偏远鲜为人知而没有得到充分推广。

---

① 参见牛家儒:《论黄河流域文化的保护传承和合理利用》,《中国市场》2021年第6期。

3.配套政策支撑应进一步加强

黄河文化旅游品牌培育需要有资金、知识产权、合作机制等配套支持政策予以支持。但目前黄河文化旅游品牌的培育和传播政策支持尚需进一步完善。一是要素支持政策不完善。目前,在黄河文化旅游品牌培育和传播上,人才、资金、数据(技术)等要素支持政策,在助力要素流动、促进文化资源"活化"和文化旅游品牌培育和发展方面作用有限。二是体制机制保障需要进一步完善。沿黄各省区在文化旅游品牌知识产权保护、资金支持、人才交流合作机制等方面尚需建立起有效的体制机制,充分调动企业参与文化旅游品牌创新创造的积极性。

二、黄河文化旅游品牌培育的特点与问题

黄河文化旅游品牌培育在特色数量和培育方式方面取得了初步的成效,但也存在同质化、缺乏联动性等少数问题。需要继续完善黄河文化旅游品牌生产子系统的建构,提升黄河文化旅游系列品牌竞争力和影响力。

(一)黄河流域文化旅游品牌培育特点

1.特色品牌数量增多

沿黄地区依托丰富的文化资源禀赋,开发出众多各具特色的文化品牌。沿黄各省区特色化的区域品牌、行业品牌、产品品牌和企业品牌不断增多。

(1)区域性文化旅游品牌彰显地域文化特色。沿黄各省区根据地域文化资源特色和风土人情构建独具特色的文化旅游品牌,以具有标识性和鲜明特色的文化符号彰显地域文化特色和价值内涵,在全国产生了一定的影响。

如,河湟文化的核心区青海省海东市,打造"青海年·醉海东"系列文化活动,将民间原始、厚重的年俗活动打造成为青海乃至西北地区一个亮丽的文化品牌。年货节、美食节等活动的植入,让海东的特产成为热销产品。海东市还通过举办丝路花儿艺术节、河湟文化艺术节等活动,将传唱于农村田间地头的民间艺术推上了大雅之堂,还创办了集展示、商贸、交流于一体的青海(河湟)农产品展交会,举办国际抢渡黄河极限挑战赛、沿黄河马拉松赛等大型体

育品牌活动。在促进经济发展的同时,也有力地带动了群众文化体育活动发展,将民俗民间文化、历史传统文化、农耕文化等文化样态通过品牌化的打造,彰显海东河湟文化的内涵和时代意蕴。

又如,兰州通过黄河之滨音乐节、黄河文化旅游节、"乐动金城、声醉兰州"、黄河之滨百日音乐展演等品牌活动,提升"黄河之滨也很美"文化旅游品牌影响力。河南打造的"行走河南·读懂中国"品牌体系,基于黄河文化的价值内涵,以历史探源、历史事件、历史人物为主线,挖掘提炼具有重大价值、突出影响和关键意义的历史文化资源,形成既体现河南地域特色,又表现黄河文化内涵的文化标识、旅游目的地。山东着力打造"山东手造"品牌,通过博物馆文创、短视频、动漫、手游、影视业等多个领域,提升文化价值。

(2)特色品牌提升经济与文化价值。沿黄各省区企业根据市场需求,通过挖掘提炼黄河文化资源,打造文化品牌,取得了经济与文化价值的共赢。如,西安"长安十二时辰+大唐不夜城"唐文化全景展示区,通过挖掘唐代的文化元素,结合沉浸式场景营造,形成唐风市井文化生活体验街区,成功当选2022年度文化和旅游部评选的文化和旅游最佳创新成果,吸引了广泛关注。2022年"五一"期间,"长安十二时辰"主题街区全网曝光量突破2亿;冲上抖音全国热榜第4位;单条视频最高播放量超过了3200万,点赞数量83万余个,长时期占据抖音本地热榜Top1;同时登上西安景点种草Top1,微博登上同城热搜榜Top1,全网互动量超过5000万。

又如,河南赏豫文化创意有限公司的"豫游纪"文创品牌,提炼河南朱仙镇木版年画等文化元素,与蒲扇等产品形态进行结合和二次创作,以"福禄寿喜财"为核心,开发了纹样系列、生肖文化、姓氏文化系列等文创产品,进行传统文化的时尚化表达。从成立至今,该公司拥有原创设计版权188个,产品类目136个,涉及家居日用、服饰配饰、数码产品、节庆福礼等领域,全国线下直营门店20余家,获得了良好的市场效益。

2.多种途径推动黄河文化资源产品转化和品牌塑造

沿黄省(区)通过传统文化的创意转化、沉浸式体验和技术赋能等多种途径,打造特色文化旅游品牌。

(1)以传统文化的创意转化推动品牌塑造。沿黄各省(区)积极挖掘当地传统文化资源,提炼适合与时尚文化相结合的文化元素,打造特色文化产品,形成区域特色文化品牌。如,山西洪洞大槐树景区,深入挖掘大槐树根祖文化和移民历史,通过微信表情包、文创雪糕、吉祥物抱枕、帆布包等产品,融合创意孵化的 IP 形象——槐宝、思乡鸟,形成特色文化产品体系,形成展现大槐树元素和根祖文化特色的文化品牌。

再如,河南博物院的"《失传的宝物》考古盲盒"系列产品,将河南博物院六大镇院之宝及 80 多款文物制成微缩仿制模型,与盲盒产品巧妙结合,再融入考古体验式的拆盲盒过程,形成融趣味性、文化性和参与性为一体的文化创意产品,获得了良好的市场反响。截至 2021 年 9 月 18 日,考古盲盒销售量达 35 万个,销售额超 2800 万,带动了河南博物院出圈出彩,在全国打响河南博物院文化创意产品的品牌。

(2)技术赋能文化旅游品牌塑造。技术是赋能文化旅游、提升互动沉浸体验感的重要方式,也是丰富文化产品和服务内涵,塑造与提升文化旅游品牌认同感和影响力的重要路径。沿黄各省(区)运用技术手段,对文化和旅游的实景演出、博物馆等文化和旅游项目内容和形式进行融合创新,提升文化消费者的体验感。如,西安"梦回大唐"黄金版、"西安千古情"、"驼铃传奇"、"长恨歌",山西平遥县的《又见平遥》等实景演出,依托科技手段,融合实景演出的内容,变幻不同的情景场景,为文化消费者提供亦真亦幻的"穿越"体验。在文化和旅游文化项目内容和形式的不断创新中,文化和旅游项目品牌的知名度和影响力同步提升,成为代表当地省(市)域文化和旅游特色的重要文化品牌标识。

3.文化精品带动品牌认知度提升

近年来,沿黄各省(区)通过挖掘提炼区域特色文化资源,形成了独具特色又"出圈"的文化产品和品牌,加深了公众对黄河文化的认知和了解。如依托根祖文化形成的山西洪洞大槐树寻根祭祖园,依托特色节庆的洛阳牡丹节等文化旅游品牌。

以山西洪洞大槐树寻根祭祖园为例。洪洞大槐树寻根祭祖园以大槐树根祖文化为核心,通过古迹展示、祭祖主题活动、民俗演艺与研学等,用传统与时尚结合的方式展示了根祖文化的魅力。明朝初年,经历连年的战乱,经济社会遭到严重破坏,山东、河南、河北等很多省份人口锐减,土地荒芜严重。由于山西具有地理优势,受战争影响较少,人口稠密。为了恢复经济,明洪武二年,朝廷颁布迁移令,在洪洞县大槐树下广济寺内设局驻员,管理迁移事宜。据史料记载,先后共大规模迁移18次,历时50年,移民遍布京、冀、豫、鲁、皖、苏、鄂、陕等18个省份,是中国古代规模最大、历时最长、范围最广的移民。大槐树移民的后裔遍布全球,为众多大槐树移民后人依循家谱、族谱踏上寻根问祖之路,形成根祖文化奠定了基础。山西洪洞大槐树寻根祭祖园注重提炼根祖文化的价值内涵,打造了大槐树文化品牌,既凸显大槐树地域文化特色,体现品牌标识性和特色性,又能助推旅游业发展,对区域文化发展和经济发展有很强的带动作用。

山西洪洞大槐树寻根祭祖园依托根祖文化,借助古迹展示、祭祖主题活动、民俗演艺与研学等方式构建多种场景,充分将根祖文化资源通过不同形式予以传播。

一是打造遗址纪念区,唤起"寻根"记忆。为满足全球各地华人寻根问祖的需求,传播大槐树移民文化,洪洞大槐树寻根祭祖园通过打造象征大槐树的根雕大门、根字影壁、移民浮雕、千年槐根等标志性景观唤起游客的思乡问祖之情,营造浓郁的寻根问祖氛围。遗址纪念区提炼了移民文化符号,通过标志性建筑的景观营造,让游客能够形象地感知移民文化和根祖文化并深刻把握其历史内涵。

二是举办相关祭祖主题活动。自1991年起至今,洪洞大槐树寻根祭祖园已连续举办32年清明寻根祭祖活动,每年中元节、寒衣节也会举办祭祖活动。在祭祖大典上,通过祭祖流程——迎请神主、敬香通神、典帛安神、敬献贡品、奠酒献礼、敬致祝文、敬献乐舞、饮福受胙、鞠躬辞神等"大槐树祭祖习俗",加深游客对祭祖文化的认识;邀请文化名人、姓氏宗亲会代表、投资商代表、旅行社代表等参加寻根问祖活动,提升活动知名度。通过邀请海外华人代表,扩大祭祖大典的海外影响力。同时,举办与根祖文化相关的书画展等活动,丰富祭祖活动,推动祭祖大典成为大槐树的特色文化品牌。

三是创作实景演艺。洪洞大槐树寻根祭祖园从当地丰富的民俗文化和移民文化中提取素材,创造了多种实景演艺节目。相比于文化遗址的展陈展示,实景演艺节目加深了游客对大槐树移民历史和当地历史文化习俗的了解,丰富了旅游产品和服务。

在洪洞大槐树寻根祭祖园演艺节目中,有反映移民后裔回乡认亲的演出"铁锅记";有展现当地习俗的演出"传统婚庆";有讲述历史故事的演出"苏三路过大槐树";有地方特色戏曲表演"魁星点状元";有非遗文化类演出;有讲述家国文化的舞台剧;还有"五虎爬山""魁星点斗""重走移民路""民俗村国庆七天乐""快闪秀""群英荟萃"等多种演艺节目,为游客提供了多样化选择。

在众多实景演艺中,"大槐树移民"堪称精品。该节目还原历史,再现了当年大槐树移民的场景,故事生动感人,表演精湛,游客如身临其境,有很强的感染力,深受游客喜爱。"大槐树移民"被山西省认定为"十大旅游演艺项目"之一。

四是开展研学特色游,提升文化资源的利用率。大槐树寻根祭祖园将研学作为景区文化旅游的重要内容,针对青少年,开发了研学课堂。如,景区将献殿作为"体验非遗文化　感受非遗魅力"活动的主要场所,在献殿上演传统演出,成为游客尤其是青少年学生深度体验非遗魅力的课堂。

(二) 黄河文化旅游品牌培育存在的问题

黄河文化旅游系列品牌培育存在创意有待提升、联动性不强等问题。

1. 文化旅游品牌的竞争力和均衡性有待增强

黄河文化和旅游产品丰富,但距离形成具有鲜明黄河文化标识的特色品牌还有一定差距。

(1)文旅品牌知名度有待提高。无论是区域性文化旅游品牌、行业品牌还是企业品牌,整体的品牌影响力有待提高。以沿黄地区文旅集团为例,在2022年10月文旅集团品牌力100强榜单[①]前30强中(见表4-1),黄河九省(区)文旅集团共有8家,占比27%,进入前10强的只有曲江文旅,排名第10

[①] 百强榜来源于迈点品牌指数MBI,由迈点研究院独家发布,用以反映一段时期内品牌在互联网和移动互联网影响力的指标数据,监测对象为国有文旅集团(大型央企、省市级文旅集团、地方国有文旅企业)以及民营文旅企业(大型民营企业、民营投资公司、民营项目公司、民营产业服务企业)。迈点品牌指数MBI主要从主流指数、大众指数、行业指数和运营指数4个维度分析品牌在互联网和移动互联网的影响力。

位。其他 7 家文旅集团均位于 30 强靠后位置,MBI 指数较处于前列的文旅集团存在较大差距。这从一个侧面反映出从全国来看,黄河文化和旅游品牌在数量和发展水平上处于劣势地位。

表 4-1　2022 年 10 月文旅集团品牌力 30 强榜单

排名	文旅集团	区域	类型	MBI 指数	排名变化
1	豫园集团	全国	大型民营企业	867.09	↑
2	华住集团	全国	大型民营企业	705.22	↑
3	中国中免	全国	大型央企	572.10	↑
4	携程集团	全国	大型民营企业	500.51	↓
5	复兴文旅	全国	大型民营企业	451.40	↓
6	华侨城集团	全国	大型央企	413.92	↑
7	锦江国际集团	全国	省市级文旅集团	372.40	↑
8	中国旅游集团	全国	大型央企	339.20	↓
9	首旅集团	全国	省市级文旅集团	323.02	↓
10	曲江文旅	西北	地方国有文旅集团	285.70	↑
11	中国东方演艺集团	全国	大型央企	283.30	↓
12	横店集团	华东	大型民营企业	256.33	↑
13	成都文旅集团	西南	地方国有文旅企业	203.80	↑
14	康旅集团	西南	省市级文旅集团	201.00	↑
15	大丰实业	华东	民营产业服务企业	194.00	↑
16	岭南商旅集团	华南	地方国有文旅企业	188.90	↑
17	陕旅集团	西北	省市级文旅集团	182.60	↓
18	田园东方	全国	民营投资公司	176.31	↑
19	凯撒旅业	全国	大型民营企业	174.51	↓
20	山东文旅集团	华东	省市级文旅集团	158.13	↓
21	甘肃公航旅集团	华东	省市级文旅集团	157.60	↑
22	长隆集团	华南	大型民营企业	155.31	↓
23	锋尚文化	全国	民营产业服务企业	145.10	↑
24	西安旅游集团	西北	地方国有文旅企业	142.32	↑
25	山西文旅集团	华北	省市级文旅集团	138.55	↓
26	西域旅游	西北	地方国有文旅企业	125.20	—

续表

排名	文旅集团	区域	类型	MBI指数	排名变化
27	泉州文旅集团	华东	地方国有文旅企业	123.31	↑
28	陕文投集团	西北	省市级文旅集团	118.60	↑
29	临沂文旅集团	华东	地方国有文旅企业	117.73	新上榜
30	海南旅投	华南	省市级文旅集团	117.30	↓

数据来源：迈点研究院"2022年10月文旅集团品牌力100强榜单"。

（2）文化旅游品牌发展的均衡性差。其中既有省区之间的不均衡，也有市域之间的不均衡。在沿黄九省（区）的文旅品牌中，从省域层面看，河南、陕西、山东文旅品牌发展较好。如河南"奇妙游"系列品牌通过科技与文化资源的融合创新，成功出圈，圈粉无数；环青海湖国际公路自行车赛，自2002年开始举办多年，形成具有全国影响力的旅游和体育品牌。但四川、甘肃、宁夏、内蒙古的文旅品牌培育相对较弱，具有全国影响力的文化和旅游品牌很少。从市域层面看，文旅品牌也存在较大差异。以陕西省为例，西安依托省会的区位优势，在全省文旅品牌培育中优势突出，《长安十二时辰》《长恨歌》等文化IP火爆出圈，在全国形成了较大的影响力。但陕西省其他城市文旅品牌较少，影响力也不够。

2. 创意价值有待提升

（1）文化旅游品牌培育意识有待提高。文化旅游企业对品牌的重要性认识不足，企业大都将重点放在产品宣传和营销方面，对品牌培育重视不够，如基于黄河文化资源IP开发的系列品牌，即增加品牌文化附加值的部分。在文旅深入融合背景下，文化旅游品牌的知名度和影响力是文化和旅游获得竞争力的关键要素，但沿黄省域的旅游文化资源开发的系统性和科学性还不足，应该形成品牌从建构培育到发展的短中长期系统性的发展规划，树立正确的品牌理念观和发展观。

（2）品牌定位开发存在同质化现象。文化旅游品牌的定位应以创造鲜明的个性和树立独特的形象为目标。研究发现，沿黄一些省区在品牌定位上存在一定的盲目性，应根据自身发展特点进行品牌的定位，在品牌发展的初始阶段增强对品牌目标人群、目标市场的精准吸引力。同时，拥有共有资源的沿黄省(区)存在品牌开发方面存在一定同质化问题。黄河区域文化旅游品牌的主要建设省市也是黄河滋养、哺育的主要区域,生态位重叠让品牌建设的文化共性更加明显,容易导致品牌同质化现象出现。

(3)创意深度有待加强,特色不够突出。黄河文化旅游产品和品牌尚缺乏深度的、根据区域文化资源特色"定制"的创新。创意是文化产品吸引消费者、表达黄河文化旅游产品和品牌核心价值的核心,缺乏创意的品牌竞争力必然薄弱,更无法产生品牌效应。

3. 品牌联动性较弱

沿黄流域文化旅游品牌的培育往往从自身文化资源出发,根据区域文化资源特色以及人才、资本等要素情况进行文化和旅游产品的开发和品牌的培育,这虽然一定程度上发挥了地域文化资源、人才、资本等要素的优势,但也导致黄河文化旅游品牌较为零碎,没有形成系列化的主题,整体性文化品牌和区域性文化品牌联动性较弱。

黄河文化资源在沿黄的省与省之间、市与市之间、省与市之间和市与乡镇之间存在着关联性,但黄河文化和旅游产品的打造和品牌的培育尚未形成联动协同开发的机制,导致文化资源在沿黄各省、市及乡镇之间没有发挥最大的文化、经济和社会效益。应明确黄河各区域在文化和旅游产品开发和品牌培育中的角色,形成区域之间文化品牌构建的关系。

三、黄河文化旅游品牌传播的特点与问题

品牌传播是将文化资源转化为产品或服务,形成文化旅游品牌、提升文化旅游品牌影响力的最终环节,关系着品牌与消费者能否建立深度情感联结,从而关系着黄河文化旅游品牌价值能否获得消费者与市场的关注和认可。黄河文化旅游品牌传播形成了政府和企业传播互为补充、线上线下相结合以及情感连接立体化等特点,但在传播过程中也存在着一些问题。

(一)黄河文化旅游品牌传播的特点

1. 政府和企业积极利用新媒体推动品牌传播

在黄河文化旅游品牌传播推广过程中,政府和企业积极利用多种媒介渠

道进行传播,以提升黄河文化旅游产品和服务的知名度,提升黄河文化旅游品牌价值。

一是政府积极探索融媒体传播渠道。新媒体传播时代,沿黄各省政府应时而变,构建融媒体传播矩阵,推动黄河文化旅游品牌的传播。如,河南省文化和旅游厅建立的"老家河南"新媒体矩阵,覆盖了河南省文化和旅游厅官网、微信公众号、微博、抖音、哔哩哔哩、小红书、西瓜视频等全媒体平台,聚焦河南历史文化,面向新时代的年轻人,用时尚、流行的表达方式传播河南厚重的历史文化积淀。再如,2022年清明节期间,"老家河南"新媒体矩阵联合相关平台,向国内外受众在线直播壬寅年黄帝故里拜祖大典,并发布了相关创意短片。"老家河南"也多次推出"云赏"系列,如联合多地媒体创新推出的"洛阳:云赏牡丹·花开满屏"、鹤壁"云赏"樱花、2022清明奇妙游等节目,带领广大网友"云"逛河南,感受河南壮丽的山川画卷,在网上引起强烈反响。其中,"行走河南·读懂中国"话题抖音浏览量达21.8亿人次、微博浏览量达2.6亿人次,网络相关话题超过7570个。由此可见,政府积极适应互联网传播环境探索融媒体品牌宣传形式,有利于充分将政府资源与广泛的新媒体渠道进行融合,共同发挥二者资源优势和渠道所长。

二是企业充分利用新媒体进行品牌推广。企业通过提炼区域特色黄河文化,打造系列黄河文化旅游产品、品牌,并积极通过多种渠道,尤其是新媒体平台进行品牌的推广传播,拓展文化产品发展的市场空间。一些企业积极通过抖音、拼多多等新媒体平台,以网络直播形式推广文化产品,大大提升了其文化品牌的传播广度和影响力。

2. 线上与线下结合推动品牌传播

随着互联网和数字社会的发展,网络成为大众了解文化品牌,直观感受文化旅游产品与服务的重要窗口。沿黄各省积极探索线上品牌推广与线下品牌体验相结合的方式,拓展文化旅游品牌消费群体,建立更加立体化的情感连接。

一是云上展演吸引年轻群体线下回流。沿黄各省探索利用云上展播等方式,打破空间距离,吸引各类群体的广泛关注,增加对黄河沿线区域文化旅游品牌的认识,激发了观众实地体验和感受文化旅游产品和目的地的兴趣和热情。如,2022年4月,乔家大院举办"不负好春光·云游看山西"直播活动,景区讲解员通过云主播的身份向腾讯新闻、山西省文化和旅游厅视频号、山西旅讯视频号、乔家大院景区视频号等平台的观众讲述乔家大院和乔氏家族修德、治家、经商的传奇故事。受众实现了近距离、多维视角欣赏景区宏伟气派的建筑,感受百年晋商历史,领略晋商诚信文化,云端体验民俗风情。

二是线下场景强化文化品牌直观体验。通过线上展示和网络直播等形式,结合线下文旅消费场景,拓宽文化旅游产品及品牌的展示渠道,增进受众对文化旅游品牌的了解与认知,更加丰富了文化消费群体的消费体验。如,西安市雁塔区打造的"雁塔国际樱花节"品牌,通过文旅线路网络达人推广、文旅产品抖音直播特卖等活动,加深线上消费群体对"雁塔国际樱花节"的了解,结合线下的雁塔樱花文创大赛、"雁塔樱花"联名产品售卖、雁塔文旅移动展厅等活动,实现线上线下的无缝衔接和一体化的品牌体验,增进游客对雁塔樱花文化的认知和认同,进一步提升对"雁塔国际樱花节"品牌的喜爱度和忠诚度。

3. 建立消费者与品牌更加立体化的情感连接

一是重视品牌的沉浸式传播。沿黄各省通过打造互动式文化和旅游体验区、实景演出等服务产品形态,提供沉浸式的文化体验产品和服务,提升不同文化消费群体的参与兴趣,凝聚与提升文化品牌的多维价值。如,西安打造的《长安十二时辰》文化街区将沉浸式体验贯穿于街区的"唐食嗨吃、换装推本、唐风雅集、微缩长安、情景演艺、文化盛宴"等六大主题场景之中,结合电视剧《长安十二时辰》中的剧情、人物、道具、故事特色,让文化消费者以可触摸、可互动、可体验的方式感受唐代的音乐、戏剧、美食、礼仪等文化形态,真切地感受唐代的文化生活方式,实现品牌的沉浸式传播。

二是迎合现代营销心理,实现品牌的互动传播。通信技术变革带来实时性、交互式的传播方式,启发了沿黄地区文旅从业者注重个性化、互动式的文化呈现形式和品牌传播方式。如,西安在2023年春节推出的互动表演"盛唐密盒"火爆网络,正是得益于与观众的深度互动。"盛唐密盒"是由西安大唐不夜城景区推出的表演活动,房玄龄、杜如晦两位唐朝名臣作为唐代使者被皇帝派遣,乘坐时光机穿越到大唐不夜城,扮演者随机挑选观众上台回答问题,征召贤士,答对问题即可获得唐朝至宝。因"房谋杜断"组合配合默契、谈吐风趣,与游客的互动"爆梗"不断,表演视频在网络上受到广泛关注和迅速传播。从社交平台数据看,开播7天,"盛唐密盒"已有156万粉丝,30天内"盛唐密盒"全网信息总量达到21453条。"盛唐密盒"以"演艺+互动"的形式,让现场观众沉浸式感受大唐名人的魅力,台上表演者、台下参与者与线上互动者共同实现了品牌传播,打造了一种融合共创的互动模式。

(二) 黄河文化旅游品牌传播的问题

黄河文化旅游品牌传播中存在着整合营销传播意识有待加强、多元化传播主体格局有待建立、品牌传播应进一步有效激发文化认同感、缺乏对具有地域特色的"标志性文化"的传播、国内社交媒体平台传播内容的持续性和吸引力有待提升以及国际传播尚未引起足够重视等问题。

1. 品牌整合营销传播意识有待加强

在数字时代,虽然品牌营销传播方式更为多元,但基于黄河区域文化旅游作为品牌的构建面临着跨行政区、跨文化区的复杂态势,整合营销传播无疑是最有效和最必要的方式之一。当前,我国黄河文化旅游品牌整合营销传播意识还有待加强,应形成宣传矩阵以及品牌传播方案,与大众形成良性互动,避免"碎片化"营销方式。

2. 品牌传播主体多元化格局有待建立

一是黄河文化旅游品牌的传播主体还较为单一和零散,传播主体主要以政府部门为主,大多由政府部门主导和自上而下地推动。民间群体和非政府组织参与性有待提高。二是各地、各部门对黄河文化旅游品牌建设的思想认识和协同配合发展方面有所欠缺,部分地方将其传播仅视为文化部门、文物部门的工作,其他相关部门参与度不高。三是各传播主体间协调性、系统性不足。黄河沿岸各区域之间应建立起系统性的、连带性的跨区域合作机制,形成传播合力。

3. 品牌传播应进一步有效激发文化认同感

当前,黄河文化旅游品牌的传播仍以产品、活动为依托,而在激发受众内心感受、群体性感情以及呈现区域性乃至国家性的文化符号和象征意义等方面还有欠缺,消费者对于黄河的整体文化形象和精神内核多停留在表层理解,文化认同感和归属感、品牌意识还有待提升。而品牌的核心在于整体的文化形象,只有将文化注入旅游品牌的形象、产品、对外宣传中,才能塑造知名文化旅游品牌,使其在众多的旅游目的地中脱颖而出。

4. 对具有地域特色的"标志性文化"的传播效能有待提升

一是在黄河文化和旅游品牌传播内容方面,各地多强调黄河的历史遗存和遗产保护,而对黄河在当前的社会生活中发挥的现实作用未有太多关注。很多地区重视沿岸古城的修复和重建,但重建只是文化的表象复制,被刻意制造出来的文化符号虽然获得了短暂的商业利益,但却不能生动体现黄河文化的核心精神,且缺少当地民众的自觉参与传播,因此失去了鲜活生活的支撑。各地应加强源于民间社会生活的黄河文化内容的宣传,对黄河周边日常生活文化多加关注,在突出其普遍价值的内容挖掘和呈现方式上着力,使传播内容具有灵活性和生动性。二是各地对黄河文化的规划与开发虽大多依托各城市特色,但在实际执行中又遵循了一般模式,差异性和特色性不足。一方面,对能够体现地方文化特征、反映地方生活特色的"标志性文化"筛选、整合不够;另一方面,也缺乏一定的载体和平台将其构建成新的"文本"纳入现代文化体系当中。

5. 国内社交媒体平台传播内容持续性和吸引力有待提升

互联网时代,黄河文化旅游品牌形象不再拘泥于官方媒体或旅行机构的单一构建,也在自媒体、社交媒体等各种新媒体上被不断解构与重构。一是微信、微博和抖音等重要社交媒体平台上与"黄河"相关的传播内容还存在不足,缺乏专门的信息传播窗口。如,微信、微博平台中仅有少量完全发布关于黄河(沿黄)文化的账号,且这些账号并无明确的地域指向。抖音平台中黄河文化的传播内容则是由少量媒体发布的热度较低的宣传内容和个人账号发布的分享型内容构成。二是传播内容持续性、吸引力有待提升。黄河(沿黄)文化在社交媒体平台上的宣传主要依靠众多媒体、市区县文旅部门、电视台等共同参与,发布的黄河相关的话题中,热度的延续性还有欠缺,在主持人发出、媒体跟进发布内容之后就无新的内容产出。同时,宣传效果也有待改善。

6. 应进一步重视国际传播

黄河流域生态保护和高质量发展作为国家重大战略，在国际社交媒体上的传播力度有待提升，根据对 Facebook、Twitter、Instagram 三家主要国际社交媒体平台上关于黄河文化和旅游传播内容进行分析发现，黄河相关的风景、歌曲、民居、农耕、饮食等内容虽然得到了一定的呈现，但"黄河"相关的账号、官方宣传活动传播内容多集中在风景展示、地方旅游推介等方面，内容浮于浅表，以宏大叙事方式为主，人文乡土气息内容较少，更多的是借黄河元素来对各流域地区的旅游进行宣传，并没有深入挖掘和传播黄河文化背后的故事及当代黄河文化在人文生活中的存在形式。对于当前已有的国际传播内容，也大多局限在呈现历史遗存上，没有鲜明地体现和传达出黄河文化与地方文化、中华文明的关系，没有将黄河文化置于经济全球化和国际合作语境下，真正将其与世界体系联系起来思考其传播问题。同时，也呈现出评论互动较少且缺少一定的用户反馈的特点，应进一步重视黄河文化的国际传播。

第四节　黄河文化旅游品牌培育和传播的实践

——以河南省黄河文化旅游品牌培育和传播为例

河南的黄河文化资源可被划分为物质文化遗产、非物质文化遗产、自然遗产三个部分，其中有 5 个世界遗产，分别为龙门石窟、殷墟、"丝绸之路：长安—天山廊道的路网（河南段）"、大运河（河南段）、登封"天地之中"历史建筑群。

黄河河南段物质文化遗产大体可分为七类。一是堤防遗存，故堤包括豫北故堤、豫东故堤和防范东西堤，今堤包括北堤、南堤和沁堤；二是水库工程，如黄河河南段干流沿线著名的小浪底水利枢纽、三门峡大型水利枢纽工程等，在伊河、洛河及豫西其他黄河支流修筑的水库等；三是引黄涵闸遗址，如黄河干流河南段经常使用的引黄涵闸 35 处；四是古遗址，有裴李岗遗址、郑州商代遗址、汉魏洛阳故城、北宋东京城遗址等；五是古墓葬，既有王侯将相墓葬,也有百姓坟墓;六是古建筑,据不完全统计,河南现有古塔800余座、塔林19余处、石阙4处;七是石窟寺及石刻,如巩县石窟、洛阳龙门石窟等。[1]

黄河河南段非物质文化遗产大体分为八类:一是民间文学,包括河南民间传说、民谣、叙事长诗、神话传说等,如梁祝传说、董永传说、木兰传说、盘古神话、河图洛书传说等;二是民俗,如太昊伏羲祭典、马街书会、黄帝祭典(新郑黄帝拜祖祭典)等;三是传统民间音乐,如唢呐艺术、板头曲、信阳民歌等;四是传统美术,如朱仙镇木版年画、泥塑(浚县泥咕咕)、剪纸(灵宝剪纸)等手工艺制品;五是传统舞蹈,如狮舞、高抬火轿、灯舞等;六是传统杂艺,如河南的豫剧、曲剧,以及河洛大鼓、南阳三弦书等;七是传统技艺,如陶瓷、织染、食品烹饪等传统技艺;八是传统医药,如中医正骨疗法(平乐郭氏正骨法)、中药炮制技术(四大怀药种植与炮制)等。[2]

河南黄河文化资源类型丰富,各保护单位单独发力会过于分散,统一的文化品牌有利于整合文化资源,最大限度发挥出河南黄河文化资源的优势,便于传播河南声音,促进河南的文化和旅游发展。

一、构建河南黄河文化品牌的总基调

(一) 融合中华民族历史,打造"行走河南、读懂中国"总品牌

"一部河南史,半部中国史。"在悠久的历史发展长河中,河南多个城市先后多次成为多个朝代的都城,如十三朝古都洛阳、八朝古都开封、七朝古都安阳、夏商古都郑州等,在中国的历史文化发展中占据了重要的地位,是中国历史文化、黄河文化演化变迁的见证者。

河南省积极利用自身悠久的历史文化资源禀赋优势,积极推动黄河文化保护传承弘扬。2021年,河南省在《"十四五"文化旅游融合发展规划》中将

---

[1] 参见大河网:《河南黄河文化资源的挖掘整理和价值评估》,见 https://theory.dahe.cn/2021/02-24/803677.html,2021年2月23日。

[2] 参见大河网:《河南黄河文化资源的挖掘整理和价值评估》,见 https://theory.dahe.cn/2021/02-24/803677.html,2021年2月23日。

"行走河南·读懂中国"这一文旅品牌塑造列为2025年乃至2035年期间的重要发展目标,明确通过文旅品牌建设推动河南黄河文化的保护传承。"行走河南·读懂中国"这一文旅品牌将河南丰富的历史文化与中华文明的演化相联系,强调了河南文化在推动黄河文化和中华文化发展演化中的重要作用,以河南为切入口,展示中华民族历史,体现河南黄河文化的重要性和独特性,在总体上构建了河南文旅品牌传承黄河文化、中华民族文化发展的总基调。

(二) 挖掘文旅资源,打造系列产品体系

在明确河南文旅品牌总基调的情况下,河南省结合自身资源优势,积极打造多种文旅产品,推动河南黄河文化资源的创意转化和品牌传播。河南深挖自身的文化旅游资源,形成了多样化针对不同需求的文化旅游产品,包括主题文化旅游线路、研学旅游、考古旅游、博物馆展览展示、文化娱乐消费、工艺品和纪念品等,构建了丰富的河南黄河文化和旅游产品体系。

主题文化旅游线路产品方面,推出人类起源、文明起源、国家起源、逐鹿中原、追寻先贤、姓氏寻根、元典思想、治黄史诗、科技发明、四大古都、中国功夫、红色中原、考古发现等16条主题文化线路,突出文化旅游产品的多维性和丰富性。

研学旅游方面,在原来"聚焦一条线(黄河)、突破两座城(开封、洛阳)、点亮几颗星(林州、新县、鹿邑)"的基础上,进一步构建"行走河南·读懂中国"研学课程体系,联合黄河河务局、清华大学文旅研究中心、世界研学旅游组织共同开展"黄河文化千里研学之旅"。与世界研学旅游组织合作,召开世界研学旅游大会,打造丰富多样的研学旅游产品。

考古旅游产品方面,依托考古成果,积极推动当地特色产品向产业化升级发展。通过积极建设国际考古研学中心,推动成立国际考古研学旅行联盟,谋划建设国际考古旅游安阳示范区,提升河南省黄河文旅产品的国际影响力。积极推动"安阳国际青铜艺术小镇"、妇好墓展示与活化等项目建设,推动考古资源的活化利用。

博物馆展览展示方面,积极利用技术手段、创建不同的场景,提升博物馆展示展陈的趣味性、娱乐性和交互性。通过创意设计融入博物馆文化文物资

源,推出"爆款"文创产品,如河南博物院的盲盒,以有趣新颖的形式传播黄河文化。

文化娱乐消费方面,积极推进"只有河南"、大唐不夜城等项目建设,形成融合黄河文化内涵与当代休闲娱乐消费需求的体验产品和服务。

工艺品和纪念品方面,积极推进河南省工美产业联盟建设,打造融创意研发、加工制造、销售流通、市场服务等为一体的产业链,推进"双千工程"(发展1000家规模以上工艺美术企业、形成千亿级工艺美术产业),为提升河南省工艺美术产品的文化内涵、创意价值提供支持。

二、依托不同黄河文化类型打造文旅品牌

从地理位置上看,河南省位于黄河中下游、华北大平原起点,地形和地貌复杂多样。黄河南段是重要的水利枢纽,是历代黄河治理的关键区域;也是黄河文明的重要源头,历史文化发展脉络清晰完整,文化遗产集中,以此为依托形成了中华文化的源头之一——"河洛文化"。

(一)史前文化遗产资源的活化利用

1. 丰富的史前文化印证文明化进程

史前文化不仅见证了史前社会的兴衰变迁,也让人们对中华文明的起源、形成和发展,对中华民族多元一体的格局认识得更加全面和深刻。

河南省的史前文化包括多个时期和阶段,主要包括裴李岗文化、仰韶文化、龙山文化等。裴李岗文化遗址主要分布在豫中地区的河谷、盆地二级台地上,绝对年代距今约7000—8000年,是新石器时代早期文化,经济形态以农业为主,兼有家畜饲养及狩猎等生产方式。仰韶文化是中国新石器时代彩陶最丰盛繁华的时期,距今约5000—7000年,遗址分布遍及河南全省。龙山文化距今约4000—4500年,主要分布在河南的豫西、豫北和豫中地区,其中以豫西、豫北为主。

这些遗址和考古发现为人们提供了有关河南省史前文化的宝贵资料,有助于了解人类在河南地区的发展历史。

2. 博物馆文创让史前文化活起来

近年来,河南博物院积极响应"让文物活起来"的号召,以"大文创"为理念,强化知识产权保护运用,搭建河南博物院文创基地,积极开展文创领域品牌化商业布局。与此同时,还成立郑州(创意产业)知识产权快速维权中心工作站,打造商标品牌矩阵,加大文创作品的数字版权保护,先后打造了"华夏古乐团""历史教室""豫博文创""豫来遇潮""川上曰""博物雅堂"等一批知名品牌。

在河南博物院推出的众多文创品牌中,"考古盲盒"首屈一指。河南博物院把时下流行的"盲盒"概念和文物结合,把青铜器、元宝、铜佛、铜鉴、银牌等"微缩文物"藏进土中。河南博物院将考古代表的传统和盲盒象征的时尚结合,通过创新激活了年轻人的好奇心、求知欲和兴奋点,大家能够从中感受到发现文物的惊喜感和满足感,从而对史前文化产生兴趣。

(二) 打造"黄河故宫"——嘉应观,讲述"治黄文化"历史

1. 治黄文化凸显奋斗精神

黄河是中华民族的生命之源,为中国人民提供生存之土壤,也屡次挟来洪患劫难。

"一座嘉应观,半部治黄史。"位于河南省焦作市的嘉应观是中国治黄史上具有重要地位的古建筑,蕴含着丰富的奋斗精神内涵,是治黄文化的重要代表:一是体现了勇于担当精神。嘉应观是清朝时期为了治理黄河而修建的,当时的官员们面临着治理黄河的艰巨任务。他们勇于担当责任,不畏艰难险阻,积极组织和参与治黄工作,为保护黄河和人民生命财产安全贡献力量。二是体现了勤勉精神。嘉应观建设过程中,人们始终不辞劳苦、不懈努力,不断探索和实践新的治黄技术和管理方法,通过反复试验和总结经验,不断提高治黄水平。三是体现了团结协作精神。嘉应观是集体智慧的结晶,体现了水利专家和技术人员、政府与民间力量、中央与地方等的通力合作。四是体现了敢于拼搏精神。嘉应观建设过程中,人们始终强调敢于不畏困难、勇往直前的拼搏精神,面对自然灾害、技术难题等挑战,他们不屈不挠、勇往直前,通过不断努力和创新,克服了重重困难。

2.数字化提升嘉应观展览展陈

为深入挖掘黄河文化价值,讲好"黄河故事",塑造黄河文化历史地标体系,嘉应观于2022年开始全面实施数字化项目。一是提升博物馆展陈。依托"黄河文化""治水文化"和嘉应观IP,围绕"瞻仰""千秋治河""大河安澜"三个主题,利用声、光、电、VR/AR等技术手段,通过实物陈展、场景再现、影像资料等,充分展示黄河文化、治河方略、治河工程,展示新中国人民治黄伟大成就。二是打造数字化景区。实施景区数字文旅融合体验项目,构筑高水平的虚拟线上平台。采用MR混合现实、数字合成技术、人工智能、大数据,实施智慧消防、网络购票等,结合VR、MR沉浸式体验设备,全面实现文物保护与景区、博物馆展示的交互式、立体式、行进式展现,把嘉应观打造成为5G环境下MR科技与文旅融合的示范性景区。三是拍摄发布沉浸式宣传片。2022年11月发布的专题宣传片《行走河南·读懂中国——嘉应观》是嘉应观景区首部以黄河治理、黄河安澜、黄河故事为主题的沉浸式文旅形象宣传片。该片实景再现了嘉应观的治黄历史,坚定了"让黄河成为造福人民的幸福河"的信念。

(三)彰显河洛文化,打造大河荟文商旅综合体

1.河洛文化展现历史文脉

河洛文化是黄河流域中特色较为鲜明的一种文化形态,始于裴李岗文化、形成于夏商、发展于秦汉魏晋、鼎盛于唐宋并延续至今,是中国传统文化的重要组成部分。在农耕文明传统下,河洛文化持续进行着自我创造与调适,绵延发展至今呈现出多元的表现形态。具体来看,其当代表现形态可大致分为根源文化、哲学文化、民俗文化、工业文化等四大类型。

第一,根源文化方面,河洛地区是中华文明的发源地,是中华民族奠基与发展的主要区域,其所孕育的河洛文化确立了中华文化秩序,成为中华文明的母体文化之一。这种根源文化是中华儿女的精神纽带,伴随河洛人迁徙进而成为许多地域文化的根源所在。第二,哲学文化方面,宋代以前,河洛地区是思想交流、交融、交往中心,许多国学元典在此诞生并对后世产生重要影响。先秦诸子百家、两汉经学、魏晋玄学、隋唐佛学、宋代理学均发源于此并构成中国哲学史的重要脉络。第三,民俗文化方面,河洛先民在衣着方式、饮食习惯、

民居建筑、生产工具、婚姻形式、墓葬类型、图腾崇拜等方面，创造并形成了具有自身特色的民俗文化，成为河洛文化的根基。第四，新中国成立以来，为实现工业化、城镇化发展，洛阳成为全国8个工业城市之一，其中奠定中国工业基础的156个项目中有7个项目在洛阳涧西区布局，洛阳也因此成为中国现代化、工业化进程中的标志与缩影。

2. 大河荟文商旅综合体提升河洛文化价值

河洛文化经过千年绵延发展形成了类型多样、层次丰富的文化形态，集中展示难度较大，过去仅有综合性博物馆例如洛阳博物馆以单向展陈方式进行河洛文化传播。为进一步按照"颠覆性创意、沉浸式体验、年轻化消费、移动端传播"的新文旅理念讲述河洛文化，洛阳市投资20亿元打造洛阳大河荟文商旅综合体。

该综合体位于洛阳龙门高铁站片区，距离龙门石窟约5公里，总建筑面积18.4万平方米，总高度23.85米，是洛阳市内首个集数字光影演艺、"博物馆+"商业、隋唐文化主题酒店以及剧本娱乐四大业态于一体的文商旅综合体。该综合体着力打造"行走河南·读懂中国"的洛阳文化旅游新名片，构建起一个沉浸式博物馆体验集群，植入主题IP，增强客户黏性，打造五大业态，激发城市新活力，被河南省文化和旅游厅评为第一批河南省旅游科技示范园区试点单位。

为突破用地空间限制、更好地表达河洛文化，该综合体在规划设计时提出多首层、无界复合、重体验、场景革命的发展策略，打造首部数字沉浸式演艺——"寻迹洛神赋"，首家沉浸式数字博物馆，首个城市入夜礼——"河洛掌灯"光影秀，首家大型隋唐文化主题酒店——华茂春松酒店，首家非遗传承人天街市集——"河洛里"，首个全国剧本娱乐产业总部园区，首家城市级中华生活美学馆——"归雁春山"。

其中，数字沉浸式演艺"寻迹洛神赋"作为大河荟的核心业态之一，于2023年5月正式对外演出，全新的观演模式火热出圈，广受各界好评。该演出包含"河图洛书""洛神赋""龙门世遗""翰墨流觞""古今共鸣"五大篇章，以河洛文化为蓝本，以深厚的中原文化为基调，运用数字影像、机械装置、现场演艺相结合的方式，让历史与现代的光辉在此融会绽放，令观众深度参与到场域当中,体验尘封已久的洛阳故事。

三、以文化项目、节庆活动塑造文化品牌

(一) 隋唐洛阳城:遗址公园建设再现古城风采

隋唐洛阳城始建于隋大业元年,是我国现存隋唐时期保存较完整的大型古代城市遗址。自隋炀帝迁都至此,该城先后被称作东京、东都、洛阳宫、神都、西京,历经隋、唐、五代、北宋,是公元7世纪至11世纪全国的政治、经济和文化中心,见证了中国封建社会较为辉煌的一段历史。如今,国家高度重视大遗址的保护与传播建设,隋唐洛阳城成为首批国家考古遗址公园,被列为《"十四五"文物保护和科技创新规划》重点保护利用的大遗址项目。

隋唐洛阳城深耕历史文化资源禀赋,将隋唐遗址纳入城市文化品牌建设,并着力将其打造成洛阳标志性的城市符号和文化品牌,以进一步扩大隋唐遗址影响力,获得更多民众的关注和了解。

隋唐遗址公园遵循国家提出的让大遗址真正"活"起来的发展要求,力求保护活化固态、创新发展业态,不断探索大遗址保护利用的全新路径。以"保护第一、加强管理、挖掘价值、有效利用、让文物活起来"为原则,在有效保护地下遗迹的同时,通过复原再现古城风采。

科技赋能和沉浸式体验是隋唐洛阳城的重要特色。大遗址的特征决定了其展示难度较大,因此隋唐遗址公园充分利用数字化创新展示手段,利用科技为中华优秀传统文化赋能。为丰富游客参观体验,隋唐洛阳城通过AR、VR、投影展示、3D激光投影秀、全息夜游等数字化手段为观众带来现代化演绎,使其在震撼的视听观感中感受到传统文化的魅力,直观领略千年前隋唐盛景。

此外,为了真正实现公众对遗址文化的共鸣,隋唐遗址公园还推出剧本娱乐、研学旅行等文旅业态,以打造沉浸式体验。例如以影视剧《风起洛阳》为主题的"剧本杀",使游客仿佛穿越回千年前的都城,得到大家一致好评。"神都消夏夜"系列活动推出的泼水狂欢、"神都夜宴"沉浸式原创国风情景音乐剧等项目也使观众对隋唐遗址文化有了更深入的了解。基于厚重的历史文化

资源,隋唐洛阳城还推出《丝路奇遇》《万国来朝》等研学项目,涵盖文化旅游、辩论节、考古探案、篮球赛等活动主题,使学子通过研学项目感受历史脉络,坚定文化自信。

(二)"只有河南·戏剧幻城":沉浸式戏剧主题公园讲述中原文化

"只有河南·戏剧幻城"是河南省郑州市新文化地标,于2023年8月入选文化和旅游部发布的《第一批全国智慧旅游沉浸式体验新空间培育试点名单》。河南戏剧幻城颠覆了传统的主题公园演艺模式,以戏剧和专业艺术的形式为新一代消费者创造全新的主题公园消费场景和内容。

河南戏剧幻城通过专业舞台剧和沉浸式的戏剧艺术塑造了独具一格的文化品牌。河南戏剧幻城是中国首座全景式全沉浸戏剧主题公园,是中国最大的戏剧聚落群,以中原文化为魂,以沉浸式戏剧艺术为手法,以幻城建筑为载体,通过21个大小不一的剧场演绎河南古文化的悠久历史,讲述着中原文化的起源与变迁。戏剧幻城着重强调"大棋盘"的设计理念,以中国棋局的"方"为母题,打造56个迷宫般的格子空间,一格一景,每一个院子都是一个独特的世界,营造着不同的戏剧场景。戏剧幻城剧场还充分利用了科技手段搭建沉浸式场景,舞台采用声、光、电、画等智能数字系统的表现形式,配合可升降的机械舞台,打造强大的沉浸感视听盛宴。

河南戏剧幻城坚守品牌定位,致力于通过文化品牌讲述中国故事,传递中国精神。作为中国第一座戏剧主题公园,戏剧幻城开创了中华文化、中国精神的集成式戏剧化表达先河,在主题公园发展进程中具有里程碑意义。

(三)河南洛阳牡丹节:依托城市文化符号打造中华文化超级IP

第40届中国洛阳牡丹文化节期间,洛阳凭借汉服"打卡"、联合经典IP等举措成功营造沉浸式的文旅体验,掀起洛阳旅游热潮。据统计,2023年4月1日至5月15日,洛阳市旅游接待2369.05万人次,旅游总收入177.13亿元。[①]

[①] 参见河南省人民政府网站:《"新文旅"带火一座城——第40届中国洛阳牡丹文化节综述》,见 https://www.henan.gov.cn/2023/05-15/2742475.html。

洛阳的成功出圈,一方面依托于城市的历史积淀,另一方面也得益于洛阳多年来为创新城市 IP 所作的努力。

第一,以汉服元素为洛阳牡丹节的引流利器,营造"爆点",吸引更多的年轻游客。洛阳在汉服领域有着较深的文化积淀。早在 2018 年,洛阳就已举办首届中国洛阳华夏汉服文化旅游节,邀请数万游客着汉服游洛阳,随后几年也多次以花朝节等传统节日为契机,推出穿汉服游园、吟诵、簪花等活动。在 2023 年洛阳牡丹文化节期间,洛阳迅速抓住"汉服变装"的新风口,通过在各社交媒体平台上传变装视频,使洛阳汉服体验一时成为公众讨论的热门话题。2023 年 4 月初,牡丹文化节启动之时,洛阳市政府就已推出穿汉服乘地铁优惠、王城公园赏花免费等举措。同时,当地政府也积极鼓励商户在景区周边开设汉服体验店,在整个洛阳城大力营造隋唐文化、汉服体验的氛围,并有意丰富消费形态,培育汉服产业。

第二,联合经典 IP,营造线上线下一体的沉浸式联动体验。2022 年,爱奇艺制作的网剧《风起洛阳》全网热播,片中深度还原了古洛阳时期的众生百态与人文风貌,在网络上引起了广泛关注。洛阳迅速借力《风起洛阳》这一强势 IP,联合爱奇艺在综艺、舞台剧、VR 全感电影等领域开展全方位的合作。在 2023 年洛阳牡丹文化节期间,公交、地铁等公共场所到处播放着《风起洛阳》的影视片段,以多元方式展现洛阳文化,实现了线上引流、线下转化。此外,洛阳文旅还携手网易游戏《大话西游》开展了一次跨界联动,打造"牡丹文化节和《大话西游》洛阳花会"的沉浸式联动体验。在线上,玩家通过洛阳花会玩法沉浸式参与到花会筹备、游园赏花等各个环节,在游戏互动中了解洛阳牡丹的历史文化。在线下,《大话西游》游戏在九洲池和国家牡丹园设置互动摊位,并推出各种现场活动,这使游客产生了更强烈的联动感知。此次与《大话西游》IP 的成功合作,可以说是传统文化与游戏结合的一次成功尝试。

洛阳牡丹文化节以"颠覆性创意、沉浸式体验、年轻化消费、移动端传播"为理念,推出特色文旅活动为游客营造全新的旅游消费体验,推动 IP 文化价值的延展,走出了一条具有洛阳特色的新文旅发展之路。

四、线上线下多样化文化品牌营销体系

（一）科技、创意融入综艺节目制作

2021年春节，河南卫视春晚舞蹈"唐宫夜宴"将情景剧的表现形式与舞台科技相结合，在同质化的晚会节目中脱颖而出，赢得了大众的喜爱，火爆"出圈"，成为2021年春节国民关注度最高的节目之一。借着"唐宫夜宴"的热度，河南卫视又接连推出了关于元宵、清明、端午等"中国节日奇妙游"系列节目，不断引发网友热议。河南卫视"中国节日奇妙游"系列节目立足广袤的中原大地，以"华夏文明现代表达"为创作原则，以博大精深的黄河文化为依托，深度挖掘河南文化瑰宝，将文化基因植入内容创新之中，利用当代新媒体技术将"老家河南"的符号融入整个创作当中，努力把几千年沉淀下来的优秀传统文化变成看得见、摸得着、可体验的融媒产品，并以独特的审美能力，将传统文化与现代艺术相结合，通过跨时空转换、二次元衔接、"网剧+网综"，在高新视频技术的支持下，讲述了"一部河南史、半部中国史以及璀璨的中华大文化"，增强了河南群众对于本土文化的自豪感，最终成功引发全网讨论，把传统文化的大情怀、中华民族价值观念和中华民族文化自信传递给观众，为观众带来思想、文化、审美与心理层面上的洗礼。

（二）积极运用新媒体营销手段

1. 线上直播扩大影响范围

洛阳推出的"云赏牡丹、花开满屏"线上直播，焦作云台山直播的汉服花朝节，都是黄河文化通过新媒体传播的有益实践。第38届中国洛阳牡丹文化节24小时大型线上直播活动，围绕"牡丹情、黄河魂"这一主题，充分利用"网络直播+电视直播+网络互动"的方式，将洛阳的厚重历史文化、经济社会发展、城市文明风貌、文艺精品佳作等贯穿始终，有序衔接，充分展示黄河文化、河洛文化、牡丹文化的博大精深和独特魅力。

焦作云台山直播的汉服花朝节融入艺术、诗词、水墨等元素打造沉浸式国风艺术空间，以鲜明的艺术形式将写意、入画、展卷、探幽等十幕诗意场景生动

呈现,动态描绘山脉流动、云雾水系、春染千山之胜景,广大游客"步"入画中,穿越古今,产生了奇妙观感。云台山以文旅文创为引领,围绕"竹林七贤"等核心文化持续打造IP活动及爆款产品,丰富沉浸式文旅新业态。近年来,其汉服活动成为全国传统文化爱好者的重要集会,每年引流20余万人并引发春游热潮。

2.短视频宣传黄河主题文化

近年来,河南洛阳坚持"颠覆式创意、沉浸式体验、年轻化消费、移动端传播"的工作思路,取得明显成效。从"唐宫夜宴"到"洛神水赋",从"登场了!洛阳"到"风起洛阳",多个文化和旅游爆款IP让洛阳频频"出圈"。洛阳发力移动端传播,把移动端作为主要传播平台,把短视频作为主要传播载体,将创意内容与网络传播结合起来,运用青年话语体系和短视频等新媒体手段,形成热点话题,推动高效引流。在抖音平台,"洛阳汉服"火爆出圈,成为抖音最受欢迎的汉服打卡地,截至2023年9月,"总要来洛阳穿穿汉服"总播放量超8465万次,"洛阳汉服有多火"总播放量突破3.1亿次。游客穿上汉服沉浸式体验古都文化魅力,隋唐洛阳城应天门遗址、九洲池、丽景门等历史景点成为短视频中的网红新坐标。洛阳通过移动端传播彰显古城魅力,吸引年轻人,助力青年友好型城市建设。

除此之外,最新发布的500部"行走河南·读懂中国"郑州主题系列短视频,包括当地与新华社新闻信息中心共同策划摄制的纪录短片"文物里的郑州"、与中国电影家协会联合征集评选出的"根亲中国"华语电影短片以及"郑州之眼""行走郑州"系列短视频,多角度、多主题、多手法展现郑州的悠久历史和城市魅力。

(三)线上线下联动传播

河南卫视春晚中的"唐宫夜宴"火爆出圈后,其中的"唐宫小妞"形象也成为深受观众喜爱的文化IP。河南卫视趁热打铁,在接下来的系列节目中都采用了"唐宫小妞"这一形象IP,在广泛征集网友意见后,形成了具有独特性格的唐小玉、唐小彩、唐小可和唐小竹这四个少女形象,进一步延续了"唐宫IP"的热度。在"唐宫夜宴"的"番外"作品中,身着古装的少女从舞台转到线下,在郑州的多处著名景点以及地标进行打卡,穿梭于拥有众多古文物、富于文化气息的河南博物院中,营造了一种生活化的气息,不仅加强了线上观众的黏性,还形成了线下实地游览的热潮。

河南各博物馆积极利用线上线下联动的形式传播黄河文化、河南历史文化。河南博物院在豆瓣、微博和官方媒体等平台进行产品传播,将产品中的文化内涵、产品迭代的过程与理念精准生动地传递给消费者。如,河南博物院积极利用微博平台宣传文创产品,增强文创产品的热度并与粉丝建立情感联结。河南博物院建立"豫博文创大怒哥"微博账号,用亲切幽默的语言与网友进行沟通交流,宣传运营河南博物院文创产品,将有意愿购买的用户转化为官博的粉丝,并定期告知补货情况。微博日常更新的内容主要包括四个方面,一是文物科普,从2021年1月31日开始,每10日在微博更新一次盲盒日志;二是转发考古热点,用"考古盲盒家族又要有新成员啦"这种幽默的语句,将网友对考古新成果的关注转化为对河南博物院的关注,借助三星堆考古等外部热点提升粉丝数量;三是播报考古盲盒的制作进度,考古盲盒制作所需的土出自洛阳邙山,"挖土"周期长,官方微博实时播报发货进度告知消费者,并且让消费者看到工作人员的工作现场,拉近距离;四是做好售后服务,尽量保证消费者盲盒开箱的体验感,将消费者的注意力更多地集中在"考古"过程,凸显考古背后的文化内涵,对用户的二次创作进行合理引导,鼓励用户录制开箱视频;五是发布抽奖活动,利用抽奖福利吸引消费者关注官方微博,在宣传考古盲盒产品的同时,精心宣传河南文化,提高消费者对河南博物院IP的黏性。

同时,河南博物院还积极拓展线下传播方式,通过入驻潮玩店等方式吸引更广大的消费群体。2021年4月17日,考古盲盒入驻成都TOPTOY潮玩,消费者无须前往博物院也能购买到考古盲盒。河南博物院还创新了销售形式,以特展的方式吸引消费者了解考古盲盒。2021年7月3日至11日,河南博物院在郑州二七万达广场举办了"失传的宝物"考古盲盒文创特展,共展出22件考古盲盒的宝物,以及四个文物仿制品。现场公众只要关注了"河南博物院文创研发中心"的公众号就可以免费参加考古发掘游戏。购物中心的人流量大,有助于扩大考古盲盒的传播范围,拓展消费群体。

第五节 黄河文化旅游品牌培育和传播的思路与对策

一、重视黄河文化和旅游资源的转化利用

（一）转变观念，重视文化资源向文化产品的转化

历史文化资源价值的内隐性决定了黄河历史文化资源要因地制宜运用多种方式将静态的文化资源转变为易于理解、可被感知和体验性强的动态文化产品和服务，以输出历史文化资源价值、凸显基于历史文化价值基础上的文化和旅游品牌定位。要充分认识到历史文化资源不等同于文化产品，摒弃单纯依靠营建景区来推动文化资源转化、促进文化品牌培育的方式，依托文化符号提炼、历史故事的当代版创新、联名主题活动等形式着力推动黄河历史文化资源的转化利用和品牌培育。同时，要进一步发挥规划文件的重要引领作用。黄河流域各省市文化和旅游产业发展规划的制定，要将重点放在探索历史文化资源转化利用的路径上，引导创新历史文化资源转化方式，突出文化元素、文化价值对旅游的带动作用，促进历史文化资源真正通过文化产品和服务形式被受众广泛接受。

（二）创意化开发，提升黄河文化资源转化效率

从黄河文化内涵表达、文化产品与服务体验方式和技术赋能等方面提升黄河文化资源创意开发水平。一是形神兼备，文创产品应深刻表达黄河文化内涵。在内涵表达方面，文创产品首先要对黄河文化资源所蕴含的精神内容进行深度挖掘，找到充分体现文化背景和精神内涵的要素，避免简单的符号嫁接导致产品有颜值无内涵；在设计方面，加强文创产品与现代生活的衔接，在外观、用途、审美等方面，提高文创产品层次和质量，将"老经典"与"新时尚"进行结合，促进黄河优秀文化元素的当代化、生活化表达。二是动静结合，增强黄河文化资源的体验式、互动式开发，使黄河文化资源的静态展示与动态呈

现相结合,丰富文化资源的开发方式和表达形式。如,在宁夏中卫沙坡头景区黄河区,黄河飞索、黄河蹦极、黄河羊皮筏子等游乐项目成为黄河文化特色体验项目。还要坚持重大项目建设与微观场景营造并行,结合地方文化资源的特点和情境,打造多种主题文化场景,提升沉浸性、体验性和互动性。三是虚实结合,以数字技术赋能黄河文化资源开发。沿黄省份文化资源多而散,要利用微博、抖音等互联网平台,开发不同的数字化产品进行展示,或者是通过数字文化资源库的建设加以整合。积极打造数字化文化场景,通过VR、人工智能、3D投影等多种技术形式的结合,搭建文化场景,提升文化服务的互动体验感。如扬州中国大运河博物馆的"沙飞船",通过模拟坐船扬帆远行,使观赏者亲身感受运河两岸的城市和乡村风景。开发数字文创产品,如沿黄主题数字藏品,丰富文化的数字化表达形式。如,山西运城大槐树景区联合腾讯开发了"寻根文化"数字藏品;山东滨州打造了"黄河守护者联盟"非遗剪纸数字藏品。

(三) 发挥社会组织在文化资源创意转化中的专业性

社会组织在文化资源的转化创新利用方面具有专业的优势,要积极促进黄河流域各省文化旅游景区、文博单位与社会组织的合作,发挥社会组织专业所长。一是畅通招商引资渠道。通过重大会展活动、新媒体平台等方式畅通多样化的招商引资渠道,为社会组织获得合作信息提供必要的渠道。二是积极开展授权合作开发模式。通过将运营权和管理权授权给专业的社会组织,进行文化资源的专业化开发、运营和管理,提升文化资源开发的效率和收益。黄河流域有大量景区的开发委托给了专业的社会企业,但在文化与旅游融合的项目设计上,更应关注与专业的文化设计、文化创意企业进行合作,提炼适合产品化的黄河文化元素和符号。三是以"小而美"的项目提升资源转化开发的效率。积极探索耗时短、成本低、创意优的小项目作为黄河文化资源转化开发的重要方式。减少突发公共卫生事件对项目建设周期产生的不利影响,发挥"小而美"项目的特点,集中将主题突出、特色鲜明的文化产品和活动进行开发和运营,在短时间内提升投入和产出比,实现经济、文化和社会价值的同步提升。

二、坚持从市场需求出发分类培育品牌的原则和理念

(一) 坚持以市场化机制培育文化旅游品牌

文化旅游产品和品牌要在文化市场进行流通和反馈,要始终坚持从市场出发的原则和理念。市场是聚焦文化消费需求、反映文化和旅游发展趋势的重要阵地,要善于观察和研究文化市场的需求,根据文化消费市场不同消费群体的需求,结合区域特色文化资源进行品牌塑造,并以动态发展的眼光随着文化消费需求的变化对文化旅游品牌内涵和产品形式进行相应的调整,保障品牌的持续性发展。政府在文化旅游品牌培育的过程中要为文化和旅游企业创造良好的发展环境,激发文化和旅游企业打造特色品牌的创新创造潜能,减少不必要行政干预,真正从文化消费需求出发,制定市场需求的文化和旅游消费产品,形成具有竞争力和影响力的文化旅游品牌。具体来说,要从运营能力、政策制度、监管机制等方面最大化发挥市场对品牌的培育作用。一是提升国有文化和旅游企业运营能力。国有文化和旅游企业是黄河文化旅游品牌培育的重要主体,其运营能力直接影响着文化和旅游产品的市场化发展水平和文旅品牌的市场化培育程度。要对标国内外文旅行业的标杆企业,从产品、服务、运营以及品牌培育等层面全面提升运营管理水平,提升自立营管、自负盈亏的水平。二是政府为文化和旅游企业提供良好的政策发展环境,为国有文化和旅游企业、民营文化和旅游企业提供税收返还、贷款优惠、劳动力福利保障等方面的扶持政策,降低文化和旅游企业发展的成本,鼓励文化和旅游企业开发文旅产品,塑造文旅品牌的热情和创意潜能。三是建立科学的市场监督机制。推动构建公平与开放的文化市场秩序,保障各个文化市场主体的品牌创新发展权利。合理管理文化和旅游市场,建立和完善文化和旅游市场管理机制,通过运用法律、行政等手段适时对文化和旅游市场进行规范和管理,引导形成用户与品牌、企业主体方互生互依的文化市场。

(二) 分类培育黄河文化旅游品牌

黄河文化旅游品牌有不同的种类,如演艺品牌、特色工艺品牌、节庆品牌、

博物馆品牌等,在品牌培育过程中要坚持分类培育方式,根据各类品牌业态内容、发展规律和市场环境等存在的差异特点,有针对性地施策培育。如,演艺品牌的培育需要巨大的资金投入来支撑,要着重通过投资基金、社会资本参与等多种方式保障演艺产品内容、品牌内涵和形象的不断创新和更新;针对特色工艺品牌培育要构建完整的产业链条,推动特色工艺品的产业化发展,形成具有产业规模和文化价值的品牌;对于节庆品牌的培育,要积极搭建平台,为节庆活动提供充分展示地域文化特色和文化交流的在地和在线场所;对于博物馆品牌的培育要积极将社会组织引入博物馆品牌的培育过程,发挥社会组织在创意、人才以及了解文化市场消费需求等方面的优势,发挥博物馆文物资源的文化和经济价值。

(三) 形成文化旅游品牌的差异化竞争格局

发挥区域文化特色优势,打造特色鲜明、差异化发展格局。一是优势互补,避免同类同质文化品牌竞争。建立科学的合作机制,发挥不同区域文化的价值,寻找不同地区之间文化的连接点,以优势合作代替品牌竞争。二是差异化路径打破雷同模式。文化旅游品牌的发展应突出区域特色,不能丢失独特的文化属性价值。黄河文化旅游品牌建立初期要着眼于发挥各省区的独特地域文化资源优势,进行特色文化品牌定位,打破传统的统一开发模式。黄河下游省区要发挥技术、人才、资金等优势、中上游省区要发挥文化资源优势,塑造独特的文化旅游品牌。山东省等产业化程度较高的省市应主推创意设计、数字软件、国际交流、文化贸易等创意产业和文化品牌;四川、青海、内蒙古、陕西、山西等上中游地区拥有丰富物质文化遗产资源,要设计节庆活动项目和旅游体验项目来传播文化内涵。例如,作为黄河产业带的重要节点区,青海省的丝绸之路文化带重点打造酒泉市文旅品牌,以文旅深度融合为产业发展主线,全面开展各类会展策划、文艺演出、节日庆典等活动,通过线上线下媒体和平台进行传播,拓展文旅融合发展的新途径,吸引在地居民和外来游客的关注,强势带动酒泉文化的品牌效应。

三、塑造凸显区域特色的文化旅游品牌

(一) 结合区域发展特点明确品牌定位

区域经济文化发展的实际情况是文化旅游品牌培育的前提基础,沿黄省

(区)文化旅游品牌的培育要建立在充分了解区域经济文化发展的现实情况基础之上,结合区域文化资源的特色,挖掘既能凸显区域文化资源特色,又能依托区域经济发展的情况,利用区域经济发展的要素资源的文化资源类型,打造具有鲜明地域标识的文化和旅游品牌。如,"多彩贵州"区域文化品牌的定位是在贵州以生态农业、畜牧业、养殖业和文化旅游为主导产业发展的现实基础之上,结合贵州文化资源的系统梳理、挖掘和提炼而形成的。"多彩贵州"区域品牌定位聚焦在"原生态"上,认为"原生态文化"是贵州最具代表性、独特性的文化价值,提出"神奇原生态"的品牌核心价值和"贵在原生态,醉美民族情"的品牌口号,将区域经济发展的特色与丰富的文化和旅游资源相结合,凸显贵州特色。

(二) 品牌培育注重传统文化的时尚化表达

黄河文化旅游品牌的培育要注重对文化和旅游资源的提炼,利用时尚化、创意化的方式予以呈现,让文化消费者在当代文化语境下感受黄河历史文化的博大和精深。黄河文化旅游品牌培育要坚持"传统文化思想的契合性和传统文化品牌精神共鸣性"的原则,将黄河传统文化资源挖掘提炼与黄河文化思想诠释、文化和旅游要素提炼、文化和旅游形象设计进行巧妙地融合,实现广泛的社会认同,提升大众对黄河文化内涵和相关品牌的了解;在黄河文化旅游品牌的塑造过程中,通过象征价值、社会价值和品质价值的认同,实现文化消费者身份认同,进而推动产生文化消费者与文化旅游品牌的精神共鸣。在具体的文化旅游品牌培育路径上要通过文化元素与精神提炼、传统与当代的对接与融合以及文化形象的塑造等方面推动文化旅游品牌创意化的培育。一是黄河文化创意化表达的文化元素与精神提炼。系统梳理黄河文化和旅游资源,选取与当代文化发展理念相一致的传统文化思想及相应的文化资源,保持传统文化思想与当代文化思想的一致性、传承性和可接纳性,促进文化消费者通过文化旅游品牌加深对黄河传统文化思想与当代文化思想演化发展的认知和理解。二是在传统文化与当代文化的融合中创意塑造特色文化旅游品牌。选取能与当代文化消费习惯、文化生活方式相适应的文化资源类型,如博物馆根据生活场景打造的文化创意产品、融合现代文化语境的传统曲艺演出等,用传统文化资源为当代文化生活和消费增加经典性和趣味性的色彩,让当代文化语境为传统文化创造新的生机,吸引更多年轻群体了解、感知黄河传统文化的魅力。三是塑造文化旅游品牌形象。选取和创造能够代表黄河传统文化价值内涵的符号,包括运用代表性的传统文化符号、关联运用多种文化符号和文化符号的意义转换来让文化消费者产生视觉和大脑深层的记忆和联想,推动文化旅游品牌符号与黄河文化产生强烈的关联,以品牌符号推动黄河文化价值的广泛认知和传播。

(三)注重品牌的系列化开发

在系统梳理黄河文化和旅游资源的过程中,要注意挖掘文化IP,可以通过一个符号、一个故事、一个人物形成具有鲜明特色和标识性的文化IP,再围绕文化IP打造系列爆款产品,纵向延伸产品线,拓宽文化消费市场范围,延长文化品牌的影响时间,同时要根据市场反馈不断变化文化品牌的内容品类和范围,保持文化品牌的市场敏感性和持续性发展热度。如,河南卫视打造的"奇妙游"系列品牌依托中华传统文化节日,将元宵节、清明节、端午节、中秋节和重阳节制作成系列"奇妙游"节目,延长了"奇妙游"产品线,不断激起讨论话题的热度(见表4-2),吸引了众多年轻文化消费群体的关注,扩大了"奇妙游"文化旅游品牌的市场反响。

表4-2 "奇妙游"系列播放热度

节目 热度	元宵奇妙游	清明奇妙游	端午奇妙游	中秋奇妙游	重阳奇妙游
视频点击量、话题讨论量	根据微博、B站、快手等全网平台数据统计,自2022年2月25日至28日,"河南博物院元宵奇妙夜"话题阅读量、观看量已破9亿。	全网超25亿的点击率。	自2022年6月2日至13日,"河南博物院端午奇妙游"相关话题词总阅读量7.2亿。	开播48小时内,节目全网传播量突破60亿,抖音单条话题词播放量破10亿,斩获主要榜单近百条热搜。	自2022年10月3日至7日,"河南博物院重阳奇妙游"相关话题词引爆全网数据近50亿次流量。其中,微博端有效触达粉丝45亿,抖音端3亿,B站、快手、视频号、小红书、百度、今日头条、百家号、公众号等其他平台总计2亿。

数据来源:根据澎湃网和凤凰网整理。

四、以文化与技术融合促进品牌价值提升

(一) 利用技术驱动品牌内容创新

技术在黄河文化和旅游资源产品开发和品牌塑造过程中发挥着重要的作用。要注重依托技术拓宽文化和旅游产品展示方式、催生新业态创新发展等方面的应用,提升文化旅游品牌的内容和价值创新。一是依托技术丰富文化和旅游产品展示方式。注重依托技术手段提升黄河传统文化资源数字化存储和展示,为文化内容和品牌创新创造技术条件。数字化技术的创新发展为黄河传统文化资源,尤其是为不可移动的、珍贵的文化资源提供不被损坏也不失魅力的展示渠道。黄河传统文化资源,如文物、文化古建筑通过数字化扫描、数字孪生、数字建模等技术,将珍贵的文物和文化古建筑等文化遗产进行数字化再现,让更多的文化遗产,尤其是珍贵文物有了更多的机会与大众见面。展示文物承载的古代能工巧匠的超群技艺,也大大减少甚至消除了空间及其相关的温度、光照等因素对珍贵文物资源的影响,为文物等文化资源创造了良好的存储和展示条件。要积极利用数字化存储等技术手段,对黄河文化和旅游资源,尤其是博物馆文物资源进行数字化扫描和存储,结合动态化的、场景化和创意化的展示方式,促进黄河文化旅游产品内容创新。如甘肃省博物馆的《金城揽胜图》,通过数字化的存储,完成了从静态纸质到动态影像的转变。画作中的黄河、城郭、南山、衙署、城楼、寺院、园林、桥津、水车、筏子等景物,通过3D建模被立体还原。《金城揽胜图》在博物馆内展示时,画作中的每一处建筑和景点都是可以被"打开"的,观众只需动动手指,就能穿越时空与历史对话。《金城揽胜图》是利用数字技术实现文物资源数字"活化"的典型案例,通过数字化扫描获取文物资源的数字影像,以此为基础,叠加全息影像等技术和文化创意设计,实现了产品内容的创新和品牌价值的提升。二是利用技术创新推动新业态产品和品牌发展。依托技术推动黄河传统文化资源与新业态融合,创新文化旅游产品和服务。互联网和数字技术成为文化信息、内容和服务生产和传播的重要载体和传播渠道,技术为文化产业和旅游产业不同门类资源的组合提供了重要的条件,黄河传统文化资源通过技术手段的应用,可以

实现与网络综艺、网络直播、网络展演等新型业态相结合,衍生新型的文化产品和服务,丰富消费者的审美体验和对文化旅游品牌的认知和感受。互联网和数字技术深入融入文化领域和人们生活,网络直播、网络展演等新型业态频出,这些新型的业态更加迎合"Z世代"等年轻文化消费群体的消费习惯,传统文化元素和内容与新技术、新业态的结合能扩大受众群体,增进年轻人和不同领域的群体对黄河文化的认知和了解。在黄河传统文化资源与新型业态的融合创新过程中,要坚持内容为王、技术为支撑的原则,用技术为内容创新服务,摆脱"炫技"模式,从内容出发,寻求技术为内容服务的着眼点和支撑点,大胆突破观念束缚,巧妙嫁接、融合不同时空历史文化背景下的文化元素,与文化旅游品牌的定位和形象相一致,塑造经典有趣、时尚多变的文化旅游品牌。

(二) 依托技术塑造品牌多维场景

技术的创新和应用突破了文化场景静止固定的时空特点,为文化场景的营造提供了更多创意的可能。要充分利用LED巨屏、高清全息投影、AR/VR、3D设计、CG、云渲染等技术生成逼真、实时、三维虚拟场景,为博物馆、文化馆、艺术馆的展品展示和艺术舞台的呈现提供多维变换的设计,以沉浸式的体验带给观众对艺术作品和展品直观的感受,进而体味文化旅游品牌的价值内涵。如,洛阳牡丹博物馆采取"实物展陈与互动体验相结合、文物展示与场景再现相结合、可控天然光与人工光相结合、传统展陈和数字技术相结合"的手段,系统介绍文物、诗词、谱记、艺术等牡丹文化相关内容。展馆通过3D建模、3D投影等技术将静态文物进行动态演绎,加以声、光、电以及环境营造的交叉融合,如通过三维建模影片技术复活的《洛神赋图》、全息幻影成像《牡丹亭》,让人们在极具视觉冲击力和沉浸感的场景中感受牡丹文化的魅力、了解源远流长的河洛文明。黄河文化旅游产品创新和品牌培育要注重利用技术,依托不同的空间打造特色的文化场景。积极打造以文物为代表的物质文化遗产和以民俗节庆、传统技艺为代表的非物质文化遗产的展示和互动的空间场景,构建黄河传统文化和旅游资源的创意化多维场景。如,黄河国家博物馆在建设中力图打造全球黄河文化IP,努力打造云展览、云体验、云互动等新场景、新模式,让文物真正"活"起来。对于以文物为代表的物质文化遗产资源的品牌培育要让资源在博物馆或者特定的文化空间场景"活起来""动起来",用技术手段赋予物质文化遗产生命,并创新设计成为相应的品牌形象。如,根据每个文物类型或者以博物馆为单位设计"文物精灵"作为文化旅游品牌形象,以文物精灵作为主持人和介绍人,以文物自身为主角介绍其特色,并通过游戏环节增强互动体验,让参观真正变为游览,从以"看"为中心转变为以"玩"为中心。以传统技艺为代表的非物质文化遗产资源的品牌培育要依托技术手段,通过文化空间场景的巧妙设计,在参与互动中体验传统技艺的魅力,以多次互动的亲身体验增强对非物质文化遗产资源的了解,加深对其品牌内涵和价值的感知和认识。

五、增强品牌联动性

文化旅游品牌的培育要注重品牌在主题、产业品牌培育以及开发主体协同等方面的联动性,通过串联式、协同化的培育方式,形成品牌在内容主题和价值上的联动、呼应,实现品牌溢价基础上知名度和影响力的提升。

(一)设计联动呼应的系列品牌主题

沿黄九省(区)同属黄河文脉,拥有共同的黄河文化基因,黄河文化传承性和地理位置的贯通决定了沿黄九省(区)在黄河文化和旅游资源开发和品牌培育过程中存在密切关联性,也决定了培育黄河文化旅游系列品牌的必要性。一是打造黄河文化旅游统一品牌。提炼黄河文化的显著资源,形成具有鲜明标识的黄河文化品牌,为沿黄省域黄河文化旅游品牌的培育定好基调。二是构建相互呼应的系列品牌。要破除"单打独斗""各自为政"的品牌培育做法,在打造黄河文化旅游统一品牌(如"中华母亲河"品牌)的基础上,形成特色突出又相互呼应,具有系列关联性的品牌体系,形成多点开花、相互映衬的品牌发展格局。尤其当黄河文化旅游品牌培育的优势省域打造的品牌成功出圈时,会形成带动效应,如同系列电影对观众的吸引,让黄河文化消费者在好奇心的驱使下探寻系列品牌的内容,从而带动沿黄文化旅游品牌培育处于相对弱势的省域品牌的吸引力和影响力,形成巨大的带动和辐射效应,促进沿黄省(区)文化旅游品牌培育的均衡化、共赢化、联动化发展。

(二) 以文化创意设计与相关产业融合促进品牌价值提升

一是以文化创意设计与旅游产业的融合可以提升黄河文化旅游品牌创意指数。推动文化创意设计与旅游融合发展,以创意设计推动黄河旅游纪念品、演艺、节庆等业态的创新发展,创新各业态产品与服务的内容,提升创意含量,吸引更多消费群体的关注和体验。二是以文化创意设计与制造业的融合提升文化旅游品牌价值内涵。通过创意设计推动具有黄河文化元素的服饰、文化创意产品、数字创意产品和品牌的开发和打造,形成真正具有黄河文化精神气韵和创意活力的产品品牌。三是以文化创意设计与农业的融合推动塑造新业态品牌。通过文化创意设计与农业的融合,推出休闲观光游、研学游等新业态,满足消费者深层次文化体验消费,提升黄河文化旅游品牌价值内涵和定位。

(三) 构建品牌培育的协同合作机制

黄河文化和旅游资源是带状的资源形式,大多资源是各省域共同所有,要建立区域协同合作机制,促进黄河文化和旅游资源开发、品牌建设的深入推进。一是依托共有资源开展品牌培育的省际合作。针对两省或者多省共有的资源,开展省际合作,打造联合品牌,促进资源整合,实现利益共享。二是推进建立省际黄河流域文化旅游交流合作联席会议制度。定期举办省际黄河文化旅游交流会议,对各省确定相互区别又突出特色的文化旅游主题、文化旅游品牌标识、文化旅游标准化服务等进行商讨,推进形成差异性突出与特色凸显、资源共享与利益共赢、管理规范和标准化运作的高效合作模式。三是形成多元主体协同培育模式。发挥政府、国有文化和旅游企业、民营文化和旅游企业、文化创意设计企业、中介服务机构等多元主体在政策扶持、项目规划、市场运营、创意设计以及咨询信息等方面的优势,形成多元主体合作培育模式,实现黄河文化和旅游资源产品打造和品牌培育效率和质量的提升。

六、构建差异化与多元化的传播体系

(一) 确立传播主体差异化优势,构建多元传播格局

一是确立黄河文旅品牌传播主体的差异化优势,建立品牌传播梯队。不同传播主体在传播形态、传播行为、传播能力等方面存在一定差异,各有其独特的优势,不仅决定着传播策略和媒介的选择,也掌握着传播内容的取舍,影响着传播效果。一方面,要充分利用政府在文化品牌传播中层次高、覆盖面大、可信度强的特征,使其做好黄河文化旅游品牌传播的"排头兵"和价值引领者,守好国家叙事的阵地。同时,一定程度上吸收多元的叙事策略,兼备宏大叙事手法和微观故事讲述,从激发受众情感认同角度出发进行品牌叙事。另一方面,要充分重视民间叙事主体在区域文化旅游品牌传播中的话语力量。得益于网络和智能媒介终端的发展,民间叙事主体在区域文化旅游品牌的传播中形成了巨大的话语空间,民间叙事更具微观性和真实性,相比国家叙事更能激发共情,大量民间叙事集结成传播内容的群像,能够给受众带来更加强烈的感官刺激和情绪感染,如快手、抖音等社交平台上聚集着大批内容生产者,可以形成对黄河文旅品牌的强大的传播力,要赋予民间叙事主体更重要的角色和更大的发挥空间。

二是建立黄河文旅品牌传播主体联动机制。在黄河文化旅游品牌传播过程中,各传播主体需要改变传播理念,由"被动输出"转变为"主动提供",由"自上而下"传播转变为"自上而下与自下而上"传播相结合,建立互动传播模式,整体提升黄河文化的传播效果。设立全国性和地方性的黄河旅游合作组织,牵头建立沿线城市间的多双边合作机制,避免在黄河文化旅游品牌传播过程中"单打独斗"。根据各地需求及资源特色,联合打造黄河文化主题的旅游产品和旅游项目,联合沿线城市对黄河文化及沿线各城市文化的价值与精神内涵做深度梳理与挖掘,提炼品牌内核。推动建立政府和社会力量相互配合、共同协作的传播机制,积极发动各类社会组织、企业、个体参与保护、共享和传播黄河文化,最大限度调动各方积极性,实现共建共享共赢。

三是充分重视和提高旅游者、本地居民和网络内容生产者等个体通过社

交媒体分享旅游体验的意愿和行为。随着短视频和直播行业的迅猛发展,一大批网红达人从平台涌现,其态度和行为喜好容易引起大众的关注和追随,其旅游记录和分享相较于传统的旅游推介方式更容易带给受众一种虚拟的体验参与感。因此,"旅游+网红"成为旅游景点迅速吸引人气的一条捷径,也成为文化旅游资源融合开发的一个新风向。文旅部门或旅游景区可以联合MCN机构孵化专属的文旅网红代言人,打造网红旅游项目和文化旅游IP,促使受众群体与旅游品牌建立长久的情感联系。

(二) 锚定传播受众,挖掘消费需求

一是关注黄河文旅品牌受众差异性,进行精准传播。随着消费升级,消费者对产品与服务的基础性、功能性需求不再成为消费的主要目的,而是更加注重附加于产品或服务之上的文化内涵、价值理念乃至品牌形象等。因此,目标受众不同,其群体特征、媒体偏好、关注的利益点、认知态度、认知阶段等都是有差异的。确定目标受众群,通过互联网专业平台,全面整合关键词、主题词等数据信息,精准描绘目标受众的自然属性、行为特征等画像信息,了解其文化和旅游偏好与消费需求,最终使受众特征与品牌传播点位准确匹配,提高传播效率。

二是推行传播受众多样化的传播策略。随着社交网络的崛起,传统社会的"圈子文化"逐渐发展为"圈层",形成了基于兴趣爱好的趣缘圈层、基于亲情连接的情缘圈层、基于交往需要的社交圈层、基于特殊诉求的个性圈层等。圈层文化强化了"信息茧房"效应,也对品牌传播的精准推送与辐射范围的扩大形成了挑战。在传播对象和渠道选择上要重视圈层的差异,根据不同圈层的特点建立不同的黄河文化旅游品牌信息传播体系。

三是建立黄河文旅品牌传播的反馈机制。传播者与受众之间并不是相互独立的,而是存在着传递和反馈的相互依存关系。做好事前需求收集工作,通过各种信息途径搜集、分析受众的需求,并据此选择适合的传播内容和传播手段;建立事中反馈机制,搜集黄河文化旅游品牌传播过程中存在的问题和不足,及时进行修正调整;建立事后反馈机制,利用现代科技手段对黄河文化旅游品牌传播整个过程中搜集到的反馈信息进行分析处理,为下一阶段传播计

划的完善提供参考依据。

(三) 整合传播渠道,扩大品牌外延

一是构建全媒体传播矩阵。媒体的碎片化使得单个媒体的传播不能覆盖所有用户,因此根据媒体性质设计针对性的传播内容,构建传统媒体与新媒体的矩阵传播,可提高传播效率。建立政府部门牵头、相关部门与媒体共同参与的宣传推广机制,整合官方和民间优质传媒平台,深化传统媒体和新兴媒体的融合运用,共同打造黄河文化宣传阵地。积极对接中央主流媒体,形成网上网下一体、内宣外宣联动的传媒格局。利用电视、报纸等媒体开展专业生产内容营销,提高文旅宣传的公信力。充分利用网站、微信、微博、抖音等新媒体拓展黄河文化旅游品牌传播渠道,通过制作短视频、开展视频直播、开设知识专栏等多元化的宣传方式,增进人们对黄河文化旅游品牌的认识和了解。通过"互联网+黄河文化"以及智能化传播和精准营销等方式,助力黄河文化 IP 活化,形成一套具有国际影响力的黄河文化旅游品牌形象标识。

二是注重线上线下的整合传播。黄河文化旅游品牌传播要注重线上线下相结合、线上宣传与线下活动相配合的传播策略,其中线下传播活动往往具有较强的实效性、体验性和沉浸感,而线上传播具有反应时间快、主题突出、覆盖面广的互补特征,不但具有优质的产品推广功能和活动组织能力,还有助于推进线下文旅活动的市场化。要推进黄河文旅品牌线上传播宣传与传统客源地的营销相结合,以增强传播的广泛性和精准性,为黄河文旅线下活动提供精准内容。

三是创新传播思路。黄河文化旅游品牌应有效传承和传播中华民族精神和文化价值,向世界展现真实、立体、全面的中国形象,生动展示黄河文化的感召力和吸引力,凸显黄河文化的思想内涵和价值理念。将黄河文化和旅游的品牌事件、品牌故事和品牌形象,在充分考虑受众在不同媒介平台的内容体验需求前提下,通过跨媒体叙事,围绕一个统一的世界观,在不同的媒介平台上展开内容上相互独立,但逻辑上高度关联的故事主线,使得品牌形象更加丰满、立体,满足不同层次受众的媒介接受需要。

四是加强黄河文化旅游品牌传播平台建设。基于旅游者个体在旅游活动

过程中泛在化的信息服务诉求,黄河文化旅游品牌建设应建设智慧旅游平台系统,构建数据信息开发及共享平台、智能旅游地图平台、基于互动体验的品牌推广平台等。沿黄旅游地之间建立可共享的文化旅游资源库和文化旅游电子商务平台,还可以建立省域黄河文旅微信和微博账号、黄河文化和旅游网站、海内外黄河文旅视频号等平台,实现地方黄河文化旅游品牌的整合营销。

(四) 讲好品牌故事,凝练传播内容

一是建构"讲好黄河故事"传播的内容点位,确立中原文化、根亲文化、古都文化等核心文化点位,完善旅游品牌形象,加强对"黄河故事"核心价值的提炼、研究与规划。品牌文化的提炼与挖掘要基于对历史智慧的汲取和时代文化的感知,结合旅游者向往自然、寻觅乡愁、缓解压力的情感需求和个性诉求,针对品牌在消费者心目中偏重乡土性而欠缺历史感的品牌认知方面,在乡土性和历史感中寻找相关结合点。

二是加强传播内容的符号化。从时间与空间两个维度设计考量黄河文化旅游品牌符号,包括时间维度的传统节日和纪念日以及空间维度的纪念场所、历史文化遗址、文化遗产、原始物品、特定的文化景观和其他承载文化记忆的文化空间等。提炼能够承载中华民族集体记忆的"黄河故事"符号化体系,针对特定文化场景进行科学布局和合理规划,强化各类文化符号的象征和代表意义,将黄河文化、中原文化等转化成现代文化环境下的符号表达,串珠成链,使之成为游客的文化记忆索引。打造品牌标识,提升标识辨识度,统一、规范的品牌识别不仅可以保护知识产权,还有助于提升品牌在市场中的辨识度和认知度,并为品牌延伸和各种跨界联合经营奠定基础。在政府部门的主导下形成统一品牌标识,鼓励各开发主体在同一品牌下积极开发独具特色的原创产品和特色项目,共同树立黄河优秀品牌形象,带动黄河经济持续、健康发展。

三是提升黄河文化旅游品牌传播内容的叙事化能力。游客对黄河文化认同感的建构并非自然而然的自发过程,要通过文化旅游引导游客回溯历史,完成文化身份的确认,最终实现中华文化凝聚力的提升,该过程离不开品牌的叙事能力。品牌内核依托于传播内容的叙事化,而文化价值的实现也有赖于易于理解的语言讲述和图像生产。要提升品牌的叙事化能力,"讲好黄河故

事"。讲故事是品牌文化叙事化的典型方式,也是最易记忆、理解和接受的表达方式。在信息爆炸、营销媒介日益复杂的时代,将传播内容有效提炼进行叙事化传播,有利于关键信息从庞大的信息流中被识别和快速认知。

七、提升黄河文化旅游品牌的国际化水平

黄河文化旅游品牌的培育要注重在国内外文化交流互鉴中,不断进行内容和形式的创新,吸引更多国外文化消费者的关注,提升黄河文化旅游品牌的国际影响力。

(一)加强对黄河文化形象在国际传播方面的重视程度

加强黄河文化国际传播的重视和投入程度。习近平总书记强调,要更好推动中华文化走出去,保护、传承、弘扬黄河文化。推动黄河文化的国际传播,是推动中华优秀传统文化创造性转化、创新性发展的迫切需要,是助推现代化文化强国建设的迫切需要。但黄河文化在国际社交媒体上的传播,目前呈现出零散的特点,相关话题很少形成讨论,文化品牌不够强有力。要进一步重视黄河外宣工作,进一步投入人力物力财力。要在各平台差异化运营的基础上对相关账号进行政策倾斜,通过组建专职策划团队以及相关资金设备支持,打造讲述原创性黄河故事的创意矩阵,深入挖掘黄河文化可以在现代社会中具象化的实体故事。应当用细节精致的原创内容强化相关账号的黄河属性,最终形成黄河文化的IP品牌形象。

(二)注重黄河文化旅游品牌传播内容的丰富性

一是注重黄河文化形象的丰富性。黄河的文化形象不只停留在单一的河海交界宏伟场景,也有孕育中华民族悠久文明的丰富人文景观。在建构黄河文旅品牌的过程中,深入挖掘和传播黄河文化背后的故事及当代黄河文化在人文生活中的存在形式,增加其种类的丰富性以构成多样化的记忆点,形成一个既有宏大叙事、又有微观呈现和情绪化表达的立体多元的黄河文化形象。二是形成多元叙事视角。当前,国际社交媒体上受欢迎的黄河内容均是具有浓厚生活气息、"接地气"的题材与内容。在注重现实题材的当下,多元视角记录将更有益于丰富黄河作为文化地标的叙事结构。构成一座城市和一个区域的主体应当是生活栖居于此的人民,将多元的生活烟火气透过黄河这个文化地标展示出来,将会丰富外界对于黄河的审美视角,以一种更为接地气的方式带领受众了解黄河流域的人文色彩。

(三)在中外文化融合中提升品牌接受度和理解度

一是采用中外文化元素融合创新的形式,打造文化产品内容与塑造文化旅游品牌形象,让国外文化消费者在既亲切又陌生的感受中增加对黄河文化旅游品牌的认识和记忆。通过国外文化元素与黄河文化内涵和资源特征相结合的方式,推动在相似或者相异风格上的创新,在创新融合基础上凸显黄河文化价值和品牌特点,形成黄河传统文化的创意化国际化表达,在不同文化的碰撞和融合中为大众带来惊奇的审美体验和享受。二是探索黄河与世界的跨界窗口,形成国际性联动。注重黄河相关话题与热点话题的关联,让各外宣矩阵之间形成黄河元素的聚集,加强黄河文化形象的曝光度。依托头部博物馆,加强黄河沿岸重要的博物馆联动,运用好丰富的博物馆资源加强与海外博物馆的交流,推动沿黄省(区)当中的文化非遗内容与世界上其他文化遗产的联动。借助沿黄九省(区)城市与世界上许多其他城市建立的友好城市关系,在定期举行的友好城市文化周活动中,尝试进一步宣传黄河文化,如讲述自己故乡的母亲河活动,探寻中西文化渊源的异同点,让黄河文化通过现有文化交流渠道走向海外。

(四)借助国际文化交流提升品牌国际影响力

一是依托共建"一带一路"等平台,推动国际层面黄河文化旅游项目和品牌的培育。积极开展与共建"一带一路"国家的合作,推动国际文化旅游项目的实施,以项目带动黄河文化旅游品牌的培育。搭建国际传播和交流平台,为国际企业合作、学者交流和科研合作提供机会,促进中外各国的深入了解和合作。沿黄省域,尤其是涉及"一带一路"倡议的沿黄省域,要积极推动跨域文化和旅游企业的合作,推动实施共建共享项目,形成系列化特色黄河文化旅游品牌,在国际合作中提升品牌的国际知名度。二是举办世界范围的重大节庆活动,凸显黄河文化旅游品牌特色。重视重大节庆活动对黄河文化旅游品牌培育的影响,根据不同节庆的主题、内容和人群,创意设计节庆活动内容、展演形式,不断为节庆活动注入新的创意和内容,增加活动的互动性和体验性,为文化消费者带来多维的感受,形成较强的品牌形象和体验的记忆。

(五)创新官方主体的传播内容,打破刻板的旅游宣传模式

一是增强黄河文化形象传播内容的创新性,打破大量奇观化的风景宣传大片与百科简介式的宣传搭配。将黄河的传播内容细化,跳出以风景宣传为主的传播思路,避免生硬、单向的宣传模式,带入生活化视角,深入挖掘和生动呈现黄河背后的故事与人文景观。二是了解所在平台的用户互动模式。在具有强交互性的社交平台上进行国家文化形象的宣传就要跳出单向内容输送的传播方式,将传播内容进行一定的留白,留下讨论以及询问的空间,尝试不拘泥于宣传模板的形式,通过"接地气"的形式讲述中国故事。重要媒体应拉近与国际媒体平台的距离,加强传播模式与所在平台用户互动模式的黏合。这将有助于提高黄河相关内容的讨论与话题度,并有效避免鲜有用户反馈的传播窘境。

(六)加强用户反馈的收集工作,评估黄河文化的传播效果

当前,在海外传播当中对于黄河话题的讨论与转载多集中于海外华人群体,而国际社交媒体上更多的是其他国家的受众。毋庸置疑,海外华人是黄河文化形象的重要传播载体,但黄河文化的海外宣传重点更应该倾向于作为更大群体的国外受众,让黄河文化真正走出去。网络社交平台的高互动性与短平快的传播特点,意味着传播过程中存在大量用户反馈,加强对于相关用户反馈的收集工作,根据用户特点推出相关内容,有助于增加黄河文化在海外的讨论与关注热度,进而形成话题兴趣点,最终进入正向反馈。同时,还应根据各平台的外部数据逐步建立量化指标来进一步评估黄河文化在特定范围内的传播效果,以期进行更有针对性的传播策略调整。

八、建立完善品牌培育和传播的政策支持体系

(一) 以政策机制优化促进黄河文化旅游品牌的培育和传播

加强配套性和扶持性政策的制定和优化,推动沿黄省域资金、人才要素在黄河文化旅游品牌培育和传播过程中的自由流动,发挥各要素的优势以及组合配置效率。一是依托各种资金项目,加大对黄河文化旅游品牌培育和传播的扶持力度。资金是黄河文化旅游品牌建设发展的重要条件,要依托各类项目,利用税收返还等财政税收手段,加大对黄河文化旅游品牌培育和传播扶持力度,为国有文化和旅游企业、民营文化和旅游企业等不同企业提供品牌创意,奠定坚实资金基础。二是推动构建跨省人才交流合作机制。人才是黄河文化旅游品牌培育和发展的核心力量,沿黄各省(区)都以黄河文化为依托,文化精神和底蕴具有内在的联系性,也为人才在沿黄各省域的交流和合作提供了前提和基础条件。要推动建立沿黄跨省域人才交流合作机制,依托一定的平台和项目,为人才交流合作提供多样化的机会,促进人才通过优势互补、互通有无构建密切的联系,为特色化又相互联系的黄河文化旅游品牌培育奠定基础。

(二) 加强品牌的知识产权保护

一是重视黄河文化旅游品牌的知识产权保护,规范品牌的认证、注册、发布机制。加强商标注册审查工作。建立商标审查资质制度、商标审查终身负责制度和终身责任追究制度,强化执法监督。定期对获得荣誉称号的产品和企业进行综合调研和评定,对达不到要求的限期整改,整改无效的予以撤销或建议撤销。二是建议沿黄各省(区)建立市场监管等有关行政执法部门与行业协会、企业的联动机制,持续开展"打击假冒,保护名优"活动,严厉打击假冒名牌产品的违法侵权行为,针对恶意申请商标的行为仍不断发生的现象,加大商标侵权赔偿金额,提高违法成本,依法保护品牌资产,为名牌企业以及黄河文化旅游品牌的培育发展创造良好的外部条件,促进黄河文化旅游品牌健康发展。

（三）设立奖励机制，形成模范示范效应

一是完善黄河流域企业品牌奖励政策，设立品牌培育引导资金，对品牌企业在技术改造、技术引进、科研立项等方面给予优先安排，对科技创新和专利技术成果转化项目给予资金补助。鼓励金融机构加大对品牌产品生产企业扶持力度，将品牌企业优先纳入上市重点培育对象和资助范围。二是对黄河历史文化资源转化利用成功的区域进行奖励和表彰，在黄河流域各省(区)内以及省(区)际形成带动引领的示范效应，提升黄河全域对历史文化资源转化的重视程度，促进各个区域创新转化历史文化资源的积极性。三是强化财政支持，省级层面引导其他省属国有企业，通过参与设立黄河母基金或在起步区设立子基金等方式，推动黄河母基金尽快落地，引导撬动社会资本参与建设，支持推动沿黄地区文化资源开发和品牌培育建设。

第五章

黄河文化和旅游要素市场建设研究

内容提要

本章重点围绕黄河流域文化和旅游市场要素内涵、要素流动、要素供给等问题,就如何更好发挥政府作用展开研究。本章的主要观点是,在文旅融合视野下促进黄河文化保护传承弘扬,推动文化市场和旅游市场发展繁荣,需要进一步破除阻碍文旅要素自由流动的体制机制障碍,扩大文旅要素市场化配置,健全文旅要素市场体系,加强要素市场制度建设,实现要素流动自主有序、配置高效公平。

本章的内容主要分为四个部分:第一部分是研究背景与研究进展;第二部分是对黄河流域文旅要素市场建设情况的分析;第三部分是对黄河流域文旅要素市场建设主要问题的回应;第四部分是根据具体现实与问题,提出的一些针对性意见。

根据党的二十大报告、《中共中央、国务院关于构建数据基础制度更好发挥数据要素作用的意见》等相关重要文件,本章对构建黄河流域文旅要素配置的基础制度、促进黄河流域文旅要素市场要素流动、扩大黄河流域文旅要素市场化配置三个主要问题进行文献梳理和实际调查。笔者发现,从整体数据看,黄河流域的全要素生产率保持增长,并且在未来有持续增长的态势。同时,黄河流域各省区均充分认识到文旅要素市场的重要性,在市场制度、要素流动及市场化配置上都有一些创新举措。但是,黄河流域各类要素的总体发展水平仍然较弱、各类市场制度尚需进一步完善、市场壁垒仍然存在,要素流动不足。同时,各类要素市场化相关机制建设也有待创新和提高。经过对要素市场建设及文化和旅游业发展的研判。笔者认为,应以数据要素市场建设为主要抓手,提升黄河流域文化产业和旅游业竞争力。在要素供给上,加强各类市场主体的培育和建设;加强基础制度建设,推动要素自由流动;强化服务保障,加强黄河流域文旅要素的市场化配置能力。

要素市场化配置是市场在资源配置中起决定性作用的前提条件和根本保障。党的二十大报告指出,要构建高水平社会主义市场经济体制,充分发挥市场在资源配置中的决定性作用,构建全国统一大市场、深化要素市场化改革,建设高标准市场体系。从文化产业和旅游产业看,实现要素市场化最重要的是实现市场化配置文化资源和旅游资源。这也是建立现代文化市场体系和旅游市场体系的重要目标。本章重点围绕黄河流域文化和旅游市场要素内涵、要素流动、要素供给等问题,就如何更好发挥政府作用展开研究。本章的主要观点是,在文旅融合视野下促进黄河文化保护传承弘扬,推动文化市场和旅游市场发展繁荣,需要进一步破除阻碍文旅要素自由流动的体制机制障碍,扩大文旅要素市场化配置,健全文旅要素市场体系,加强要素市场制度建设,实现要素流动自主有序、配置高效公平。

第一节 研究背景与研究进展

一、研究背景

(一)研究黄河流域文旅要素市场建设的价值和意义

完善要素市场化配置是建设统一开放、竞争有序市场体系的内在要求和重点。深化要素市场化配置改革,能够促进要素自主有序流动,提高要素配置效率,进一步激发创造力和市场活力。推动黄河流域文化和旅游深度融合,迫切需要进一步强化文旅市场要素流动,推动文旅市场创新。建设黄河流域文旅要素市场的意义主要有以下几个方面。

第一,促进文旅资源转换。黄河流域有大量优质文旅资源禀赋,应尽快建立文旅要素市场,推动文旅资源向文旅产业转换。以河南省为例,黄河流域的西安、洛阳、郑州、开封、安阳五大古都,四个在河南。黄河流域河南段有世界文化遗产 5 处,居沿黄九省(区)第一,占全流域 45.5%;纳入国家规划大遗址

16处,居沿黄九省(区)第一,占全流域24.6%。此外,黄河流域河南段还有4个世界级地质公园、8个国家5A级旅游景区、52项国家级非物质文化遗产代表性项目。① 黄河流域河南段共有26255个旅游资源单体(占全省67.5%),其中自然旅游资源单体8826个(占33.6%),人文旅游资源单体17429个(占66.4%);五级旅游资源单体1198个(占4.6%),四级旅游资源单体3139个(占12.0%)。从市场的角度,河南省文旅资源极为丰富,如果土地、人力、资本、数据、资金及制度等各类要素能够做到更加有序流动,要素市场体系更加健全,将极大促进文旅资源向文旅产业转换,河南省文化产业和旅游产业将会有更好的发展。

第二,促进文化和旅游市场动力转换。这尤其体现在数据要素建设上。目前,数据已成为文化产业和旅游产业发展新的创新要素。数据要素是基础性战略性资源,也是重要生产力。传统文化资源需要在数据要素等数字技术驱动下实现质量提升。数字要素赋能文旅资源要素配置,有助于推动文旅产业新旧动能转换,激发创新活力。一方面,这体现为旧动能(如传统文旅产业)的升级。数据要素培育和传统创新要素质量升级,既能提高原有生产活动的要素质量,也能弥补创新要素有限供给缺陷,增强原有要素配置的内生动力。另一方面,是新动能的转换。数字技术有助于打破信息壁垒,集聚各类创新要素,提高供需匹配效率与质量,促进新技术、新产业和新业态的培育,实现文化产业和旅游产业从要素驱动向创新驱动的转换。

第三,推动文旅市场建设的效能提升。通过构建市场主体,政府制度供给强力保障,社会各方积极参与的市场要素配置模式,有助于突破现有发展瓶颈实现文化产业和旅游产业结构升级和产业链优化,推动传统文化和旅游产业向数字化、智能化和高端化方向发展,提高文旅产业发展质量。当前,需要发挥市场优势,打通黄河流域文化生产、分配、流通、消费的各个环节,实现要素的自由流动,推动供需在更高水平上的动态均衡,形成因地制宜的要素资源配置结构。

---

① 参见《黄河国家文化公园(河南段)建设保护规划》,见 https://www.henanrd.gov.cn/2023/12-21/189646.html,2023年12月20日。

（二）黄河流域文旅要素市场建设的重点方向

根据《中共中央、国务院关于构建数据基础制度更好发挥数据要素作用的意见》的要求,黄河流域文旅要素市场建设的重点应有以下几点。

第一,构建黄河流域文旅要素配置的基础制度。目前,我国要素市场要素配置的基础制度尚需进一步健全。文化和旅游市场建设中,尤其需要加强相关要素基础制度建设。例如,在数据要素的使用过程中,数据资源的持有权、数据加工使用权、数据产品经营权分置的产权运行制度都需要进一步确立,以促进数据要素的价值释放。土地要素也迫切需要完善制度建设,如土地规划衔接不足和弹性不够,文化和旅游项目落地难问题仍然存在;土地用途和权利类型复杂多样,用地政策整体性和系统性不足;乡村旅游、文化旅游、研学旅游等新产品、新业态、新模式对用地政策创新需求迫切,需要进一步完善农村产权制度,健全农村要素市场化配置机制,探索农村土地集体所有制的有效实现形式。第二,促进黄河流域文旅市场要素流动。从目前城乡文化要素流动的实际状况看,文化和旅游在人力资源、土地、数据等要素流动上都需要进一步完善。由于要素在城市文旅产业和农村文旅产业的集聚程度不同,要素的边际生产率和边际回报率也有很大差别。同时,文旅产业的不同行业,要素的集聚度也有很大差别。一般来说,新兴行业总是吸引更多的资本、人力等要素流入,而传统文化行业往往存在要素匮乏的情况。随着文化产业和旅游产业的发展,需要创造出新的要素需求,形成新的要素需求结构,从而推动要素的高效流动。尤其在乡村文旅市场,这种要素需求的创造更为紧迫。第三,扩大黄河流域文旅要素的市场化配置。文旅市场的驱动力不仅取决于要素投入的数量,而且与生产要素的配置效率密切相关。市场机制有助于调节各类生产要素形成价格体系,以保证文旅市场的高效运行。目前,黄河流域文旅市场仍然存在资源配置不够合理、效率不高、供需不均衡等问题。

因此,本章将围绕上述问题进行研究。提出放宽准入限制、优化准入环境、提供配套支持等政策措施建议,力求打通制约行业发展的难点、堵点,形成更加灵活高效的市场准入政策体系,推动政策举措切实转化为现实生产力。

二、文献综述

目前,国内国外学界对要素市场的研究成果较多,但对黄河流域的要素市场分析较少。总体来看,研究重点围绕要素的配置机制、要素的流动机制、政府对要素市场影响等方面展开。

(一) 文旅要素市场的研究

对于文旅要素的构成,学者们已经进行了较多的研究。一般而言,经济学中的要素通常指代生产要素,包括人的要素、物的要素及结合因素。张玉玲(2017)认为,文旅要素市场的主体为资本、金融、技术、人才和产权,而现代文化和旅游市场体系是从以文化产品为主体的市场结构转换成以要素市场为主体的市场结构。金巍(2021)[①]认为,文化和旅游产业要素,也需要包括文化生产要素,其市场化配置是文化市场体系建设的需要。同时,2022 年印发的《中共中央、国务院关于构建数据基础制度更好发挥数据要素作用的意见》(以下简称"数据二十条"),确立了数据要素市场作为国家重点培育对象的地位,北京市力争到 2030 年数据要素市场规模达到 2000 亿元,基本完成国家数据基础制度先行先试工作。2025 年,上海市数据要素市场体系基本建成,数据产业规模达 5000 亿元,年均复合增长率达 15%。[②] 因此,文旅市场的数据要素重要性也在不断凸显,数据要素也成为文旅要素市场不可或缺的一环。总体来看,学者们对于文化产权要素及要素市场的定位不同、诠释不同、角度亦不同,随着国家政策及宏观经济环境的变化,还有学者在原有理解基础上建议增加新的要素元素。但总体可以确认,文化和旅游产品市场是文化、旅游实物与文化、旅游服务市场,文化要素市场是制度构成基础上,资本、生产资料、人才、知识产权、信息技术、土地共同构成的市场。

[①] 参见金巍:《文化金融:通往文化世界的资本力量》,中译出版社 2021 年版。
[②] 2023 年 6 月,北京印发《关于更好发挥数据要素作用进一步加快发展数字经济的实施意见》;2023 年 7 月,上海市人民政府办公厅印发《立足数字经济新赛道推动数据要素产业创新发展行动方案(2023—2025 年)》。

一般来说,研究要素市场建设,多数从要素生产率驱动论入手。有学者认为,文化和旅游产业的供给侧结构性改革需要以要素的新供给来提升全要素生产率,实现从要素驱动向创新驱动转变。应全面提升我国人力资本优势;稳步推进土地改革,加强土地资源供给与文化旅游的产品产出;加快实施金融领域改革,推进政府和社会资本合作,创新互联网金融;要激发创新动力和创新活力,促进技术要素的创新供给。其主要是将文化生产要素分为劳动力、土地、资本、创新、制度五个层面,优化要素结构并从而推动全要素生产率的提高。

(二) 要素配置的主体研究

要素配置,是通过行政机制或市场机制,在要素使用主体(企业、行业或地区)内部的组合,以及在不同要素使用主体之间的分配。通常从两个方面分析要素配置状况:一是从同一要素使用主体内部不同要素之间的要素组合角度,考察任意两种生产要素的相对投入关系,用要素投入结构分析要素配置状况;二是从同一种生产要素在不同要素使用主体之间的要素分配角度,探讨要素在企业、行业或地区之间的分配状况,用要素错配程度分析要素配置状况。

一般而言,市场对要素配置发挥着主导作用。生产要素市场化配置是市场经济的本质特征。就经济领域来说,要素的配置通常应该在市场经济活动中逐步优化。林毅夫(2011)[①]认为,在任何给定的发展水平下,市场都是实现有效资源配置的根本机制。因此,完善要素市场化配置是建设统一开放、竞争有序市场体系的内在要求。促进黄河流域文化和旅游深度融合,迫切需要进一步强化市场要素流动,推动文旅市场不断创新。关于市场对于要素配置的作用,学者有很多论述。闫烁和祁述裕(2023)[②]认为,文化产业的提质增效和转型升级,离不开要素市场的合理化配置,降低要素生产成本,提高要素生产效率。廖继胜和刘志虹(2019)[③]认为,文化产权交易市场能让文化要素的各

[①] 林毅夫:《新结构经济学——重构发展经济学的框架》,《经济学(季刊)》2011年第1期。
[②] 闫烁、祁述裕:《文化产业研究现状、特点和趋势——〈文化创意产业〉(2018—2021)选载论文分析》,《山东大学学报(哲学社会科学版)》2023年第3期。
[③] 廖继胜、刘志虹:《文化产权交易市场形成动因的新制度经济学分析》,《当代经济》2019年第12期。

项功能和作用得到充分释放和发挥。李雪娇(2020)[①]认为,随着市场经济体制的不断完善,原有产权市场正扩展到服务于各类要素市场资源的自由流转和市场化配置。

政府行为也是影响要素配置的重要因素。首先,政府价格规制对要素配置有重要影响。张圣贤(2013)[②]认为,对于文化要素市场而言,支撑系统包括人才、资本、技术保护等制度和服务机构,而外部环境主要包括征信体系、社会保障体系及创新文化,外部环境是政府行为主导形成的。从改善外部环境的角度,叶祥松和刘敬(2020)[③]认为政府应形成市场导向机制,提高要素配置效率,解决外部性收益内部化的问题;从制度支持的角度,世界银行认为,中国政府在创建市场经济体制过程中起了核心作用,如果没有有效的政府,经济社会的可持续发展是不可能的。制度经济学理论认为,政府作为"看得见的手",主要通过影响企业生产和市场投资等方面干预资源配置,[④]表现为通过挑选重点行业给予相应的政府补贴、财税、金融等政策支持,影响行业间和行业内的要素流动和再配置。[⑤] 目前,政府支持对资源合理配置的有效性学界讨论较多。[⑥]

(三) 要素市场化的配置机制研究

文化和旅游要素体系作为现代文化和旅游市场体系的灵魂,其重要性是不言而喻的。文化和旅游要素市场受多种机制影响,包括供求机制、竞争机

---

① 李雪娇:《文旅高质量发展开启新征程——2020 第八届博雅方略旅游论坛在京召开》,《经济》2020 年第 Z1 期。

② 张圣贤:《我国文化产业发展的问题和对策研究》,《时代金融》2013 年第 36 期。

③ 叶祥松、刘敬:《政府支持与市场化程度对制造业科技进步的影响》,《经济研究》2020 年第 5 期。

④ 参见张天华、张少华:《偏向性政策、资源配置与国有企业效率》,《经济研究》2016 年第 2 期;花贵如、周树理、刘志远等:《产业政策、投资者情绪与企业资源配置效率》,《财经研究》2021 年第 1 期。

⑤ 参见靳来群、张伯超、莫长炜:《我国产业政策对双重要素配置效率的影响研究》,《科学学研究》2020 年第 3 期。

⑥ 参见杨秀云、尹诗晨:《政府支持、要素市场化水平与资源配置效率——基于中国文化创意企业的研究》,《兰州大学学报(社会科学版)》2022 年第 3 期。

制、价格机制、监管机制、风险机制、信用机制等,这些机制构成一个有机系统。本书认为,文旅市场机制包括价格机制、供求机制、信用机制、竞争机制等①,政府机制包括监管机制、风险机制及信用机制等(见图5-1)。

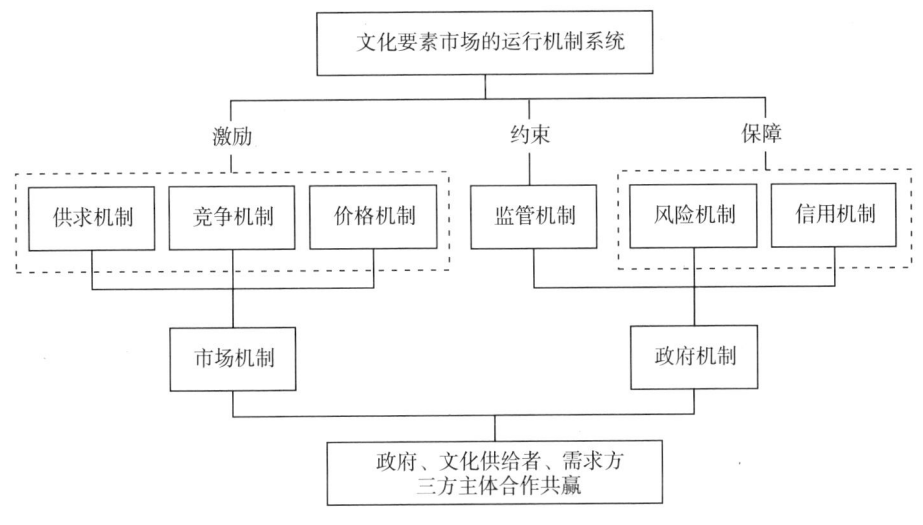

图 5-1 文化和旅游要素市场运行机制

1. 推进文旅要素流动的市场机制研究

第一,对文旅市场价格机制的研究。价格机制是建立要素市场的基础。定价是市场机制的核心,是勾起经营者投资欲望、引导经营者追求利润的风向标。一般认为,文化市场价格运行机制是指分权后的文化产品定价主体及执行主体在实现文化产品价值过程中,依据定价目标和市场供求变化,对价格的调控过程及其对价格构成要素变化的控制关系。在同一国家的不同地区,一些文旅产品表现出适应市场供求变化的特征,因而价格机制作用得以充分发挥;一些文旅产品则可能遭到市场冷落,价格机制就会作出改变产品的强制性要求。例如,部分追求高雅与艺术唯美但是曲高和寡的作品,有可能在商品化大潮中受到冲击,甚至被推向边缘化。但如果这个作品具备弘扬和传承民族传统文化的价值,就可能得到公共财政包括社会专项基金的资助与扶持。

---

① 张艳、彭品志:《文化市场价格机制及作用保障》,《价格月刊》2014年第4期。

价格机制对市场供求的调节作用一般分为公益性产品和营利性产品两类。有学者认为,在文旅市场的价格机制中,必须处理好代表公共利益的政府与代表资本利益的企业之间的关系。① 并且,文旅产品价格机制随着市场供求变化,其价格构成的内部关系及其对外部相关者利益的再分配也会发生变化,从而产生了调节资本流动和需求变化的价格杠杆功能。价格机制的外显标志是价格水平,价格水平充当着信息传递和导向的功能,其变化方向、变化幅度牵系着文旅产业发展水平、产业结构调整与升级力度,是文旅产业健康持续发展的主要驱动力。② 所以,健全文化市场价格机制、理顺价格机制主体之间的权责关系十分重要。

第二,对文旅市场要素供求机制的研究。目前,对文旅要素市场供求的研究较多。学界一般认为,当前,"供需错位"是文旅要素市场的一个突出问题。③ 提升黄河流域文旅市场供给,是推动黄河流域文旅市场供需平衡的基本要求。供需错位研究主要集中在三个方面。

一是同质化问题。这一问题在县域文旅建设中尤为突出。例如,有关长江县域文化供给的研究发现,许多县域文旅建设在文化消费对象、文化经营主体、文化经营管理模式上具有极大的相似性,普遍存在低层次重复建设和过度同质竞争的现象。④ 这一问题在黄河流域文旅市场中同样存在。二是区域文旅产业各自独立式发展对供需不平衡影响较大。研究发现,一方面,各地文旅产业均以市县为单位,各自独立建设和发展,相邻县(市)之间缺少合作,呈现出以内循环为主的发展特征;⑤另一方面,伴随着文化下乡,县域文旅产业的根基受到一定损害。⑥ 从产业链来看,部分县(市)文旅产业同处于初级生产

---

① 参见[美]汤姆·纳格、[美]约翰·霍根、王佳茜:《定价战略与战术》,龚强译,华夏出版社 2008 年版。
② 参见侯兵、李杰:《文化旅游产品的价格机制及调控》,《社会科学家》2016 年第 3 期。
③ 参见范周:《关于文化产业供给侧结构性改革的几点思考》,《人文天下》2016 年第 12 期。
④ 参见王韬钦:《县域公共文化产业供需匹配的机制优化研究——基于长江中游地区的观察》,《湖湘论坛》2023 年第 3 期。
⑤ 参见李佛关、叶琴、张燚:《农产品区域公用品牌建设的政府与市场双驱动机制及效应——基于扎根理论的探索性研究》,《西南大学学报(社会科学版)》2022 年第 2 期。
⑥ 参见徐之顺、胡宝平:《文化自觉、文化自信与城乡文化和谐共生》,《南京师大学报(社会科学版)》2018 年第 6 期。

链端,互补性不强,区域间的产业链尚未形成,低水平重复建设较多。各自独立式发展未能充分体现乡村振兴中关于突出地域特色和乡村特点的要求,也未能体现加快建设全国统一大市场中发挥各地区比较优势的要求。三是市场化运作能力问题。学者研究发现,一些地方政府部门为吸引企业入驻,使用了大量的优惠政策和资金补偿,这从宏观上来说容易过于强化政府机制,忽视了市场机制作用的负面影响。①

第三,对文旅市场竞争机制的研究。竞争机制是文化市场体系运行机制的关键,优胜劣汰是其基本法则。在市场经济中,竞争是不可避免的,有竞争才能促进经济的发展和社会进步,文化市场也是如此。应通过文化市场主体之间的有效竞争,建立起文化市场竞争规则。比如,改革开放以后,我国放开社会力量参与文化产品生产,有力地丰富了文化市场。又如,我国允许信息服务类互联网企业海外上市融资,极大地促进了互联网产业的发展。事实上,竞争机制在国外文旅市场建设中始终具有重要作用,在市场竞争机制下,依靠商业运作,让最好的文化产品流通于市场。② 经过多年市场竞争,国外一些国家文化产品的生产和销售已经形成了一套成熟的市场运作模式。改革开放以后,我国文旅市场逐渐开放,越来越多的企业进入各类文化和旅游市场。但由于各种原因,我国文化市场竞争并不充分。不少学者认为,文旅市场要获得长远健康的发展,政府必须要进一步开放市场,进一步完善文化市场竞争机制。③

2. 推进要素市场化的政府机制研究

一是监管机制研究。文化旅游市场的健康有序发展离不开文化市场监管。伴随着元宇宙、ChatGPT 等新概念、新技术层出不穷,文化市场各种新情况新问题不断出现,文化与旅游市场监管的重要性也日益凸显。蔡武进认为,必须引导文化市场主体培育社会责任感和使命感,强化文化市场监管,提升文

---

① 参见齐骥:《文化产业供给侧结构性改革的要素与行动逻辑研究》,《东岳论丛》2016 年第 10 期。

② 参见黄先蓉、郝婷:《我国文化市场体系建设制度创新刍议》,《中国出版》2014 年第 21 期。

③ 参见张玉玲:《现代文化市场体系的运行机制研究》,武汉轻工大学硕士学位论文,2018 年;祁述裕、孙博、孙凤毅:《论文化市场》,《福建论坛(人文社会科学版)》2015 年第 2 期。

化内容审核的精准度。① 从要素市场建设角度，有学者认为，政府应完善文化产权交易所等市场交易平台，激活文化要素市场。二是风险机制的研究。市场信用是文旅要素市场研究颇受关注的内容。部分学者认为，提升文旅要素市场运行，首先，须通过征信机构收集自然人、法人的信用资料，将分散在各个部门的经济主体的社会信息、金融、纳税、司法等资源整合成信用档案，并对文化市场主体的信用状况作出整体评价，建立健全各类文化市场主体的征信体系。其次，相关管理部门制定文化市场信用等级评价指标体系及评审办法，保障市场要素的顺利流动。最后，建立个人、企业的信用档案查询系统，形成公开有效的信用信息传递机制，建立守信激励、失信严惩的信用奖惩机制。②

第二节　黄河流域文旅要素市场建设状况

相较于黄河文化在中华民族发展历史中的地位和价值，黄河流域丰富的文化和旅游资源优势尚未转化为产业优势。黄河流域文旅产业发展还不够充分，仍有巨大的发展潜力。受历史、地理等因素的影响，黄河流域文化资源分布呈现出不均衡的特征。从空间分布来看，黄河流域的文化资源集中在黄河流域中下游省份，如山东、四川、陕西、河南；相比之下，黄河流域上游地区的自然遗产、物质文化遗产、非物质文化遗产等文化资源相对匮乏，如青海、宁夏等地。因此，需要梳理黄河流域各类要素禀赋状况及其与文旅市场的关系，推动要素市场建设。

一、黄河流域文旅要素市场的全要素生产率情况

TFP 为全要素生产率，它的一般含义为资源（包括人力、物力、财力等要

---

① 参见蔡武进、张津期：《新时代我国文化市场监管现代化的必要性、困境及对策》，《决策与信息》2024 年第 1 期。
② 参见张玉玲：《现代文化市场体系的运行机制研究》，武汉轻工大学硕士学位论文，2018 年。

素)开发利用的效率。从经济增长的角度来说,生产率与资本、劳动等要素投入都贡献于经济的增长。从效率角度考察,生产率等同于一定时间内国民经济中总产出与各种资源要素总投入的比值。从本质上讲,它反映的则是某个国家(地区)为了摆脱贫困、落后和发展经济在一定时期里表现出来的能力和努力程度,是技术进步对经济发展作用的综合反映。该部分对黄河流域全要素生产率进行测算,旨在全面了解黄河流域文旅要素市场的发展建设情况。

(一) 文化产业 TFP 的整体情况

为了解黄河流域要素市场的总体发展水平,本书引入全要素生产率(Total Factor Productivity,TFP)来定量测量黄河流域文化和旅游产业的要素配置情况。① 根据黄河流域文化和旅游产业的投入和产出数据,以及变系数生产函数估计出的劳动和资本产出弹性(见图 5-2),测度了文化和旅游产业的全要素生产率(见图 5-3)。由图 5-2 和图 5-3 可知:①在传统生产函数下,劳动和资本产出弹性的折线均呈现水平状态,说明劳动和资本产出弹性在这一时间阶段内均保持不变。②在变系数生产函数下,劳动和资本产出弹性的折线均呈现波动上升趋势,说明黄河流域的劳动和资本产出弹性在这一时间内均具有动态变化特征。具体而言,在 2013—2017 年,劳动和资本产出弹性总体呈现出上升趋势,2018 年二者达到了最高峰,之后至 2019 年一直略微下降,2020—2021 年资本产出弹性出现了回升趋势,而劳动产出趋势仍处于下降趋势。②

---

① TFP 为全要素生产率,它的一般的含义为资源(包括人力、物力、财力等要素)开发利用的效率。从经济增长的角度来说,生产率与资本、劳动等要素投入都贡献于经济的增长。从效率角度考察,生产率等同于一定时间内国民经济中总产出与各种资源要素总投入的比值。从本质上讲,它反映的则是某个国家(地区)为了摆脱贫困、落后和发展经济在一定时期里表现出来的能力和努力程度,是技术进步对经济发展作用的综合反映。

② 本书基于 2013—2022 年黄河九省(区)文化产业的投入、产出数据,利用变系数生产函数测度中国文化产业 TFP(不含港澳台地区),并从时间和空间两个维度分析中国文化产业 TFP 的现状,然后运用 Dagum 基尼系数及其按子群分解方法分析中国文化产业 TFP 的地区差异和地区差异的来源,最后采用变异系数和面板数据模型分别检验中国文化产业 TFP 的 σ 收敛特征和 β 收敛特征。以期对文化产业 TFP 的现状及其变化特征形成一个全面系统的认识,助力文化和旅游产业高质量发展。

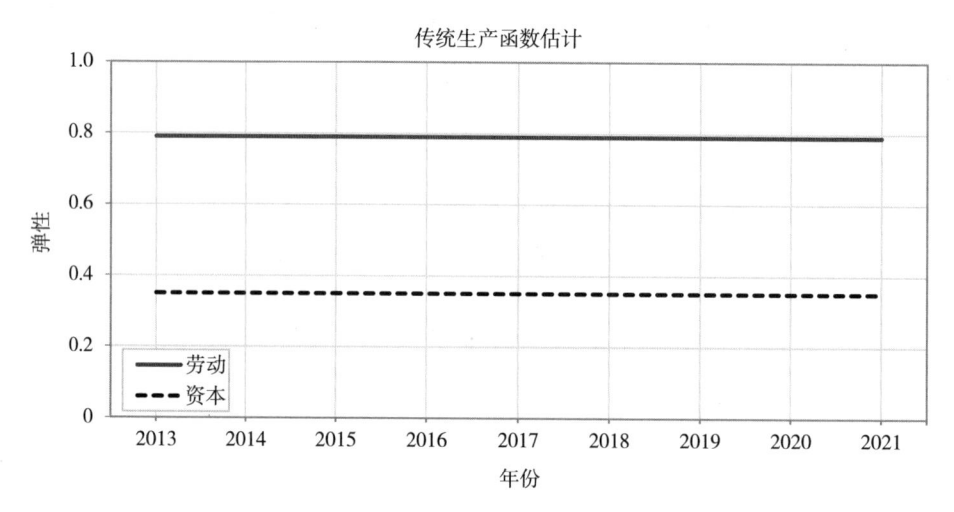

图 5-2　传统生产函数下劳动和资本产出弹性①

图 5-3　变系数生产函数下劳动和资本产出弹性②

(1)时间维度分析。根据各省数据,本书计算出 2013 年以来变系数生产函数下黄河流域九省(区)文化和旅游产业的 TFP 水平(见图 5-4)。由图 5-4 可知,文化和旅游产业 TFP 的均值在 2013—2021 年,从 2013 年的 1.035

---

① 传统生产函数下劳动【0.783915】和资本产出弹性【0.339628】。
② 变系数生产函数下劳动【0.562496667-均值】和资本产出弹性【0.510367111-均值】。

至 2021 年的 1.030,期间整体的增长趋势较为平缓,年平均增长率仅为 0.44%。

变系数测算黄河流域九省(区)文化TFP水平

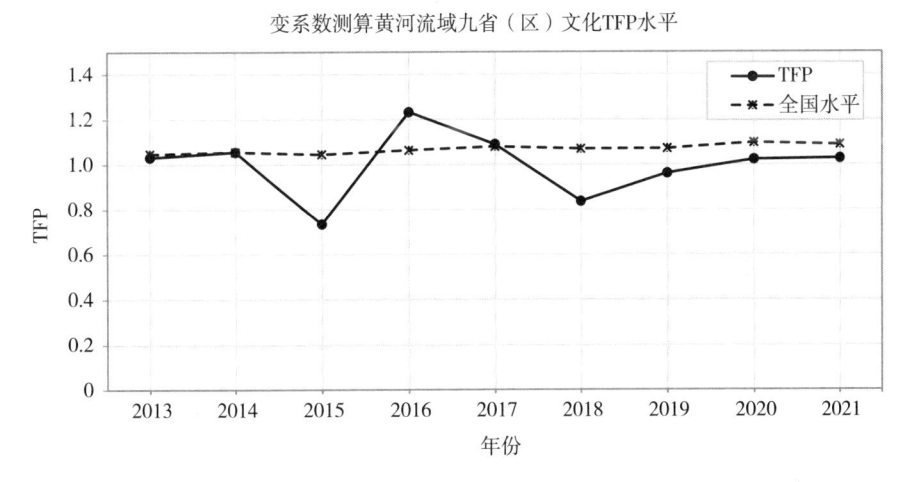

图 5-4 变系数下黄河流域九省(区)文化产业和旅游业 TPF 水平

黄河流域九省(区)在 2013—2021 年文化旅游产业的总要素生产率(TFP)呈现出显著波动。2015 年的显著下降至 0.739 可能源于经济放缓、环境政策收紧和旅游市场不稳定。紧接着,2016 年的 TFP 快速回升至 1.225 反映了地区政府对挑战的有效应对、大量社会资本涌入。政府的旅游促进政策促使基础设施改善。2018 年的 TFP 稍有下降至 0.839,表明了该地区开始实施更稳健和可持续的旅游发展策略。而到了 2021 年,TFP 回升至 1.030 则显示了文化旅游产业的稳定增长,这可能归功于文化旅游产品的多样化和特色化以及对基础设施的持续投资。这些波动表明,黄河流域文化旅游产业的发展受到多种因素的影响,包括经济环境、政策调整、市场需求和基础设施建设等。出现这种现象的原因可能是,为推动文化产业发展,我国政府从 2011 年开始出台相关的政策文件。在政府的引导下,大量社会资本和劳动力进入文化和旅游产业,在一定程度上推动了文化和旅游产业的发展,因此,文化和旅游产业 TFP 在 2013—2021 年呈现增长趋势。

(2)同时,本书计算了黄河流域九省(区)的 TFP,并将其与全国平均 TFP 水平进行对比。如图 5-5 所示,从各省级层面来看,2013—2021 年,四川、河南、山东[①]、内蒙古、甘肃、宁夏、青海、陕西、山西 TFP 的平均值依次为 1.076、1.051、1.051、1.039、1.002、0.999、0.989、0.937、0.856。四川、河南和山东的物质资本、人力资本、市场环境等资源条件均处于黄河流域的领先水平,在这些要素资源的作用下,其文化和旅游产业发展得相对较好。总体来看,在黄河流域九省(区)中,只有四川的 TFP 水平达到了全国平均水平,其余八省(区)的全要素发展水平都落后于全国平均水平。

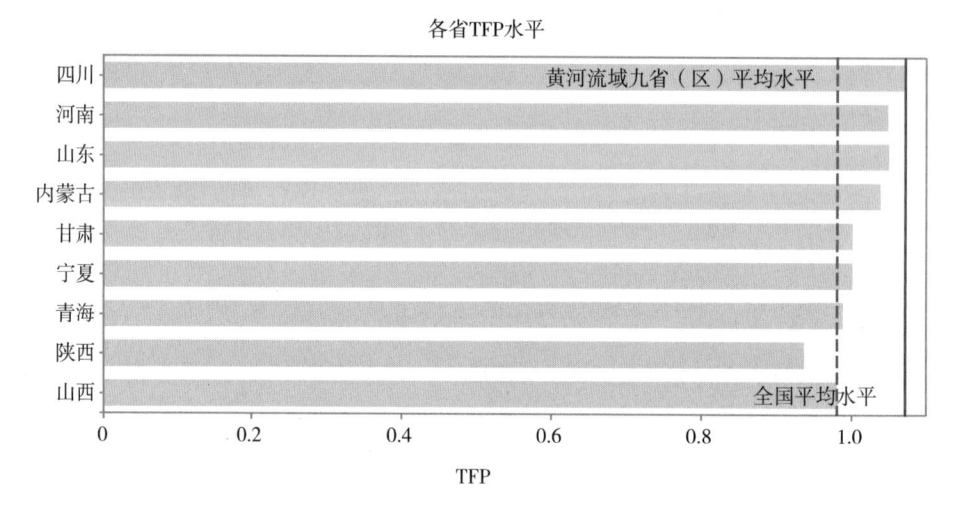

图 5-5 黄河流域九省(区)全要素生产率

(二) 文化产业 TFP 的收敛性分析[②]

收敛性分析包括 σ 收敛、绝对 β 收敛和条件 β 收敛。全要素生产率 σ 收敛是指全要素生产率的离散程度随着时间逐渐降低,全要素生产率绝对 β 收敛是指生产率水平低的地区比全要素生产率水平高的地区增长速度快;全要素生产率条件 β 收敛是指每个地区的全要素生产率水平朝着各自不同的稳态

---

① 河南、山东 TFP 值分别为 1.0506、1.0505,因保留三位小数,四舍五入均为 1.051。
② 鉴于此,本书基于 2013—2021 年中国 31 个省、区、市(不含港澳台地区)文化产业的投入、产出数据,利用变系数生产函数测度中国文化产业 TFP,并从时间和空间两个维度分析中国文化产业 TFP 的现状,然后运用 Dagum 基尼系数及其按子群分解方法分析中国文化产业 TFP 的地区差异和地区差异的来源,最后采用变异系数和面板数据模型分别检验中国文化产业 TFP 的 σ 收敛特征和 β 收敛特征。

水平接近。

使用区域经济学相关的 σ 系数(5.1)来测算 2013—2021 年黄河流域九省(区)全要素生产率总体差异。

$$\sigma = \sqrt{\frac{1}{N}\left[\sum_{i=1}^{1}(\ln TFP_i - \ln \overline{TFP})^2\right]} \tag{5.1}$$

式(5.1)中,σ 表示标准差,TFP_i 表示黄河流域 i 省(区)的文化和旅游全要素生产率,$\overline{TFP}$ 表示样本均值,n 为样本量。

根据伯纳德和琼斯(Bernard and Jones,1996)[①],将绝对 β 收敛和条件 β 收敛的检验方程设置成式(5.2)和式(5.3)。

$$\frac{(\ln TFP_{iT} - \ln TFP_{i0})}{T} = \alpha + \beta \ln TFP_{i0} + \varepsilon_{it} \tag{5.2}$$

$$\ln\left(\frac{TFP_{it}}{TFP_{i,t-1}}\right) = \alpha + \beta \ln TFP_{i,t-1} + \varepsilon_{it} \tag{5.3}$$

$$\beta = -(1 - e^{-\lambda T}) \tag{5.4}$$

式(5.3)中,TFP_{it} 和 TFP_{i0} 分别为报告期和期初黄河流域第 i 个省(区)文化和旅游产业全要素生产率,T 为时间跨度,α 和 β 为待估参数,ε_{it} 为随机误差项,通过 β 值的计算,带入式(5.4)中,求出 λ,即收敛速度。

1. σ 收敛检验

如图 5-6 所示,黄河流域九省(区)全要素生产率呈"M"形变化结构。2013—2014 年、2015—2017 年、2019—2020 年标准差呈上升状态,2014—2015 年、2020—2021 年标准差呈下降状态,2017 = 2019 年标准差呈持平状态。说明黄河流域九省(区)全要素生产率形成"σ 发散—σ 收敛—σ 发散—σ 不变—σ 发散—σ 收敛"的波动变化特征。与全国全要素生产率曲线进行对比,发展状态基本一致。在连续时间段内并未呈现出一致性的扩大或缩小趋势,时变特征不稳定,因此可以判断黄河流域九省(区)全要素生产率并不存在显著的 σ 收敛,即黄河流域各省(区)全要素生产率离散度随机性较大,

---

① D.Cho,S.Graham,"The Other Side of Conditional Convergence",*Economics Letters*,1996,50(2);A.Sorensen,"Comparing Apples to Oranges:Productivity Convergence and Measurement across Industries and Countries:Comment",*American Economic Review*,1996,91(5).

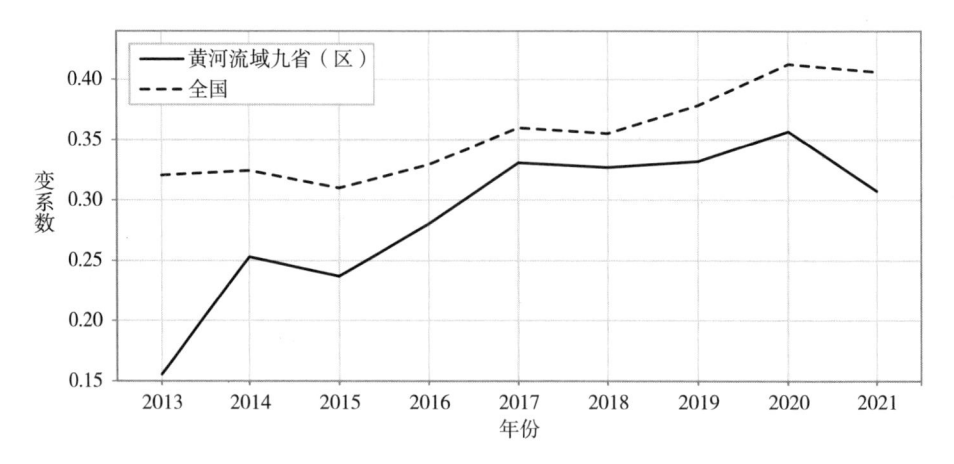

这与文化产业的高度环境敏感性特征有关。

图 5-6 黄河流域九省(区)全要素生产率 σ 收敛趋势

2. 绝对 β 收敛检验

从表 5-1 回归结果可以看出,全国和黄河流域九省(区)收敛系数均小于 0,且在 1% 水平下显著,说明存在绝对 β 收敛。即在全国和黄河流域九省(区)范围内,全要素生产率水平较低的省(区)比全要素生产率水平较高的省(区)具有更快的增长速度,存在绝对 β 收敛,且黄河流域九省(区)全要素生产率的收敛速度大于全国。

表 5-1 全国及黄河流域九省(区)绝对 β 收敛检验结果

变量	全国	黄河流域	黄河流域-HC
$\ln(TFP_{i0})$	-0.055*** (3.259)	-0.0986*** (6.938)	-0.0985 (6.959)
地区效应	控制	控制	控制
年份效应	控制	控制	控制
是否收敛	是	是	是

注:括号内为 T 检验统计量,***、**和* 分别表示 1%、5% 和 10% 水平下的显著性,HC 为稳健标准检验(下同)。

3. 条件 β 绝对收敛

考虑到估计结果是否具有稳健性,加入地区经济发展水平、政府支持文化产业力度、文化产业市场潜力、城镇化水平作为控制变量。从表5-2回归结果可以看出,全国和黄河流域九省(区)收敛系数均小于0,且在1%水平下显著,说明存在条件β收敛,即全国和黄河流域九省(区)全要素生产率趋于稳态。另外可以发现,地区经济发展水平对全国和黄河流域九省(区)全要素生产率具有正向影响;文化产业市场潜力对全国全要素生产率有影响,对黄河流域九省(区)没有影响;政府支持文化产业力度和城镇化水平对全国和黄河流域九省(区)全要素生产率均无影响。这说明目前影响黄河流域九省(区)全要素生产率的主要因素是地区经济发展水平,政府支持文化产业力度、文化产业市场潜力和城镇化水平的带动作用还暂未显现。

表5-2 全国及黄河流域九省(区)条件β收敛检验结果

项目	全国	黄河流域	黄河流域九省(区)
$\ln(TEP_{i(t-1)})$	-0.287*** (5.301)	-1.102*** (9.509)	-1.101*** (9.738)
地区经济发展水平	0.264** (2.511)	0.374** (2.096)	0.374* (1.857)
政府支持文化产业力度	1.471 (0.321)	-8.879 (0.087)	-8.880 (1.633)
文化产业市场潜力	0.117** (2.145)	-0.942 (1.470)	-0.942 (1.390)
城镇化水平	-1.202 (1.059)	-2.102 (1.621)	-2.102 (1.122)
地区效应	控制	控制	控制
年份效应	控制	控制	控制
是否收敛	是	是	是

二、黄河流域各类文旅要素的流动情况

(一)劳动力/人才要素流动方式不断创新

外来人力资本带来的创新要素高效率配置和文化的多样化是城市保持创新活力与竞争力的重要动力。近年来,艺术设计人才在促进文旅融合中发挥

着重要作用,受到社会各界的广泛关注。一些有情怀的艺术家为发掘乡村文化资源、促进文旅融合作出了重要贡献。

以山西省晋中市和顺县许村国际艺术节为例。许村地处太行山腹地。明清时期,这里曾是商贾要道,至今保留着不少完整的老建筑。一个偶然的机会,一位知名艺术家来和顺县讲学,从此跟当地结缘。2011年,他发起举办许村国际艺术节,历时十余年,每两年举办一次。中西方艺术家在许村交流创作,为古老的村落增添了现代文明与文化艺术的气息,既丰富了村民的精神生活,又极大地提升了许村的知名度,吸引游客到访,为村民提供了新的致富之路。现在,许村当地人认为他们一年中有两个最重要的节日,一个是春节,另一个就是艺术节。很多外出的村民一到夏天的艺术节就回来了。村民自发展示当地的民俗活动,很乐意和来自世界各国的艺术家进行交流。艺术节增加了村民的自信,他们发现自己村里也有很多剪纸高手和绘画高手。另外,国外艺术家也会在许村创作一些公益性的作品,把作品无偿留在乡村。艺术家们把许村的老粮仓改造成美术馆,这成为山西省首个当代美术馆。[1]

(二) 实施"点状供地",探索土地要素流动

用地难一直是乡村旅游项目的痛点。用地要走"招拍挂",用地指标审批程序成本高、耗时长。同时,传统的供地方式无法解决乡村供地、农地转用、占补平衡指标等问题。在此背景下,各地探索出了"点状供地"的新方式。

山西省阳城县于2019年6月底开展了点状供地试点工作。为有效开展工作,阳城县自然资源局对点状用地的适用范围、审批流程、用地模式等进行了严格限制,明确要求了点状供地项目必须体现共享理念,要求实现资源和利益两方面的共享。具体来说,就是项目建设中的生态景观部分,或者说周边环境必须是租用当地村民或村集体的,项目必须与村民共享。工商资本进入的项目,其经营收益必须有给农民或村集体的部分,而不能是工商资本独享。

---

[1] 参见刘运泽:《晋中许村:与艺术结缘 扮靓古村落》,《中国旅游报》2021年9月7日。

阳城县自然资源局还设计了"国有建设用地点供""集体建设用地点供"两种类型,每种类型下又分为两种模式。国有建设用地点供的两种模式包括:工商资本单独使用(工商资本单独以公开出让的方式取得国有土地使用权)和"工商资本+村集体"联合使用(工商资本和村集体共同形成新的项目主体,项目主体通过公开出让的方式取得国有土地使用权)。例如,该县对"古硒农场"项目涉及的餐饮服务业用地采用了国有建设用地点供的模式。该项目占地1.09亩,全部为未利用地,需使用国有建设用地,适用点供模式。集体建设用地点供的两种模式包括:村集体自己使用(将土地使用权以划拨方式拨付给村集体,由村集体自主开发经营农林文旅康产业项目)和"村集体+工商资本"使用(工商资本通过租赁村集体土地使用权,或者村集体采用作价入股、联营等方式合作开发经营农林文旅产业项目)。例如,该县对"花开了·甜蜜小镇"项目拟建设的32处树屋式民宿采用集体建设用地点供的模式。该项目总占用林地5.77亩,采用点状布局,以点状形式进行了农用地转用。①

"点供用地"突破的是"集体"。其他地方的做法是"国有建设用地"的点供,阳城县实行的则是将"集体建设占地"审批也纳入点供范围,为集体经营性建设用地入市做了准备,推动了工商资本向农村集聚。"点供用地"的目的是富民。让闲置的农房、荒芜的村庄、关门停产的集体企业等资源"活"起来,通过确产确权、联股联业、劳动务工等,壮大集体经济,增加农民财产性收入和工资性收入。目前,不少省份都发布了支持、规范点状供地的文件,这一改革取得了阶段性成效(见表5-3)。

---

① "花开了·甜蜜小镇"和"古硒农场"两个试点项目总用地规模达到3500亩,其中经营活动区域面积50亩,以前的办法就是50亩整片都需批成建设用地。"点供"以后,仅需批6.86亩永久性建筑的占地。项目用地小了,更容易获批。"点供用地"的优势是节约资金。农林文旅康产业项目往往占地多、投资大,其中涉及康养类项目更是周期长、见效慢。实际上这些项目使用的永久性建设用地并不大,只需"点供"永久性建设用地,就可让投资方减少很多前期投资,堆沙成塔,细水长流。比如,"古硒农场"项目如果整片供地的话,就需近400万元的土地出让金;采用"点供用地"则仅需要20万元左右的出让金。这样工商资本的前期投资就少了很多,进入农村的积极性就高了很多。

表 5-3 部分省份发布的有关支持点状供地的文件

时间	文件	主要内容
2018年6月	浙江省《关于做好低丘缓坡开发利用,推进生态"坡地村镇"建设的若干意见》	"实行点面结合、差别供地",即开发建设项目实行项目区供地,项目区为单个地块的,按建设地块单个供地;项目区为多个地块的,按建设地块组合供地。
2018年7月	广东省《广东省促进全域旅游发展实施方案》	乡(镇)土地利用总体规划可以预留部分规划建筑土地指标(不超过5%)用于零星分散单独选址的乡村旅游设施建设。
2018年10月	吉林省旅发委发布"冰雪令"	凡投资乡村旅游项目,符合各类规划的,可实现"点状供地";凡投资文化旅游项目,可采取先租后让的方式取得土地使用权。
2019年7月	四川省《关于规范实施"点状用地"助推乡村振兴的指导意见(试行)》	不适合成片开发建设的地区,结合项目区块地形地貌特征,依据建(构)筑物占地面积等点状布局,按照建多少、转多少、征(占用)多少的原则点状报批,根据规划用地性质和土地用途灵活点状供应。

(三)黄河文旅项目金融要素流动渠道逐步多元化

一是创新贷款方式,支持民宿业发展。各地在这方面均有积极探索,取得了明显成效。以焦作中旅银行修武支行支持修武县民宿业发展,助力乡村振兴为例。云台山风景区位于河南省焦作市修武县境内,地质遗迹丰富,于2004年2月13日被联合国教科文组织评选为全球首批世界地质公园之一。2007年5月8日,云台山被批准为国家5A级旅游景区。依托云台山资源,修武县民宿业发展前景良好,资金需求很旺盛。目前,修武县民宿共437家、近16.4万个床位,大都由老宅、农家乐或宅基地改建而成。2020年全部营业额约1.5亿元,平均每户每年的利润从20万元到400万元不等。修武县民宿业虽收入不菲,但也面临升级改造花费巨大、资金缺乏、缺乏对口贷款等难题。

焦作中旅银行修武支行创新贷款方式,通过实施区分三、二、一不同星级,对民宿主实行差异化贷款支持。对"三星级"农户贷款额度可高达500万元,利率优于其他贷款户,且在担保方式上给予简化。反之,对因一票否决进入"民宿贷"黑名单的民宿主,银行不予贷款支持。

3年来,焦作中旅银行修武支行为300多户民宿主发放民宿贷款超过3

亿元。截至目前,不良率、不良额为0。《金融时报》《河南日报》等多家媒体对焦作中旅银行修武支行支持民宿业发展的创新做法均进行了报道,给予高度评价。

二是加大贷款力度和创新金融方式。例如,山东省聊城银保监分局引导辖区银行保险机构围绕山东省"一轴两带、九大组团"黄河文化旅游布局,加大对重点项目的支持力度。截至2022年3月末,聊城辖区共支持相关项目3个,项目投入资金总额3亿元。中国农业银行聊城分行积极跟进"黄河故道""金堤河航道"等黄河故道生态旅游廊道建设,黄河(聊城)文化博物馆建设。积极通过信贷政策重点支持4A级及以上景区改建和扩建。又如,中国工商银行山西省分行等单位与山西省博物院合作。依托山西省博物院文化资源,借助银行和企业的资金进行文化创意产品开发,探索"文化+金融"融合创新服务体系。

(四) 数据要素流动成为黄河流域文旅市场发展的新动力

大数据、元宇宙、人工智能等新技术与文旅资源的结合催生了"云直播""云演出""云展览"等线上新业态,丰富了定制、体验、智能、互动等消费新模式。如依托抖音、快手、小红书等平台形成社交化、定制化的在线旅游,推动旅游向数字化和多元化发展。如,2021年在线旅游占比相比2019年的31.7%提升到了61.2%,交易规模突破1万亿元,凸显了文旅新业态的巨大潜力。黄河流域九省(区)在发展数字经济方面取得了一些成效。例如,陕西省培育了一批具有创新活力的数字经济示范载体,创建了一批数字经济示范区、示范园(基地)和示范项目(平台),探索数字经济发展新路径。截至2023年上半年,陕西省各地市已认定数字经济示范区12个、数字经济示范园34个、数字经济示范平台90个。[①] 又如,河南省以18个大数据产业园区建设为抓手,打造大数据产业发展载体,培育壮大数据产业集群,造就出一批优秀的数据标注企业,如千机数据、睿金科技。数据标注产业的蓬勃发展,也充分带动了城乡就业,出现了特色的"数据标注村",如平顶山郏县等。

---

① 参见王帅:《数字经济:为陕西经济发展提供有力支撑》,《陕西日报》2020年7月26日。

培育和发展新型文化旅游业态,是黄河流域文旅市场高质量发展的重要途径。例如,山东大学文化产业研究院推动的"齐鲁文化动漫工程题材库"建设,通过对近10万个选题的梳理,筛选完成了首批200个"示范性题材库"(每个50万字,总量约1亿字)的整理、策划与创意设定。① 其中,一些"示范性题材库"已进入前期商业合作,或者达成合作意向。山东省青年群体推动的这一题材库建设,有望成为中国本土IP研发高地。

三、黄河流域各类文旅要素的市场化配置情况

黄河流域九省(区)通过推进要素市场一体化建设、加强区域协同、完善人才评价与培养机制、推进要素市场化改革等措施,推动各类资源要素在黄河流域乃至全国范围实现跨区域流动。

(一) 推进要素市场化相关平台建设

沿黄各省(区)积极促进平台建设,提升要素资源配置效率。一是推进各类要素制度标准的平台统一。2021年,山东与沿黄省(区)要素交易机构以促进各类资源要素自由流动和优化配置为目标,共同发起成立黄河流域要素市场联盟。为保障各类要素产权交易的顺利进行,黄河流域要素市场联盟成员暨沿黄九省(区)产权交易机构推动共建规则,推进制度标准一体化。共同发布统一的业务制度和交易规则,形成统一的交易相关示范文本,逐步推动产权交易凭证互认。二是形成信息共享平台,建设黄河流域项目信息发布平台。例如,2024年,由黄委国科局(数字办)组织主办,山东河务局、河南河务局、水文局、黄科院、黄河设计院、信息中心等委属单位积极参加,形成的"数字孪生黄河建设"中,土地、人力等要素都有一定的覆盖。② 三是推进产权交易平台

---

① 参见韩若冰:《动漫角色与民族性融合筑就"国漫"辉煌》,《美术观察》2021年第1期。
② 参见黄河网:《黄委举办数字孪生黄河建设先进设备成果展示活动》,见 http://www.yrcc.gov.cn/xwzx/hhyw/202401/t20240110_257807.html;《数字孪生黄河建设规划(2022—2025)》已经印发实施,为"十四五"时期数字孪生黄河建设提供了重要依据。其中的要素信息涵盖卫星通信、无人机、物联网、人工智能、智能监测感知等多个技术门类,全面展示了黄河委委属单位紧紧围绕数字孪生黄河建设,在技术攻关和创新实践上取得的优秀成果。

的建设。例如,黄河流域要素市场联盟平台实时更新展示沿黄九省(区)工程建设、政府采购、土地使用权出让、矿业权出让、国有产权五大领域公共资源交易公告数据,目前已接收相关数据43.1万条,与沿黄九省(区)50家高校院所签订科技成果转化服务协议,完成专利评估15000项。[1] 四是推进公共资源交易平台建设。黄河九省(区)积极推进公共资源交易平台建设。以山西省公共资源交易平台建设为例,2019年12月,山西省人民政府办公厅印发了《山西省公共资源交易平台服务管理细则(试行)》,实现公共资源交易"一网通办"、建立公共资源交易综合监管体系和加强公共资源交易信用体系建设等,不断推动公共资源交易平台建设。

(二)逐步开展区域协同的创新探索

沿黄九省(区)许多文旅景区、景点具有跨区域的特点。以前,由于这些景区景点分属不同行政区划管理,各自为政现象严重,为进一步推动市场化进程,各类景区已经开展了多样化的协同创新。以壶口瀑布和乾坤湾为例。壶口瀑布是国家级风景名胜区、国家5A级旅游景区,东临山西省临汾市吉县壶口镇,西临陕西省延安市宜川县壶口镇,为两省共有旅游景区。乾坤湾位于山西省永和县和陕西省延川县接壤处。乾坤湾是一幅天然太极图,是黄河故道秦晋峡谷上一大天然景观。此前,壶口瀑布和乾坤湾景区在门票定价、旅游线路等方面都是独立的,导致一定的资源浪费。2021年8月,山西、陕西两省文旅厅召开会议,研究壶口瀑布和乾坤湾同步共创5A级景区工作。两省建立了联动工作机制,打破地域局限,在景区规划、设施建设、标识标牌、宣传推广、门票销售等方面统一标准、同步推进,此举也为游客降低了成本,提供了便利。[2]

各级政府也开始通过节庆、会展等各类形式积极探索。例如,甘肃省于2023年在张掖召开第11届"敦煌行·丝绸之路"国际旅游节。这个旅游节作

---

[1] 参见新黄河:《去年黄河流域九省(区)18家交易机构成交额达1.15万亿元,同比增长96%》,见 https://www.toudeng.cc/archives/47697,2023年8月15日。

[2] 参见李卫:《秦晋联合推动壶口瀑布和乾坤湾创建5A级景区》,《陕西日报》2021年8月14日。

为全国唯一以丝绸之路命名的常设性国际旅游节会,也是甘肃向西开放的平台和区域协作的桥梁。会议期间举办的2023年丝绸之路旅游推广联盟联席会议、第32届西北旅游协作区会议、"世界旅游联盟·丝路对话"等活动,从政府和非政府层面实施联动,积极探索区域协作。

此外,中央单位牵头、各省协作的政府合作形式也在不断创新。例如,2023年底,由文化和旅游部资源开发司指导、黄河文化旅游带宣传推广联盟主办,青海省文化和旅游厅承办,黄河流域四川省、甘肃省、宁夏回族自治区、内蒙古自治区、陕西省、山西省、河南省和山东省文化和旅游厅以及西北旅游协作区秘书处协办的"直播黄河"——2023首届黄河文化旅游带全网宣传推广活动开展,向海内外观众和游客立体展现了我国正在聚力建设的黄河文化旅游带的总体风貌、景观特点、行游方式、业态特色等。[①]

(三)不断完善要素治理监管体系

一是加强数字化动态监管。黄河九省(区)加强对要素市场交易活动的监管,通过协同合作的执法机制和利用数字化监管方式提升监管效能。例如,四川省在全国率先建立文旅消费监测指标体系,对全省文旅消费重点领域实现动态监测,已实现对28.41万家商户和约9000万消费者的动态监测。[②] 二是全面优化审批服务。各省深化"一网通办"工作,其中,河南省、山东省、四川省走在前列。例如,四川省将文旅领域11个跨部门、跨层级的审批事项整合为"一件事一次办",办事环节、申请材料分别减少6个、10个,办理时限减少31%。山东省发布的《加强金融支持文化和旅游产业高质量发展的若干措施》提出鼓励有条件的企业创建国家对外文化贸易基地,为文化和旅游企业

---

① 活动是"2023(青海)黄河文化旅游带宣传推广活动"之一,作为历史上第一次万里黄河文旅大联动的大型直播活动,本次"直播黄河"采用全网直播,"全流域联动、各省区统一参与、16个直播点互动+8小时连续直播"的方式展开。

② 四川省率先构建了包括3个一级指标、10个二级指标、28个三级指标的文旅消费监测指标体系,并向文化和旅游部、国家统计局以及省市统计、宣传、公安、交通等部门征求意见,形成了多方共识,确保指标体系的可行性与可操作性。截至2024年6月,四川省对6家国家文化和旅游消费示范、试点城市8大文旅重点业态,6家国家级夜间文化和旅游消费集聚区,135家省内4A级以上景区,8个重点街区,建成投运的63个省级文化和旅游重点项目实现了全程监控。

拓展国际业务提供投融资指导和咨询服务,进一步优化文旅企业的要素服务。三是强化执法监督。各级行政监督部门按照职能职责,负责对各类要素交易活动进行监督执法,及时处理投诉和争议,保障正常有序的交易秩序。各省均组织开展安全生产应急演练,排查整治自建房安全隐患,严防发生安全事故,构建了行政监督部门与监察、审计部门的协作配合机制,重点强化审计部门对要素交易及平台运行的审计监督。各省通过不同机制,积极受理、转办、督办、处理游客投诉,并及时解答游客咨询,游客满意度不断提高。

四、黄河流域文旅要素市场的基础制度建设

(一)总体政策制度建设情况

近年来,各级政府积极推动文旅产业要素市场建设,不断夯实文化和旅游要素市场的制度基础。截至 2024 年 1 月,中央和地方(省区级)有关黄河文旅融合的文件共 199 份,涉及发布机构共 72 家。其中,中共中央、国务院联合发文 4 次(包含中共中央办公厅、国务院办公厅在内),全国人大审议通过文件 2 次,文旅部参与发文 11 次(如文旅部发布的《"十四五"文化产业发展规划》《"十四五"文化和旅游发展规划》《黄河文化保护传承弘扬规划》等,均涉及文旅融合),国家发展改革委参与发文 7 次,国家文物局参与发文 4 次,自然资源部参与发文 3 次,中宣部、农业农村部、水利部、科技部、工信部、财政部和公安部参与发文 2 次,国家开发银行、生态环境部、最高人民法院、最高人民检察院、住建部、气象局、林草局等多部门参与发文 1 次。各省区文旅厅共发文 85 次、省人民政府发文 24 次、省人民政府办公厅发文 34 次、省发展改革委共发文 25 次、省人大通过 8 次、省委参与发文 7 次、省文物局发文 8 次、省农业农村厅参与发文 6 次、省委宣传部参与发文 8 次、省财政厅参与发文 10 次,还有各省专门机构多次发布黄河文旅融合文件(如宁夏回族自治区文化旅游产业高质量发展包抓工作机制办公室、陕西省黄河流域生态保护和高质量发展领导小组、山西省旅游改革发展领导小组办公室、山东省国家文化公园建设工作领导小组),另有省生态环境厅、水利厅、自然资源厅、商务厅、气象局等多部门参与联合发文(见图 5-7)。

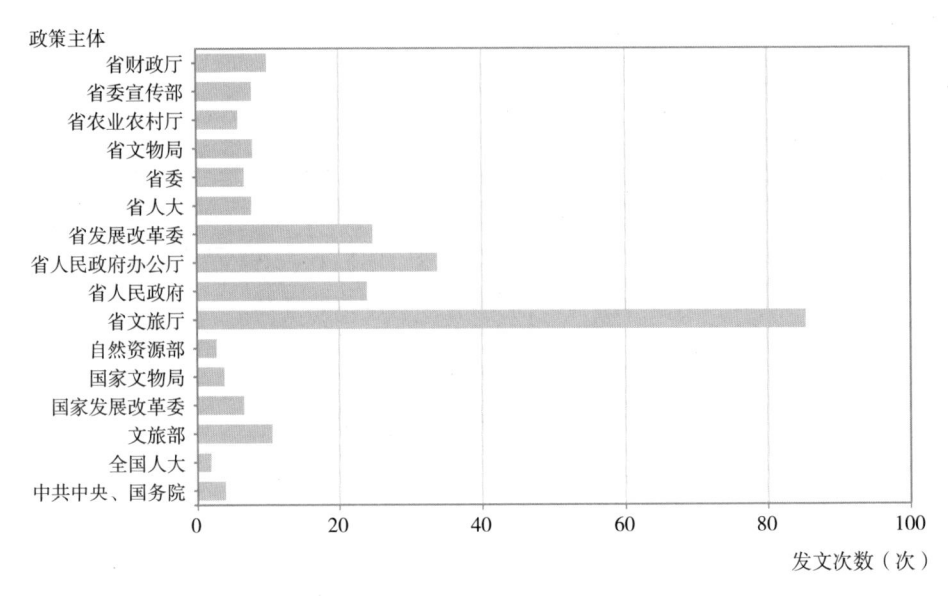

334　文化和旅游融合视野下黄河文化保护传承弘扬研究

图 5-7　黄河文旅融合相关政策发布主体数量图

在政策内容方面,黄河流域九省(区)相关政策都对生态保护、非遗传承、文旅融合、数字技术等方面作出了规划,见表5-4。在推动要素市场建设的政策方面,山东、甘肃、陕西、山西在人才培养方面作出了规划;山东在资金支持文旅产业发展方面作了具体规划;宁夏、青海、四川、山东、内蒙古在空间布局方面作出安排;河南、甘肃、内蒙古发布了关于文物保护的政策;陕西、河南两省针对黄河精神弘扬方面出台了政策。

表 5-4　黄河流域九省(区)政策涵盖内容

省份	生态保护	非遗传承	文旅融合	数字技术	人才培养	空间布局	资金支持	文物保护	黄河精神
青海	√	√	√	√	×	√	×	×	×
宁夏	√	√	√	×	×	√	×	×	×
甘肃	√	√	√	√	√	×	×	√	×
四川	√	√	√	√	×	√	×	×	×
内蒙古	√	√	√	√	×	√	×	√	×
河南	√	√	√	√	×	×	×	√	×

续表

省份	生态保护	非遗传承	文旅融合	数字技术	人才培养	空间布局	资金支持	文物保护	黄河精神
陕西	√	√	√	√	√	×	×	×	√
山西	√	√	√	√	×	×	×	×	√
山东	√	√	√	√	×	√	√	×	×

注：√表示此项强关联，×表示相关政策弱关联。

自黄河流域生态保护和高质量发展上升为国家战略以来，中央和沿黄九省（区）积极出台支持黄河流域文化和旅游产业融合发展的政策文件。有以下两个主要方面。

一是强化黄河文化文物资源保护传承。例如，《甘肃省"十四五"文化和旅游发展规划》中提到，要以长城、长征、黄河国家文化公园甘肃段建设等文物保护项目为重点，推行集中连片保护和区域协同保护新模式，不断提升文物保护水平；《青海省"十四五"文物事业发展规划》提出，要紧紧围绕长城、长征、黄河、长江国家文化公园建设，抓好文物保护利用工作，健全保护机制，发挥重点项目示范效应，提升文物保护水平。陕西省在其相关规划中强调，要开展黄河文物文化资源普查；实施黄河文物系统保护工程；加大黄河文化资源保护力度等。同时，沿黄九省（区）均提出，重视黄河文化传承，统筹利用文化遗产地以及博物馆、纪念馆、展览馆、教育基地、水工程等资源，综合运用信息化手段，系统展示黄河文化。

二是加快全国文化和旅游融合发展载体建设。首先，推动文旅融合发展示范区建设。2022年12月，文化和旅游部、自然资源部、住房和城乡建设部联合发布《关于开展国家文化产业和旅游产业融合发展示范区建设工作的通知》，并发布《国家文化产业和旅游产业融合发展示范区建设指南》《国家文化产业和旅游产业融合发展示范区评价指标体系》等文件。其次，创评示范城市和单位，引导和带动其他城市或地区文化和旅游产业融合发展。全国创评了10个文化产业和旅游产业工作激励地市、47家国家级文明旅游示范单位、243个国家级夜间文化和旅游消费集聚区，以及15个国家文化和旅游消费示范城市和115个国家文化和旅游消费试点城市。通过示范城市、典型园区和街区的评选,提升了文旅产品和服务供给质量。

此外,国家还出台了相关法律制度。2023年4月1日,《中华人民共和国黄河保护法》开始施行,这是继《中华人民共和国长江保护法》后的第二部流域法律,凸显了国家对于黄河流域发展的重视。黄河保护法明确指出,国家加强黄河文化保护传承弘扬,建设黄河文化旅游带。这对黄河流域文旅产业的建设发展具有重要意义。

(二) 细分要素的基础制度建设情况

1. 劳动力/人才要素制度建设情况

2022年4月,文化和旅游部等六部门发布《关于推动文化产业赋能乡村振兴的意见》,提出建立汇聚各方人才参与的有效机制。以建立"文化产业特派员"制度为抓手,从发挥院校和研究机构作用、调动各类文化单位和文化工作者积极性、鼓励各地探索建立人才制度、培育乡村本土文化人才队伍四个方面,推动人才助力文旅融合,促进文化和旅游产业融合发展。

文化和旅游部将河南省作为实施文化产业赋能乡村振兴示范区,于2022年在全国率先启动"文化产业特派员"制度试点工作,首批遴选济源市、修武县、光山县、栾川县、嵩县5个地区作为试点,每个县(区)选取5个村,首期培育建设25个乡创特色乡村,包括修武县美学赋能乡村振兴、兰考县泡桐制作乐器、光山县中国首届儿童艺术节等,为在全国实施"文化产业特派员"制度提供了先行先试的经验。

2. 土地要素市场的基础制度建设

2023年7月,河南省自然资源厅、河南省文化和旅游厅联合印发《关于支持文化旅游产业用地的通知》(以下简称《通知》),从保障产业发展空间、支持重大项目用地、分类保障用地计划、统筹安排耕地占补平衡、合理利用生态修复用地、依法依规使用集体建设用地、优化规划用地服务等方面提出10项措施,保障文旅产业用地需求。同时,该《通知》明确文化旅游项目用地可实行弹性年期、长期租赁、先租后让、租让结合等多种方式,采取灵活的用地政策,降低用地成本;对文化旅游项目实行"多审合一、多证合一、多测合一",实现建设项目用地预审和选址意见书合并办理,建设用地规划许可证和土地出让合同同步办理,不动产登记"即申即办"等灵活支持方式,提升了文旅项目用地审批的灵活性和效率。

3. 资本要素市场的基础制度建设

资本要素是健全黄河流域文旅市场体系的杠杆。从中央到地方,政府积极促进资本要素支持黄河流域文化产业和旅游产业发展,通过多种金融方式和渠道为黄河文旅项目提供资金支持。从中央层面看,2021年4月,文化和旅游部、国家开发银行联合公布的《关于进一步加大开发性金融支持文化产业和旅游产业高质量发展的意见》提出要支持重大项目建设,加大对长城、大运河、长征、黄河等国家文化公园范围内文化产业和旅游产业项目的融资支持,依托常态化、品牌化、精准化的投融资服务,引导社会资本和金融资本参与项目建设。2021年10月,中共中央、国务院印发的《黄河流域生态保护和高质量发展规划纲要》中提出,要研究设立黄河流域生态保护和高质量发展基金。2022年,陕西省财政厅等12部门印发《支持文化和旅游企业发展财税金融政策措施》,山东省发布《支持黄河流域生态保护和高质量发展若干财政政策》,均提出加大文旅企业创新绩效奖补,统筹安排文化旅游领域相关资金,支持文旅企业开展债券融资等,多层面拓宽文旅产业融资渠道。

4. 数据(技术)要素市场的基础制度建设

数据(技术)赋能黄河流域文旅发展,不仅能够拓展黄河流域文化和旅游的空间,还能够实现黄河流域文旅发展的提质增效。这是因为数据有以下几个特点:数据具有非排他性,可共享;数据不会因使用而贬值,相反会因为其适用范围的扩大而增值;数据会因组合的改变而产生新知识新价值;数据一旦链接,计算机和人都可以对数据进行探索,通过一个数据发现另外一些相关数据;通过数据挖掘,在海量数据中通过分析和建模,以揭示过去的规律、预测未来的趋势。河南省在《河南省"十四五"文化旅游融合发展规划》中明确了"数字化"的发展趋势,提出文化科技融合进入数字文化经济时代。增强现实、虚拟现实、混合现实、扩展现实、人工智能等新技术在文化旅游领域得到了充分应用,催生出了更多新业态、新场景和新模式。大数据、移动互联网等加快文化旅游数字化转型,并重构文化旅游的资源观、时空观、产品观。数字文旅成为文化和旅游产业的未来发展方向。

第三节　黄河文化和旅游要素市场的建设问题

要素市场建设是复杂的系统工程。从黄河流域来看，要素市场面临着需要进一步释放资本、科技、人才等创新生产要素活力等问题。

一、各类要素供给质量有待提升

（一）劳动力/人才要素掣肘黄河流域文旅要素市场建设

一是地域人才吸引力较弱。黄河九省（区）大部分处于中部和西部。由于区域经济发展水平的影响，人才吸引力较东部地区和一线城市普遍较弱。《2022中国城市人才吸引力排名》显示，在2022年最具人才吸引力城市100强中，黄河九省（区）的青岛、济南、西安、重庆、郑州、威海、太原、烟台、东营、呼和浩特、潍坊、鄂尔多斯、淄博、包头、乌鲁木齐、克拉玛依、洛阳、咸阳、乌海、临沂、兰州、银川、日照等23个城市上榜，占100强城市比例为23%，而东部城市占比超过七成，黄河九省（区）城市吸引力总体上与东部地区城市仍存在一定差距。在100强前10名榜单中，基本上都是东部经济发达地区的城市，没有黄河流域的城市上榜。通过2022中国城市100强榜单和100强前10名榜单的比较分析表明，黄河流域具有人才吸引力的城市数量较少，黄河流域城市整体上人才吸引力还有待进一步提升。人口净流方面，黄河九省（区）一些城市出现人才净流出的情况，这一定程度上影响了城市的创造能力和竞争力。

二是黄河流域文旅相关的研发人员不足。从文化及相关产业法人单位专利授权情况来看，2017—2021年黄河流域平均水平低于全国平均水平。青海、甘肃、宁夏、内蒙古、山西五省（区）长期低于区域平均水平。山东、四川、陕西、河南的文化及相关产业法人单位专利授权数量较多（见图5-8）。总体来看，黄河流域的人才要素不足，相关专利水平较低，已经成为掣肘文旅要素市场发展建设的重要因素。

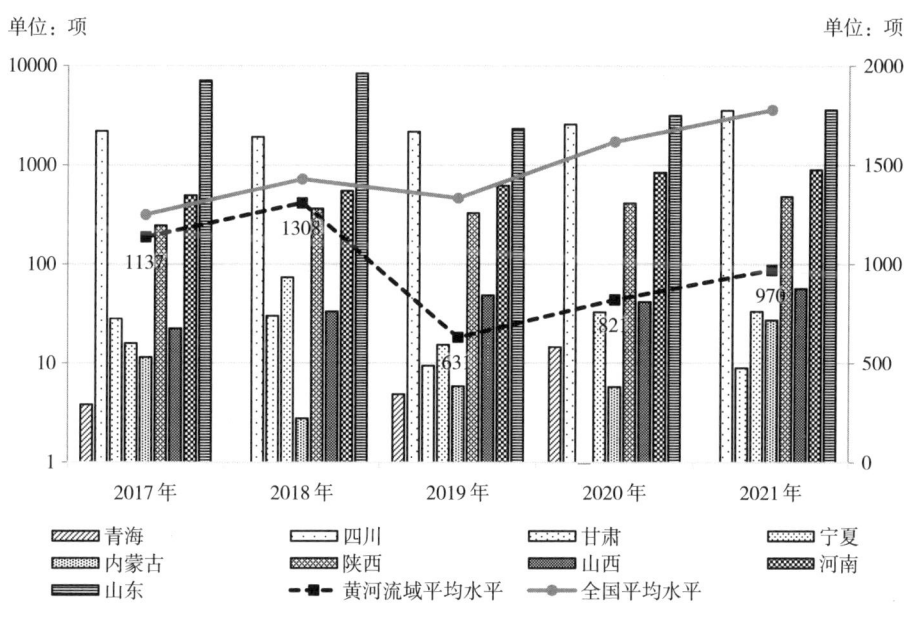

图 5-8　2017—2021 年黄河流域九省（区）文化及
相关产业法人单位专利授权情况①

三是黄河流域数字人才短缺现象仍然存在。数字人才是支持技术赋能文旅产业发展的重要力量，黄河流域数字人才数量不足是限制文旅产业技术创新和业态创新的重要因素。《2023 中国数字人才发展报告》显示，数字人才主要集中在华东地区，人才呈逐年增长态势，2022 年人才比 2019 年增加了 7.03%。从城市数据看，数字人才分布前十的城市是：上海、北京、深圳、广州、杭州、成都、南京、苏州、武汉、西安，数字人才主要集中聚集在一线城市。黄河流域除西安外，大部分城市的数字化人才仍处于短缺状态，对基础设施建设、数据平台搭建、数据要素交易机制形成等支持性不足。

（二）黄河流域创新能力有待提高，制约数据（技术）要素发展②

技术要素对于黄河流域文旅融合发展的支撑能力相对较弱。根据国家统

---

① 因黄河流域九省（区）文化服务业与文化制造业营业收入省际差距较大，导致左侧数值轴涵盖范围过大，遵循图表可视化原则，特将左侧坐标轴更改为对数刻度（底数为 10）。2018 年、2021 年青海省及 2020 年甘肃省数据有所缺失。
② 参见国家统计局：《中国文化及相关产业统计年鉴（2022）》，2022 年 11 月。

计局提供的数据,黄河流域规模企业R&D经费支出额、亿元工业增加值R&D经费支出额、国内三种专利申请数、授权数仅相当于全国平均水平的81.83%、83.27%、54.23%、50.81%。① 值得注意的是,2017年至2019年,黄河流域九省(区)规模以上文化制造业企业中,有R&D活动②的企业数量出现下滑,由2017年的666家下降至2019年的603家。

根据国家统计局提供的数据,从黄河流域文化及相关产业法人单位专利授权情况来看,2017—2021年,黄河流域文化及相关产业专利授权总数呈波动式下降,由2017年的10236项下降至2021年的8726项,下降幅度较大,但2019年后略有回升。分省(区)情况来看,2017—2021年,黄河流域专利授权总数平均水平一直低于全国平均水平,且差距呈拉大趋势。其中,青海、甘肃、宁夏、内蒙古、山西五省(区)长期低于区域平均水平。山东省作为总量第一的省份,也遭遇了一定程度的下滑。

(三) 资本要素支持文旅企业发展不足

一是企业规模小,限制了融资能力。从规模以上文化及相关产业企业发展情况来看,2017年至2019年,黄河流域九省(区)规模以上文化及相关产业企业发展能力有待增强。除企业资产总计出现短暂上升又小幅下滑以外,企业营业收入及年末从业人数均出现下滑现象。从区域内部情况来看(见表5-5),2019年,黄河流域九省(区)规模以上文化及相关产业企业数、年末从业人员数、资产总计、营业收入的平均水平均低于国家平均水平,区域内部仅有山东、四川两省表现较好,其中山西、内蒙古、宁夏、甘肃、青海五省(区)均低于区域平均水平,区域内部差距较大。规模以上文化及相关产业法人单位数量的减少以及区域内不同省份企业数量和发展水平的差异,限制了区域文化企业融资能力,阻碍了文化企业的持续性发展。

---

① 参见苗长虹、赵建吉:《强化黄河流域高质量发展的产业和城市支撑》,《河南日报》2020年1月15日。
② "R&D"是"Research and Development"的缩写。"R&D活动"即"研究与试验发展活动",是指为了增加知识的总量,包括关于人类、文化和社会的知识,以及运用这些知识去创造新的应用所进行的系统的、创造性的活动。

表 5-5　2019 年黄河流域九省(区)规模以上
文化及相关产业法人单位情况①

省(区)	企业单位数(个)	排名	年末从业人员(人)	排名	资产总计(亿元)	排名	营业收入(亿元)	排名
山西	314	22	37336	22	999.5	20	236.7	24
内蒙古	171	27	17239	27	321.3	27	101.0	28
山东	2660	10	397608	8	8386.9	6	5130.1	7
河南	2866	8	345543	10	3053.0	12	2357.5	12
四川	1867	12	252790	12	4509.3	8	3608.6	9
陕西	1682	14	125696	16	2459.5	15	1097.3	16
甘肃	198	26	22384	26	447.4	26	115.9	27
青海	52	30	5461	30	94.4	30	52.5	29
宁夏	72	29	9526	29	133.3	29	47.1	30
黄河流域总量	9882	—	1213583	—	20404.7	—	12746.6	—
黄河流域平均	1098	—	134842.5	—	2267.2	—	1416.3	—
全国总量	61232	—	7997533	—	137053.8	—	99032.8	—
全国平均	1975	—	257984.9	—	4421.1	—	3194.6	—

数据来源:《中国文化及相关产业统计年鉴(2022)》。

二是文旅市场投融资建设不足。文化企业融资渠道较为单一,财政对文化产业发展的支持力度有限。② 一些文化产业经营单位面临融资困难。由于缺少资金,许多文化资源的市场价值未能有效挖掘。

三是企业市场主体发展水平有待提高,导致全流域的资本能力较弱。黄河流域规模以上文化及相关产业企业总体较少(见表 5-6)。黄河九省(区)中规模以上文化及相关产业数量最多的河南省也仅占广东省约三分之一的比

---

① 排名包括全国 31 个省(自治区、直辖市),未包括新疆和香港、澳门。
② 参见塞莉、杜唐丹:《文化强省建设视域下四川文化产业的发展路径》,《新西部》2019 年第 19 期。

例,营业收入更普遍低于发达城市和地区;从分地区文化及相关产业法人单位数量来看(见表5-7),作为2021年黄河九省(区)文化及相关产业年末从业人员数量最多的省份,河南省文化及相关产业2021年年末从业人员数量为104234人,仅相当于广东省年末从业人员数量的约三分之一,二者的营业收入相差近三倍(见图5-9)。无论从规模以上文化及相关产业企业数量还是文化及相关产业法人单位基本情况来比较,黄河流域九省(区)总体文化市场主体实力较弱,发展水平有待提升。

表5-6 分地区规模以上文化及相关产业企业基本情况(2021年)

地区	企业单位数(个)	年末从业人员(人)	资产总计(元)	营业收入(元)
山西	369	38081	12072901	3981152
内蒙古	166	16945	3827820	1263851
山东	2926	269653	76678398	62076214
河南	2895	308325	34258220	25331647
四川	2431	312797	67761614	47871971
陕西	1665	121987	29623113	12098014
甘肃	188	20137	3278020	1259946
青海	50	5303	1228003	190620
宁夏	74	10278	1509235	614843
北京	5309	599310	280673960	176285858
上海	3675	429999	158905212	113148125
广东	10552	1641537	257709896	213608524

数据来源:《中国文化及相关产业统计年鉴(2022)》。

表5-7 分地区文化及相关产业法人单位基本情况(2021年)

地区	年末从业人员(人)	营业收入(元)
山西	206886	6827304
内蒙古	110167	2853596

续表

地区	年末从业人员（人）	营业收入（元）
山东	1074032	91481153
河南	1042342	29758286
四川	880620	61597600
陕西	374118	16025296
甘肃	129487	2456241
青海	38651	504206
宁夏	38248	1118186
北京	1200839	203747788
上海	771578	141861151
广东	3045543	258590384

数据来源：《中国文化及相关产业统计年鉴（2022）》。

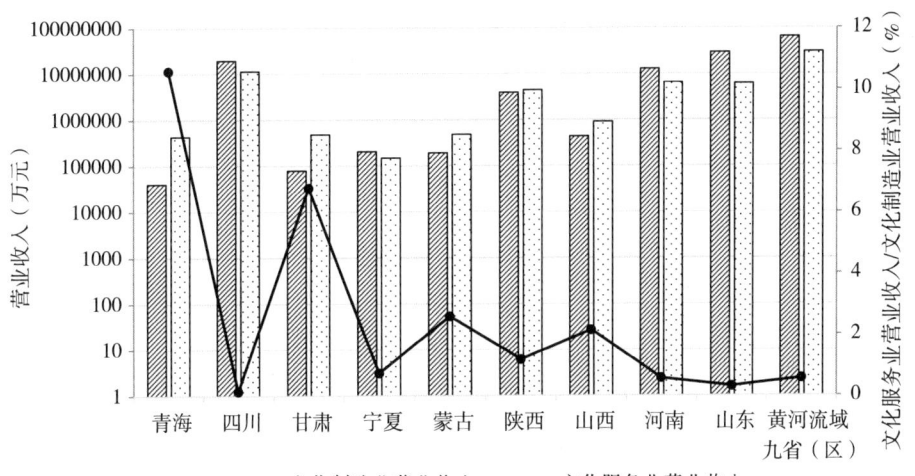

图 5-9　2019 年黄河流域九省（区）文化服务业与文化制造业营业收入及比值情况

二、各类要素流动不足,一体化市场有待形成

要素流动是指自然资源、劳动力、资本、人才、技术和信息等在不同层级城市和乡村不同空间的配置和扩展。各地区因区位和发展水平不同,要素存量和增量差异较大,要素流动互补就显得非常重要。从黄河流域九省(区)文化产业和旅游产业发展实际看,文旅市场的要素流动存在着一定的障碍。

(一) 要素市场格局有待进一步完善

在资本要素市场上,黄河流域九省(区)均不同程度地存在着格局不够合理的现象。一些中小文化企业存在着贷款难问题。

在劳动力要素市场上,区域行政规划也影响人才流动。

在土地要素市场上,出现征地过度和补偿标准较低、城市土地紧缺与闲置浪费现象并存等问题。

在技术要素市场上,存在"数据孤岛"现象,数据的统一对接、资源共享机制尚需完善。黄河流域的企业,尤其是大型企业和中小微企业之间数据信息还缺乏共享,存在信息和数据壁垒,难以形成要素交易,影响行业资源整合和数据要素生态建立。如黄河流域各地建立文旅资源数据库,但没有形成互通共享的数据总库,也没有形成统一的数据采集标准,重复性建设、资源壁垒问题仍然存在。

在制度要素供给上,由于制度尚需健全,一定程度影响着要素市场健康发展。政府统计部门、各行政部门以及行业、企业的数据应及时被收集和科学分类管理,数据要素市场建设任重而道远。

(二) 技术要素非均衡化结构问题较为突出

分省(区)情况看,如图 5-10 所示,在有 R&D 活动的企业数量方面,青海、甘肃、宁夏、内蒙古、陕西、山西六省(区)在 2017—2019 年一直低于区域平均水平。其中,山东、四川、河南三省表现较好,位于黄河流域各省(区)前列。值得注意的是,山东作为沿黄地区有 R&D 活动的企业数量总量第一的省

份近年来有下降趋势,四川省、河南省在波动中呈现小幅上升态势,涨幅均在 5% 以内。

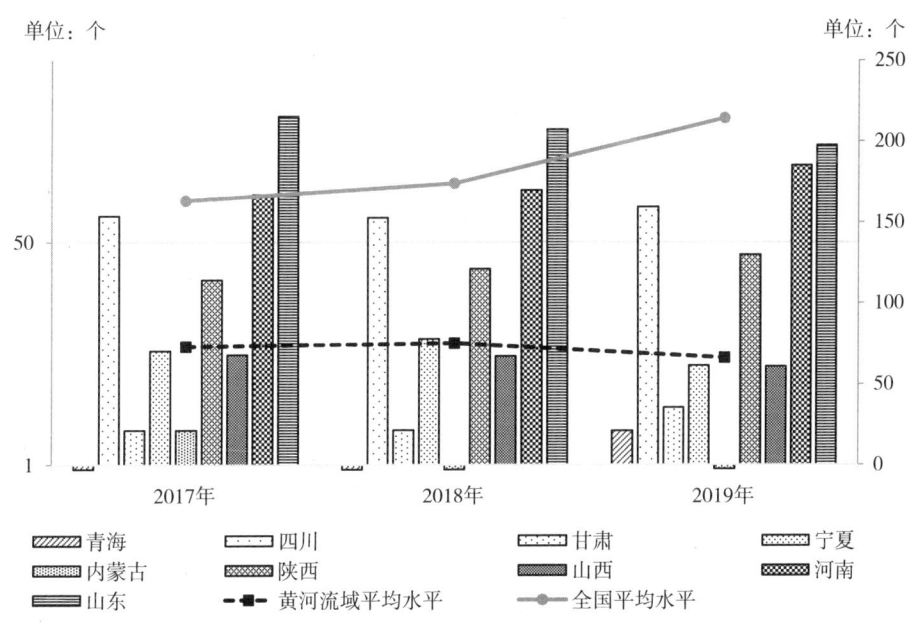

图 5-10 2017—2019 年黄河流域九省(区)规模以上有 R&D 活动的企业数量情况①

数据来源:《中国文化及相关产业统计年鉴》。

值得一提的是,黄河流域各省(区)文化产业大都以传统文化产业为主,新业态较少。② 例如,山东省传统型文化产业数量占比较大。但近年来,在数字技术赋能背景下,山东文化产业新业态不断涌现,出现了一批新型文化企业,为文化产业发展增添了活力。但传统文化产业在该省文化产业结构中仍然占较大比重,文化产业数字化转型任务十分艰巨。沿黄其他省(区)情况也

---

① 因青海省 2018 年"有 R&D 活动的企业"数据缺失,故黄河流域在 2018 年有 R&D 活动的企业平均水平应比图示稍高,但因青海省总体数量过小,故 2018 年黄河流域平均水平仍低于全国平均水平。另外,因黄河流域九省(区)文化服务业与文化制造业营业收入省际差距较大,导致左侧数值轴涵盖范围过大。遵循图表可视化原则,特将左侧坐标轴更改为对数刻度(底数为 10)。

② 参见陆大道、孙东琪:《黄河流域的综合治理与可持续发展》,《地理学报》2019 年第 12 期。

大致相近。

（三）区域合作一体化机制尚待形成

黄河流域的文旅协同发展中，区域合作一体化机制尚待形成。比如，在制度性合作方面，山西运城可利用与河南三门峡地理位置近的优势，协同宣传打造彰显特色的文化旅游产品，积极发展便利的协同交通路线和旅游设施，发展"三门峡—运城文化旅游经济带"，使游客流连忘返，感受不同城市的文化旅游特色。① 在黄河文化保护传承弘扬过程中，区域要素市场一体化是长期发展的必然要求，各地区务必打破地方保护主义，发达地区要对口支援欠发达地区，遵循文化经济发展的现状和规律，健全文化和协同机制，加快文化要素在黄河"几"字弯地区自由流动。

在社会参与方面，不同属性企业参与文旅企业建设仍存在壁垒。在文旅市场培育和发展过程中，黄河流域大多数省份是以国有文旅集团、国有文化企业为建设主体，民营文化企业参与多数文旅项目建设存在一定障碍，未来应进一步调动民营文化企业参与的积极性，发挥民营文化企业熟悉文化市场需求、高效灵活、业务突出的优势。

在发展保障方面，黄河流域要素市场的综合治理服务能力亟待提高。在一体化上，黄河流域与长江流域、粤港澳大湾区、京津冀地区的发展都有较大的差距。例如，现代数字技术推动文化产业升级换代，朝着信息化、数字化方向发展。粤港澳大湾区以5G、大数据、云计算、区块链、物联网等新兴数字信息技术为核心，借助腾讯、华为等高科技企业落户深圳，大力引进和培育具有一定规模实力的文化企业，着力构建数字文化产业发展链，形成新的文化产业集群。② 黄河流域在文化产业园区建设、文化旅游集群智慧化等方面应加强规划，建设相应的高科技企业集群，保障文化和旅游数字化高效、快速发展。其次，例如信息平台建设、要素一体化市场建设、综合执法服务能力提升等问题，都有待区域加深合作，探索更加高效的服务保障模式。

---

① 参见吴锋：《黄河几字弯地区文化协同发展研究》，云南大学出版社2020年版。
② 参见杨芳、汪洋：《探讨粤港澳大湾区背景下珠海"互联网+"特色小镇的文化旅游建设》，《中共珠海市委党校珠海市行政学院学报》2018年第5期。

三、黄河流域文旅要素市场的基础制度尚需完善

从各类要素建设看,各项市场建设的制度仍有较多有待完善。

(一) 基础人才服务及引进、激励制度有待加强

一是在激励机制上,人才激励的对象还不够全面。文旅领域人才包括设计型人才、数字技能型人才、服务型人才等不同种类,现有的人才激励制度没有对文旅领域不同人才种类进行详细划分,激励人才对象不全面,影响了基础服务型人才发挥才能的积极性。同时,黄河流域人才激励多注重物质激励,主要针对顶尖人才、高层次人才、技能人才,以及青年人才创业就业工作支持力度较大,包括给予相应的人才补助、创业补助、安家费等各种奖补措施,但对于子女后续上学、医疗等服务型政策较少。

二是长效的人才培养机制还有待建立。黄河流域文旅市场中,人才重使用、轻培养的情况仍然存在。应探索长效的人才培养机制,结合文旅产业发展的新特点和新趋势探索持续性的培养模式。同时,黄河九省(区)在制定人才引进政策时,大多通过提高人才待遇来吸引人才,缺少针对文旅产业发展需求及其人才发展需求的专项政策,政策制定的特色不够突出。

三是人力资源服务的相关基础建设不足。人力资源服务对促进区域人力资源市场化配置具有重要作用。仅2022年,黄河流域九省(区)内有2.4万家人力资源服务机构、27.2万名从业人员、5个国家人力资源服务产业园,发布岗位信息4996万条,为480万家用人单位提供人力资源服务,营业总收入达3165亿元,帮助实现就业6250万人次。此外,与全国人力资源服务业发展水平相比(全国各类人力资源服务机构6.3万家,从业人员104.2万人,服务人次3.1亿,黄河流域人力资源服务市场主体占38.1%,但服务人次仅为全国的20.2%,说明黄河流域人力资源服务业发展水平仍低于全国平均水平。

（二）数字（技术）要素需要强有力的制度支撑

黄河九省（区）都出台了关于数据要素市场化的政策文件①，但总体处于探索建立数据要素市场的阶段，要素市场的基础设施、平台、机制、环境等都有待进一步完善。已经建设的交易中心，如郑州数据交易中心、山东文化产权交易所、甘肃文化产权交易中心等，交易量还需继续扩大，如郑州数据交易中心自2022年8月成立至2022年12月初，挂牌数据资源和数据服务共1026件，解决流通场景需求100余种，合作伙伴470家，平台注册用户201个，完成数据交易303笔，实现交易额超4.65亿元。② 有些省份数据交易平台还未能建立，从整体上限制了黄河流域数据要素市场建设的水平。在数据基础设施建设方面，黄河流域整体的数据基础设施建设水平还有待进一步提高。

（三）资本要素支持文旅产业配套机制有待完善

一是信用信息共享机制有待完善。据统计，目前小微文旅企业在黄河流域九省（区）中占据较大比例，但反映小微文旅企业生产经营和诚信状况等各类信息，分别存在于文旅、工商、税务、金融、司法等不同部门，缺乏整合文旅、工商、税务、金融、司法等不同部门信息资源的共享平台。银行机构在了解小微文旅企业信息时，受制于信息资源的分散性，不能全面掌握小微文旅企业发展状况，对评估的准确性和贷款的最终决定都会产生不利影响。二是评估担保服务体系有待完善。小微文旅企业规模小、抗风险能力弱，在贷款抵押担保时，大部分申贷主体资本不足，难以向银行提供有效的抵质押物。黄河流域九

---

① 如，山西省2022年7月出台《山西省人民政府办公厅关于数字经济高质量发展的实施意见》，提出要持续释放数据要素价值；山东省2021年7月出台《山东省"十四五"数字强省建设规划》，提出要激发数据要素市场活力，构建完善全省一体化大数据资源体系；河南省2022年2月出台《河南省"十四五"数字经济和信息化发展规划》，提出要探索建立数据价值体系；宁夏回族自治区2021年9月出台《宁夏回族自治区数字经济发展"十四五"规划》，提出要全力建设"西部数谷"，努力建设西部数字经济创新发展新高地；内蒙古自治区连续出台《内蒙古自治区"十四五"数字经济发展规划》《内蒙古自治区推进数字产业化和产业数字化发展行动方案（2021—2023年）》，提出要支持算力网络国家枢纽节点建设，不断坚持产业数字化转型等。

② 参见人民数据：《强化数据供给，郑州数据交易中心入驻数据要素领域第一门户平台》，见 https://baijiahao.baidu.com/s?id=1785851297409747137&wfr=spider&for=pc。

省(区)需要完善评估无形资产价值统一、具体的细则,建设权威性的无形资产评估机构、有影响力的知识产权交易流转平台等。文旅企业无形资产价值评估的科学性有待增强。同时,担保评级服务体系不够健全也是亟待解决的问题。三是贷款期限供需不匹配。文化旅游企业本身面临的风险较大、资金回收期较长、不确定性因素较多,导致一定的融资困难。

(四) 土地政策支持需要完善

一是现行规划的刚性要求与文旅产业项目建设特点和需求协调难度增大。现行土地利用总体规划、城乡规划等明确规定了规划区内每个地块的类别、用途、开发方式和使用年限等,具有较强的刚性约束。而文旅产业项目需要符合市场要求,其在土地用途、开发和使用年限上往往具有一定的灵活性。规划的刚性与文旅项目建设特点和需求之间往往存在矛盾。同时,文旅产业项目建设用地定额等标准缺乏。国有土地出让合同对土地用途、容积率等有明确规定。土地用途参照土地利用总体规划或控制性详细规划确定,一般为单一用途。而文旅产业项目多为新型综合性旅游项目,其功能诉求交织叠加,单个项目可能涵盖城市规划建设中的多种用地类型,这常常与土地利用总体规划相左。① 此外,国有建设用地出让要求容积率不小于 1.0,而文旅产业项目对舒适的环境和充裕的空间有较高要求,若套用城市用地标准,将影响旅游项目品质提升。

二是文旅项目落地存在一定困难。其一,新增建设用地指标不足。据调研结果,黄河流域 14 个重要城市未来三年计划内新增建设用地指标需求量超过当地自然资源厅预计下达的指标总量的 30% 左右。其二,计划外项目用地计划管理方式较为单一。目前黄河流域各省区一般规定,只有计划外项目为重大基础设施项目时,才由省级解决项目用地计划指标,非重大项目用地计划指标解决较为困难。因而,计划外文旅项目建设用地计划指标受到严格政策限制。文旅产业项目通常用地面积较大。出于环境和景观营造考虑,文旅产业大部分用地仍保留其原有生态景观,项目设施建设用地仅占很小部分。若

---

① 参见宋丹妮、白佳飞、罗寒:《"点状供地"解决休闲旅游用地问题——以重庆市武隆区"归原小镇"为例》,《中国土地》2018 年第 10 期。

采用传统块状供地方式,其项目用地规模是实际建设需要用地规模的数倍甚至数十倍,会导致文旅企业用地成本高企,项目难以落地。

三是生态保护与文旅经济发展之间存在矛盾。黄河流域的生态较为脆弱,在文旅开发中,往往存在经济开发和土地开发之间的矛盾。

第四节 完善黄河流域文旅要素市场的思路

实现各类要素的自由流动和优化配置,是黄河流域文旅产业高质量发展的关键。要加快发展土地、劳动力、资本和技术市场,构建文旅产业与金融、科技融合的联动机制,加强跨行业、跨部门、跨所有制对接联合,引导科技、资金等要素资源向优势文旅产业集聚。加快培育统一的文旅数据要素市场,推动文旅数据资源的产业性开发利用。

一、加快数据要素市场发展,促进黄河流域文旅产业转型升级

(一) 数据要素市场建设应秉持数据开放和共享的理念

大数据既是一场技术革命,也是一场经济变革,还是一场国家治理的创新。国务院发布的《"十四五"数字经济发展规划》指出,数据要素是数字经济深化发展的核心引擎。在数字经济时代,大数据已经成为促进经济社会发展的关键要素之一。文化大数据同样是一次文化变革,是文化治理的一次创新。文化大数据建设要实现助力文化创新的目标,应该秉持数据开放和共享的理念。

1. 开放和共享是确保数据"流动性"和"可获取性"的关键

首先,数据开放和共享是大数据建设的目的。数据来源于民众,最终服务于民众。开放数据的目的是确保公众能够更好地分享数据,最大限度地实现数据的效能。同时,还应该尽可能提高数据使用的便利度,降低成本。各地在数据开放和共享方面有很多探索。比如,有这样一句便民服务口号,叫"让百姓少跑腿、让数据多跑路"。又如,在网上为企业提供一站式服务。这些都体现了数据开放和共享的理念。

数据开放和共享也是公共文化服务的重要目标。近年来,在这方面各地有很多成功实践。比如,浙江台州市秉持数据开放和共享,构筑了"文化大超市一站式"服务平台,通过台州文旅、文化馆、图书馆、博物馆等微信公众号,集合数字资源展示、买票报名、活动预告、场地预约、在线客服等功能,让公众足不出户就能实现活动报名、场馆预约,极大方便了公众出行和参与文化活动。

其次,数据开放和共享是国际通行做法。世界各国都把实现数据的开放和共享作为基本理念。数据开放首先是开放政府数据。为此,许多国家积极参与"开放政府数据运动"。目前,以推动政府开放数据为主要目标的国际组织——"开放政府联盟"(OGP),其成员国已从2011年成立之初的8个,发展到目前的77个,此外还有地区政府105个。欧盟数字图书馆的成立是文化数据开放和共享的成功案例。2008年,在欧盟委员会的鼎力支持下,欧盟数字图书馆正式启动,经过多年建设,取得了良好的成效。现在,进入该图书馆的门户网站,可以查阅来自欧盟27国的图书、手稿、音乐、绘画、地图、照片和电影等丰富多彩的信息和资料。

最后,数据开放和共享是我国大数据建设的重要理念。早在2007年,国务院就通过了《政府信息公开条例》,提出了公开是原则、保密是例外的要求。2020年,中共中央、国务院发布的《关于构建更加完善的要素市场化配置体制机制的意见》强调,要加快培育数据要素市场,推进政府数据开放共享。北京市的"十四五"规划也提出要培育数据交易市场,组建大数据交易所,促进数据资源高效流动和深度开发。

2. 实现文化数据开放和共享的四个抓手

首先,公共服务部门的文化数据资源应最大限度地开放和共享。比如,故宫博物院的文物藏品有180万件。近些年来,故宫博物院十分重视文物藏品的数字化,通过数字化方式,为观众提供更多更好的展览展示。文化大数据体系建设很重要的一项工作是促进数据的互联互通,提升数据使用效能。多年来,公共文化机构在文化资源数字化方面做了大量的工作。据统计,2020年底,我国县级以上公共图书馆的电子图书馆藏书总量近9.61亿册,如何让这些数据资源实现共享互通,是发挥数据应用价值的关键。

其次,政府管理部门的数据应最大限度地开放和共享。各级政府部门掌握着大量的数据,应该本着公开是原则、保密是例外的要求向公众开放。多年来,各级政府在数据开放方面做了大量的工作。比如,北京、上海等许多城市开通了政府数据服务网,为公众查询公共数据提供服务。目前,政府数据开放也还存在一些短板。

再次,数据的开放和共享理念对商业文化数据同样适用。应该在保护知识产权的前提下,本着互利共赢的原则,尽可能实现商业文化数据的开放和共享。比如,湖南省株洲文旅消费信息平台作为政府消费补贴资金发放和株洲文旅产业系统聚集平台,从2018年至今,平台入驻商家136家,上架产品上万件,注册用户达到40万人次,直接促成文旅消费3000多万元,间接带动消费超亿元。该平台已成为株洲本土重要文旅产品消费渠道。2020年6月,株洲文旅消费信息平台获得了文化和旅游部颁布的年度文化和旅游信息化发展典型案例。① 此外,还应该加大对商业文化数据开放和共享路径的探索。比如,探索建立商业文化数据供给激励制度,通过税收优惠政策,对提供数据的企业实行"以数抵税"。

最后,文化大数据建设应拓宽视野,发挥更大作用。文化大数据建设既要关注文化遗产等静态数据,也要关注动态的文化数据;既要整合国有文化单位的数据资源,也要整合民营文化企业的数据资源,尤其是要加强与网络平台的合作。网络平台拥有大量的数据资源。以百度为例,2020年百度网盘用户数据存储总量达到1000亿GB,换算成书可装满206万个国家图书馆。此外,文化大数据建设还应该承担提供文化消费需求分析、助推中国文化国际传播、帮助政府科学决策等功能。②

(二)促进黄河流域文旅数据要素市场发展的具体路径

1. 完善黄河文旅相关数据采集与整合

一是系统梳理黄河流域文化、历史、自然景观等各类文化和旅游资源,并

---

① 参见祁述裕:《文化大数据建设应秉持数据开放和共享的理念》,《新华文摘》2022年第21期。
② 参见祁述裕:《文化大数据建设应秉持数据开放和共享的理念》,《新华文摘》2022年第21期。

进行全面深入的分析,建设相关数据库。这有助于发现和挖掘一些具有市场潜力的文化和旅游要素,为文化产业和旅游产业提供多元化、特色化的资源支持。这也有助于帮助各级政府、相关文旅企业减少同质化竞争。二是沿黄九省(区)应协力构建高水平的黄河文化素材库,力求将碎片化的黄河文化数据资源转化为文化体验产品,构建符合当代时尚的黄河文化消费内容,建成连接黄河文化生产与黄河文化消费的高端平台,在国家文化大数据体系建设中承担起黄河文化的使命与责任。三是与产权交易平台、文化产业发展基金等相关平台联合,进一步组织各级政府上传、填报公共文化数据,鼓励企业尤其是数字文化企业使用相关数据库开发文化和旅游产业。通过信息共享、资源对接,不同地区间的旅游要素可以相互补充,推动整个黄河流域的文旅产业共同发展。

2. 提升数据要素治理能力

数据要素治理是释放数据价值的有效途径。应尽快去除地方性制度壁垒,积极推进数据产业联盟建设,明确相关标准、规范和赋权规定,包括行业标准制定、交易合同制定、赋予行业协会一定的自治权利等。一是依托行业组织搭建黄河文化和旅游数据流通平台。可依托产业联盟或标准化组织,制定统一数据标准促进数据流通。例如,日本工业价值链协会于2019年5月发布《互联网产业开放框架》(CIOF)提供了一套"标准+技术+机制"的流通解决方案,帮助数据流通。[①] 二是发挥高校、研究机构、企业在黄河文化和旅游数据模型与标准制定方面的重要作用。例如,一些国外高校、企业纷纷制定、发布数据管理标准和模型,为工业企业开展数据管理提供重要工具。国际数据管理协会发布了《数据管理知识体系指南》,卡耐基梅隆大学软件研究所发布了《数据管理成熟度模型》,国际数据治理研究所发布了《数据治理框架》,数据管理行业协会发布了《数据管理能力评价模型》,IBM公司发布《数据治理统一流程》等。[②] 三是为从业人员提供数字技术培训,提高其在文旅产业中应用数字技术的能力。推广最新的数字技术应用知识,提升从业人员整体素质。

---

① 参见廖茂林、贾晋:《探析金融业的数据要素融合应用》,《银行家》2021年第1期。
② 参见张红艳、闫一新:《数字经济时代工业数据治理发展路径》,《中国工业和信息化》2022年第4期。

尽可能提供科研设施和信息资源,促进数字技术在沿黄地区文旅产业的创新应用。四是需明确数据资产登记、交易规则、数据隐私等相关层面的操作标准与操作方式。财政部已印发数据资源会计处理相关规定,根据此规定,可开发并不断完善黄河流域数据资产价值评估模型,建立评估标准,为科学评估数据资产的价值创造条件。

3. 提速文化"新基建",建设黄河文化大数据体系

黄河文化大数据体系是黄河流域文化"新基建"的重要内容。根据中央文改办发布的《关于做好国家文化大数据体系建设的通知》的精神,2020年9月,三门峡市政务服务和大数据管理局与马蜂窝旅游共建的全国首家黄河文化旅游研究(大数据)中心正式启动,旨在通过旅游大数据推动黄河在线旅游资产指数实践应用、黄河文化旅游内容生态和创作者共建、黄河文化旅游新产品打造等。黄河流域需要在智慧文旅、智慧广电、公共文化服务等领域,进一步明确文化资源数据的持有权、使用权和经营权,推动公共文化机构的文化资源数据向市场开放。提升文化大数据服务平台的经营效益,实现文化数据资源市场化,助力数据要素资源的可持续发展。

4. 开发黄河流域文旅大数据分析与智能化运营

结合各省已经建立的文化及旅游相关数据系统,运用大数据分析技术,挖掘文旅资源的潜力,把握游客需求,精准制定推广策略,提高景区运营效益。一是可参考"一部手机游云南"系统建设,对黄河流域九省(区)文化旅游资源进行深入分析,完善文化旅游路线,通过手机App或其他智能设备,为游客提供定制化的导览服务,增强游客体验,提高文化和旅游吸引力。二是可依托各类在线预订平台,为游客规划行程、购票、预订住宿等提供便利。三是推动景区、酒店等文旅企业引入智能化服务,如人工智能客服、智能酒店管理系统等,提升服务水平。四是建立游客反馈机制,通过大数据分析快速响应游客需求,优化服务。

5. 扩大公共部门数据供给及作用

在数据要素保障中,数据要素保障体系的建设主要与本地是否有交易所或交易机构,以及各个城市的科研资源相关。应当以沿黄九省(区)的高校资源为依托,由各地交易所、数据类企业牵头或参与,推动数据要素市场理论演

进、构建保障体系。可以上海为参考,上海数据交易中心牵头承接大数据流通与交易技术国家工程实验室,协同浪潮软件、中国联通等企业,依托复旦大学等优质高校科研资源,在数据流通、数据资产等前沿问题上不断构建理论体系,为市场提供指引。目前,本地有交易所或交易机构、有优质的科研高校资源的上海、深圳、北京三地,在数据要素保障方面具有显著优势。

其次,考虑进一步扩大公共数据供给。在公共数据领域,公共数据的合理供给与开发利用具有重要意义,应该在综合考虑公平、效率和安全合规等方面,建立起公共数据分类分级开放体系,并推动公共数据的无条件开放、有条件无偿开发以及公共数据授权运营开发,尤其是对于文化与旅游相关的行业数据、市场分析数据、公共博物馆/图书馆/文化馆等相关文化资源数据等进一步开放。事实上,公共数据供给丰富的地方,市场经济水平也较高。例如,广东省的企业数据、公共数据供给丰富,截至2023年4月,广东省向社会开放57138个数据集,累计开放超过10.66亿条政府数据。同时,需要健全公共数据资源开放的收益分享机制,并建立公益服务机制和市场化运营机制,以促进公共数据资源的高效汇聚、公共服务能力的持续提升和公共数据价值的充分释放。此外,统筹推进公共数据的授权运营,研究分析公共数据开发利用及授权运营的成功经验,以探索公共数据运营的政策制度,并营造公共数据授权运营的生态体系。

二、强化人才供给,为黄河流域文旅产业高质量发展蓄势赋能

黄河流域拥有丰富的文化遗产和旅游资源,具备发展文化和旅游产业的巨大潜力。人才是推动产业发展的关键因素,通过全方位培养人才、提高沿黄九省(区)公共服务供给、破除限制人才流动的门槛、科学制定人才政策,才能做好黄河流域人才的"引、育、用、留",为黄河流域文旅产业高质量发展蓄势赋能。

(一)全方位培养人才,增加黄河流域文旅人才储备

首先,要打造青年友好型城市,厚植青年人才发展的沃土。一是大力支持

青年人才返乡创业。结合文化和旅游产业轻资产的特征,精选一批投资小、风险低的文旅项目,挖掘一批创业孵化基地、返乡创业园等资源,梳理一套本地政策、服务、金融等"全链条"支持举措,向创业者精准推送、高效兑付。组织一批创业导师进园区,通过驻点服务,远程会诊等方式,为青年返乡人才提供创业项目发展解决方案。二是提升服务水平,激发青年人才创新活力。例如,浙江诸暨市以青年发展型城市建设为牵引推动青年人才服务提升,制定出台"一方案三清单",围绕青年生活品质、职业发展身心健康等重点领域实施了7个专项提升计划,总投资逾100亿元启动青年人才公寓升级、青少年体育场馆建设、未来社区等项目;打造品牌活动汇聚青年人才,提升城市活力。

其次,要建立"同城朋友圈",与本市在外人才建立联系,吸引人才支持家乡发展。以本省(区)文化和旅游产业发展趋势为依据,统计本省(区)在外的文旅人才,并在人才集聚的几个城市设立招才引智工作站,聘任一批文旅招才引智指导师,架起本省(区)在外同城互助和助力家乡发展桥梁。例如,山东省东营市东营区启动了在外东营人才"同城朋友圈"活动,东营区领导先后赴北京、深圳等东营人才相对集中的一二线城市,与70余名在外工作的高层次人才开展对接交流,吸引了大量人才资源回流。

最后,需加快建立劳动者终身职业技能培训制度,全面提高劳动力素质。黄河流域是中华文明的发源地,沿黄乡村在中华优秀传统文化传承与发展中具有特殊的意义,吸引了大量艺术家、文化和旅游企业投身其中。2022年9月,国家乡村振兴局启动了"百校联百县兴千村"行动,旨在连接高校与乡村,为乡村建设补齐人才短板,共同培育乡土人才,共同推进乡村振兴。其中,中央美术学院"CAFA·A远瞻计划"团队帮扶江西上犹县的"江西省赣州市上犹县美丽乡村在行动"项目社会反响很好,获"2023年首都高校师生服务乡村振兴行动计划"二等奖。无独有偶,近年来高校探索出多个引才入乡项目,例如北京大学的"乡村营造师"、清华大学的"乡村振兴工作站"和"文化产业特派员"等项目,都为乡村振兴带来了大量文化艺术人才。下一步,相关培训机构可以根据沿黄九省(区)文化和旅游产业发展的阶段和实施重点,按照国家职业标准和新职业培训教程,采取线上线下相结合的方式,分职业、分方向、分等级推进技术技能培训,考评合格者由评价机构颁发合格证书,缓解黄河流域文化和旅游产业人才短缺的结构性矛盾。

（二）破除限制人才流动的门槛，引导人才合理通畅有序流动

首先，完善技术技能评价制度。一是创新评价标准，以职业能力为核心制定职业技能标准。由于文化与旅游产业具有很强的交叉性，文化机构、旅游企业和其他相关产业跨界合作，相互融合，尤其是随着大数据、人工智能等数字技术的迅猛发展，催生了大量新职业。积极落实沿黄九省（区）文化和旅游人才评价标准是进行人才选拔、培养、管理和使用的基础，也是提高产业人力效能的重要环节。按照数字文化产业领域专家、高级技术人员、骨干技术人员、初级技术人员等多层次划分从业者的级别，使其分别与职称、职务、职责相匹配。例如，2022年6月，人力资源社会保障部发布了18个新职业，其中就有与文化和旅游产业密切相关的职业，即研学旅行指导师和民宿管家。依据《国务院办公厅关于印发全国深化"放管服"改革优化营商环境电视电话会议重点任务分工方案的通知》，要推进企业技能人才自主评价，支持企业依据国家职业技能标准自主开展技能人才评定，对没有国家职业技能标准的可自主开发评价规范，为职业人才评价提供依据，对职业人才的能力和技能进行评价和认证。

其次，尊重文化和旅游产业的特殊性，调整现有评价体系。丰富的非物质文化遗产是沿黄九省（区）重要的文化资源。截至2022年11月，国家级非物质文化遗产代表性传承人共有3057人。其中，沿黄九省（区）共有820人（青海省88人、四川省105人、甘肃省68人、宁夏回族自治区22人、内蒙古自治区82人、陕西省78人、山西省149人、河南省126人、山东省102人），占全国的26.8%。非遗传承一般以师徒传承为主要模式，要结合非遗传承特点，积极探索建立集体传承、大众实践项目的代表性团体认定制度，并配以合理的项目利益分配机制，让团体担负起保护传承非物质文化遗产的职责。

再次，畅通文化和旅游产业非公有制经济组织、社会组织、自由职业专业技术人员职称申报渠道。一方面，这有利于推动企业文化和旅游人才队伍建设，为企业留住人才、用好人才奠定基础；另一方面，能够吸引公共文化机构的文化和旅游人才流向市场。

最后,探索实现职业技能证书和学历证书互通衔接。文化和旅游产业从业人员中有大量技能人才。目前,学历证书在我国的教育体系中占据着主导地位,实现两种证书的互通衔接,一方面能够矫正教育行业重学历轻技能的"过度教育"现象,另一方面能畅通艺术人才的职业发展道路。

(三) 提高沿黄九省(区)公共服务供给水平,提升人才吸引力

首先,发挥市场配置人才要素的主要作用。推动沿黄九省(区)文化产业园与人力资源服务产业园融合发展。2020年9月,四川省乐山市成立了四川文化旅游人力资源服务产业园,努力构建专业化、数字化、多元化的现代文化和旅游人力资源服务业,是全国首个聚焦文旅产业细分的人力资源产业园。截至2023年9月,产业园累计实现营收约13.5亿元,服务全国企业260余家。园区入驻企业58家、规模以上企业4家,其中新三板上市公司1家、全国性家政服务平台1家,培育了"乐山嘉嫂""蜀嘉筑工"两个"川字号"特色劳务品牌。根据市场需求,孵化了3家文化公司、2家直播公司、3家研学公司及多家以酒店、美食等行业相关的人力资源类公司,形成了累计4.6亿元的文旅行业服务产值。

其次,需要提升城市公共服务质量,增加对人才的"拉力"。总的来看,沿黄九省(区)的城市宜居水平大体上从上游到下游呈递增趋势。这与我国地理资源分布息息相关。影响文化和旅游产业人才流动的因素具有多元化、复杂性、系统性的特征。实证表明,提升文化设施水平、医疗卫生水平、教育水平、创新氛围都对创意人才流动具有促进作用。[1] 在当代社会,居民作为消费者,不但重视对具体的物品和服务的消费,而且越来越把地方作为一个整体性产品来消费,城市基础设施的质量越发显得重要。通过对深圳市和东莞市两地的实证研究发现,造成城市之间人力资源水平差异的原因并非全部为生产要素上的差异,还涉及更深层次的因素,即集体消费品上的差异。[2]

---

[1] 参见范为:《城市舒适物视角下创意人才流动性研究》,中共中央党校博士学位论文,2021年。

[2] 参见王宁:《地方消费主义、城市舒适物与产业结构优化——从消费社会学视角看产业转型升级》,《社会学研究》2014年第4期。

最后，利用数字技术匹配就业需求。以直播为例，在数字技术飞速发展的今天，直播在各行各业、各类领域中渗透并与各领域融合，其中"直播带岗"已经成为人力资源服务业很常见的方式。① 如果将直播带岗融入沿黄九省（区）文化和旅游产业人才市场，能够很大程度上解决文化和旅游产业人才招聘中长期以来供需失衡、信息不对称的问题。越来越多的人才通过直播招聘实现了高效就业。"直播带岗"能够助力文化和旅游企业招聘降本增效。

2022年初，快手创新"直播带岗"方式，推出了快聘产品。目前，快手直播招聘平台"快聘"板块的去重月活跃用户规模已达到2.5亿，单日投递简历数稳定突破50万份。截至2022年底，快手平台带动3621万个就业岗位。《中华人民共和国职业分类大典》中的1639个职业里，快手平台覆盖八成以上，为劳动者提供了更广阔的职业发展空间。重庆市人社部门以实施就业服务机制改革为引领，运用好数字化技术，精准帮扶重点群体就业，构建数据实时共享、资源精准匹配、服务便捷高效的就业工作新格局。2023年，通过智能分析、精准画像，重庆形成全面覆盖2206.9万劳动力的供给数据库和115.5万家企业用工需求库，对个人和企业"画像"；推出"渝职聘"公共招聘平台，汇聚用人单位18.2万家，精准推送岗位101.5万个，促成就业9.9万人；上线"智能就业"小程序，创新构建"精准识别—服务对接—政策落实—跟踪问效—复盘评估"闭环管理模式；深化创业担保贷款改革，推动"秒申请秒审核"、人工零干预、群众零跑腿，全年发放贷款50.48亿元，直接扶持创业2.58万人。

（四）科学制定人才政策

首先，结合地方实际，因地制宜制定人才政策。地方人才政策的制定需要切实结合国内人才资源的状况和地方资源优势，防止政策之间的简单模仿。一线城市在吸引人才方面具有资金优势、技术优势、环境优势和制度优势；二三线城市可能具有文化资源优势、自然环境优势。沿黄九省（区）地域广阔，省份之间发展不平衡，受历史、地理等因素的影响，黄河流域文化资源分布呈

---

① 人力资源社会保障部发布了《人力资源社会保障部办公厅关于推进直播带岗在就业公共服务领域应用的通知》，对进一步加强网络直播在就业服务领域的应用作出部署。

现出不均衡的特征。从空间分布来看,黄河流域的文化资源集中在黄河流域中下游省份,例如山东、陕西、河南;相比之下,黄河流域的上游地区自然遗产、物质文化遗产、非物质文化遗产等文化资源相对匮乏。因此,需要对本地资源进行梳理制定文旅人才政策,以最有可能在当地创业发展的人才群体为目标,扬长避短。只有人才政策制定目标清晰、定位准确、措施得力,才能做好文旅人才发展的支撑性工作。

其次,做好人力资源市场预判,及时调整人才政策。人力资源市场供需关系是随着产业和科技的发展而变化的。数字技术的发展推动了文化和旅游产业的转型升级,一方面对文化和旅游产业起到了提质增效的作用;另一方面,对人力资源市场供需关系也产生了影响,产生了许多新职业。2022年人力资源社会保障部发布了《中华人民共和国职业分类大典(2022年版)》,首次标注了97个数字职业,其中与数字文化产业直接相关的职业有8个。[①] 还有一些职业与数字文化产业间接相关,比如有直播带货兴起的大数据分析师职业,他们通过专业化采集分析挖掘等方式,更好地帮助品牌调查市场,已经成为电商行业必备的人才。再以"数据库运行管理员"为例,北京、上海等一线城市的职位需求数量多达6万—7万个,即使在青岛、佛山等城市,这一数字职业的需求量也达到4000—5000个。

最后,关注技术人才和技能人才之间的互补、共生关系。文旅产业的发展需要该领域技术人才和技能人才的相互配合。对技术人才的偏好会造成城市中技术人才和技能人才的结构性失衡,阻碍技能人才的流动,抑制两种劳动力群体间的技能互补、共荣共生。因此,人才政策制定过程中,不仅要关注技术人才,更要关注技能人才,改善他们的生活和工作条件。

三、加强黄河流域文旅产业资本要素创新,做好高质量发展支撑

由于受到文物保护、黄河治理等因素的制约,沿黄流域历史文化旅游资源

---

① 这8个职业为:广播视听设备工程技术人员、广播电视传输覆盖工程技术人员、数字媒体艺术专业人员、数字出版编辑、网络编辑、桌面游戏设计师、全媒体运营师、电子竞技员。

开发多为政府投入,社会资本参与度比较低。沿黄地区政府部门受地方财力制约,对历史文化旅游资源的开发仍不到位。因此,应结合多种金融方式,充分建立黄河文旅资本要素的流动机制。

(一) 充分发挥中央与地方金融机构的作用

文旅市场建设具有投资大、回报慢等特点,因此,沿黄九省(区)文旅产业在项目建设发展过程中需要大量的资金支持。加强中央与地方合作,是解决黄河流域文旅市场建设资金不足问题的重要策略,是进一步推动黄河流域文旅产业发展的重要途径。

首先,加强专项政策建议的制定和机制完善。应建立专门针对黄河流域文化保护传承弘扬方面的政府投资机构及相关政策。我国已对文化产业、生态保护及经济发展领域都部署了相关的基金,一定程度上改善了社会资金配置,促进了国家产业升级和结构调整。但是政府类基金多以扶持公益性项目为主,资金投资和市场再生、扩大能力不足。在这方面,可考虑成立黄河流域专业化的文化旅游产业等投资机构。可参考北京通过设立文化金融专营组织机构加强金融对文化产业的支持力度,为文化企业特别是中小微文化企业提供了良好的金融环境,助力企业健康发展。此外,沿黄各省牵头,各市县可制定《文化旅游产业投资指导目录》,进一步放宽市场准入条件和领域,鼓励和引导非公有制文化企业健康发展。参考西安的相关经验[1],与金融、财政等省级部门共同发力,积极搭建文化和旅游产业对接资本市场的高效交流平台。

以北京为例,北京设立了针对文化企业投融资的专营银行。北京通过设立文化金融专营组织机构,进一步加强金融对文化产业的支持力度,完善首都文化金融服务体系,为文化企业特别是中小微文化企业营造了良好的金融环境。2021年,中国工商银行北京王府井支行等8家机构获得"创建国家文化与金融合作示范区文化金融专营组织机构"认定与授牌。中国工商银行、中

---

[1] 西安市牵头编制《陕西省文化金融服务中心方案》,召开创建国家级文化金融合作示范区工作会,与省委宣传部等部门联合举办陕西省文化金融融合发展恳谈会,6家金融机构为陕西文化产业授信600亿元。陕西省设立3亿元省级文化产业专项资金,举办了文化和旅游产业专项债券及投资基金融资对接交流陕西专场活动,24个项目入选全国投融资项目册。

国农业银行、北京银行、北京农商银行与4家驻区文化企业进行合作签约,为企业提供信用贷款等综合金融服务,签约金额2.26亿元。

对于地方金融机构而言,要突出其主力军的作用。地方金融机构是服务地方经济发展的主力军,建议在黄河流域生态保护和高质量发展中,通过出台定向降准、差别化资本管理与宏观审慎评估等措施,增强地方金融机构服务黄河流域生态保护和发展的能力和参与度。支持地方金融机构发行以黄河生态文明建设为主题的金融债券,丰富绿色金融融资工具,强化金融资金供应保障,鼓励地方金融机构开展服务的差异化模式和产品创新。

(二) 拓展投融资渠道,多方吸纳社会资本

设立黄河文化旅游发展基金,充分撬动社会资本参与黄河流域文旅建设。例如,2019年1月设立的大运河文化旅游发展基金,初始规模200亿元,重点支持大运河国家文化公园建设和文旅融合发展,其后投资数个大运河国家文化公园重点项目,为推动大运河国家文化公园发展作出了巨大贡献。可参考大运河文化旅游发展基金的成功经验,由相关部门统筹成立黄河文化旅游发展基金,以国有资本为主导,长期吸纳多元社会资本投入,整合投入资金,统一规划,一方面重点投向黄河流域文旅建设的基础设施、公共服务建设以及重大标志性项目建设,用于黄河文化保护传承弘扬;另一方面聚焦资源、客源、服务三大要素,培育一批经营主体,唤醒一批文旅闲置资产,推动一批创新业态,扎实推进黄河流域文旅资源融合发展,促进文旅产业提质升级。

中央和地方政府应进一步降低市场壁垒,拓展社会资本出资方式,除现金货币外,将股权、品牌、数据等非货币资产纳入出资形式中。并且鼓励社会资本通过兴办实体、资助项目、提供服务、捐赠物资等方式参与到黄河文化和旅游建设中来。各地政府应积极探索引导性政策,通过资金补偿、实物补偿、税收优惠、利润返还、向社会力量购买服务等手段,对参与投融资的企业给予政策优惠,引导企业主体通过多元方式参与其中。支持全国大型金融机构和地方金融机构合作,共同优化完善黄河流域金融投融资模式、运营模式和商业模式。

要进一步创新多元化投融资机制,探索股债联动投融资模式。例如,发行

黄河国家文化公园债券,在合理控制省级政府债务规模、优化债务结构的前提下,利用政府的信用支持,为承建以社会效益为主且有一定经济效益的重大项目打造社会大额长期低息资本参建模式。同时要加强地方政府债务管理和金融监管,防止新增地方政府债务负担过重,注重防范化解重大风险。具体操作中,例如,江苏省政府于2020年5月在上海证券交易所采用公开招标方式,成功发行了463亿元第四批江苏省政府债券。其中,大运河文化带建设专项债券10年期23.34亿元,主要用于全省11个市县的13个大运河文化带建设项目。政府应加快构建"债券+基金"的社会资本投入机制,完善以政府为主、市场合作的多元融合国家文化公园投融资模式。

(三)利用中央预算内投资,支持重点文化遗产保护

以国家文化公园的建设为例,国家文化公园作为国家公园的一种,具有国家主导性和基本公共服务性,因此其资金投入应由中央主导。中央财政应设置黄河国家文化公园专项资金,为黄河国家文化公园保护利用和建设提供专项专款,并对经济欠发达省份的上述建设予以重点倾斜。地方应认真落实国家文化公园建设各项扶持政策,大力争取中央预算内投资,设立配套专项资金,建立相对稳定的财政投入机制,成立专门的规划督导部门或小组,根据黄河沿线文物、文化和旅游资源的整体布局、禀赋差异,以及周边人居环境、自然条件、配套设施等情况,具体规划与建设相关项目,明确资金使用的重点方向。

相应地,对于其他重点文化遗产而言,应该积极支持黄河国家文化公园文化遗产保护传承,设立古迹保护与发展基金、非遗保护专项资金等,建设非遗博物馆、展示区,积极打造黄河国家文旅建设带,充分展现黄河的自然风光与文化内涵。丰富黄河文化产品供给,举办黄河文化遗产主题推广活动,深化黄河文化弘扬阐发,成立黄河文化遗产研究中心,创新推进黄河文化研学工作,推进产学研一体化发展。设立黄河文化遗产规划管理机构,盘活黄河文化资源,加强黄河文化的挖掘、阐释、转化、创新与再生,为黄河国家文化公园建设夯实文化资源基础。目前,江苏省淮安市已经设立了大运河文化带规划建设管理办公室,全面负责大运河国家文化公园遗产的日常保护与合理利用,从制度上保障了遗产保护有机构。各地区应推广淮安市的遗产保护机制,在相关

部门中划分出专门的组织负责文化遗产的管理与运用。

(四) 发展投融资一体化平台,开发新型管理运营模式

在对黄河流域各类建设项目充分了解的基础上,结合市场发展情况和国家文化发展战略,建立投融资一体化平台,为国家文化发展建设提供充足稳定的资金保障、灵活高效的资金运转机制。将黄河国家文旅项目的各个区划、项目的建设投资区分开来,方便细化投融资措施;密切关注市场变化情况,整合社会资源、调整经营结构,更好地发挥市场在资源配置中的决定性作用;设立统一的监管部门,防止地方债务负担过重,预防过度市场化风险;设立投融资一体化服务平台,提高招商合作、产业融资和项目对接的效率,为参与投融资的企业提供更好的服务。

基于投融资一体化平台,开发新型管理运营模式,是推进黄河流域文旅融合可持续发展的必由之路。仍以国家文化公园的建设为例,在初期建设中,各地多集中于展示园、基础设施建设等内容,为大众提供公共文化服务,具有较强公益性,而单一的政府与社会资本合作的管理模式容易带来弊端,影响黄河国家文化公园的建设,可见该模式不适应于黄河国家文化公园的建设与管理。因此,要加快开发新型管理运营模式。在政府搭建投融资一体化平台下,设定允许市场资本投资的范围,在范围内遵循国家文化公园的建设要求为人民群众提供公共文化服务。并且,市场资本的投融资行为应按照建设黄河国家文化公园的国家政策和总体规划方案进行,提升公园的整体管理运营效率,降低黄河国家文化公园的运营成本。

(五) 开发相关的金融产品与数字资产

金融机构应抓住建设黄河流域文旅融合的重大战略契机,不断与时俱进,创新服务手段,开发和建立适合黄河流域文旅融合建设项目的金融产品,专门打造适合文化发展特点的信贷产品,针对生产经营暂时困难的优质项目和参与黄河文旅项目建设的小微企业,加大信贷支持力度。提供高效且低成本的金融服务,设置适用于黄河流域文旅融合的信用评级机制、贷款审批机制和利率定价机制,为跨行管理、多层级账户管理、集团成员单位账户统一管理等方

面的支付结算需求提供更便捷的服务。围绕"金融+文旅"加强合作,共同推进黄河流域的文化保护传承弘扬。

大力开发黄河流域文旅的数字资产,用区块链技术生产数字藏品,打破地域与时空的限制,通过更快捷的方式和多样的形式让大众接受,促进黄河文化IP价值转化。早在2022年7月24日,中国文化传媒集团就联合国内头部综合性文娱企业三七互娱发行了首期国家文化公园主题数字藏品,包含长城、大运河、长征、黄河、长江五大国家文化公园元素,分别为万里长城、运河人家、长征史诗、九曲黄河、长江之歌。可进一步深化该项工作,推出黄河文化数字藏品的发布,以黄河文化中的优美风景、精彩故事、优秀人物、非遗文化为主题,通过数字图片、音乐、视频、3D模型、数字货币、数字纪念品等形式,更好地将黄河流域优秀文化的形象推向大众尤其是年轻人,更加直观地展示黄河文化与黄河精神的珍贵,激发年轻一代对黄河文化的归属感与认同感,同时推动黄河文化保护传承弘扬朝着数字化、智慧化方向发展。

四、加强政府间合作,促进黄河流域文旅产业一体化发展

在黄河文旅要素市场的建设过程中,推动黄河流域文旅市场的横向政府间协作治理,能够更好发挥政府引导和市场机制的作用,有利于完善和提升创意、资金、技术、数据、人才等黄河文化和旅游要素配置,从而推动黄河流域的高质量发展。目前,在中央的主导下,央地的纵向关系已经相对明确,形成了较为清晰的发展框架,但是在整体建设中,地方政府之间的横向协同还需要更为清晰的发展构想。

(一) 加强政府间的合作机制建设

黄河文旅融合的发展实践说明,加强政府间的合作机制是促进沿黄地区文化产业和旅游产业发展的重要保障。在制度设计方面,可借鉴一些较为成熟的跨区域、跨部门合作模式,加强政府间协作。例如,香港、迪拜等在发展文旅过程中都建立了文旅融合发展的政府跨部门协调和协商机制。香港的旅游开发是通过官方机构旅游事务署和非官方机构香港旅游发展局(财政资金拨

款)统筹管理。① 在运行过程中,旅游发展局通过参与多个策略工作小组及会议,与业界及政府有关部门保持密切联系,这些小组及会议包括旅游业策划小组,香港旅游业工会,香港会议、展览及企业活动市场推广工作小组,邮轮旅游工作小组等。

同时,对于不同发展阶段的区域,可以参考杭州等地都市圈建设的方法,探索各类资源要素的互补置换。例如,在衢州海创园的建设中,衢州和杭州就创造性地进行了区域间土地资源的置换:双方协议衢州将空余的水田指标置换给余杭区,余杭区则从未来科技城拨 25 亩土地用于建设衢州海创园。在杭州都市圈的政府间协作实践中,以跨区域土地指标调配为主题的互补型政府间协作也越来越多,这同样是基于资源落差和置换的压力,可以在一定程度上缓解区域用地紧张的状态,实现整体土地资源利用的福利最大化。

目前,我国横向政府间协作的普遍机制是政府间互补、协商对话并缔结府际协议,协作履行则主要采取"联席会议+日常工作小组"的模式,这一类模式相对灵活,也在其他区域获得了一定的成功。可借鉴其他区域联盟的工作经验进一步深化。例如,粤港澳大湾区就构建了文化合作联席会议机制,粤港澳轮流主办湾区文化合作会议,形成以广东省为引导者、港澳两地广泛参与粤港澳大湾区文化融合的群际互动。② 再如,长三角在经济交流上形成了多层级的区域沟通协调机制。一是建立了负责区域合作的总体规划制定以及区域宏观发展问题的三省一市最高领导的定期会晤制度。二是副省(市)长层次的经济座谈会。三是执行层面的经济合作会议,主要表现为长三角经济协调会,由市长或分管市长参加,主要职能是商议长三角地区的基础设施建设、旅游合作等专题合作。四是长三角地区各城市职能部门之间开展的经济协调会。黄河流域各级政府应学习相关合作形式,在便利性合作、激励性合作、社会性合作方面不断加强细节沟通。

---

① 这两个机构的负责人均由香港特别行政区行政长官委任,并广泛代表旅游及其他不同的界别,包括客运商、旅馆营运人、持牌旅行代理商、旅游经营商、零售商等。
② 参见李磊、柯慧敏、马韶君:《群际互动与区域文化协同发展:基于粤港澳大湾区的案例研究》,《公共行政评论》2020 年第 2 期。

（二）增加营商便利性合作及区域相关合作保障

首先,在黄河流域需要打造整体性的高效文旅企业注册服务,并优化各类文旅企业的注册条件。在维护文化安全底线的基础上,扩大黄河流域各类文化及旅游企业的经营自主权,激活文化市场内生性需求,减少行政权力的过多干预。在这方面,结合数字化建设的许多经验,黄河流域文旅审批便利性可进一步提升。例如,新加坡为加强文化旅游产业的发展,通过"一站式"网络通关系统贸易网络连接海关、检验检疫、税务、军控、安全、经济发展局、企业发展局、农粮局等35个政府部门,与进口、出口(包括转口)贸易有关的申请、申报、审核、许可、管制等全部监管流程均通过该系统进行。类似地,迪拜也设计了一站式综合服务。这使得投资人可在自由区内以更快的速度完成所有文旅相关手续。[①] 黄河流域各级政府应积极探索,打通不同部门、不同层级政府的审批手续,在文旅相关便利性上为企业提供要素流通的通道。再如,杭州在打造都市圈建设中,余杭区、钱塘新区和海宁共建政务服务"杭海通办"跨区域行政审批机制,杭、绍两市共建一体化合作先行区,共育临空经济,强化了集聚效应,各要素相互作用、动态耦合,促使资源进一步集聚。

其次,对于一些黄河流域重点发展的行业,如文化艺术、服务业等,可以提供一些区域性的优质专业化服务。获得相关认证的黄河流域文化艺术产品、文旅相关农产品、艺术衍生品等可以获得存储、物流、安全、展示、交易等额外的服务保障。例如,在新加坡,除了不必为艺术品交易支付任何关税外,新加坡政府还为艺术品收藏家和企业提供了安全的运输和展示方式,仅通过机场内部道路(不使用公共道路)就可以安全地将收藏品流入樟宜机场,私人观看室和展览空间仅需预约即可进入。为了保证艺术品交易安全,新加坡还为开展业务的企业提供廉价、设备齐全的办公室。黄河流域各类文物丰富,艺术作品发展迅速,各类会展、会议、旅游活动增长迅速,需要凝练更多文旅产品的优势发展项目,提升产业要素的吸引力。

---

① 以迪拜拉斯海马自由区为例,根据其相关政策,投资人可在2—5天内完成全部设立程序。

在一体化建设的服务上,基础设施也值得注意。以道路建设为例,近年来,国家规划多条黄河流域的精品旅游路线,但是由于交通没有完全打通,路线的畅通性不足,有的景点火爆,有的却没有明显增长。反观近年来粤港澳大湾区建设、杭州都市圈建设等案例,交通都是发展的重要抓手,需要政府间的大力合作。例如,杭州近两年来杭黄铁路、商合杭高铁通车,杭绍城际铁路已与杭海城际铁路携手通车,衢江航道全线通航,促使杭州都市圈人才、资本、技术等各项要素在城市间不断流动,立体化的交通网络布局就成了创新要素的重要载体。

(三) 形成常设性的区域发展评价机构,完善保障激励

保障激励是政府合作的重要基础。合理的激励规划能够促使政府积极推动一体化合作的完成。因此,黄河流域九省(区)可考虑通过设立共同发展基金、常设性的秘书处等机构,实现沿黄九省(区)的激励相容。[①] 以生态保护机制为例,在安徽和浙江对水资源保护的案例中,相应的激励相容机制能给黄河流域文旅建设许多启发。最初,上游的安徽和下游的浙江理念和诉求不同。安徽较为注重经济发展,而浙江重视生态环境资源。为此,中央负责统筹协调。具体来说,第一期试点当中,中央财政每年拨付3亿元给安徽用于新安江治理,若年度水质考核达标,浙江再向安徽拨付1亿元补偿资金,反之安徽补偿浙江1亿元。在第二期生态试点中,中央财政补偿资金依次递减为4亿元、3亿元和2亿元,同时浙皖两省补偿力度则追加至每年2亿元。两轮试点下来,新安江流域水质稳定向好,有机茶、泉水鱼、生态旅游逐渐成为黄山市经济发展的新引擎,绿色产业体系逐渐成形。

黄河流域不同区域的地理差异较大,上下游对黄河的治水、生态维护等各类问题也有较大的诉求落差,生态体系和整体环境也更加复杂。通过"上级政府有力支持+下级政府积极配合"的激励模式,能够更好地评价各级政府的

---

① 所谓激励相容,就是一个行动主体在追求自身利益的过程中,不仅能实现个体利益诉求,而且能与另一行动主体形成合作,共同实现集体价值最大化的目标。参见陈朋:《重大突发事件治理中的横向府际合作:现实景象与优化路径》,《中国社会科学院研究生院学报》2020年第4期。

工作内容,也能够提供有效激励。同时,各级政府需要通过相互审计制度、绩效考核改革和责任追究制度的建立,平衡横向府际之间的利益分配,逐渐提高府际协作的治理绩效。

(四) 充分利用黄河流域各类社会力量协同合作

可考虑联合管理机构、行业协会及主要企业等发起共商共建文旅会展产业联盟,先行先试践行黄河流域文化保护传承弘扬的发展目标及标准,逐步推动黄河流域文旅产业在环保、服务质量、人力资源培养、职业资格认证、劳动者关爱及保护、联合营销、社会公共服务等方面的共融合作。在具体方法上,需要注重相关指南的发布与政策保障。

后　　记

　　由本人承担的国家社科基金艺术学重大项目"文旅融合视野下黄河文化保护传承弘扬研究"（项目编号：21ZD03）经过三年的努力终于顺利完成，并付印出版，突出的感觉是如释重负。

　　从文旅融合的视角研究黄河文化保护传承弘扬，是一个前沿话题，涉及面广，需要研究的问题多，要完成这个课题对课题组来说是一个很大的挑战。此次课题启动之时，又恰逢新冠疫情肆虐，这给课题研究带来很大不便。

　　好在我们围绕黄河文化保护传承弘扬做过一些政策研究，积累了一定的成果。比如，受文旅部政法司委托，承担了黄河文化保护传承弘扬课题研究，参与了文旅部等有关部委制定的《黄河文化保护传承弘扬规划》、由国家发展改革委等有关部委制定的《黄河国家文化公园建设保护规划》等文件起草。同时，受河南省文旅厅委托，承担了河南黄河文化保护弘扬规划课题研究等。

　　要完成好课题，仅靠以上积累是不够的，还需要深入实际，了解黄河文化保护传承弘扬的现状。在文旅部等有关部门的大力支持下，课题研究团队在新冠疫情肆虐之时，克服困难，先后赴山西、河南、陕西等沿黄省份几十个市县进行调研，召开座谈会，了解当地文化和旅游发展情况和诉求。这些调研活动为课题研究奠定了坚实基础，也为课题组成员以后的学术研究提供了很大帮助。

　　值得庆幸的是，我们有一个既有知名专家学者、又有年轻才俊组成的有热情、凝聚力强的研究团队。三年来，围绕课题的开题、实施、调研、撰写、修改等不同阶段，研究团队召开了很多次会议。课题组成员均积极参与，贡献了许多宝贵意见。本课题得以顺利完成是研究团队，特别是课题组负责人共同努力的结果,是集体智慧的结晶。

河南大学黄河文明与可持续发展研究中心主任苗长虹教授作为子课题负责人承担了第一章"黄河文化和旅游资源开发价值评估研究"的撰写工作。苗教授著作等身,见解独到,是大咖级学者。在本课题申报过程中,我电话诚邀苗教授加盟研究团队。苗教授欣然同意,给予了很大支持。苗教授的研究严谨、规范。苗教授率领他的团队撰写的第一章"黄河文化和旅游资源开发价值评估研究",学理性强,内容扎实,质量高,为本课题顺利完成奠定了基础。

对外经济贸易大学政府管理学院吴承忠教授作为子课题负责人承担了第二章"黄河国家文化公园建设研究"的撰写工作。吴教授思维敏捷,兴趣广泛,研究视角涉及多个领域,均有不俗的研究成果。其中,在国家文化公园研究方面成果丰硕。他承担的第二章"黄河国家文化公园建设研究"属于前沿课题,不确定因素多,很有难度。吴教授的研究团队投入了很大的精力,数易其稿,提供了令人信服的研究成果。

长安大学人文学院崔艳天副教授、首都师范大学文化产业系主任郭嘉副教授、宁夏大学法学院副院长陆筱璐副教授分别作为第三章"黄河文化旅游带建设研究"、第四章"黄河文化旅游品牌培育和传播研究"、第五章"黄河文化和旅游要素市场建设研究"的子课题负责人或实际负责人。这三位学者都是学界的后起之秀。在他们的率领下,经过团队的共同努力,最终都提交了令人满意的成果,展示了出色的研究能力和组织能力。

本书各章作者如下:

第一章由河南大学黄河文明与可持续发展研究中心主任、教授苗长虹,河南大学文化旅游学院副教授陈玉英,河南大学黄河文明与可持续发展研究中心博士研究生张艳、彭东慧,中国海洋大学管理学院博士研究生张静,河南大学黄河文明与可持续发展研究中心硕士研究生乔帅共同撰写。

第二章由对外经济贸易大学政府管理学院教授吴承忠,对外经济贸易大学政府管理学院博士研究生彭建峰、牛舒晨、陈洵、王雅雯,中共中央党校(国家行政学院)国家治理教研部博士研究生闫烁,中共中央党校(国家行政学院)文史部博士后李心灵,福建社会科学院助理研究员陈蕾共同撰写。

第三章由长安大学人文学院副教授崔艳天,北京市社会科学院传媒研究所助理研究员杨传张,长安大学马克思主义学院教授金栋昌,中共中央党校(国家行政学院)国家治理教研部博士研究生向星瑜、李雪菲,中央戏剧学院数字戏剧系博士研究生邓雨龙、孙雯雯共同撰写。

第四章由首都师范大学文化产业系主任、副教授郭嘉,北京印刷学院经济管理学院讲师徐春晓,中共中央党校(国家行政学院)国家治理教研部博士研究生张晓丹,文化和旅游部民族民间文艺发展中心助理研究员王紫薇,首都师范大学文化产业系硕士研究生吴言悔共同撰写。

第五章由宁夏大学法学院副院长、副教授陆筱璐,中国传媒大学文化产业管理学院副教授陈娴颖,中共中央党校(国家行政学院)国家治理教研部博士研究生张晓丹,中国人事科学研究院助理研究员范为,山东大学历史学院教授、山东大学文化产业研究院副院长邵明华,西南交通大学公共管理学院硕士研究生赵金涛共同撰写。

值得一提的是,北京市社会科学院传媒研究所助理研究员杨传张博士在课题研究框架的设计上作出了很大贡献。

我本人负责课题的谋划和统筹。课题成稿后承担了课题的审稿工作。其中,有的章节作了较大修改和完善。

人民出版社王淼编辑为本书稿的出版作了大量的细致的工作,其职业精神令人钦佩。

最后,谨向所有为课题顺利完成给予宝贵支持的单位和个人致以最诚挚的感谢。

2024 年 11 月 24 日于国家行政学院

责任编辑：王　淼
封面设计：王欢欢
版式设计：王　婷

图书在版编目(CIP)数据

文化和旅游融合视野下黄河文化保护传承弘扬研究 / 祁述裕等著. -- 北京：人民出版社，2025.2. -- ISBN 978-7-01-026829-3

Ⅰ.K292

中国国家版本馆 CIP 数据核字第 20242UY350 号

文化和旅游融合视野下黄河文化保护传承弘扬研究
WENHUA HE LÜYOU RONGHE SHIYE XIA HUANGHE WENHUA
BAOHU CHUANCHENG HONGYANG YANJIU

祁述裕　等　著

人 民 出 版 社 出版发行
（100706　北京市东城区隆福寺街99号）

北京中科印刷有限公司印刷　新华书店经销

2025年2月第1版　2025年2月北京第1次印刷
开本：710毫米×1000毫米 1/16　印张：24.25
字数：368千字

ISBN 978-7-01-026829-3　定价：120.00元

邮购地址 100706　北京市东城区隆福寺街99号
人民东方图书销售中心　电话 (010)65250042　65289539

版权所有·侵权必究
凡购买本社图书，如有印制质量问题，我社负责调换。
服务电话：(010)65250042